西華大學
四川省人民政府文史研究館
蜀學研究中心 編

蜀學

第二十一輯

巴蜀書社

《蜀學》第二十一輯發刊辭

傳蜀中文脉，揚雅士風範。

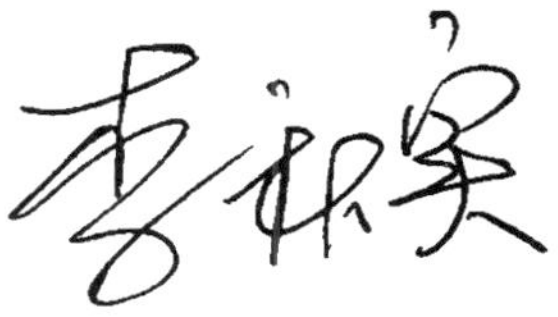

目　録

·蜀中名人·

·蜀學史林·

·巴蜀文獻·

• 蜀文化史論 •

• 海外蜀學 •

• 國學叢談 •

• 蜀學筆談：《古蜀傳奇》三部曲 •

蜀中名人

“西道孔子”揚雄該不該作《劇秦美新》

楊勝寬

内容提要：揚雄在王莽新朝時期寫作《劇秦美新》表達贊美之意，無論從西漢末期的歷史背景看，還是從揚雄的性格與思想觀念看，應該都是發自内心的真情表達。然而，自漢以來的兩千多年，研究者和評論者圍繞如何認識與評價其人其文，聚訟紛紜，迄今未止。産生長期分歧的根源，在於後世將揚雄過度聖人化。一旦還原揚雄的真實歷史人物身份，很多分歧與褒貶都可得以消解。

關鍵詞：揚雄；《劇秦美新》；“西道孔子”；王莽改制；儒家理想

被時人譽爲“西道孔子”“東道孔子”的揚雄，一生醉心於先儒經典，憧憬於堯舜之世，其個人的人生理想就是博覽群書，踐行孔孟之道，以立言垂名於青史。然而造化無情，揚雄的命運有所不濟，他所處的西漢末期，國運衰頽，外戚弄權，皇帝要麼貧庸無能，要麼幼冲繼位，國家和自身的命運都做不了主。在揚雄七十餘年的生命中，歷經七帝，且經歷了後世所謂“王莽篡漢”的改朝换代非常劇變。當此之際，揚雄作了《劇秦美新》一篇頌贊文字上奏王莽，表達自己的心迹與企望。這篇文字，對當時和後世評價揚雄産生了連揚雄本人也始料未及的重大而久遠的影響，毁譽分歧，迄今未已。

其實，如果揚雄只是西漢的一個有成就、有影響且多才多能的文人，也許圍繞一篇《劇秦美新》該不該作，不會聚訟紛紜，千年不止。事情的複雜性，恰恰在於他自己常以當代孟子自居，後世維護儒家道統者又認可了他是繼孔孟之後最稱職的聖人。既然他是孔孟以來一脉相承的漢代聖人，自然就不應該作《劇秦美新》這樣頌贊“篡權”者的文字，所以維護揚雄聖人地位者，尋找各種理由爲他没作這樣的文章進行辯護，宋代以後這種傾向越來越明顯[①]。甚至有人另辟蹊徑，千方百計把文章的内容解釋成全爲寓意深微，反話正説，意在譏刺新朝。還有論者對文章的創作意圖作出如此解讀："揚雄在嬴秦和新莽之間比較優劣，而前者之惡，人所共知，在這種格局中越是贊美後者，就越是貶斥後者；對後者的贊美之聲越高，對後者的鄙薄和蔑視就越深。""對揚雄而言，反秦就是拒新，批判秦始皇就是批判王莽。"該文作者還在一則注釋中引述清代朱彝尊《揚雄論》稱揚雄是大僞之人的觀點後，作了這樣一番批駁性的嚴正議論："朱氏以揚雄爲大僞之人，純屬褻瀆我民族之聖人。没有聖人的國度，是典型的愚昧之國；有聖人而不知愛惜的國度，是典型的奴隸之邦。凡妄議、誹謗聖人者，皆屬於反國家反民族反良知反文化的惡徒，吾儕當以畢生之力與之戰鬥。"[②] 這些見解涉及的核心問題是，揚雄的《劇秦美新》内容究竟是什麽，是不是對新朝的贊美就等於貶斥，贊美之聲越高就表明鄙薄和蔑視王莽之情越深？揚雄是不是大僞之人的看法，跟對待聖人的態度，和褻瀆聖人乃至反國家反民族反良知反文化的惡徒之間能不能産生必然聯繫？這兩個問題又進一步歸結到對於不同的學術觀點和歷史人物評價，研究者究竟應該秉持怎樣一個理性而客觀的態度。

一、揚雄寫作《劇秦美新》的真實意圖

歷來圍繞揚雄在什麽背景、何種心態下寫作《劇秦美新》這篇贊美新朝的文章，進行過各種探頤索引，以證明自己所持的觀點可信而符合實際，但往往求之愈深，失真愈遠。其實，最好的辦法，還是回到文本，看看作者自己怎麽説。揚雄在該文的序言中，把其寫作此文的背景與意圖交代得非常清楚明白，似乎其中絲毫没有難言之隱：

> 諸吏中散大夫臣雄稽首再拜，上封事皇帝陛下：臣雄經術淺薄，行能無異。數蒙渥恩，拔擢倫比，與群賢并，愧無以稱職。臣伏惟陛下以至聖之德，龍興登庸，欽明尚古，作民父母，爲天下主。執粹清之道，鏡照四海，聽聆風俗，博覽廣包，參天貳地，兼并神明。配五帝，冠三王，開闢以來，未之聞也。臣誠樂昭著新德，光之罔極。往時司馬相如作《封禪》一篇，以彰漢氏之休。臣常有顛眩病，恐一旦先犬馬填溝壑，所懷不章，長恨黄泉。敢竭肝膽，寫腹心，作《劇秦美新》一篇，雖未究萬分之一，亦臣之極思也。臣雄稽首再拜以聞。[③]

---

① 王青：《揚雄評傳》第三章，南京大學出版社，2011年版，第113—116頁。

② 范子燁：《對千秋孤聖揚雄的傳神寫照——陶淵明〈五柳先生傳〉發覆》，《揚子學刊》第一輯，巴蜀書社，2018年版，第301—303頁。

③ （漢）揚雄：《劇秦美新・序》，蕭統編選，李善注：《文選》卷四十八，中華書局，1981年版，第678—679頁。

這段序言，透露出如下信息：第一，作者寫作此文時，是在王莽即新朝皇帝位之後，學者以爲當在新朝始建國元年（公元 9 年）[①]。這正是王莽大力推出新政、嘗試政治革新而廣受好評與期待的階段。第二，作者自署官銜爲中散大夫，且謂“數蒙渥恩，拔擢倫比”，則是在王莽當了皇帝以後，揚雄的官職得到了提拔，似乎還不止一次。考之《漢書・揚雄傳》：“奏《羽獵賦》，除爲郎，給事黄門……當成、哀、平間，（王）莽、（董）賢皆爲三公，權傾人主，所薦莫不拔擢，而雄三世不徙官。及莽篡位，談説之士用符命稱功德獲封爵者甚衆，雄復不侯，以耆老久次轉爲大夫。”[②] 再考《漢書・王莽傳》，其大批量任命、拔擢官員在始建國元年正月：“封拜卿、大夫、侍中、尚書官凡數百人。諸劉爲郡守，皆徙爲諫大夫。”[③] 揚雄拔擢爲大夫，當在此時。隨後揚雄一度因病被免職，尋復招爲大夫。觀序言中自謂“常有顛眩病，恐一旦先犬馬填溝壑”之語，則其雖然已經復職，但病情有日益嚴重的趨勢，故他想到了隨時病故的可能性。第三，觀“臣伏惟陛下以至聖之德”以下數語，可知揚雄對王莽由“假皇帝”即真，是完全擁護的，并且對王莽的施政措施，評價很高，雖然稱其“配五帝，冠三王，開闢以來，未之聞也”有虚美之嫌，但臣下對皇上的頌贊文字，往往如此，非揚雄一人一文而然。第四，説到寫作此文的意圖，一是“誠樂昭著新德，光之罔極”，作爲一位食其俸禄的大夫，爲新朝新政説點好話，當作宣傳，作者認爲這是職責所在，也是誠心爲之、樂意爲之的。就像司馬相如死前作《封禪文》對漢家的功業進行一番贊揚，并勸其完成封禪的盛舉一樣。二是擔心自己的病情，如果不幸病故，自己的這個意願未了，將會成爲黄泉下的最大遺憾。因此，趁現在能寫，要抓緊完成此事。第五，揚雄還特别强調，文章中所贊美的新朝功業，不過萬分之一，但自己是非常認真、用盡心思來寫作此文的，所謂“竭肝膽，寫腹心”云者，表明既不是敷衍塞責，也不是别有圖謀，只是盡力做了自己作爲新朝一個賢能之士該做和想做的事而已。故劉勰稱之云：“觀《劇秦》爲文，影寫長卿，詭言遁辭，故兼包神怪；然骨制靡密，辭貫圓通，自稱‘極思’，無遺力矣。”[④]

應該説，從整段文字看，揚雄交代寫作《劇秦美新》的動機、心境、目的、願望都很清楚，他不是奉詔遵旨或者“爲形勢所迫”和被王莽“營造的虚假‘盛世’所迷惑”[⑤] 被動勉强而作，而是主動自覺、欣然樂意而爲；他不是用貶斥、批評秦朝來貶斥、批判新朝，而是用兩朝作對比，一貶一美，命意十分鮮明。故李充《翰林論》評價此文云：“楊子云論秦之劇，稱新之美，此乃計其勝負，比其優劣之義。”[⑥] 計勝負、比優劣，用意皆在於對比見義，彰顯主旨。

---

① 林貞愛：《揚雄年譜》，載《揚雄集校注・附録》，四川大學出版社，2001 年版，第 340 頁。或以爲作於始建國四年，認同湯炳正《楊子云年譜》和王以憲《揚雄著作繫年》的説法，見劉保貞《揚雄與〈劇秦美新〉》，《山東大學學報》2000 年第 6 期，第 45 頁。

② （漢）班固：《漢書》卷六十七下《揚雄傳贊》，中華書局，1983 年版，第 3583 頁。

③ （漢）班固：《漢書》卷九十九中《王莽傳》，中華書局，1983 年版，第 4101 頁。

④ （南朝梁）劉勰：《文心雕龍・封禪》，周振甫《文心雕龍注釋・封禪第二十一》，人民文學出版社，1983 年版，第 236 頁。

⑤ 劉保貞：《試論揚雄在宋代歷史地位的變遷》，《西華大學學報（哲學社會科學版）》2018 年第 6 期。

⑥ （南朝梁）蕭統編選，（唐）李善注：《文選》卷四十八，《劇秦美新》題解，中華書局，1981 年版，第 678 頁。

揚雄對新朝及王莽的贊美，除了《劇秦美新》之外，其在稍後完成的《法言》一書中，也有明確的體現。《法言》是揚雄模仿記載孔子語録的《論語》而作的，他自己對此書非常看重。其《孝至篇》有云："周公以來，未有漢公之懿也，勤勞則過於阿衡。漢興二百一十載而中天，其庶矣乎！辟雍以本之，校學以教之，禮樂以容之，輿服以表之。復其井、刑，勉人役，唐矣夫！"① 許慎《説文解字》："懿，專久而美也。"李軌注《劇秦美新》"恢崇袛庸爍德懿和之風"句引《爾雅》云："懿，爍，美也。"漢公，指王莽，曾被封安漢公。揚雄認爲，自周公以來，還没有出現過像王莽這樣具有美德且爲政勤勞的人，他甚至超過了輔佐成湯的伊尹。漢朝二百一十年以來，在王莽爲政的時代，達到了如日中天的盛況，其所推行的政策，庶幾有唐堯之風。這樣的贊譽之辭，比起《劇秦美新》來，簡直有過之而無不及。後世論者没有理由懷疑這些意思不是出自揚雄本意，於是乃曲爲解説，爲之開脱。如李軌注"周公以來，未有漢公之懿也，勤勞則過於阿衡"句云："或以此爲媚莽之言，或以爲言遜之謂也。吾乃以爲箴規之深切者也。稱其漢公，以前之美耳。然則居攝之後不貶而惡可知，揚子所以玄妙也。發至言於當時，垂忠教於後世，言蔽天地而無慚，教關百代而不耻，何遜、媚之有乎？"② 曾鞏以爲揚雄事莽及作《劇秦美新》，乃是"詘身所以伸道"③。這樣的解説究竟是否符合原意，其理由是否可信，讀者自能判斷，在此不多費辭。但有一點需要分辨，所謂或以爲"媚"，或以爲"遜"，不管所指爲誰，都未必符合揚雄的本意。揚雄這樣認識與評價王莽，也許懷有一些作爲文人對盛世的理想化憧憬和文章表達的言過其實，但無疑都是作者的真實意思，李軌所糾，不過五十步笑百步而已，所辯更顯得牽强附會，深文曲解。

數年之後（始建國五年，公元 12 年），揚雄受詔作《元后誄》，他在文中再次確認王莽代漢立新的歷史合法性："皇天眷命，黄虞之孫。歷世運移，屬在聖新。代於漢劉，受祚於天。漢祖承命，赤傳於黄。攝帝受禪，立爲真皇。"④ 其美新頌莽之意，昭彰明白。故明人張溥云："《元后誄》，哀思文母，盛譽宰衡，猶然美新。"⑤

二、《劇秦美新》的主要内容

對於《劇秦美新》一文的評價，最早應該算東漢班固。他在《典引》的序言中指出："相如《封禪》，靡而不典；揚雄《美新》，典而亡實。然皆游揚後世，垂爲舊式。"⑥ 從這樣

① （漢）揚雄：《法言》卷十三，《二十二子》本，上海古籍出版社，1986 年版，第 825 頁。
② （漢）揚雄：《法言》卷十三，《二十二子》本，上海古籍出版社，1986 年版，第 825 頁。
③ （宋）曾鞏：《答王深父書》，陳杏珍、晁繼周校：《曾鞏集》卷十六，中華書局，1998 年版，第 266 頁。
④ 林貞愛：《揚雄集校注・元后誄》，四川大學出版社，2001 年版，第 224 頁。
⑤ （明）張溥：《〈揚侍郎集〉題辭》，載林貞愛《揚雄集校注・附録》，四川大學出版社，2001 年版，第 322 頁。
⑥ （南朝梁）蕭統編選，李善注：《文選》卷四十八，中華書局，1981 年版，第 682 頁。

的評論看，班固認爲司馬相如《封禪文》靡麗有餘而典雅不足；揚雄《劇秦美新》典雅有餘而質實不足[①]；雖然如此，但兩人的文章都堪爲後世寫作頌贊文字的典範，值得效仿。他接下來還説："蓋咏《云門》者難爲音，觀隨和者難爲珍，不勝區區，竊作《典引》一篇，雖不足雍容明盛萬分之一，猶启發憤滿（懣），覺悟童蒙，光揚大漢，軼聲前代。然後退入溝壑，死而不朽。"觀其措辭，顯然是模仿了《劇秦美新》的序言用語。這表明，班固一方面認爲揚雄之文有所不足，另一方面又視之爲範文，刻意加以模仿。但無論其指出不足還是刻意模仿，班固都不認爲《劇秦美新》批判秦朝而稱美新朝有什麽不妥，更没有上綱上綫地大加撻伐，斥責其人品、立場有問題。

衆所周知，班固既是大史學家，又是大辭賦家，且其所生活的東漢時期，是劉氏漢政權的後半段，他和司馬相如，一個作《封禪文》"章漢氏之休"，一個作《典引》"光揚大漢"，都是頌贊劉氏政權的，唯獨揚雄所作《劇秦美新》是頌贊王氏新朝的，還對西漢的政治進行了批評，而班固根本不覺得其政治站位及爲新朝唱贊歌有什麽不妥，還自覺把其文章作爲範式進行模仿，這是很值得研究者注意的一個現象。

關於《劇秦美新》這篇文章的主要内容，如果不帶先入之見，或者用有色眼鏡去閲讀理解，其實并不複雜深奥，比其所作《太玄》《法言》等哲理性、思辨性强的著作要容易理解得多。

全文的構思，猶如題目所示，主要突出兩個重點，前部"劇秦"，後部"美新"，立意鮮明，表達邏輯十分清晰。自然，作者"劇秦"的目的，乃在於"美新"，故就文章的布局及篇幅看，"美新"又是全文重中之重，濃筆重彩，鋪張揚厲，從多個角度盛贊新朝的施政作爲及其成效影響，的確可見作者的"極思"苦心。

文章開篇從天地開闢、生民初生作歷史追溯，叙及羲皇、唐虞、成周各代之遞嬗，皆以道德仁義禮智爲治世之本；迨及嬴秦，屈起西戎邠荒岐雍之疆，孝公奠定霸業之基，嬴政完成吞并六國之業。揚雄批判其治國之術云：

> 盛從鞅、儀、韋、斯之邪政，馳騖起、翦、恬、賁之用兵；刬滅古文，刮語燒書，弛禮崩樂，塗民耳目。遂欲流唐漂虞，滌殷蕩周。然除仲尼之篇籍，自勒功業；改制度軌量，咸稽之於《秦紀》。是以耆儒碩老，抱其書而遠遜；禮官博士，捲其舌而不談。來儀之鳥，肉角之獸，狙獷而不臻。甘露嘉醴，景曜浸潭之瑞潛；大茀經貫，巨狄鬼信之妖發。神歇靈繹，海水群飛。二世而亡，何其劇與！[②]

---

① 有研究者認爲班固批評揚雄《美新》所美非事實。其實，從班固的前後語境看，乃是批評揚雄此文的風格不够質實，與典雅相對而言。劉勰《文心雕龍·程器》所謂"彼揚、馬之徒，有文無質"，可與此參證。劉勰言見周振甫《文心雕龍注釋·程器第四十九》，人民文學出版社，1983年版，第526頁。

② （漢）揚雄：《劇秦美新》，（南朝梁）蕭統編選，（唐）李善注：《文選》卷四十八，中華書局，1981年版，第679頁。

作者“劇秦”的焦點，在於批判秦王朝背棄堯舜以來的道德仁義禮制傳統，采用了商鞅變法以圖富國强兵的一套法家之術，焚《詩》《書》，坑儒生，抛棄了儒家所推崇的思想政治理論，落得天怒人怨，二世而亡。作爲一篇封禪文，揚雄在文中列舉了秦國遭致天譴的種種明顯徵兆，“來儀之鳥”以下數句，均申此意。在揚雄看來，秦王朝“其興也勃焉，其亡也忽焉”的根本原因，歸根到底，都在於不用道德仁義的儒家禮制治理國家，相信嚴刑峻法、刻薄寡恩可以制服人民，强固其統治政權，結果適得其反，能够雄霸諸侯、并吞六國的强大秦國，傳及二世，統治不過十餘年，就被不堪重壓的反抗者推翻了。其實，揚雄對秦國興衰教訓的分析，跟其前輩著名儒生賈誼的觀點完全一致。賈誼指出：“秦王懷貪鄙之心……廢王道，立私權，焚文書而酷刑法，先詐力而後仁義，以暴虐而爲天下始。”“仁義不施”“以愚黔首”[①]。意在闡明，用搶奪天下的手段，在治理天下時是行不通的。秦王朝的深刻教訓，就在於没有在奪取天下以後及時轉變治理方式，采用儒家的道德仁義之術施政親民，與民休息，以此贏得民心，安定天下。《劇秦美新》只比賈誼多了天降吉凶以示符命之意。秦亡有徵，不幸的是没有引起秦朝統治者的警惕，這是留給後世當權者的沉重警示。故揚雄議論道：“帝王之道，兢兢乎不可離已！夫能貞而明之者窮祥瑞，回而昧之者極妖愆。……故若古者稱堯舜，威侮者陷桀紂。况盡汛掃前聖數千載功業，專用己之私而能享祐者哉!”

文章在“美新”之前，還簡要叙述了劉氏漢政權的興起過程，之後便將筆鋒迅速轉到其對秦制抛棄不徹底的諸多弊端的批評，這似乎成爲劉氏天下肇基伊始的先天性不足：“秦餘制度，項氏爵號，雖違古而猶襲之。是以帝典闕而不補，王綱馳而未張。道極數殫，闇忽不還。”李善注“道極”二句云：“言天道既極，歷數又殫，故闇忽而滅，不能自還也。”[②] 照此説來，漢自劉邦建國至哀、平之世，其先天缺陷逐漸暴露無遺，且導致天數已盡、走向衰亡的不可逆轉的嚴重後果。行文至此，新朝存亡繼絶，應運而生，就成爲天理昭彰的歷史必然選擇了。故文章在接下來的運思中，集中筆力來叙述新朝的各項順應天心民意的“改制”作爲。

首先，新朝繼立，得到了皇天后土的特别眷顧，是不能辭讓的天意安排。所謂“上帝還資，后土顧懷；玄符靈契，黄瑞涌出。渾涥汈潏，川流海渟；雲動風偃，霧集雨散。誕彌八圻，上陳天庭。震聲日景，炎光飛響。盈塞天淵之間，必有不可辭讓云爾。”李善注“上帝”二句：“言天地福佑之也。”注“玄符”二句云：“玄符，天符也；靈契，地契也；黄瑞，謂王莽承黄虞之後，黄氣之瑞也。《漢書》，王莽曰：‘予前居攝，黄氣熏蒸，以著黄氣之烈焉，涌出而瑞之。’”[③] 王莽自己大肆製造輿論，謂其居攝時，就呈現出要繼承虞舜之統序的各種瑞兆。而揚雄認爲，新朝的建立，正是順應天地福瑞之舉，所以能够得到天地神靈的福佑。

① （漢）司馬遷：《史記》卷六《秦始皇本紀》，中華書局，1982年版，第280—283頁。
② （漢）揚雄：《劇秦美新》，（南朝梁）蕭統編選，（唐）李善注：《文選》卷四十八，中華書局，1981年版，第680頁。
③ （漢）揚雄：《劇秦美新》，（南朝梁）蕭統編選，（唐）李善注：《文選》卷四十八，中華書局，1981年版，第680頁。

當此之際，王莽必須奉承天意，響應神靈之瑞："於是乃奉若天命，窮寵極崇。與天剖神符，地合靈契，創億兆，規萬世。"李善注"與天"二句："分天之符，合地之契，言應録而王也。"注"創億兆"二句："創業經乎億兆，規模至於萬世也。"①《漢書·王莽傳》載其即真皇帝位的詔書云："予以不德，托於皇初祖考黄帝之後，皇始祖考虞帝之苗裔，而太皇太后之末屬。皇天上帝隆顯大佑，成命統序，符契圖文，金匱策書，神明詔告，屬予以天下兆民。赤帝漢氏高皇帝之靈，承天命，傳國金策之書，予甚祗畏，敢不欽受！以戊辰直定，御王冠，即真天子位，定有天下之號曰新。其改正朔，易服色，變犧牲，殊徽幟，异器制。以十二月朔爲建國元年正月之朔，以鷄鳴爲時。服色配德上黄，犧牲應正用白，使節之旄旛皆純黄，其署曰'新使五威節'，以承皇天上帝威命也。"② 王莽爲自己建立新朝即真天子之位，找出了前承黄帝、虞舜之統序，後得漢高祖之靈佑，更爲太皇太后王氏之族屬等合法性依據。爲了讓自己繼漢立新更加真實可信，王莽專門把即天子位的地點選在了漢高帝廟裏舉行，可算是煞費苦心。意在表明其改國號、當皇帝的正當性、合理性完全無可挑剔。儘管如此，王莽還没有暴露出如秦始皇那樣號稱要傳位百代、統治萬世的癡心妄想，但在揚雄筆下描繪的"創億兆，規萬世"，倒被贊美成爲新朝順應天意人心的一個理所當然的宏偉願景！

其次，新朝的施政行事，上應天心，取法遠古，氣象萬千，令人贊佩。這是揚雄濃墨重彩加以"美"化的内容，其言有云：

> 昔帝纘皇，王纘帝，隨前踵古，或無爲而治，或損益而亡。豈知新室委心積意，儲思垂務，旁作穆穆，明旦不寐，勤勤懇懇者，非秦之爲與？夫不勤勤，則前人不當；不懇懇，則覺德不愷。是以發秘府，覽書林，遥集乎文雅之囿，翱翔乎禮樂之場；胤殷周之失業，紹唐虞之絶風。懿律嘉量，金科玉條；神卦靈兆，古文畢發；焕炳照曜，靡不宣臻。式軨軒旂旗以示之，揚和鸞肆夏以節之，施黼黻衮冕以昭之，正嫁娶送終以尊之，親九族淑賢以穆之。夫改定神祇，上儀也；欽修百祀，咸秩也；明堂雍臺，壯觀也；九廟長壽，極孝也；制成《六經》，洪業也；北懷單于，廣德也。③

此其尊古繼絶之"美"事。值得注意的是，作者在大"美"新朝時，并未忘記拿亡秦作反襯。至於時政法令，則多有親民開"新"之實務：

> 若復五爵，度三壤，經井田，免人役，方《甫刑》，匡《馬法》，恢崇祗庸爍德懿和之風，廣彼搢紳講習言諫箴誦之途。振鷺之聲充庭，鴻鸞之黨漸階。俾前聖之緒，布濩流衍而不韞韣，郁郁乎焕哉！天人之事盛矣，鬼神之望允塞。群公先正，罔不夷儀；奸

---

① （漢）揚雄：《劇秦美新》，（南朝梁）蕭統編選，（唐）李善注：《文選》卷四十八，中華書局，1981年版，第680頁。

② （漢）班固：《漢書》卷九十九上《王莽傳》，中華書局，1983年版，第4095—4096頁。

③ （漢）揚雄：《劇秦美新》，（南朝梁）蕭統編選，（唐）李善注：《文選》卷四十八，中華書局，1981年版，第680—681頁。

宄寇賊，罔不振威。紹少典之苗，著黄虞之裔。帝典闕者已補，王綱弛者已張。炳炳麟麟，豈不懿哉！厥被風濡化者，京師沉潛，甸内匝洽；侯衛厲揭，要荒濯沐。[1]

表明王莽新政，安内攘外，成效十分顯著。這些政績，在作者看來，跟西漢末期劉氏政權治下的世衰政弊相比，不啻天壤之别。所謂“帝典闕者已補，王綱弛者已張”，特意拿漢朝的闕失作對比。宋人洪邁認爲其“誦述新莽之德，止能美於暴秦”[2]，且謂這是其劇秦而不劇漢的“深意”所在，是不符合實際的。并且，在揚雄眼裏，王莽所行的新政，絶不拋棄上古聖人治理天下的觀念和方法，而是在西漢末年不斷走向衰亡、背離聖人治道越來越遠的背景下，大力恢復重建古聖先王治國爲政的傳統體系，使之更加發揚光大，煥發出新的生命色彩。這是作者發自内心的高度認可，且予以由衷贊美的根本理由。

再次，奉勸王莽行敬事天地之典，完成祭奠嶽瀆之神的封禪盛舉，歸結到曲終奏雅的點題之旨。正如有的研究者所分析的那樣，這是揚雄對王莽的一個建議，“揚雄很想爲後代定出不能改變的永恒的法則”[3]。其文云：“而術前典，巡四民，迄四嶽，增封泰山，禪梁父，斯受命者之典業也。蓋受命日不暇接，或不受命，然猶有事矣。况堂堂有新，正丁厥時。崇嶽渟海通瀆之神，咸設壇場，望受命之臻焉。海外遐方，信延頸企踵，回面内向，喁喁如也。帝者雖勤，惡可以已乎？宜命賢哲作《帝典》一篇，舊三爲一，襲（或謂此字衍）以示來人，摛之罔極。令萬世常戴巍巍，履栗栗，臭馨香，含甘實。鏡純粹之至精，聆清和之正聲。則百工伊凝，庶績咸喜。荷天衢，提地釐，斯天下之上則已，庶可試哉！”[4] 李善注“或不受命”二句：“言（漢）高祖受命而不封禪，（秦）始皇不受命猶有事乎泰山，言俱失也。”在揚雄看來，封泰山，禪梁父，這是受命於天者必行之事，秦、漢的開國者均失其禮。故他主張王莽要把這作爲爲萬世樹立典則的大事對待，因爲這是對海内外天下人彰顯其政權合法性的一個鄭重宣告。他還希望王莽責成賢哲之人作《帝典》一篇，以與《堯典》《舜典》合而爲三，使萬世以後的帝王有所遵循，垂爲懿訓。揚雄雖然没有自命就是這樣的賢哲之人，主動要求去完成這篇新朝《帝典》，但其設想與意圖，隱然在於言辭間。

通觀《劇秦美新》全文，其贊頌新朝及王莽個人功業的真實寫作意圖，昭彰明白；無論是其對新朝所作所爲的歌頌，還是對秦、漢兩朝的批評，乃至極爲真誠地奉勸爲宣示新朝政權的合法性、鞏固其統治地位所提出的封禪建議，目的均在於希望新朝爲萬世立規矩、樹典則。這些都清楚表明揚雄對王莽“改制”的高度認同與熱情擁護，他的贊揚之辭發自内心，出於至誠。任何人爲之曲解、回護，都難以改變文章本身清晰明瞭的思想情感和具體内容，

---

① （漢）揚雄：《劇秦美新》，（南朝梁）蕭統編選，（唐）李善注：《文選》卷四十八，中華書局，1981年版，第681頁。

② （宋）洪邁：《容齋隨筆》第十三，長春：吉林文史出版社，1994年版，第131頁。

③ 周桂鈿：《重評揚雄〈劇秦美新〉》，《中國社會科學院研究生院學報》2013年第2期。

④ （漢）揚雄：《劇秦美新》，（南朝梁）蕭統編選，（唐）李善注：《文選》卷四十八，中華書局，1981年版，第681—682頁。

那樣做，只會是牽强附會的徒勞，除了誤導後世讀者，增加理解文章的歧義，没有任何益處和作用。

三、怎樣看待揚雄及其寫作《劇秦美新》

後世論者争論揚雄所作《劇秦美新》的用意所在，往往不去仔細關注文章的真實内容和其寫作該文的歷史背景，而是在將其當作聖人的前提下，按照衡量聖人言行的標準來進行評判，自然難以做到客觀公正，理性篤實。今天的研究者究竟應該怎樣看待揚雄及其《劇秦美新》，恐怕首先得尊重歷史，尊重事實，尊重文本。既然揚雄一生以文章自命，且將其畢生精力用於鑽研經學、從事文學創作，希望以此留名後世，那麽，我們必須客觀確認揚雄的文士身份，他所創作的衆多發揮經典要義、卓然以辭賦名家的鴻篇巨制，正可以有力地證明他的這種努力所取得的成功。

生活在西漢末期的揚雄，當時的同行和友人怎麽看待他，是我們認識作爲歷史人物揚雄的一個重要觀察點和參照系。桓譚與揚雄，算是志同道合的最要好好友，朱謙之《新輯本桓譚新論》載有與揚雄相關言論散見於各篇，而《閔友》一篇就有三條，以下逐一進行分析：

（一）張子侯曰："楊子雲，西道孔子也，乃貧如此！"吾應曰："子雲，亦東道孔子也。昔仲尼，豈獨是魯孔子，亦齊、楚聖人也。"[①]

"案語"引任彦昇《王文憲集序》注引揚雄《與桓譚書》有"望風景附，聲訓自結"之語，謂可見"二賢相許如此"。檢任彦昇《王文憲集序》載於《文選》卷四十六，文謂王儉"以本官領丹陽尹，六輔殊風，五方易俗。公不謀聲訓，而楚夏移情"，李善注後二句，即引揚雄《與桓譚書》此語[②]。桓譚認爲揚雄就是漢代的孔子，故其在張子侯評價揚雄乃"西道聖人"的基礎上，更謂其亦是東道孔子，就像當年的孔子，不獨是魯國的孔子，也是齊、楚之孔子一樣。這應該是與揚雄同時的友人對他的最高評價，所謂"東道孔子"，雖區域所指在齊、楚，其實乃是代指天下之意。而在同書《正經篇》中，載有王莽、劉歆與桓譚討論對揚雄評價的長段對話，可以佐證桓譚之所以視揚雄爲聖人的具體理由：

王公子問："楊子雲何人耶？"答曰："才智開通，能入聖道，卓絶於衆，漢興以來未有此人也。"國師子駿曰："何以言之？"答曰："通才著書以百數，惟太史公爲廣大，餘皆殘叢小論，不能比之。子雲所造《法言》《太玄經》也，《玄經》數百年外，其書必

① 朱謙之校輯：《新輯本桓譚新論》第十五，中華書局，2009 年版，第 62 頁。
② （南朝梁）蕭統編選，（唐）李善注：《文選》卷四十六，中華書局，1981 年版，第 655 頁。

傳，顧譚不及見也。世咸尊古卑今，尊所聞，賤所見。見楊子雲禄位容貌不能動人，故輕易之。……若遇上好事，必以《太玄》次五經也。”①

王充《論衡·超奇篇》亦云：“王公子問桓君山以楊子雲。君山對曰：‘漢興以來未有此人。’”② 桓譚在文中稱王莽爲“王公子”而稱劉歆爲“國師”，則他們之間的這番討論應是發生在王莽已即新朝天子位之時。其不稱王莽爲皇帝陛下，當爲避嫌之計。考《後漢書·桓譚傳》云：“初，譚著書言當世行事二十九篇，號曰《新論》，上書獻之，世祖善焉。”③ 則知《新論》成書在東漢光武帝時代。而與桓譚上述意思相似的話，在《漢書·揚雄傳》裏，却變成了大司馬王邑、納言嚴尤聽説揚雄死訊，提出“子嘗稱揚雄書，豈能傳於後世乎”的問題時桓譚給出的回答。其中有“今揚子之書文義至深，而論不詭於聖人，若使遭遇時君，更閲賢智，爲所稱善，則必度越諸子矣”等語④。比較之下，應以桓譚所記爲可信，因爲他與揚雄交往最多且深，彼此既有友誼，又時常在一起探討内容廣泛的各種學術問題。因爲幾人曾是相互瞭解的同事加友人，故在一起談論起如何看待和評價揚雄的成就與地位問題，是完全可能和正常的。不管桓譚對王莽、劉歆，還是對王邑、嚴尤所稱道的揚雄，都旨在推崇其著書豐碩的巨大成就，并且高度評價其《法言》《太玄》等代表性著作，規模宏大，文義至深，且言論不詭於聖人，是漢興以來不可多得的傑出文才之士，或許只有司馬遷堪與匹敵。

（二）謂楊子雲曰：“如後世復有聖人，徒知其才能之勝己，多不能知其聖與非聖也。”子雲曰：“誠然。”⑤

桓譚與揚雄的這段對話，亦見於王充《論衡·講瑞篇》。王充在文章中討論如何看待福瑞吉凶的問題時，用聖人難知作論據來闡明其思想觀點。其言云：“儒者自謂見鳳凰、騏驎輒而知之，則是自謂見聖人輒而知之也。皋陶馬口，孔子反宇，設後輒有知而絶殊，馬口、反宇，尚未可謂聖。何則？十二聖相不同，前聖之相，難以照後聖也。骨法不同，姓名不等，身形殊狀，生出异土，雖復有聖，何如知之？桓君山謂楊子雲曰：‘如後世復有聖人，徒知其才能之勝己，多不能知其聖與不聖也。’子云曰‘誠然。’夫聖人難知，知能之美若桓、楊者，尚復不能知，世儒懷庸庸之知，賫無异之議，見聖不能知，可保必也。”⑥ 頗爲耐人尋味的是，就是那位深知揚雄而美之爲漢代聖人的桓譚，在這裏却感嘆聖人難知，人們所可知者，是這樣的人其才能勝過自己，但稱不稱得上聖人，是難以判斷的，揚雄亦以爲

① 朱謙之校輯：《新輯本桓譚新論》第九，中華書局，2009 年版，第 41 頁。
② 北京大學歷史系《論衡》注釋小組：《論衡注釋·超奇篇》，中華書局，1979 年版，第 782 頁。
③ （宋）范曄：《後漢書》卷二十八上《桓譚列傳》，中華書局，1982 年版，第 961 頁。
④ （漢）班固：《漢書》卷八十七下《揚雄傳》，中華書局，1983 年版，第 3585 頁。
⑤ 朱謙之校輯：《新輯本桓譚新論》第十五，中華書局，2009 年版，第 62 頁。
⑥ 北京大學歷史系《論衡》注釋小組：《論衡注釋·講瑞篇》，中華書局，1979 年版，第 953—954 頁。

然。桓譚與揚雄關於聖人怎樣識别和衡量的簡短對話，最值得注意的信息是，比較人與人的才能高下是容易辨到的，而衡量够不够聖人的標準，却是非常困難的。我們由此有理由相信，桓譚稱揚雄爲聖人，主要基於對其才能的判斷，與前文所述他列舉的揚雄衆多且重要的著述成果作爲證據，恰好可以相互印證。

（三）楊子雲大才而不曉音，余頗離雅操而爲新弄。子雲曰："事淺易喜，深者難識，卿不好雅頌而悦鄭聲，宜也。"①

桓譚評價揚雄"大才"而不曉樂理，表明其對揚雄最推崇的，仍然在於其文章才能出衆，罕有匹敵者。但他有"不曉音"的短處，與桓譚的喜好和特長形成鮮明對比。桓譚對自己在知音方面勝過揚雄頗有幾分自得之意。揚雄評價桓譚的話，帶有明顯調侃意味，但也巧妙地承認了自己在這方面的短處。這説明，在桓譚的眼裏，揚雄是文章大才，堪稱著述聖手，但有所長也有所短，并非全能的完人或者聖人，可以公開較長論短，毋庸諱言。

桓譚與評價揚雄相關的這些意見，最顯著者在於著重從文才方面推崇揚雄，認爲他在文章著述方面的造詣和成就，堪與春秋時期的孔子相比，他們的地位與影響，都不僅是區域性和階段性的，而是全域性和永久性的。需要特别强調的是，在漢代，根本没有形成後世儒家所建立和維繫的那種道統觀念，也不認爲揚雄就是繼承孔子、孟子儒家思想的唯一代表。後世以儒家聖人視揚雄，應該本源於桓譚。但唐宋以還所賦予的聖人内涵，却與桓譚當時所指大爲不同，最大的差别就在於將揚雄"聖"化的企圖越來越明顯，而因此引起的紛争自然也越來越激烈。

劉歆是王莽新朝的國師，他與王莽跟揚雄也曾是同事。劉歆對揚雄潛心著書立説而不問世務的表現，看法比較矛盾。一方面，同樣作爲學者，他很尊重揚雄"用心於内，不求於外"的恬於勢利、安貧樂道的處世態度；另一方面，又對其寂寞孤苦、貧窮一生的處境與行爲不以爲然，他看過揚雄《太玄》《法言》之後，對揚雄説道："空自苦！今學者有禄利，然尚不能明《易》，又如《玄》何？吾恐後人用覆醬瓿也。"② 雖然劉歆在新朝的人生結局很悲慘，他對《太玄》《法言》的預言也不中肯，但至少能够説明一點，在揚雄的同時代人中，他們對揚雄本人及其著述的評價是存在明顯分歧的。

這種認識分歧與評價態度的矛盾，同樣反映在班固身上。前文述及他對《劇秦美新》一文的評價，表現得較爲理性和一分爲二，只是就文章本身作評價，完全不涉及文章内容的劇秦與美新主題是否妥當，或者存在什麽嚴重的政治立場問題。這樣的評價視角和尺度本身就足以説明，作爲文學家的班固看待《劇秦美新》，只以寫作方法與水平高下爲衡量標準，而不去討論揚雄美新的政治意圖何在，乃至與作者的人品好壞糾纏在一起。而作爲史學家的班

① 朱謙之校輯：《新輯本桓譚新論》第十五，中華書局，2009年版，第61—62頁。

② （漢）班固：《漢書》卷八十七下《揚雄傳》，中華書局，1983年版，第3583—3585頁。

固，對揚雄的評價就略有不同了。

在《漢書・揚雄傳》裏，有三處文字值得玩味。第一處："及莽篡位，談説之士用符命稱功德獲封爵者甚衆，雄復不侯，以耆老久次轉爲大夫，恬於勢利乃如是。"其中所謂"談説之士用符命稱功德獲封爵者甚衆"，這些"甚衆"者中包不包括揚雄在内？聯繫下文看，似乎包括了揚雄，不然班固就不會緊接着説"雄復不侯"了。按照文意理解，王莽篡位以後，很多人用符命稱頌其功德都獲得封爵，唯獨揚雄没有得到同樣的封侯之賞，只以耆老久次而轉爲大夫，揚雄對名利表現得很恬然。如果揚雄完全没有參與"用符命稱功德"的重大政治活動，就没有必要把此事與揚雄轉任大夫的職務調整聯繫在一起了。第二處，班固在叙述了劉歆之子劉棻因再上符命之説被王莽處罰、清理關聯人員扯出揚雄但被王莽放過的事件經過後，寫道："然京師爲之語曰：'惟寂寞，自投閣；爰清静，作符命。'"在京師流傳的這番議論，表明揚雄的確作過用符命稱頌王莽功德的文字，故議論中不乏嘲諷之意。"人們普遍認爲揚雄與符命的製作有關，在清静自守的外表下隱含着熱衷名利之心，京師作詩諷刺。"[①] 第三處，班固在引用了桓譚對揚雄著述豐碩、言論合乎聖人之道的高度評價之後，接著寫道："諸儒或譏以爲雄非聖人而作經，猶《春秋》吴、楚之君僭好稱王，蓋誅絶之罪也。"[②] 雖然没有指明諸儒是哪些人，但至少表明班固在一定程度上是認同這種觀點的。

綜觀三處文字，給讀者留下的印象是，作爲漢代歷史的記録者，班固自覺不自覺地帶有維護劉氏漢政權正統性的意識，故以王莽建立新朝爲"篡位"，而揚雄爲這位篡權者作符命頌功德，有站錯隊的政治立場問題；由此説來，揚雄哪裏還够格稱聖人呢？其非聖人而仿照儒家經典作經，按照《春秋》筆法，猶如吴楚之君僭號稱王，完全够得上遭誅絶的重罪！

從以上三位漢人對揚雄的評價可以看出，不管是推崇者還是非議者，都能够説明一個問題，那就是評價一個人是不是聖人，不僅掌握衡量標準很困難，而且評價的分歧巨大，揚雄本人的看法也是如此。他自己雖然想以模仿儒家經典的方式來撰著新經典，目的在於使儒家的思想得以傳承下去，但這種努力在當時的反響并不理想，主流觀點并不予以認同，有人甚至認爲他有僭冒之嫌，憑此可以治其重罪。真正稱得上揚雄知音的，不過桓譚、侯芭數人而已。而桓譚對他的肯定，主要在於其文學創作與學術著述方面表現出的傑出才能，以爲堪稱一代文章聖手。事實上，揚雄一生的遭遇與處境很不如意，在寂寞貧病和世俗的冷眼中孤獨死去，侯芭成爲其門下唯一的經學傳承者。

我們理解了最初給出揚雄爲"西道聖人""東道聖人"評價的張子侯、桓譚所謂"聖人"的真實含義之後，再來討論其該不該寫作《劇秦美新》，似乎就比較簡單和容易了。《揚雄評傳》的作者王青論及揚雄寫作《劇秦美新》，是由於王莽建立新朝以後，致力於三件大事，其中第一件，就是通過加官進爵的方式拉攏羅致了大批儒生，使得儒生集團成爲新朝强有力

① 王青：《揚雄評傳》第二章，南京大學出版社，2011年版，第69頁。

② （漢）班固：《漢書》卷八十七下《揚雄傳》，中華書局，1983年版，第3583—3585頁。

的支持者。揚雄是這項政策的受益者，他的俸禄由六百石提高到二千石。“爲答謝這次的升遷，揚雄作了一篇爲後世所詬病的《劇秦美新》。”[①] 把揚雄爲答謝被升官提秩視爲其寫作《劇秦美新》的主要動因，似乎又顯得簡單了些，雖然與之可能確有關聯。

正確看待揚雄寫作《劇秦美新》，筆者以爲必須客觀認識真實的歷史人物揚雄。

首先，他是以文章安身立命的傑出文士。上文提到對揚雄其人其文評價體現出矛盾態度的班固，其在《漢書·揚雄傳贊》裏對揚雄的成長、成名、仕宦經歷及一生著述進行總結性評價云：“初，雄年四十餘，自蜀來至游京師，大司馬車騎將軍王音奇其文雅，召以爲門下史，薦雄待詔。歲餘，奏《羽獵賦》，除爲郎，給事黄門，與王莽、劉歆并。哀帝之初，又與董賢同官。當成、哀、平間，莽、賢皆爲三公，權傾人主，所薦莫不拔擢，而雄三世不徙官。……其意欲求文章成名於後世。以爲經莫大於《易》，故作《太玄》；傳莫大於《論語》，作《法言》；史篇莫善於《倉頡》，作《訓纂》；箴莫善於《虞箴》，作《州箴》；賦莫深於《離騷》，反而廣之；辭莫麗於相如，作四賦。皆斟酌其本，相與放依而馳騁云。”[②] 我們不得不承認，作爲史學與文學兼擅的東漢人，班固對揚雄的看法與評價是相當準確的。從這段叙述可以清楚瞭解，揚雄在京師，無論是欣賞而舉薦他的政要，還是得以待詔和給事黄門有機會得到皇帝的重視，皆因其文才出衆被看重。揚雄早年十分仰慕司馬相如，爲辭賦往往取以爲式。故《漢書》本傳云：“先是時，蜀有司馬相如，作賦甚弘麗温雅，雄心壯之，每作賦，常擬之以爲式。”[③] 根據揚雄自述：“雄作《成都城四隅銘》，蜀人有楊莊者，爲郎，送之於成帝，以爲似相如，雄遂以此得見。”[④] 揚雄四十多歲來游京師，其目的顯然在於讓自己的文學專長得到發揮，并以此獲取功名。司馬相如以辭賦大獲成功，爲揚雄提供了現實版的最好示範。王青《揚雄評傳》認爲：“司馬相如在選官制度未趨嚴密的西漢時期爲無緣進入中央權力機構的蜀地士子們指引了一條晋升之途，即依靠辭賦以求取功名。”[⑤] 這一見解是頗有道理的。給事黄門雖然地位不高，奉秩也不多，但最大的好處是有可能扈從皇帝出游皇家園林和亭臺樓榭，這爲揚雄寫作鋪張揚厲的大賦以展示其文才，提供了極大方便和舞臺。他後來完成經學、文學、文字學等方面的鴻篇巨著，均是在其擁有了基本生活保障，并且能够充分利用皇家圖書資源等有利條件下實現的，而這恰恰與其“求文章成名於後世”的人生追求高度一致。

其次，他是憧憬儒家政治理想的復古主義者。揚雄模仿《易》《論語》《虞箴》等儒家經典的行爲，所藴含的是其對堯舜之治憧憬的深切情懷。而王莽自幼成長及身爲高官乃至後來建國稱帝，一直保持着儒者的本色，并且用具體政策和實際行動，對儒生加以禮遇和重用。

① 王青：《揚雄評傳》第二章，南京大學出版社，2011 年版，第 68—69 頁。
② （漢）班固：《漢書》卷八十七下《揚雄傳》，中華書局，1983 年版，第 3583 頁。
③ （漢）班固：《漢書》卷八十七上《揚雄傳》，中華書局，1983 年版，第 3515 頁。
④ （南朝梁）蕭統編選，（唐）李善注：《文選》卷七《甘泉賦》題解引揚雄《答劉歆書》，中華書局，1981 年版，第 111 頁。
⑤ 王青：《揚雄評傳》第二章，南京大學出版社，2011 年版，第 56 頁。

《漢書・王莽傳》云："莽群兄弟皆將軍五侯子，乘時侈靡，以輿馬聲色佚游相高，莽獨孤貧，因折節爲節儉。受《禮經》，師事沛郡陳參，勤身博學，被服如儒生。事母及寡嫂，養孤兄子，行甚敕備。又外交英俊，内事諸父，曲有禮意。"① 本來元皇后是其姑母，在當時外戚當權干政的背景下，王莽即使因父親王曼早死没有被封侯，靠着諸父皆居要職和姑母的這層關係，他完全可以成長爲一個游手好閑的紈絝公子，在掌權的衆多親戚庇護下追求侈靡生活。但他却很早就選擇了與王氏諸兄弟完全不同的成長道路，生活節儉，孝敬母嫂，潛心經術，行爲有禮，跟普通的儒生没有區别。因爲這些事迹和謙虚的表現，朝中文武多稱道舉薦之，是以被封新都侯，食邑千五百户。但王莽并未得意忘形，而是"爵位益尊，節操愈謙，散輿馬衣裘，振施賓客，家無所餘"②。表明早年的王莽是一個不重物質享受、自律甚嚴、廣交賓朋、注重節操的人，這與儒家的道德觀念和價值取向非常類似。在西漢末期皇權衰微、外戚擅政的局面裏，王莽的舉止行爲，無疑顯得與衆不同，頗得人心。當手握大權時，他仍然推崇儒家仁義道德，重視禮樂文化建設，推出了一些紓民之困的政策措施，自己還身體力行，不止一次主動將所得封賞分散給農民、儒生等生活貧困之人。在新朝建立之初，他大力度地推出了一系列土地、税收、役法等關係國計民生的政策，其中不乏恢復井田制這樣復古色彩極重的"改制"動作；同時特别重用儒生，提高其生活待遇和社會地位；又下詔禁止把人當物品買賣，體現出對基本人權的尊重。這些新政舉措，使日漸衰亡的西漢末世，凸顯出一幅全新而充滿生機的景象，故其得到千百萬人"近乎狂熱的擁護"③，希望他能帶給國家和民族更多變化與更好前景，這是不容否認的一段論述歷史事實。當此之際，揚雄寫作《劇秦美新》，當然不僅僅因爲其作爲儒生的一員獲得了實在的好處，更在於王莽的治國理政觀念和舉措，跟揚雄懷揣恢復堯舜之道的儒家盛世理想憧憬不謀而合，他加以熱情贊美，就是很自然的事了。

再次，他是不熱心世俗時務的大學問家。揚雄與劉歆曾爲同事，且他們都有好古而"博見强志，過絶於人"的特長④，但劉歆在王莽時貴爲國師，寵極一時；而揚雄不過以耆老久次轉爲大夫，并且還因劉歆之子劉棻從自己請教奇字一事而險些被牽連治罪，他甚至因爲害怕而投閣尋死！他們同樣有志於學術且各有成就，何以在仕途遭際上差别如此懸殊？班固在劉向、劉歆"傳贊"中發出這樣的感嘆："仲尼稱材難，不其然與！自孔子後，綴文之士衆矣，唯孟軻、孫況、董仲舒、司馬遷、劉向、揚雄，此數公者，皆博物洽聞，通達古今，其言有補於世。傳曰'聖人不出，其間必有命世者焉'，豈近是乎？"⑤ 讀者注意到，在所列自戰國以迄西漢迹近聖人的人選中，點到了劉向，而没有提及劉歆。或許在班固的眼中，劉歆雖然也熱心學術，但他似乎更加熱心仕途名利，與諸人的志向不盡相同。劉歆看過揚雄的

① （漢）班固：《漢書》卷九十九上《王莽傳》，中華書局，1983 年版，第 4039 頁。
② （漢）班固：《漢書》卷九十九上《王莽傳》，中華書局，1983 年版，第 4039 頁。
③ 王青：《揚雄評傳》第一章，南京大學出版社，2011 年版，第 13 頁。
④ （漢）班固：《漢書》卷三十六《劉歆傳》，中華書局，1983 年版，第 1967 頁。
⑤ （漢）班固：《漢書》卷三十六《劉歆傳》，中華書局，1983 年版，第 1972 頁。

《太玄》《法言》之後，嘲諷這些東西會被後人用來覆醬瓿，這是兩人志趣終究不同的生動例證。揚雄在哀帝時所作《解嘲》一文，最足以説明其對仕途名利的態度，及其潛心學問的終身堅守。文謂哀帝之時，丁、傅、董賢用事，諸附離之者，起家至二千石。時雄方草創《太玄》，有以自守，泊如也。人或嘲揚雄曰："吾聞上世之人，人綱人紀，不生則已，生必上尊人君，下榮父母，折人之珪，儋人之爵，懷人之符，分人之禄。今吾子……顧默而作《太玄》五千文，枝葉扶疏，獨説數十萬言，深者入黄泉，高者出蒼天，大者含元氣，細者入無間。然而位不過侍郎，擢才給事黄門，……何爲官之拓落也!"揚雄笑而作答，當陳述了士人在歷史上的進退榮辱遭遇差别後，進而論及漢代的士林："天下之士……家家自以爲稷契，人人自以爲皋陶，帶縱垂纓而談者，皆擬於阿衡。五尺童子，羞比晏嬰與夷吾。當途者升青雲，失路者委溝渠。……當今縣令不請士，郡守不迎師，群卿不揖客，將相不俯眉。言奇者見疑，行殊者得辟。是以欲談者捲舌而同聲，欲步者擬足而投迹。"[①] 這樣的世道，只有鑽營奔競者得勢升天，而秉道直行者無所用其才。如此的官場環境和士林風氣，令揚雄既感失望，又充滿戒懼心理。故他寧肯做一個"自守全身"的默默無聞者，潛心於陶醉於自己所鍾情的浩瀚學術天地裹。在其一生的學術生涯中，不僅在經史方面建樹頗豐，而且還涉及天文、曆算、方言等衆多領域，成爲中國文化史上一流的大學問家。他被王充推爲可與文武、周公媲美的超奇鴻儒，殆非過譽[②]。揚雄的學術成就與治學方式，對後來的蜀學形成産生了深刻影響，他也因此成爲蜀學的重要代表人物。對於一位精通學術而不諳世務的儒者而言，其作《劇秦美新》，實際上就是其"好古而樂道"的性格與心聲的自然表現。

（作者單位：樂山師範學院）

① （漢）揚雄：《解嘲》，（南朝梁）蕭統編選，（唐）李善注：《文選》卷四十五，中華書局，1981年版，第630—631頁。

② 北京大學歷史系《論衡》注釋小組：《論衡注釋·超奇篇》，中華書局，1979年版，第777—781頁。

清代丹棱學者彭遵泗生平著述及其遺作《丹溪遺編》探析

郭文元

内容提要：彭遵泗，清代蜀中著名學者、詩人、史學家，與其兄彭端淑、彭肇洙齊名，并稱“丹棱三彭”。乾隆二年（1737）舉進士，歷官翰林院庶吉士、兵部主事、兵部員外郎、甘肅凉州同知、湖北黄州府同知、江防同知，爲官頗有政績。乾隆二十一年（1756），因與上司不諧，卸職歸里。彭遵泗學問廣博淹雅，長於古文，亦工詩。其生平好著述，有《蜀碧》四卷、《丹棱縣志》十二卷、《蜀故》二十七卷、《丹溪遺編》二卷等。縱觀近幾十年來，國内專家學者研究彭遵泗及其家族者并不多，即使有人論及，但誤論極多。本文試圖對其家族、個人生平、著述及其遺作《丹溪遺編》略作簡述，以就教於大方之家。

關鍵詞：清代；彭遵泗；“丹棱三彭”；《丹溪遺編》

一

彭遵泗（1701—1760），字磬泉，號石甫，又號丹溪生，清代四川眉州丹棱縣桑黄壩（今眉山市丹棱縣仁美鎮桂香村）人。彭遵泗，是清代四川著名學者、詩人、史學家，與其兄彭端淑、彭肇洙齊名，并稱“丹棱三彭”。

據清嘉慶版《彭氏族譜》載，“丹棱三彭”家族并不是丹棱本土的彭姓家族，其先祖是在明代洪武年間，從湖北麻城遷徙過來的。初來時有兄弟三人，一居渝州，一居嘉州，一居眉州丹棱。在眉州丹棱定居的彭氏先祖叫彭榮祖，彭氏先祖到了丹棱定居在距縣西三十里的桑黄壩，即今天的桂香村。彭氏家族在丹棱繁衍生息，傳十七世至明末而有“三彭”祖父彭萬昆[①]。但族譜中没有關於彭萬昆生年的記載，筆者據彭肇洙《桂香閣續碑》“吾祖（彭萬昆）殁於康熙四十四年（1705）甲申十一月”[②] 和彭端淑《贈懷遠將軍玉昆公家傳》“（彭萬昆）年八十八卒”[③]，推算可知彭萬昆生於明朝萬曆四十五年（1617）。

明代崇禎十七年（1644），李自成攻占北京。張獻忠率部進入四川，在成都建立“大西”政權。全川大亂，四處盜匪横行。時任簡州（今四川簡陽）判官的彭萬昆，帶着他在簡州認識的好朋友海智和尚卸職回丹。彭萬昆回到丹棱後，便組織鄉勇保境安民，以至於盜賊都不敢進入丹棱境内[④]。

清順治三年十月（1646），張獻忠在西充鳳凰山突圍中被清軍亂箭殺死。但是他的殘部郝承裔從雅安順青衣江而下，攻破洪雅、夾江。然後在洪雅、夾江一帶安營扎寨，威逼嘉州，致使川南一片大亂。駐守成都的清軍制軍李國英依照彭萬昆計謀，平定了郝承裔殘部。事後，制軍李國英依據彭萬昆功勞，授予彭萬昆“都督僉事”官職。任命書送達後，彭萬昆却堅決推辭不接受，而是安居家鄉，從事農業生産和慈善事業[⑤]。

後來，彭萬昆經過一番辛苦勞作之後，終於富甲一方。彭萬昆在離他家不遠的一座無名山上，專門爲從簡州跟隨他來到丹棱的海智和尚修建了一座寺廟。寺廟修好後，彭萬昆請他的親家也就是孫子彭遵泗兄弟的外祖父夾江縣的王廷詔先生，給這座山和新建的寺廟取個名字。王廷詔，字宣子，是清康熙庚戌（1670）科進士，是個很有學問的人。東漢時期，有個品行高潔的大學問家荀淑，他有八個兒子，而且每個兒子都有才名，當時的人，都稱他家的八個兒子叫“荀氏八龍”。而彭萬昆剛好也有八個兒子，所以王宣子先生就把這座山取名叫“萃龍山”，寓意他親家的八個兒子也如同東漢人荀淑的八個兒子一樣。然後，王宣子先生又因爲在寺廟升梁時，山頂上有紫色的雲氣浮現，又把這座寺廟命作“紫雲寺”。“紫雲寺”修好後，彭萬昆專門請來教師在萃龍山紫雲寺教育他的子孫讀書[⑥]。

據嘉慶版《彭氏族譜》記載，彭萬昆一生養育了彭鍾、彭珩、彭賢、彭良、彭璋、彭珮、彭琰、彭珣八個兒子。八個兒子又給他生育了二十四個孫子。在彭萬昆嚴格家教的熏陶之下，在清康熙、雍正、乾隆三朝史稱“文治武功”的鼎盛時期，彭家子孫接連高中三名文進士、五名武進士、七名文舉人、八名武舉人，十九人被録用爲官[⑦]。其孫彭端淑、彭肇洙、彭遵泗同胞弟兄三進士更以科名、文名聞名於世。彭萬昆也因其孫輩功名顯貴，而被朝

---

① （清）彭繼儒、彭嶼纂：《彭氏族譜》影印本，嘉慶己巳冬鐫，桂香閣存版。
② （清）彭繼儒、彭嶼纂：《彭氏族譜》影印本，嘉慶己巳冬鐫，桂香閣存版。
③ （清）彭繼儒、彭嶼纂：《彭氏族譜》影印本，嘉慶己巳冬鐫，桂香閣存版。
④ 李朝正、徐敦忠：《彭端淑詩文注》，巴蜀書社，1995年版，第314—316頁。
⑤ 李朝正、徐敦忠：《彭端淑詩文注》，巴蜀書社，1995年版，第314—316頁。
⑥ 李朝正、徐敦忠：《彭端淑詩文注》，巴蜀書社，1995年版，第314—316頁。
⑦ （清）彭繼儒、彭嶼纂：《彭氏族譜》影印本，嘉慶己巳冬鐫，桂香閣存版。

廷先後累加封贈爲承德郎、奉政大夫和懷遠將軍。彭萬昆是一位高壽的人，享年八十八歲，去世之日，遠近聞之，皆哀痛流涕。

彭遵泗的父親彭珣，號東壁，彭萬昆第八子，雍正七年（1729）貢生。彭珣年輕時聰明敏鋭，有才幹謀略。當秀才的時候，便把通曉經學、學習研究古代典籍放在首位。寫文章注重簡樸，和時俗不一樣。三十歲就打消了進取功名的念頭，外出游歷四方，數年後纔回到家鄉，隱居三溪河畔，祖上留下的家業很豐足，他把它們全交給家人打理，從不參與。只是潛心研究《易經》，采集古人注釋，摘録其中精要來教育兒子，人稱他爲“三溪先生”。年六十五，以明經終①。

彭珣一生育有七子，即彭端洪、彭端淑、彭肇洙、彭遵泗、彭端洋、彭大澤、彭端瀓②。

二

彭遵泗生於何年？卒於何年？對此，縣志和嘉慶版丹棱《彭氏族譜》均無記載。縱觀近幾十年來，國内專家學者研究彭遵泗者并不多。即使有人論及，但對其生卒年却鮮見確論。

據李朝正、徐敦忠兩位先生《彭端淑詩文注·彭端淑年譜》記載，彭遵泗生於康熙四十三年（1704）③。但筆者認爲李朝正、徐敦忠兩位先生的觀點不可信，值得商榷。其依據有三：

一是在李朝正、徐敦忠《彭端淑詩文注·五七言絶》載有彭端淑《見荷有感》詩，在其詩前小序中，彭端淑云：“先大父植紅蕖十畝，其種自眉州三蘇祠瑞蓮池來，蓋老泉遺迹也。開時出并蒂，其年必有登科者，或産雙男，後日并貴，如吾弟仲尹（即彭肇洙）、石甫（即彭遵泗）皆孿生。前輩作詩記之近百載矣。今日易爲稻田，感而賦此。”④ 此段文字爲彭端淑之親筆，其可信度毋庸置疑。

二是在清人孫桐生《國朝全蜀詩鈔》載有彭肇洙《哭四弟磬泉》詩一首，詩云：“同氣空存未了身，霸才難再遇斯人。遄征不夜情何切，相對無言病已屯。一夕寶幡呈法相，千秋銀漢失星辰。與君未解蓮池結，再世應來證舊因。”在其中句一後，有彭肇洙自注云：“余兄弟孿生。”在尾句末有彭肇洙自注云：“余與弟生之月，池中開并蒂蓮花。”⑤ 據詩中彭肇洙自注，尤其是尾句注又與彭端淑《見荷有感》詩序相互印證，可見彭肇洙與彭遵泗爲孿生無疑。

---

① 李朝正、徐敦忠：《彭端淑詩文注》，巴蜀書社，1995年版，第402頁。
② （清）彭繼儒、彭典纂：《彭氏族譜》影印本，嘉慶己巳冬鐫，桂香閣存版。
③ 李朝正、徐敦忠：《彭端淑詩文注》，巴蜀書社，1995年版，第492頁。
④ 李朝正、徐敦忠：《彭端淑詩文注》，巴蜀書社，1995年版，第293頁。
⑤ （清）孫桐生：《國朝全蜀詩鈔》卷十一，巴蜀書社，1986年版。

除此之外，尚有另一鐵證可資佐證。2016 年，筆者與愛好丹棱地方文史的朋友在丹棱“三彭”故里雙橋鎮桂香村村委會，發現存放在村委會階沿上的一方長滿青苔的墓碑。墓碑上雖滿布青苔，但字迹尚隱約可讀。據石碑上的文字看，是河南道監察御使彭肇洙的墓碑。

根據從碑石照片整理的碑文看，碑文中有如下一段文字：“西蜀彭氏，川南巨族。譜載萬昆，字玉吾，八子得成，均文武鄉□。□斯□□，桂蘭秀芳，喬梓竹林，科甲鼎盛，异矣水也。八□�公，有子七人。文魁六，武魁一，進□翼□衛□也。莫异於七子中，同胞孿生若仲尹、磬泉者，□□□□，兄弟固似也。”

文字中“八□珦公，有子七人。文魁六，武魁一，進□翼□衛□也。莫异於七子中，同胞孿生若仲尹、磬泉者”，聯繫上下文，結合有關史料記載，這段文字的大意是彭萬昆的八子彭珦，生有七個兒子。在他的七個兒子中，仲尹、磬泉是同胞孿生的兄弟。而仲尹，即彭肇洙；磬泉，即彭遵泗。

以上三例，都權威地説明彭肇洙與彭遵泗是孿生兄弟。既然彭肇洙與彭遵泗是孿生，那麼彭遵泗生年自然與彭肇洙同年，即清康熙四十年（1701）。

彭遵泗卒於何年？對此，縣志和嘉慶版丹棱《彭氏族譜》也均無記載。現存文獻資料中，明確記載有彭遵泗去世時間的，是乾隆二十七年（1762）。彭肇洙所作《丹溪遺編・序》中云：“磬泉殁後，越七年餘，仲兄樂齋自嶺南解組歸，始叩其三子延慶，得其首尾完備者詩文數十篇。”① 據《彭端淑詩文注》附録一《彭端淑年譜》記載，乾隆二十四年（1759）秋天，始動辭官歸里的念頭。乾隆二十五年（1760）年正式呈狀請辭，年底，彭端淑請辭得到了吏部批准。乾隆二十六年（1761）年十月，彭端淑辭官返回四川②。據此可知彭遵泗是在其兄彭端淑乾隆二十六年自嶺南解組歸前七年，即乾隆二十年（1755）去世。照理，作爲胞兄彭肇洙所言應毋庸置疑。但彭肇洙所言可信嗎？

據李朝正、徐敦忠《彭端淑詩文注・附録一・彭端淑年譜》中載：“一七五九年（乾隆二十四年，已卯），六十一歲。彭端淑……返廣東途中，經海域，彭端淑不慎失足落水，幸好隨從船工奮力營救，幸免一死。……抵肇慶後，左思右想，遂決意告歸。又加之二弟彭遵泗與湖北大吏抵牾，被解除了黄州府同知職，業已歸家。”③ 顯見，乾隆二十四年彭遵泗仍健在人世。顯然，彭肇洙《丹溪遺編・序》中所言不可信。

光緒版《丹棱縣志》卷八載有彭遵泗《白塔説》一文，文中記載了彭遵泗鄉鄰劉姓婦張氏修繕城西白塔事。“……庚辰新正，大集土夫、泥水人匠而興工焉。造飯水薪雜遣，各目色備聚。延一親戚老成人支掌錢米出入，自以身爲匠役。督閲兩月，疊級層盤，粉藻一色，璿題落雁，儼與雲日争輝矣，而共傳且及各邑。婦復白於山門外。工止，塔頂未正。筮吉於三月十五日，凡與緣簿，齊集而散會焉。……余正月赴省，經塔下，停騎入視，婦掃持簿前，命侄予以

① （清）彭遵泗著：《丹溪遺編》，清乾隆三十五年（1770）刻本。

② 李朝正、徐敦忠：《彭端淑詩文注》，巴蜀書社，1995 年版，第 515—516 頁。

③ 李朝正、徐敦忠：《彭端淑詩文注》，巴蜀書社，1995 年版，第 515 頁。

一金……是年四月初十日，余赴京祝萬壽節。”[①] “庚辰新正”，即清乾隆二十五年正月。三月十五日，城西白塔修繕竣工。是月，彭遵泗赴省經塔下，并捐金資助張氏義舉。而後，彭遵泗又於是年四月初十日，赴京祝“萬壽節”。“萬壽節”，是清代慶祝皇帝誕辰而舉辦的全國性節日，是清代宮廷中重要的典禮活動。清乾隆皇帝愛新覺羅・弘歷，生於清康熙五十年（1711）9月25日。顯見，彭遵泗《白塔説》一文，是作於清乾隆二十五年，四月赴京參加“萬壽節”期間。據此可知，至少在清乾隆二十五年四月，彭遵泗仍健在人世。

乾隆二十六年，丹棱知縣李光泗曾撰有《修丹棱縣志叙》一文，文中云：“一日，晤彭生延慶（彭遵泗之子），語次，及其尊人太史存日，與舊令蕭山黄君薪莊商榷，有稿未克就緒。急索閲之，山川、風物，撰次有條；而於先賢嘉言懿行，尤爲留心采掇。爰於簿書之暇，就加增訂，割俸付剞劂氏，庶以存一隅文獻，且不没黄、彭兩君草創之苦心云耳。”[②] 據丹棱知縣李光泗所言，乾隆二十六年，此時彭遵泗已經作古。

綜上所述，既然清乾隆二十五年四月，彭遵泗還赴京參加九月舉行的乾隆“萬壽節”，且再結合乾隆二十六年，丹棱知縣李光泗向彭遵泗之子彭延慶索閲縣志遺稿事，因此，筆者認爲乾隆二十七年，彭肇洙所作的《丹溪遺編・序》一文所云：“磬泉歿後，越七年餘，仲兄樂齋自嶺南解組歸。”其“越七年餘”記載，應爲“越年餘”之誤。所以，筆者斷定彭遵泗去世時間應在清乾隆二十五年五月至年底之間。

故彭遵泗生於清康熙四十年，卒於清乾隆二十五年，享年六十歲，可以確之。

三

據彭端淑云：“彭磬泉少聰敏，七歲濯手水邊，吟曰：‘素手濯長渠，揚波混太虚。還將指上瀝，驚散水中魚。’先伯父聞而附其頂曰：‘是兒當作第一人也。’年十二，《咏扇上美人吹簫橋邊》一絶，結云：‘仙音不肯隨風響，恐引漁郎渡石橋。’衆异之，由此知名。”[③] 可見彭遵泗少年聰慧。彭遵泗青少年時期隨兄長讀書於萃龍山紫雲寺，乾隆二十五年底，彭端淑曾作《寄仲尹》詩，回憶了兄弟們當年的讀書生活，詩云：“憶昔方弱冠，讀書紫雲巔。與君及石甫，風雨對床眠。空山伴豖鹿，今古歸磨研。夜課燃明燈，旭日臨窗前。文章鄙流輩，志欲追雄遷。”[④] 多年寒窗苦讀，終於成就“三彭”美名。

彭遵泗，雍正七年己酉科拔貢。雍正十三年（1735）乙卯科鄉試中舉，獲得四川省分省

① （清）顧汝萼修，朱文瀚等纂：《丹棱縣志》卷八，光緒十八年（1892）刻本。
② （清）李光泗修，彭遵泗纂：《丹棱縣志》卷首，乾隆二十六年（1761）刻本。
③ （清）彭端淑輯：《雪夜詩談・下》影印本，乾隆四十二年（1777）新鎸，石室藏版。
④ 李朝正、徐敦忠著：《彭端淑詩文注》，巴蜀書社，1995年版，第19—20頁。

考試中式第一名。乾隆二年丁巳科會試，名列四川同年七名進士中第一名，授翰林院庶吉士。次年，彭遵泗又轉調兵部主事。乾隆七年（1742）又擢兵部員外郎。乾隆十五年（1750）外放，任甘肅凉州（治所在今甘肅武威縣）同知。乾隆十七年（1752），彭遵泗轉調湖北，署黄州府（治所在今湖北黄岡）同知。乾隆十九年（1754）再改江蘇江防同知。乾隆二十一年（1756），彭遵泗五十五歲時以卓异之才不爲世用，自請卸職歸里，從而早早結束了他近二十年的仕宦歷程。

據縣志載，彭遵泗學問廣博淹雅，工詩善文，生平好著述。其兄彭肇洙在《丹溪遺編・序》中也説："磬泉學富才充，好著述。"[①] 但遺憾的是彭遵泗自身有一個極大的缺憾，就是"拙於字，不能自繕其本"[②]。彭遵泗寫文章，如其兄彭端淑所言："皆旭素狂草，塗乙縱横，不盡可識，且隨書隨擲。"[③] 據彭肇洙在《丹溪遺編・序》中説，彭遵泗寫文章，每寫成一篇便隨手扔置在書箱之中，"冀晚年歸里，始考訂以行世"。豈料天不假年，乾隆二十四年，彭遵泗因與湖北大吏抵牾，被解除了黄州府同知一職歸家居丹棱。不久，便在清乾隆二十五年，享年六十歲時命歸黄泉。待彭端淑解組歸里後，與彭肇洙欲整理彭遵泗遺稿時，書箱之中文稿以至於"零章雜遝，墨迹蒙昝難卒讀"[④]。

彭遵泗一生究竟有何著述？至今學界也尚無一個完整準確的表述。

據縣志及現有資料記載，彭遵泗生前僅有一部書稿刻印成書，即《蜀碧》。彭遵泗在《蜀碧・自序》中云："乙丑（1745）八月朔五丹溪生磬泉泗自叙。"可見《蜀碧》成書於乾隆十年，其兄彭端淑也爲該書作有序文一篇。可以説《蜀碧》是彭遵泗唯一在生前編撰完成，并作有自序的一部著作。

彭遵泗第二部著述是乾隆二十六年刻印成書的《丹棱縣志》。這部書稿是乾隆十年，彭遵泗受時任丹棱知縣黄雲之邀編修的。據彭端淑《丹棱縣志・序》云："今年春，余弟磬泉來京師，解所作縣志示余，自山川、地理，以及風土人物之屬，森然條貫，而於藝文，搜討尤詳。余閲竟，嘆曰：'嗟乎，是固余之有志而未逮者！'"[⑤] 從《序》文中得知，彭遵泗《丹棱縣志》書稿應該已完稿。彭遵泗是何年入京見彭端淑的呢？彭端淑自雍正十一年（1733）進士及第授吏部主事後，便一直在京城爲官，直到乾隆十九年（1754），纔離開京城出署"三江要口，五州之屏藩重地"的廣東肇羅道署察使。故筆者推之，彭遵泗應該是在乾隆十九年前，携所作《丹棱縣志》書稿，入京看望其兄彭端淑的。彭端淑在閲讀之後，并爲之作序。遺憾的是，在清乾隆二十五年彭遵泗去世時，《丹棱縣志》書稿仍未能付梓出版。直到乾隆二十六年，新任知縣李光泗得知，在彭遵泗三子彭延慶手中有一部由彭遵泗撰修的《丹棱縣志》書稿，於是從彭延慶處索得手稿，并稍加增訂後付印成書，此書爲丹棱縣現存

① （清）彭遵泗著：《丹溪遺編》，清乾隆三十五年（1770）刻本，卷首，（清）彭肇洙《丹溪遺編・序》。
② （清）彭遵泗著：《丹溪遺編》，清乾隆三十五年（1770）刻本，卷首，（清）彭肇洙《丹溪遺編・序》。
③ 李朝正、徐敦忠著：《彭端淑詩文注》，巴蜀書社，1995年版，第375頁。
④ （清）彭遵泗著：《丹溪遺編》，清乾隆三十五年（1770）刻本，卷首，（清）彭肇洙《丹溪遺編・序》。
⑤ 李朝正、徐敦忠著：《彭端淑詩文注》，巴蜀書社，1995年版，第377頁。

最早的一部縣志，也是由丹棱本土學者獨力修撰的一部縣志[①]。

彭遵泗第三部著述是《蜀故》。《蜀故》是一部卷帙浩繁的有關四川的百科全書，對研究四川的風土人情、社會風俗、山川地理、人文教育具有重要的參考價值，“可當於《通志》之一助也。”[②] 據乾隆三十八年（1773），彭端淑所作《蜀故序》載：“余弟磬泉……後爲邑侯黄公聘修縣志，隨輯《蜀故》，上自天文，下迄疆域，名賢事功，辨其真贋成集，凡廿七卷。”[③] 由此可知《蜀故》始撰時間，是在乾隆十年，因爲彭遵泗應邑侯黄公之聘修縣志事始於是年。彭遵泗乾隆二十五年去世後，彭肇洙回歸故里，侄兒彭延慶携書稿禀見三伯父彭肇洙。彭肇洙閱覽《蜀故》手稿後，叮囑彭延慶説“此汝父之手澤，謹藏諸笥，爲家塾之一助也可”之後，在乾隆三十四年（1769）秋月，爲《蜀故》作序一篇。原文云：

> 《蜀故》者，典故也，括全省之典章人物以佐案頭之博覽者也。上自天文之分野、古今之興廣、官制之沿革、名賢之著作，凡夫忠孝節烈、釋道仙佛、關河險阻，無不略備。誠哉、試策之寶筏，可當於《通志》之一助也。余戊辰歲解組歸來，余弟三子延慶携此請予批閱，事故瞭若指掌，不禁喟然曰：“噫嘻！此汝父之手澤，謹藏諸笥，爲家塾之一助也可。”時乾隆三十四年壬申仲秋月上浣肇洙仲尹氏并序。[④]

但要指出的是彭肇洙《蜀故・序》雖十分簡短，但却存在多處與史實不符的錯誤，須要認真辨析。彭肇洙在《蜀故序》中云：“余戊辰歲（1748）解組歸來，余弟三子延慶携此請予批閱。”在文中，彭肇洙對其侄子彭延慶説，《蜀故》“此汝父之手澤”，既是“手澤”，可知《蜀故》必然爲彭遵泗去世後之遺稿。而文中云彭肇洙批閱彭遵泗《蜀故》時間，是在“余戊辰歲解組歸來”時。而“戊辰歲”，是乾隆十三年。此時，彭遵泗尚在人世，怎能稱此稿爲“此汝父之手澤”？顯然彭肇洙云“余戊辰歲解組歸來”，與史實不符。據李朝正、徐敦忠先生《彭端淑詩文注・彭端淑年譜》載：“一七四八年（乾隆十三年、戊辰）五十歲”條載：“彭端淑之大弟彭肇洙，由刑部員外郎外授河南道監察御史。”[⑤] 顯然“戊辰歲”時，彭肇洙尚在任上。

另外，彭端淑在《晚年詩續刻》中，輯有《送别舍弟仲尹》詩一首，詩中云：“薄宦二十年，晨夕共風雨。出處倏分途，燕蜀萬里阻。春色滿皇州，送子至南浦。”[⑥] 在詩後的注釋〔1〕中，李朝正、徐敦忠先生云：“原題下有作者自注云：‘時仲尹（彭肇洙，字仲尹）方致仕還家。’彭肇洙於乾隆十八年（1753）致仕回家，其時彭端淑在京任吏部員外郎。”[⑦]

① （清）彭遵泗著：《丹溪遺編》，清乾隆三十五年（1770）刻本，卷首，（清）彭肇洙《丹溪遺編・序》。
② （清）彭遵泗：《蜀故》，四庫全書影印本，卷首，（清）彭肇洙《蜀故・序》。
③ （清）彭遵泗：《蜀故》，四庫全書影印本，卷首，（清）彭肇洙《蜀故・序》。
④ （清）彭遵泗：《蜀故》，四庫全書影印本，卷首，（清）彭肇洙《蜀故・序》。
⑤ 李朝正、徐敦忠：《彭端淑詩文注》，巴蜀書社，1995 年版，第 510 頁。
⑥ 李朝正、徐敦忠：《彭端淑詩文注》，巴蜀書社，1995 年版，第 138 頁。
⑦ 李朝正、徐敦忠：《彭端淑詩文注》，巴蜀書社，1995 年版，第 138 頁。

再聯繫詩句推之，彭肇洙於雍正十一年（1733），與兄彭端淑同榜登進士第，授刑部主事，“薄宦二十年”後致仕，時間正好是乾隆十八年。可見彭肇洙解組致仕是在乾隆十八年。而乾隆十八年是歲在癸酉，并不是歲在戊辰。顯然，文中“余戊辰歲解組歸來”，於史實不合。

彭端淑在其《晚年詩續刻》中，曾載有《海市和仲尹》詩一首，詩中云：“蘭臺小弟罷官回，東走萬里窺蓬萊。”[①] 御使，古稱“蘭臺”。彭肇洙曾任河南道監察御使，故稱。據李朝正、徐敦忠先生注：此詩作於清乾隆十九年。可見彭肇洙乾隆十八年解組致仕後，并没有立時返家歸來，而是四處周游去了。

同時，彭端淑在其《晚年詩續刻》中，還載有《舟中感懷寄仲尹》詩一首，在其詩末句，云：“滿目蕭條非復昔，憐君耕舌侶羅閣。”[②] 據李朝正、徐敦忠先生注云：“耕舌，指教書。彭肇洙當時設教潼川。”潼川，古稱梓州，即今四川三台縣。“羅閣”，是古代高昌地區對糜粥的稱謂。據李朝正、徐敦忠先生注云：此詩是彭端淑於乾隆二十四年，乘船去廣西辦理公務途中懷念彭肇洙而作。又由此可知，彭肇洙四處周游結束回到四川之後，彭肇洙仍未回歸故里，而是爲生計在外設帳教書去了。

彭肇洙乾隆十八年解組致仕後，究竟哪年才回歸故里？據序文所言，顯然應是在清乾隆二十五年，彭肇洙得悉其弟彭遵泗去世之後，才匆匆返還故里。

另彭肇洙云他作《蜀故・序》的時間，是“时乾隆三十四年壬申仲秋月上浣”。而查干支紀年，乾隆三十四年，應該是歲在“己丑”，而絶不可能是歲在“壬申”。故彭肇洙作《蜀故・序》的時間，是在“時乾隆三十四年己丑仲秋月上浣”。

乾隆三十八年春月，彭延慶又携書稿，見二伯父彭端淑於成都錦江書院，彭端淑細加翻閲後，也爲《蜀故》作序一篇。由此，可推之《蜀故》刻印成書時間應在乾隆三十八年之後。

彭遵泗第四部著述是乾隆二十七年整理成書的《丹溪遺編》。據彭肇洙在《丹溪遺編・序》中云：“磬泉殁後，越七年餘，仲兄樂齋自嶺南解組歸，始叩其三子延慶，得其首尾完備者詩文數十篇。”於是彭端淑、彭肇洙將這幾十篇首尾完備的詩文，整理編定爲《丹溪遺編》二卷，彭肇洙并專門爲該書作序一篇。《丹溪遺編》二卷整理成書後，并没有刻版付印。乾隆三十五年（1770）七月，渝江王家駒在北京遇彭遵泗之子彭延慶。渝江王家駒與彭遵泗爲舊識，清雍正十三年秋，彭遵泗鄉試中舉後，曾與彭遵泗相交。所以，渝江王家駒在時隔三十多年後，從彭遵泗之子彭延慶手中讀到彭遵泗《丹溪遺編》手稿遺集，欣然爲該書作有《跋》文一篇[③]。但該書何時刻印成書尚無從考證。筆者手中《丹溪遺編》卷頁中，有清代藏書家范志熙“木樨香館范氏藏書”印章一枚，但亦不知爲何時刻印成書。

彭遵泗第五部著述是《求志堂集》。據清人王昶《湖海詩傳・彭端淑》云：“余過成都時，樂齋主錦江書院，談藝之下，相得甚歡，因出生平所作同其弟之文，囑余論定，余爲删

---

① 李朝正、徐敦忠：《彭端淑詩文注》，巴蜀書社，1995年版，第180頁。
② 李朝正、徐敦忠：《彭端淑詩文注》，巴蜀書社，1995年版，第212頁。
③ （清）彭遵泗著：《丹溪遺編》清乾隆三十五年（1770）刻本，卷首。

成十卷。後六年，余告假歸家，適江安楊君卓來令吾邑，見此願任開雕。”① 據李朝正、徐敦忠先生《彭端淑著作版本考略》一文考證，乾隆三十九年（1774）九月，王昶在成都受彭端淑之托，將他和彭遵泗詩文加以審定，乾隆四十六年（1781），王昶丁母艱回到江蘇青浦，期間將彭端淑和彭遵泗詩文，編爲《二彭集》十卷，彭端淑詩文爲《白鶴堂集》六卷，彭遵泗詩文爲《求志堂集》四卷。王昶編定之後，親手繕寫兩份，一份家藏，一份交給時任青浦縣令四川江安人楊卓②。之後，王昶回京供職，楊卓又調任新疆伊犁，《二彭集》是否付梓便成未解之謎了。

彭遵泗第六部著述是《蜀苑》。據民國十二年版《丹棱縣志》載：“彭遵泗，字磬泉，肇洙弟。登乾隆丁巳進士第。由庶吉士改兵部主事，官至江防同知。卓有政績，學問淹雅，尤長古文。生平好著述，有《蜀碧》一書，記明季獻賊入川事，確可徵信，已采入《四庫》；又有《縣志》四卷，《丹溪遺編》二卷，《蜀故》二十七卷；又纂《蜀苑》，未成，卒。”③ 然而據渝江王家駒《丹溪遺編・跋》云：“今遇公嗣君延慶於京師，得讀公遺集并所纂《蜀苑》，循環把玩，慨然增嘆！以謂天之生才，良不易。覯有才如公，使得終竟其用，其所論著當不斬止於此！公所作《四書制義》刻白鶴堂稿中，爲士林拱壁。其《蜀碧》《縣志》付梨棗有日矣！惜《蜀苑》爲公未成之書，尚須校訂。若詩文，筆力精健、用意深到，直追古人。雖所存無多，譬之吉光片羽，彌加珍重。後有徵蜀文獻者，彭氏多才，如兹編亦其一也。爰綴數語，簡末，俾付剞劂，以傳於後云。”④ 從清人渝江王家駒《丹溪遺編・跋》中載，可知《蜀苑》雖爲未成之書，但只須校訂便可付剞劂，以傳於後世。而且在《丹溪遺編・跋》中，對《蜀苑》給予了很高的評價，認爲“若詩文，筆力精健、用意深到，直追古人。雖所存無多，譬之吉光片羽，彌加珍重。”遺憾的是，歲月淹忽，人世變遷，《蜀苑》之下落，也無從窺見！

四

彭遵泗雖著述甚豐，但多爲史學，其詩文雖富，但存世極少，至今唯存《丹溪遺編》二卷，收其詩 41 首，文 27 篇。故其詩文并不顯見於世人，也不爲人所重，國内幾乎無人關注。

從《丹溪遺編》所收彭遵泗之詩來看，體裁偏重於古風和律詩，内容則偏重於咏史品評蜀中歷史人物，同時也有不少題畫應酬人情世故之作。藝術上遣詞用語凝練精到，描景狀物

---

① 李朝正、徐敦忠：《彭端淑詩文注》，巴蜀書社，1995 年版，第 551 頁。

② 李朝正、徐敦忠：《彭端淑詩文注》，巴蜀書社，1995 年版，第 568 頁。

③ 文良模等修，羅春霖等纂：《丹棱縣志》，民國十二年（1923）石印本，成都欽記影印館石印。

④ （清）彭遵泗著：《丹溪遺編》，清乾隆三十五年（1770）刻本，卷首。

栩栩如生，立意心存高遠，多發前人之未發。清人張沆《國朝蜀詩略續·卷六·彭遵泗》條評："李調元云其詩先宗小杜，後宗大杜。先生精古今文，詩不多見，然吉光片羽，彌深寶貴。"①

五古《唐博士庚》詩云："蜀秀竭眉山，煉石寧能補。博士乘未央，磊落相撑拄。"詩中將唐庚與東坡并提，且用語奇崛，瞬間便將唐庚之磊落形象樹立得栩栩如生。眉山因三蘇出而草木枯，三蘇去而仿佛天崩，唯有唐博士庚能繼之。在衆多咏唐庚詩句中，彭遵泗此詩堪稱佳作。《古墓吟》："縱使長不虧，於生亦何補？古來大聖賢，天地可爲宇。修短隨物化，精神照千古。所傷袁公路，未死骨已腐。"豪放豁達之氣概躍然紙上，褒貶之意亦含其中。

《丹溪遺編》中有七古詩五首，其中題畫詩兩首，壽詩三首，七排一首。後者大都爲應景之作，雖用語典雅得體，但均屬應酬之作，意義不大。唯有題畫詩可讀，如七排《賦得月印萬川圖》："皎月凌空度海堧，雲歸遠岫净浮烟。凝光豈獨同千里，委照猶宜印萬川。"寫月華流光，縮天地於尺幅之間，筆法雄渾。"繞却清波流不定，沉得碧水静還圓。金籠曲岸星星聚，玉滿平湖個個偏"。寫月影沉璧，星光點點，清波流轉，曲岸縈回之狀如在眼前，放在歷代題畫詩中，也堪稱上乘之作。

若論彭遵泗詩最讓人印象深刻的還是感懷咏古之作，《丹溪遺編》共收有感懷咏古之作七律二十多首，幾占其詩作一半以上。這與彭遵泗所在家鄉之歷史傳承、個人之興趣密切相關。遵泗先生故里乃是眉山丹棱，宋代李燾《續資治通鑑長編》、彭叔融《太平治迹統類》皆是煌煌大作，可見丹棱史學傳統浸潤之深。彭遵泗著有《蜀碧》《蜀故》《丹棱縣志》，皆爲史學之專著，他對於歷史研究之深入，見解之深刻，訴諸詩文，自然不同。咏史之作大都由景入，以論出。譬如《過草堂》："翠竹萬杆環舊圃，碧沙千載護寒塘"；《過武侯祠》："千年風雨園陵閉，一代君臣俎豆長"；《吊武鄉侯》："星流渭北炎精散，泪斷秦川父老思"；《吊北地王》："武擔不斷萇弘碧，洛下誰招杜宇魂"；《過應山楊大洪故宅》："大刀未染麽麽血，鈎黨先摧鸞鳳翎"等，精句頻出，令人叫絶。《客至》《寄懷》《秋雨》諸篇，想象奇崛，遣詞精準。《客至》："如談世事歸休矣，欲道奇書卧聽之，中散疏狂本是性，聞來見去兩忘機。"隱隱可見彭遵泗蕭瑟疏狂之氣。《寄懷》："霽後短籬竹泪雨，景移斜日柳歌風。"堪稱傳世佳句，與彭遵泗幼年時《咏扇上美人吹簫橋邊》中"仙音不肯隨風響，恐引劉郎過石橋"有同工之妙，可見詩才。

其五言排律百韵長詩《丹棱僻居蜀南，談州邑者鄙夷之，然舊稱厚倫美俗，如魯之靈光，視他縣尤近古。余檢閲之下，撮其遺事爲百韵一章，非云風示，亦詩人敬恭桑梓之意耳》，在彭遵泗獨立編撰的乾隆版《丹棱縣志》中題名爲《總邑志百韵》，但在《丹溪遺編》中不知何故編在文卷之内。此詩可謂宏篇巨制，縱越千載，覽括影響丹棱歷朝歷代地方發生的重大歷史事件，品評丹棱歷史上有名有姓人物近百人，其詩句如滔滔江水，一瀉千里，毫

① （清）張沆輯：《國朝蜀詩略》影印本，清咸豐九年（1859）刻本。

無阻隔，一氣呵成，充分彰顯其地方史學知識之淵博，駕馭語言文字之功力。彭肇洙在《哭四弟磬泉》中，稱彭遵泗是"霸才難再"。王家駒和彭肇洙都是彭遵泗極爲親近之人，二人對其評價，應該很準確。"直追古人，霸才難再"，所論極是。

《丹溪遺編》收文27篇，其中人物傳記11篇，碑記3篇，序跋6篇，祭、祝、挽文4篇，銘文2篇，説1篇。文卷中所收《楊展傳》《劉道貞傳》《余龍傳》《鐵脚板傳・附向成功》等人物傳記，可補明末清初蜀中歷史文獻之缺。

《楊展傳》記寫南明總兵樂山人楊展抗擊張獻忠事，情節跌宕起伏，張馳有度。尤其是記載張獻忠兵敗江口，所掠金玉珠寶，悉沉水底事，爲今日江口沉銀考古提供了文獻依據，尤爲珍貴。清人蔡修萊評《楊展傳》云："楊侯存亡，實關西蜀，此傳不徒作也。其排場比次，直追班、馬。"

《書周鼎昌殺賊事》，載明末副將夾江南安人周鼎昌禦賊衛里事："編亂草爲筏，筏狀如蓑笠，大數圍，鬅松散漫而隆突其頂；頂中空，旁貫以繩，擇善泅百人，人與一筏，佩鈎腰鐮入水，藏首空中，繫繩於背，筏浮其上，人伏其下，遠望如敗草飄流，不疑有人也。近浮橋，百人者齊用鐮截絡而以鈎分橋梁。橋解，守橋者盡溺。賊覺，急射之，矢格於草不能入。……賊不得志，奔還，南安賴以全活，邑之來避難者千有餘家。"清人蔡修萊評："草筏破浮橋甚怪，其形容情狀，真如目睹。寫生手也。"

但不可理解的是作爲博學的史學家彭遵泗在其《李仁甫先生家世紀略》一文中，却出現多處史實性錯誤，實在是不應該。

如："宋贈太師、温國公，謚文簡，李燾者，丹棱人，紹興中進士，唐宗室曹王皋之後也。"彭遵泗此言有誤。據宋人周必大《敷文閣學士李文簡公燾神道碑》載："公諱燾，字仁甫，一字子真。系出唐曹恭王季子右武衛大將軍偲。"[①] 又據李燾之子李壁所作的《巽嚴先生墓刻》亦作如是記載[②]。李壁，爲李燾之子，也是當朝大臣，著名學者，其親筆爲父所作的《巽嚴先生墓刻》，可信度更無庸置疑。可見李燾并不是曹王李皋之後，而是唐太宗第十四子曹王李明季子右武衛大將軍李偲之後。而李皋，則是曹恭王李明二子李傑兒子李胤之子，爲曹王李明之玄孫，李偲與李皋根本不同輩分。

又如："長子謙，官拜奉議郎。次子垕，字叔勤，官秘書省著作郎，直言極諫，多奏議，朝論偉之。嘗知遂寧府，政主簡静。而時發以剛果，少有措置。卒，歸，平恕郡人宜焉。三子塈，知郫縣事，有才名，官至宣教郎。四子塾，官承奉郎。六子垕，官承奉郎，主管尚書架閣文字。而最著者，曰壁、曰埴。"此段有兩處錯誤。據宋人周必大《敷文閣學士李文簡公燾神道碑》載："謙，早死。"[③] 李燾長子李謙，既然早死，何來官拜奉議郎？李垕爲李燾第二子，而李燾第六子爲李壁。據李壁《雁湖集・巽岩先生墓刻》云："壁，承奉郎，前主

① 王承略、楊錦先：《李燾學行詩文輯考》，上海古籍出版社，2004年版，第41頁。
② 王承略、楊錦先：《李燾學行詩文輯考》，上海古籍出版社，2004年版，第38頁。
③ 王承略、楊錦先：《李燾學行詩文輯考》，上海古籍出版社，2004年版，第49頁。

管尚書刑工部架閣文字。”[①] 此處依序應記李燾第五子李垈事。李垈，李燾第五子。生卒年代及生平事迹不詳。（李壁《雁湖集•巽岩先生墓刻》寫作“垡”）

又如：“壁，字季華，燾之第五子也。聰穎絶衆，日構萬餘言。登淳熙進士，爲右正字。寧宗時，歷官禮部尚書、參知政事、兼樞密院。……卒，贈資政殿學士，謚‘文懿’。”李燾五子爲李垈。李壁，爲李燾第六子。且李壁也不是淳熙進士，而是紹熙元年（1190）進士。此處彭遵泗顯然有誤。

又如：“其孫錫，官拜宣議郎。鏜，至修職館郎，判彭州九隴縣事。”據周必大《敷文閣學士李文簡公燾神道碑》載：“孫十一人：鏜，宣議郎；錫，修職郎、彭州九隴主簿。”[②] 顯然，此處彭遵泗又錯了。

儘管在《李仁甫先生家世紀略》一文中，出現如此明顯錯誤，但瑕不掩瑜，不能因此而影響彭遵泗在史學界的地位。

《丹溪遺編》文卷中其餘序跋、碑記諸文，亦各具特色，值得我們重視。《介山記叙》，是彭遵泗爲清代山西介休人宋廷魁所作傳奇劇《介山記》寫的一篇序文。《介山記》，又名《竹溪山人介山記》，主要寫春秋晋國介子推追隨公子重耳出亡十九年，重耳復國稱君，介子推隱迹綿山升仙，重耳尋賢焚山，玉帝誥神，天下寒食等故事。在文中，彭遵泗高度評價了戲曲之教化作用，認爲宋廷魁所作傳奇劇《介山記》：“懲奸誅佞，遂良顯忠，亦足補王化之窮而備史册所不及載。”

《蜀中烟説》，是研究四川烟葉發展和清代前期商品經濟的重要文獻。彭遵泗在文中一一細列四川各地種烟、製烟之法，以及不同産地烟葉品種、品質的差异和收益情況，非親臨實地考察者絶難知其詳，從中可窺知彭遵泗治學調研考察之嚴謹。

遺憾的是《丹溪遺編》所輯詩文一是數量太少，二是内容題材太過單一，不能很好地反映作者的人生閲歷、思想、藝術特質，在反映作者所處時代的社會生活上存在局限性。但是，除開其中交際應酬之作，其餘詩文也有一定的文獻價值。正如清人渝江王家駒在《丹溪遺編•跋》中所云：“後有徵蜀文獻者，彭氏多才，如兹編亦其一也。”

（作者單位：丹棱縣端淑文化研究會）

① 王承略、楊錦先：《李燾學行詩文輯考》，上海古籍出版社，2004年版，第39頁。
② 王承略、楊錦先：《李燾學行詩文輯考》，上海古籍出版社，2004年版，第49頁。

趙樹吉年譜

郭　平

内容提要：趙樹吉（1828 年 1 月 9 日—1880 年 4 月 13 日），字迪初、沅鵠、元卿等，號郤鄢東鄉生，四川宜賓人。道光己酉（1849）拔貢，同年中舉，次年庚戌（1850）聯捷進士，朝考一等，欽點翰林院庶吉士，散館授編修，改監察御史，歷工科、掌印給事中。同治六年（1867）外放雲南迤西兵備道，九年（1870）引疾歸里。其充御史八年，關心民瘼，彈劾權貴，直聲震於天下。任京官期間，屢充會試及順天鄉試同考官，以詩古文詞精奇秀逸，書法勁健豪爽，尤長於行草，爲世所稱。有《郤鄢山房詩存》《郤鄢山房駢文》《郤鄢山房文略》《郤鄢山房疏草》等著作傳世。

關鍵詞：趙樹吉；年譜；進士；宜賓；御史

【世系】

烈祖趙發祥（家譜稱“四世祖”，上溯爲明代，從略），字式九，生當明清之替，從軍於肅親王豪格部下，屢立戰功。後棄武從文，以歲貢生任滎縣訓導。配袁氏。（宜賓《趙氏家譜》，以下簡稱“家譜”；光緒《叙州府志》，以下稱“府志”）

天祖趙暐，字子烈，康熙乙酉（1705）舉人，丙戌（1706）聯捷進士，任江西高淳知縣，有政績，官至吏部員外郎。配張氏、張氏、邢氏、何氏。（家譜、府志；嘉慶《宜賓縣志》，以下稱“縣志”）

高祖趙士先，字運兩，廩生，早亡；其妻朱氏撫子歲貢堂成立，乾隆辛卯（1771）旌

表，建坊趙家場九井灘。（家譜、府志）

曾祖趙堂（1739—1799），字升可，歲貢生，事孀母至孝，子孫多有成就。配尹氏。（家譜、府志、縣志）

祖父趙鍾琳（1760—1837），字玉圃，爲趙堂第三子，乾隆己酉（1789）拔貢，任東鄉教諭。元配任氏，繼配樊氏。（府志、家譜）

父趙漢（1809—1850），字倬亭、晴舫，廩生。配彭氏。（家譜、府志；《郤鄢山房文略》，以下簡稱“文略”）

【引子】

趙樹吉詩云：“我家少峨下，薄有二畮田。”（《郤鄢山房詩存》，以下簡稱“詩存”）

清初，宜賓趙氏居建武所（今興文九絲鎮），自趙發祥始遷至治南梨湯鄉大水窩，世居於此，即所謂少峨山下、趙家場一帶（今屬敘州區趙場街道），以農耕爲本，讀書求仕，簪纓不絕。

道光七年（1827）**丁亥　一歲**

清道光七年十一月二十三日午時，即公元 1828 年 1 月 9 日中午，生於四川省敘州府宜賓縣梨湯鄉（今宜賓市敘州區趙場）家中。（家譜）

——按，道光七年爲 1827 年，但趙樹吉生於陰曆十一月，對應西元 1828 年 1 月 9 日。目前可見資料，多誤作 1827 年生。此正之。

道光十年（1830）**庚寅　四歲**

是年，開蒙讀書，由父親趙漢親自教授。（文略）

道光十八年（1838）**戊戌　十二歲**

是年，與同學余祥鍾（字覺峰）下池塘騎水牛，跌落水中，狼狽回家，二人歡笑不休。（詩存；《郤鄢山房駢文》，以下簡稱“駢文”）

道光二十年（1840）**庚子　十四歲**

是年，家事紛繁，趙漢委托侄子趙樹笏（字搢初）代爲授課。樹笏喜愛樹吉，授課盡心盡力。（文略）

是年，浙江進士葉朝采由羅江知縣調任宜賓知縣，對樹吉青眼相看，多有教誨。（文略）

道光二十一年（1841）**辛丑　十五歲**

是年，從兄樹甲（字仲黄，樹芴之弟）夭折。樹芴悲傷過度，此後，神智間歇性失常。（文略）

是年，學政何裕承按臨叙州府，主持院試，與趙家有世交的前輩凌榮祖高中第一名，趙漢亦名列前茅。頒獎之日，凌榮祖及趙漢“持銀花紅綾”而出，試院外鼓樂喧天，樹吉隨當地人夾道圍觀。父輩榮光，“望之如神仙中人”，樹吉亦“私心怦怦”①。（文略；《趙樹吉集校注》，以下簡稱“校注”）

道光二十二年（1842）**壬寅　十六歲**

是年，骨骼漸成，外貌俊秀，有“玉人”之目②，赴考時每每被人圍觀。（校注）

道光二十三年（1843）**癸卯　十七歲**

五月九日，從兄樹鉞（字秉黄，樹芴又一弟）染時疫病故。其時，樹芴亦卧病不起，獲知噩耗，病情更重。十四日，遵樹芴命代作祭文，剛完稿，樹芴即逝，年僅二十八歲。因家貧，經趙漢料理，草草薄葬。（文略）

是年，進學。（文略）

道光二十四年（1844）**甲辰　十八歲**

是年，從叙州府學教授、綿竹舉人唐兆扶學制藝文。（文略）

道光二十七年（1847）**丁未　二十一歲**

十二月二十三日（1848 年 1 月 28 日）寅時，長子魯熙降生。（家譜）

道光二十九年（1849）**己酉　二十三歲**

夏，與友人隆昌范雲吉同時考取拔貢。（府志、文略）

八月，參加四川鄉試中舉，正副主考官爲太湖趙畇、仁和龔自閎。（府志）

十五日，次子莠熙出生，樹吉之弟樹烈無嗣，後以此子過繼。（家譜）

道光三十年（1850）**庚戌　二十四歲**

春，由蜀道出川，赴京應考。（詩存）

三月，會試中式。大學士、華陽人卓秉恬爲正考官，吏部尚書賈楨、都察院左都御史花

---

① 《凌仁軒先生六十雙壽序》，見祁青貴《趙樹吉集校注》，巴蜀書社，2019 年版，第 359 頁。

② 《趙樹吉先生事略》，見祁青貴《趙樹吉集校注》，巴蜀書社，2019 年版，第 493 頁。

沙納、兵部左侍郎孫葆元爲副考官。(《清實録》、駢文、《鵝山文鈔》)

四月六日，於保和殿參加殿試，高中二甲第三十一名進士。(《清實録》)

五月四日，朝考一等第五名，欽點翰林院庶吉士。樹吉登第、入翰林年紀較輕，又有鄉誼，深爲座師卓秉恬喜愛。登門謝師時，卓秉恬甚至在堂上設紗簾，叫家眷藏在後面觀看。四川籍新進士趙樹吉才高人俊，一時間傳遍京華。(《清實録》《鵝山文鈔》)

六月一日，父趙漢病逝。樹吉在京聞訃後，即回籍守制。(家譜、校注)

咸豐元年(1851)**辛亥　二十五歲**

是年，在家守制。

咸豐二年(1852)**壬子　二十六歲**

是年，在家守制。期間，辦理從兄樹笏正式入葬事宜。大約於七月服闋，再赴京師，仍入翰林院，遂與當年新科進士李甲先(字申夫)等同爲庶吉士。(文略、校注)

咸豐三年(1853)**癸丑　二十七歲**

四月二日，翰林院散館，授編修，充國史館纂修及本衙門撰文。作《游仙詩》八首，"上清册府圖書滿，不是人間瘞鶴銘"①，抒寫厠身秘府清班與民生現實隔膜的不安情緒。(《清實録》、家譜、詩存)

七月二十一日始，調充乾清門行走，爲皇帝侍從班次。其時，太平天國義軍，盤踞江南，進略長江中游地區；其北伐軍過河南、山西，入直隸，軍鋒直指京師，咸豐帝在乾清宫處理文報。

十二月二十九日，小年夜，劍州好友、禮部主事李甲先(字申夫)擬請假回鄉，樹吉赴其寓所話别，留宿一夜。此前，李甲先獲一件趙孟頫臨《蘭亭序》拓本，樹吉認爲"圓緊秀健，神韵猶存，當是初拓"。李甲先又找來一本高麗箋册頁，請樹吉臨寫一遍。李甲先離京後，拓本即委托樹吉代管。(詩存；《趙樹吉手迹殘頁》，以下簡稱"殘頁")

是年冬，爲老師、大學士卓秉恬充家庭教師，入住卓府，經常討教書法之道。(殘頁)

咸豐四年(1854)**甲寅　二十八歲**

正月二十四日，四川友人范泰亨(字元吉)、李甲先結伴回蜀，有詩贈行。(詩存)

五月二十七日，夏至，賞讀李甲先留下的趙臨蘭亭拓本，愛不釋手，遂題跋語，戲稱日後要李甲先以"名筆佳墨并十五六妙鬟"來索回。(殘頁)

十二月，深冬無雪，憂心來年農事，作長詩寄意天時調和，王政清明，語云："……召

---

① 趙樹吉：《�池鄢山房詩存》卷一《游仙詩》。

沴寧無由，今昔理則一。帝心終仁愛，天子亦聖哲……”[①]（詩存）

咸豐五年（1855）**乙卯　二十九歲**

春，與廣安淡樹琪（字海山）等友人，時常陪卓秉恬郊游巨苐莊、城南頤園等處。（詩存）

秋，恩師卓秉恬病逝。去世前，將其遺稿《話雨樓集》托付樹吉整理。（駢文）

冬，與友人司馬鍾（字秀谷）、何容川兄弟、從兄趙樹棻（字蘭生）租宣武坊南一處私宅“枝巢”合住。歲暮，幾人置酒歡飲，司馬鍾作《枝巢餞歲圖》，樹吉作記，留文圖以資紀念。（駢文）

是年，應邀爲常熟趙元愷之妻錢氏墓志銘書丹。其時，樹吉書法在京師已有相當聲望。（趙錢氏拓片）

咸豐六年（1856）**丙辰　三十歲**

六月以來，兩位同鄉先後爲國殉難：榮縣劉存厚（字仲山）與太平天國作戰，戰死於鎮江；廣安淡樹琪在雲南任上，死於回亂，樹吉均有挽詩。（詩存）

八月十一日，奉旨，記名以御史用。（《清實録》）

九月，李甲先從四川返回京師，邀樹吉過訪，二人飲酒賞菊。（詩存）

秋，生一子，夭折。（詩存）

冬，納峨眉人李佩樨爲副室。（詩存）

——按，樹吉納妾，有不得已之苦衷。因太平天國戰亂，家中妻子不能來京，在京生活起居，需有人照顧。

是年，以宦況無味，有歸隱之意，給家中弟弟書信中言及。（詩存）

咸豐七年（1857）**丁巳　三十一歲**

自春至夏，與朱鑒成（字湄君）、李甲先、范泰亨、李鴻裔（字眉生）等友人多有文酒之會。（詩存）

夏，鄉試座師龔自閎以御史改任貴州省貴西道，有和詩贈別。（詩存）

八月五日，范泰亨招同何紹基（字子貞）、朱琦（字伯韓）、王錫振（字少鶴）、李榕（字六容，即李甲先）、朱鑒成、李鴻裔小集顧祠，八人以“兩三知己道古論文”分韵作詩，樹吉得“古”字。（詩存、《龍壁山房詩草》《國朝全蜀詩鈔》）

十五，與友人王再咸（字澤山）、從兄樹棻、侄祜熙飲酒賞月。（詩存）

九月七日，侄祜熙以知縣赴河南候補，有詩贈行。（詩存）

---

① 趙樹吉：《郁鄠山房詩存》卷一《祈雪》。

八日，恩師卓秉恬之子、吏部侍郎卓枟病逝，前往送葬。（詩存）

冬，廣東友人郭志融（號藕舡）任揚州知府。郭曾任官四川，是當時有名的“幹濟才”（朱鑒成語），樹吉及李榕、朱鑒成等均有詩文贈行。（駢文）

除夕，階前積雪數尺，形如峰巒。樹吉居家無聊，以熱湯澆潑，冰雪晶瑩可愛，紀之以詩。（詩存）

是年，充江西道監察御史。

——按，趙樹吉任御史的準確時間待考。據咸豐六年記名，八年春夏間開始上諫章，姑繫於此。

咸豐八年（1858）**戊午　三十二歲**

正月七日，李榕招集郭嵩燾（字雲仙）、尹耕雲（字杏農）、李壽蓉（字篁仙）、李鴻裔、龍汝霖（字皞臣）來樹吉寓所小集。其時樹吉小女牙牙學語，明媚可喜，諸人品嘗四川家鄉菜，盡歡而散。（詩存）

十六日，再得一女，取名鐶兒。（詩存）

四月十九日，上《請嚴備海防疏》，提出重金簡練兵勇、加强海防等建議。（疏草）

五月二十日，上《劾貽誤軍事大員疏》，彈劾疏於防備，致大沽炮臺失守的直隸總督譚廷襄等五名大臣。（《郁鄢山房疏草》，以下簡稱“疏草”）

七月二十四日，郭嵩燾、李榕、李鴻裔先後過訪，四人暢談人情世故，津津有味。（《郭嵩燾日記》）

八月一日，應李鴻裔之邀，與李榕、郭嵩燾再作四人之會，談新近殉職的四川籍官員江在愔（字式金）、淡樹琪以及名臣嚴樹森、胡林翼等人事迹。（《郭嵩燾日記》）

四日，郭嵩燾來拜，二人因小事發生誤會，樹吉出語非常嚴厲。郭雖面子不堪，但心裏甚是佩服。當晚，郭與李榕小飲，談及此事，稱：“元青年少耿介，偶以小事，厲辭見責，吾甚服之。朋輩中惟何丹溪觀察有此風骨。”① 李榕也持贊賞的態度，稱：“人於道理既有所見，須是自任，不自任，即游移，久將爲人所奪。”②（《郭嵩燾日記》）

八月，選爲順天鄉試同考官，取中程兆縉（字柚谷）、吉第（字雲浦）等爲舉人。（詩存）

九月十四日，應李鴻裔之邀，與李榕、范泰亨、李壽蓉、敖金甫、王小渠、郭嵩燾等八人雅集，縱談至四鼓。席間，李鴻裔談其父李崧霖、李榕談其師李惺軼事，頗助談興。李鴻裔出示趙孟頫寶雲寺碑及米芾九歌小楷石刻，趙樹吉即興臨寫一遍，郭嵩燾深爲佩服，贊其書“字體尤小，鬱屈飛動，頗有遠勢”③。（《郭嵩燾日記》）

---

① 郭嵩燾：《郭嵩燾日記》（第一卷），湖南人民出版社，1980年版，第149—150頁。
② 郭嵩燾：《郭嵩燾日記》（第一卷），湖南人民出版社，1980年版，第150頁。
③ 郭嵩燾：《郭嵩燾日記》（第一卷），湖南人民出版社，1980年版，第166頁。

十月，與李榕、郭嵩燾等好友多次聚談於李鴻裔處。（《郭嵩燾日記》）

是年，洪雅進士、與樹吉既有師生之誼又是同年的曾璧光入直上書房，先後充任皇室重要成員奕訢、奕譞的伴讀老師，曾璧光認爲樹吉的性格過於剛直，做諫官可能惹上禍事，於是主動提出可以幫他説説話，吹吹風，謀求改官，但樹吉堅持做御史，表示爲整肅朝廷綱紀，雖死無悔。實授御史後，爲了保證持議端正，不受干擾，他刻意中斷了很多與外界的交往。（《鵜山文鈔》）

咸豐九年（1859）**己未　三十三歲**

春，友人余祥鍾來京應試，"裘敝履穿"[①]，潦倒不堪，借住於樹吉寓所。（文略）

春夏間，調充會試外監試，試後奉派赴圓明園聽差。（詩存）

五月一日，因藍朝鼎李永和於雲南起事，滇銅入京之路阻斷，流通中的銅錢數量驟減，於是鑄造"當十""當百"大錢，本意是便於流通，但造成市面恐慌，民不聊生，樹吉上《請罷大錢疏》，呼籲停止鑄造大錢，仍鑄制錢，逐步恢復經濟秩序。（疏草）

八月間，奉派爲順天恩科鄉試監試官。與閱卷官不同，監試官負責考場紀律，責任重而壓力大。有詩云，"邇來兼旬損眠食"[②]。（詩存）

十月四日，因藍李亂起，敘州府所屬高縣、慶符相繼失陷。樹吉憂心故鄉安全，而現任四川總督有鳳身染疾病，難以承擔重任，於是上《請別簡賢能督川辦賊疏》，建議以陝西巡撫曾望顔入川署理四川總督。（疏草）

十二月一日，上《請飭撥精兵援叙并劾縣令不職疏》，彈劾守城不力的宜賓知縣汪覲光。（疏草）

冬，得家鄉消息，稱藍朝鼎、李永和圍攻叙州府未下，撤圍而去，爲之欣慰。（詩存）

咸豐十年（1860）**庚申　三十四歲**

二月六日，與尹耕雲聯署上《請飭南北各應援圖皖楚師疏》，呼籲朝廷督促各路大軍合力進剿活躍在安徽的太平天國陳玉成部。（疏草）

四月十六日，與尹耕雲再上《劾兩江總督何桂清，請授曾國藩爲欽差大臣總督疏》。（疏草）

夏，余祥鍾考中進士，引見後分發貴州知縣，因病未能赴任。六月三十日，病逝於京師。去世前，將一百兩銀子交付樹吉，托轉交家人。樹吉與從兄樹棻湊錢買棺材暫爲裝殮。（文略）

六月，咸豐帝下詔，命四川在京官員，就地方情形，各抒己見，各舉所知，辦理團練，

---

① 《貴州即用知縣余君墓志銘》，見祁青貴《趙樹吉集校注》，巴蜀書社，2019年版，第387頁。

② 《闈中排悶戲作》，見祁青貴《趙樹吉集校注》，巴蜀書社，2019年版，第75頁。

以肅清“滇匪”。樹吉遂上《遵保川省官紳辦理團練疏》，保薦名宿李惺爲四川督辦團練大臣，虎嵩林、楊重雅爲幫辦；同時保舉孫濂等八名四川地方官，陳繼薰等各地官紳十三名可資重任。（《清實録》、疏草）

夏秋間，與尹耕雲、高心夔（字伯足）、莫友芝（字子偲）、李鴻裔、范泰亨、黄沄（字麓生）、翁同龢（字叔平）、潘祖蔭（字伯寅）等人多有聚會。（《高心夔日記》）

八月，英法聯軍侵入北京，并焚燒圓明園，咸豐帝逃往承德避難。樹吉既不能抗敵，又未能避敵，於是閉門不出，静心整理所作駢文，手録爲一卷，即爲傳世《郁鄢山房駢文》。（駢文）

十一月十日，冬至，王拯（字定甫，即王錫振）招飲於舫齋。其時，王拯及樹吉均奉派赴承德避暑山莊當直，即將出發。（詩存）

十二月二十一日，在承德上《條陳時政疏》，提出“簡拔人材”“固結人心”“培養元氣”[1] 三大急務，并呼籲咸豐帝及早還京，以穩定人心。（校注）

是年，老師唐兆扶來信，寄時事策五篇，多爲議論堅壁清野的對策，希望樹吉代爲上奏。因英法聯軍擾攘，未能上呈帝覽。（文略）

是年，應李鴻裔之請，爲其父李崧霖《三十樹梅花書屋詩鈔》撰序。（駢文）

咸豐十一年（1861）**辛酉　三十五歲**

正月二十日，因蜀中軍情緊急，駱秉章托故觀望，遲遲不肯入川，先生憂心如焚，上《請飭提臣督辦川省軍務疏》，建議先派貴州提督田興恕入蜀，以解燃眉之急。（疏草）

二月，因去年底以來，賽尚阿、勝保、雷以諴、福濟等之前貽誤軍機被罷免的高官紛紛復出，樹吉上《請罷斥貽誤軍事大員疏》，呼籲朝廷收回成命。（疏草）

二十五日，赴王拯寓齋看杏花。（詩存）

四月一日，爲自編《郁鄢山房駢文》撰序。（駢文）

約四五月間，得悉門人程兆縉遭遇英法聯軍，不幸遇難，皇帝恩旨賜恤。程兆縉參加咸豐八年順天鄉試中舉，樹吉時任閲卷官，視程爲生平第一個選中的人才。今聞噩耗，哀惜不已，有詩挽之。（詩存）

六月，上疏糾參隆昌知縣魏元燮“婪贓虐民，縱勇行凶”[2]。（校注）

二十一日，參加王拯發起的歐陽修生日會。（詩存）

十二月十四日，小女鐶兒甫四歲，以痘症夭折。（詩存）

年底，移居椿樹二巷，與王拯爲鄰。（詩存、駢文）

---

① 《條陳時政書》，見祁青貴《趙樹吉集校注》，巴蜀書社，2019 年版，第 428—429 頁。

② 《參劾承審委員疏》，見祁青貴《趙樹吉集校注》，巴蜀書社，2019 年版，第 442 頁。

同治元年（1862）**壬戌　三十六歲**

二月，與王拯、翁同龢等被選爲壬戌科會試同考官。（詩存、《龍壁山房詩草》）

三月六日，得一女，取名長安。（詩存）

春夏間，調充會試同考官。（家譜）

夏初，江蘇陽湖舉人吴唐林（字晋壬）落第來謁，樹吉多有勉勵。吴唐林由樹吉薦卷，但最終未被録取。（詩存）

夏秋間，身染重病，累月不起，幾至不測，至深秋始逐漸康復。（詩存）

十月十八日，上《參劾承審委員疏》，彈劾經辦前四川隆昌知縣魏元燮彈劾案的承審委員吴雲程、羅廷權枉法包庇；上《請查誣控武弁片》，呼籲爲戰功顯著却無辜遭受誣陷的綏定營游擊徐璋平反。（疏草）

是年，先生與從侄亮熙合力，募集款項，將亡友余祥鍾的遺骸送回四川歸葬。（文略）

同治二年（1863）**癸亥　三十七歲**

二月五日，應王拯之邀，集飲於松筠庵，仿效宋儒朱熹，續斜川之會。同人瞻拜陶淵明像，并用陶淵明斜川詩原韵作詩。其時，王拯新得元人王冕畫梅十二巨幀，亦張掛四壁，供來客觀賞。（詩存、《龍壁山房詩草》）

二十一日，上《請誅革員勝保疏》彈劾勝保，稱勝保“……罪狀昭著，雖置重典，無以蔽辜。而該革員黨與甚多，誠恐謡諑紛騰，危詞聳聽，請特申乾斷，以正刑章。”[①] 勝保彈劾案引出一場軒然大波，樹吉甚至受到死亡威脅。御史吴臺壽奏稱“勝保有克敵禦侮保衛地方之功，無失地喪師貽誤大局之罪……趙樹吉所奏，實爲過當……”[②] 吴又對樹吉上疏中引用的《尚書》《漢書》原語，深文羅織，扣以“大不敬”罪名，要求“立斬之”[③]。後經人揭發勝保有私誼於吴，吴因此試圖打壓趙樹吉，從而救勝保。上諭嚴斥吴臺壽“荒謬誕妄，肆無忌憚，實爲臺諫中卑鄙無耻之員”，從而肯定了趙樹吉對勝保的彈劾。最終，以勝保有戰功，從寬賜自盡。樹吉亦以此一案，直聲震於天下。（《清實録》、校注）

二十七日，同治帝同意四川總督駱秉章奏請豁免曾失陷於李藍之亂的筠連、慶符、青神等縣咸豐十一年及同治元年兩年地丁正耗銀兩。在京四川籍官員合詞，上《謝川省豁免錢糧恩折》，先生爲執筆者。（駢文）

三月，恩科會試，仍入選爲同考官。（龍壁山房詩草）

九月，上《劾川東道疏》《劾川省州縣片》，彈劾恒保、李應觀等劣官。（疏草）

十二月二十二日，三子珣熙出生。

冬，得家信，知弟弟樹枟進學，寄詩祝賀。（詩存）

---

① 《請誅革員勝保疏》，見祁青貴《趙樹吉集校注》，巴蜀書社，2019年版，第449頁。

② 《請誅革員勝保疏》，見祁青貴《趙樹吉集校注》，巴蜀書社，2019年版，第449—450頁。

③ 《請誅革員勝保疏》，見祁青貴《趙樹吉集校注》，巴蜀書社，2019年版，第449—450頁。

同治三年（1864）**甲子　三十八歲**

四月十五日，在保和殿參加鄉試試差資格考試，未能考取。（詩存）

五月二日，門人温忠翰（字味秋）、王艾堂、譚序初、曹朗川招飲於龍樹寺。（詩存）

年底，先生因考差失利，舊時友朋凋零大半，健在者又紛紛出京，或外放地方官，或派任學政，心緒頗爲失落。（詩存）

是年，奉旨稽查南新倉事務。（家譜）

同治四年（1865）**乙丑　三十九歲**

元月中旬，應遂寧友人、刑部主事徐忠鋭之請，爲其父母六十雙壽撰序。（駢文）

三月，再充會試外監試。自咸豐八年以來，樹吉多次充任順天鄉試及會試同考官，同資歷的京官寥寥無幾。（詩存、家譜）

春，妻子鄭氏由四川家中來京。因戰亂往來不便，二人分別已經十二年。（詩存）

夏，朱鑒成從廣東返回京師，二人相隔數年重聚，唱和頗多。（詩存）

閏五月，上《請發倉穀并米禁疏》，奏四川春旱，米價高漲，而地方官閉糴，商民受困情形，呼籲采取措施，平抑米價。（《清實録》、疏草）

六月，陝西按察使陳湜入京，帶來李榕由臨淮湘軍大營信函，告以近況，并轉托襄助川籍京官團拜費一百兩。（《十三峰書屋全集》）

秋，通政使、署左副都御史王拯被彈劾去職，離京返鄉，臨別之際，以好酒、藤簟、普洱茶、肉桂等物留贈，樹吉作詩贈行。王拯是樹吉任御史的同僚及“帶頭大哥”，二人友誼甚篤。王離京前，二人多次互訪，談詩品藝，議論時事。（詩存、《龍壁山房詩草》）

秋，朱鑒成病故於京師，其弟護靈返鄉，樹吉有詩挽別。（詩存）

秋冬間，從兄樹棻選雲南知縣，上任便道歸省，有詩贈行。（詩存）

十月二十七日，給李榕寫信，告以朱鑒成死訊，并附寄朱鑒成四月寫給李榕的信。（《十三峰書屋全集》）

十一月，李榕復信，規勸以“習勞苦”“勤見客”化解憂愁[①]。（《十三峰書屋全集》）

同治五年（1866）**丙寅　四十歲**

正月二十五日，李鴻章奏請爲補繳認捐銀一萬兩的原江蘇督糧道楊坊之子楊寶鎔賞給舉人身份，准予參加會試。樹吉認爲此舉對“學術士風”不宜，遂上《請飭另核捐案疏》，建議另行獎叙。（疏草）

三月，得李榕濟寧來信，托在京購買《資治通鑑》《文獻通考》《通志》等書。（《十三峰書屋全集》）

---

① 李榕：《十三峰書屋全集》，巴蜀書社，1995年版，第239—240頁。

五月三日午時，長孫降生於京師，取名增穎，寄意於家中子弟快快成長。（詩存）

同治六年（1867）**丁卯　四十一歲**

春，派任雲南迤西兵備道兼管水利事，賞戴花翎。友人盛嘯髯贈劉墉手卷、古銅鏡、鐵如意，有詩答謝。（詩存）

二月中旬，過濟南，與四川籍友人王再咸、陶贊臣游大明湖、歷下亭、鐵公祠諸名勝。（詩存）

三月，抵徐州，小住李鴻裔東海道署。游放鶴亭、戲馬臺諸名勝，謁范增墓。李鴻裔贈青花石端硯，有詩答謝。（詩存）

春夏間，换船至南京，會同年倪文蔚（字豹岑），游南京諸名勝。（詩存）

五月，抵武昌，因夏季長江水大，改走洞庭湖，由澧水過安鄉赴沙市。（詩存）

約七月下旬，抵宜昌，門人吕憲瑞（字芝岩）時任東湖知縣，被選爲當年湖北鄉試同考官樹吉甚爲欣慰，有詩留贈。（詩存）

八月，過宜昌入峽。（詩存）

九月十五日，舟入巫山縣界。月底，抵萬縣。（詩存）

冬，抵家。曾拜見祖姑丈聶汝佶（字藹亭），其時祖姑丈年登八旬，身體健康，樹吉與之相約，百歲再來拜壽，老人極爲高興。（詩存、駢文）

同治七年（1868）**戊辰　四十二歲**

春，由宜賓家中出發赴雲南上任。抵滇後，迤西道治所楚雄失陷於劉文秀叛軍，尚未恢復。趙樹吉應總督劉嶽昭的要求，隨軍隊赴滇東曲靖。（詩存、文略、《鵝山文鈔》）

約五月，抵曲靖，租城西一處宅館。此時，從兄樹棻任官霑益州，相去不遠，二人得以重聚。（詩存、文略）

七月，結識湘軍劉嶽昭幕僚、兩世宦游於四川的浙江海寧人沈壽榕（字意文），氣味相投，迭相唱和。（詩存）

九月九日，約沈壽榕登高談詩。（《玉笙樓詩録》）

公暇，編《雲南同官録》，收録當時在雲南有印官二百五十二名，候補官員亦附列。（文略）

十月，女兒長安病死於家，甫七歲。（詩存）

十一月，聞李鴻裔引疾去職，寄詩問候。（詩存）

同治八年（1869）**己巳　四十三歲**

七月，移居曲靖城東南火神廟。（詩存）

九月，由曲靖赴省城昆明。在省城期間，由富順老鄉、晋寧知州廖修明介紹，結識前廣南府訓導賴鍾俊（字南岡），二人甚投契。既而，總督劉嶽昭要求，迤西道駐節楚雄。樹吉考慮兵燹之後，人文陵替，遂邀賴鍾俊同赴楚雄，幫辦學務。（詩存、駢文）

十月十四日，妾李佩樨病逝於宜賓家中，時年33歲。李氏生有五女一男，其中四女先後夭折。（詩存）

同治九年（1870）**庚午　四十四歲**

元月一日，隨雲南同僚集萬壽亭慶賀新年。（詩存）

二十四日，樹吉領銜，四川籍在滇官員三十四人燕集於昆明海心亭。（詩存）

春，打發來雲南探視的幼弟少舫回家準備參加鄉試，隨即移駐楚雄。抵楚雄後，樹吉親筆撰《牒楚雄城隍神驅疫鬼文》。（詩存、駢文、宣統《楚雄縣志》）

冬，引疾歸里，有留別同僚及士民詩作多首，離任前捐俸銀五十兩作書院膏火。（詩存、宣統《楚雄縣志》）

同治十年（1870）**辛未　四十五歲**

年初，因交代離任，滯留於昆明。期間，連日與同僚道別。（詩存）

三月底，取道霑益回鄉。從兄樹棻時任霑益知州，盤桓三日而去。（詩存）

四月，經威寧、畢節、永寧（今敘永）回川。（詩存）

同治十一年（1872）**壬申　四十六歲**

是年，楚雄縣紳民公建長生祠，祭祀動亂之後造福一方的九名文武官員，樹吉名列其中。（宣統《楚雄縣志》）

同治十二年（1873）**癸酉　四十七歲**

十月二十五日辰時，得一孫，取名增頲。（家譜）

十一月五日，妻子鄭氏病逝。（家譜）

——按，據家譜，樹吉另有一副室涂氏，生於咸豐七年。以情理推之，涂氏當於鄭氏亡後來配。附記於此。

同治十三年（1874）**甲戌　四十八歲**

是年，應敘州知府胡廷桂之請，續修《敘州府志》。其時，此前發起并主持修志的敘州知府宜成、高縣訓導衷興鑒相繼病逝，樹吉慨然接手續纂。（府志）

光緒三年（1877）**丁丑　五十一歲**

十一月十八日，得一孫，取名增頤。（家譜）

光緒六年（1880）**庚辰　五十四歲**

三月五日（公元 1880 年 4 月 13 日），病逝於宜賓家中。（家譜）

參考資料：

（清）趙樹吉《郁鄢山房詩存》
（清）趙樹吉《郁鄢山房駢文》
祁青貴校注《趙樹吉集校注》
光緒《叙州府志》
嘉慶《宜賓縣志》
宣統《楚雄縣志》
《清實録·道光朝實録》
《清實録·咸豐朝實録》
《清實録·同治朝實録》
《清實録·光緒朝實録》
（清）郭嵩燾《郭嵩燾日記》
（清）高心夔《高心夔日記》
（清）王拯《龍壁山房詩草》
（清）李榕《十三峰書屋全集》
（清）沈壽榕《玉笙樓詩録》
（清）孫桐生《國朝全蜀詩鈔》
《趙錢氏拓片》
舊書網站所見趙樹吉手迹殘頁圖片

（作者單位：綿陽市地方志辦公室）

清末詩人書畫篆刻家沈賢修脞談

胡傳淮

内容提要：沈賢修（1836—1911），字禪鶴子，安徽石埭七都（今石台縣七都鎮）人，監生。清光緒末出任四川省蓬溪縣鹽課大使十五年，駐康家渡。晚年寓居成都。善詩書畫印，著有《定生慧盦詩集》二卷、《印譜》四册、《禪和子日記》一册，是清末巴蜀藝苑有實績的詩人、書畫篆刻家。但因其官小位卑、偏處蜀中，故知之者、研究者甚少。本文特對其生平、印譜、書畫和詩歌作一初探，以供研究巴蜀文化者參考。

關鍵詞：沈賢修；印譜；書畫；《定生慧盦詩集》

沈賢修於清末光緒年間出任四川省蓬溪縣鹽課大使，任職十五年。卸任後，寓居成都，耕耘藝苑，是清末寓居蜀地的較有實績的文人、詩書畫印家。撰有《定生慧盦詩集》二卷[①]、《禪和子日記》（咸豐七年至同治三年，稿本，不分卷，藏四川省圖書館）、《印譜》四册等。清光緒時蓬溪知縣蔡承雲説："（沈賢修）善畫、善書、善鎸印章兼善摹古佛像及秦漢鐘鼎泉刀，而生平精力所萃，尤在於詩。""鶴子（沈賢修）之詩，清微澹遠，能得王孟佳處。其高者，幾欲上躋李杜，平揖蘇黄。"[②] 但因其身居下僚，偏處西蜀，連其故里編纂的民國《石埭備志彙編》，亦未爲其立傳，故知之者甚罕。有鑒於此，今特對其生平、書畫、印譜和詩歌，略作初探，聊作引玉之磚。

① （清）沈賢修：《定生慧盦詩集》，民國二十四年（1935）鉛印本。
② （清）蔡承雲：《定生慧盦詩集・序》，見《定生慧盦詩集》卷上，民國二十四年（1935）鉛印本，第2頁。

一、沈賢修生平

沈賢修，字禪和子，號鶴子，室名烟波樓，清代安徽石埭七都村（今安徽省石台縣七都鎮七都村）人，監生。世居石埭七都黃山支脉龍岩山下，故稱“七都沈氏”或“龍岩沈氏”。沈賢修《觀打魚》云：“家在龍岩山之下（山在石埭縣西五十里），故鄉風味思魚鮓。”（載《定生慧盦詩集》卷下）；《夜聞子規聲棖觸予懷得禽言一章》云：“不如歸去，家在龍岩山下住。”（載《定生慧盦詩集》卷下）。祖籍浙江吴興（今浙江省湖州市吴興區），故沈賢修自鎸有“吴興沈氏鶴子珍藏書畫之印”。

清代《石埭縣志》《龍岩沈氏族譜》載：唐咸通年間（860—874），浙江吴興人沈輅任石埭縣令，舉家遷至石埭。沈輅卒葬石埭七都村，爲七都沈氏的開基始祖。明清時期，七都沈氏家族發展到 800 餘户，近 6000 人。七都沈氏歷代能人輩出。清石埭七都沈在光（？—1850），沈賢修祖父，歷任甘肅省隆德縣（今寧夏回族自治區隆德縣）典史、皋蘭縣主簿、紅水縣（今景泰縣）縣丞、張掖縣（今張掖市甘州區）知縣、平凉（今平凉市）鹽茶廳同知、湟源（今青海湟源縣）同知。在光子三：長子沈寳林（？—1865），又名沈英，字松樵。監生，歷任四川隆昌知縣、崇州知州、夔州知州、寧遠府（治今西昌市）知府；次子沈寳錕（？—1880），字吟樵，號淵公、淵吾，道光癸卯（1843）舉人，爲四川總督駱秉章、吴棠幕僚；季子沈寳昌（1816—1879），字鶴橋，沈賢修之父，道光甲辰（1844）舉人，歷任四川石柱、廣安、涪州、打箭爐（今康定）知州、同知，成都防剿局、厘金局提調。

道光二十七年（1847），沈在光因長子沈寳林在四川任職，於是將家眷遷移至成都，自己在甘肅任職。後來，沈在光卒葬成都五桂橋羅家灣，成爲成都沈氏先祖。同治初年，沈寳錕在成都城北玉沙街，鑿池築亭，植樫花百餘株，占地百餘畝，先後建成十六座公館，顔曰“樫園”，沈氏三兄弟在此合族而居。辛亥鼎革，樫園湮没。沈松樵、沈吟樵、沈鶴樵，號爲“三大房”，詩書畫名噪一時，合稱“沈氏三樵”。沈吟樵工書法，精鑒賞，藏書甚富，爲一時之冠。著有《無定雲盦詩集》《蜀宫瓦》等。蜀中高藝名流，莫不相與納交，皆爲樫園之客。流寓蜀中的著名詩書畫家顧復初，多次到樫園暢游，撰有《樫園看梅贈主人沈淵吾》（載《樂余静廉齋詩稿》卷下）、《樫園燕集箴翁有詩余次韵贈淵吾鶴樵昆仲》（載《樂余静廉齋續集》）等詩。著名學者、成都尊經書院山長王闓運將石埭沈氏推爲“四川風雅之宗”。光緒六年（1880），沈賢修之父沈鶴樵及伯父沈吟樵先後去世時，王闓運在《湘綺樓日記》裏寫到“四川風雅之宗相繼亡矣”。王闓運撰挽沈鶴樵聯云：“萍居百口，匏繫一官，便邊州深奉養餘年，琴酒寄情聊復爾；息叟先亡，夢園歸去，更少日連枝悲逝水，笛鄰訪舊爲凄然。”直隸總督李鴻章也爲沈氏家族題贈：“復禮思泰，五世其昌。”

沈賢修乃沈鶴樵之子。關於沈賢修生年，從其現存詩歌、書畫作品題詞中，可以推斷得之。沈賢修在光緒二十一年（1895）撰《乙未除夜》云："念我生年值丙申，來朝歲序及兹辰。酒闌燭灺將殘夜，過此周回六十春。"① 此詩原載《定生慧龕詩集》卷下，丙申，即清道光十六年，公元1836年，此爲沈賢修之生年。重慶中國三峡博物館收藏有多件沈賢修書畫作品，其中一件《胡僧像》，款署："光緒乙巳三月下浣，禪和子時年七十。"另一件《無量壽佛》，款署："光緒丙午佛生日，寫佛一軀，莊嚴歡喜。爲耀亭尊者資福延壽。古皖沈賢修，時年七十有一。"成都文殊院藏沈賢修繪《達摩像》，款署："光緒三十四年戊申四月中澣寫於定生慧龕，古皖禪和子沈賢修七十三參，時年七十有三。"光緒乙巳，即1905年；光緒丙午，即1906年；光緒三十四年戊申，即1908年。古人以虚歲記年齡，逆推之，則可知沈賢修生於道光十六年丙申，即1836年，與其詩所載相合。

清咸豐七年（1857），沈賢修考取謄録，議叙鹽大使，筮仕來蜀。先後在西充、涪州、石柱、廣安等地客居。

在西充縣，客居無聊，與弟相爲詩歌，皆書於旅舍壁上。撰《送子宜弟之成都》云："葱蘢烟樹裏愁雲，一曲陽關不可聞。執手河梁清泪落，此時旅雁正離群。"②

咸豐末，客居涪州，撰《謁秦太保祠》："四山日落萬松秋，廟貌巍峨枕碧流。故國衣冠藏甲第，思陵文字表層樓。緑營舊迹留燕市，青史芳名壯益州。寢殿荒凉遺像在，臨風瞻拜使人愁。"懷念明朝末年著名女將、民族英雄秦良玉，拜謁石柱秦太保祠。

同治元年（1862）正月，從石柱回成都，撰《壬戌正月自石柱返省留别石生弟》《酆都道中懷石生弟》《馬方橋題壁》諸詩。

在成都，結識成都將軍完顔崇實。完顔崇實（1820—1876），字子華，又字樸山，滿洲鑲黄旗人，完顔麟慶長子。道光三十年（1850）進士，由左贊善、侍講學士至成都將軍、四川總督，擢至刑部尚書、署盛京將軍。完顔崇實文才很好，沈賢修曾赴其署衙看花，撰有《崇樸山將軍署中牡丹盛開，有并蒂者。及子宜弟、濮青士、徐佩生諸君，把酒看花，歸而賦此》一詩。

同治元年（1862）五月，沈賢修至廣安州。同治二年（1863）沈賢修《送翊臣兄之成都》自注云："予於去歲夏五來賨，與兄别一載矣。"賨，即賨城，清代廣安州（今廣安市）。又注云："兄於五月望前抵賨，予出郊迎於花園。""兄下榻於懷芷閣中，剪燭清談，真人生至樂!""五月望間，月明如水，與兄席地對坐，談年來别況，各抒懷抱。""兄謂居鄉之人，反得真樂，不似我輩紅塵擾擾也。""與兄闊别一載，盤桓廿余日，兄又賦歸，與兩人相對，殊難爲情耳!""兄於六月四日登程，予送於西溪河橋，臨别依依。"③

重陽節，在廣安，撰有《懷芷閣雜興》十二首、《讀蒲鼎九茂才詩題後》《登秀屏山》

① （清）沈賢修：《定生慧龕詩集》卷下，民國二十四年（1935）鉛印本，第20頁。
② （清）沈賢修：《定生慧龕詩集》卷上，民國二十四年（1935）鉛印本，第6頁。
③ （清）沈賢修：《定生慧龕詩集》卷上，民國二十四年（1935）鉛印本，第24—25頁。

《題陳雨山梅花畫帳》《初夏同吴秋帆曹稚雲蕭桂山朱菉池宴集倚翠樓》《題徐貞女圖》《題畫》諸詩。

同治四年（1865），客居廣安州三年。撰《客竇城三年矣，所居九間樓，依秀屏山麓，窗外芭蕉叢生，院落種菊數百本，光景絶佳。座中客山陰周華廷、湖州朱菉池及州人蒲鼎九、李月卿二三良友過從，朝夕文酒流連，極翕羽之歡。余生韵卿去歲始相識，間日來齋中，瀹茗清談，亦饒静趣。園丁彭二，隨余三載，灌花蒔草，風雨無少惰。行將别去，各賦一詩，山川人物，處處眷戀，同此離抱也》。秀屏山，又名銀頂山，位於今四川省廣安市，介於渠江和西溪河之間，左鄰鳳凰山，背靠安居城，係廣安明清州城的西部屏障。《輿地紀勝》卷一六五《廣安軍》載：秀屏山“即軍治所倚，峭壁森聳，草木叢茂，宛若屏障，故名。”清人周克堃撰《廣安州新志・山川志》記載：“秀屏山，州治西，懸崖峭壁，藤草交翠，望若屏障。”秀屏山上建有秀屏樓，登高遠眺，與渠江對岸鶴嶺（奎閣）遥遥相望，廣安全景盡收眼底。整個秀屏山，古木參天，花草蓊翳，曲徑通幽，鬱葱翠碧，州志名曰“秀屏積翠”，爲廣安古十六景之首。

同治四年（1865）冬，妻周宜人卒；長子其穀兩歲，次女沈紡，甫三歲。同治五年（1866），再到涪州，撰有《丙寅上元悼詞》《白市驛題壁》《重到涪州》《重過婦家》《秋夜聽雨》《將去涪州留别周郁亭》《别婦家》諸作。同治六年（1867）秋，續娶陸宜人。

光緒七年（1881）冬，四川總督丁寶楨總纂《四川鹽法志》四十卷成書，四川鹽茶道唐炯命沈賢修繕寫黄册，至光緒八年（1882）夏告竣，凡五十餘萬言，進呈御覽。故沈賢修《五十初度感懷》有云：“益州鹽鐵裨司農，新志抄成達九重。”自注：“小臣微名，亦蒙列入志内。”

光緒九年（1883），任四川酉陽直隸州州佐。清代酉陽直隸州領秀山、黔江、彭水三縣，治今重慶市酉陽縣。十年（1884）任滿。

光緒十一年（1885）三月至二十五年（1899）十二月，沈賢修出任四川省蓬溪縣康家渡鹽課大使。

光緒《新修潼川府志》卷十九《職官志一・題名》載：“蓬溪縣鹽大使，乾隆元年設，駐蓬萊鎮。二十年，移駐康家渡。”又載：“沈賢修，安徽石埭縣監生，（光緒）十一年三月任。文煦，鑲紅旗滿洲監生，十七年六月代理。沈賢修，十二月回任。”沈賢修《鍾貞女》自注：“咸豐丁巳考取謄録，議叙鹽大使，筮仕來蜀。光緒乙酉補授康家渡大使，三月杪受任。”道光本《蓬溪縣志・場鎮》載：“康家渡場：縣西八十里，屬五甲，二五八日集期，今設鹽大使。”康家渡位於蓬溪縣西南40公里，涪江岸邊，因一康姓人家在此擺渡故名。1966年改名紅江。與唐代長江縣主簿賈島祠遺址隔江相望，水碧山青，風光旖旎。正如清代咸豐時，康家渡鹽局文棨《康家渡景觀即事》云：“長江明月晚蒼茫，野渡蕭條尚姓康。我似尋巢新燕子，可憐辛苦一春忙。”“緑楊堤畔有人家，門逐江開勢半斜。好趁夕陽頻下網，一篙新水漲魚蝦。”（文棨《誦芬堂詩集》）。

蓬溪爲蜀中産鹽大縣，唐代蓬溪縣有鹽井十三所，見於《元和郡縣志》。明代蓬溪縣有鹽井3700餘眼；清代鹽井795眼，後定額課，爲鹽井1261眼。《清史稿·地理十六》載："蓬溪：繁，難。府東南百九十里。東：蓬萊、赤城。西：龍門。南：銅鉢。北：石龍。西北：龍馬山。涪江自射洪入，徑城西南流入遂寧。西北：郪江，東流至黄龍鋪入涪江。又北蓬溪，源出西充，西南流，徑城北，入遂寧。鹽井七百九十五。縣丞駐蓬萊鎮。鹽課大使駐康家渡。"乾隆二十年（1755），在康家渡正街（今紅江絲廠庫房、鍋爐房、前操車間等處）建鹽課大使署。

道光本《蓬溪縣志·公署》載："縣丞署：駐縣西一百五十里蓬萊鎮，即舊巡檢鹽大使署。雍正八年（1730）初設巡檢，建署。乾隆元年（1736）裁巡檢缺，改設鹽大使，即以巡檢署作鹽大使署。二十年（1755），以鹽大使員移駐康家渡，添設蓬萊鎮縣丞，即以舊鹽大使署作縣丞署。"又載："鹽大使署：駐縣西九十里康家渡，大門三楹，儀門三楹，大堂三楹，二堂三楹，左穿堂三楹。""鹽關：場署里許，官廳三楹；左右爲書役房，各一楹。"

乾隆本《蓬溪縣志·貢賦志》載："康家渡鹽大使一員，歲額俸銀四十兩。額設門役馬夫六名，每名歲支工食銀六兩，共銀三十六兩。""康家渡鹽大使一員，全年養廉銀一百二十兩。"

鹽大使，全稱"鹽課司大使"，始置於明，清代於各鹽場、鹽池、鹽井處所設鹽課司，爲基層鹽務機構。設大使一人，秩正八品，掌場、池、井生産及鹽税徵收事宜，受運同、運副分轄，并統轄於運使或鹽法道。光緒初年有鹽課大使一百一十二人。沈賢修曾撰聯言志："涪水見青天，反躬自省天理；蓬溪皆瘠地，存心不刮地皮。"

光緒十一年（1885）五月十日，於署齋池畔掘得漢未央宫瓦，文曰"長生無極"。是年，沈賢修年届五十，撰有《五十初度感述》八首。十二月八日，易佩紳六十歲生日。撰《易笏山方伯六旬用去歲原韵爲壽》四首，自注："以拙作呈正，蒙公三夕閲竟，并賜跋語。"易佩紳（1826—1906），字笏山，湖南龍陽人。咸豐八年（1858）舉人。歷任貴州按察使、山西布政使、四川布政使、江蘇布政使。性負氣，敢任事，官蜀日，與丁寶楨不相能，賴王闓運爲解。佩紳嘗從郭嵩燾、王闓運游，詩學隨園，易佩紳、陳寶箴、羅亨奎相交甚好，被稱爲"三君子"。

與射洪舉人胡文魁相識。胡文魁（1814—1895），又名文奎，字炳奎、秉夔，射洪縣香山鎮卡防灣人。道光十四年（1834）考取秀才，十九年（1839）考中己亥恩科舉人。同治元年（1862）截取當選爲知縣，不就。三年（1864）冬月，入貲爲刑部主事簽分安徽司行走。五年（1866）卸任回射洪，先後任教於金華、廣寒兩書院。德高望重，著作宏富。沈賢修撰《歲暮感懷步胡炳奎比部文魁元韵》，自注："炳奎以《康山遇雪》七律見貽。"[①]

光緒十二年（1886），與遂寧知縣牟思敬訂交。撰《乙酉九秋讀牟惠庵大令思敬自娱軒

① （清）沈賢修：《定生慧盦詩集》卷下，民國二十四年（1935）鉛印本，第5頁。

詩題贈》四首。牟思敬，字惠庵，貴州貴筑縣監生，光緒十一年（1885）六月至十二年（1886）八月署遂寧縣知縣。築犀牛堤，保護遂寧免遭水患，光緒本《新修潼川府志》卷十九《職官志一・題名》、民國本《遂寧縣志》有載。沈賢修《牟惠庵大令之任德陽賦此送別》其一自注："光緒丙戌春，予入郡至射洪，惠庵自郡還遂寧，遇於途。就村落聚談，始相識，因訂交。"

沈賢修任蓬溪縣鹽課大使期間，在康家渡鹽課大使署西，建成"宜園"。撰《宜園遣興》八首，序云："署西偏屋三楹，舊爲賓厨，一牆横隔如障。面外有隙地，蕪穢不治。度其勢，宜園。因壞垣傾土爲阜，疊作小山，立石其上。高處築平臺，可望遠阜；前委石砌徑，因樹爲門，曲折編籬，雜植花木，隨處立石，可坐可卧。天趣蕭閑，使人游賞無盡，題曰'宜園'。"①

因鹽課大使署衙位於涪江邊，沈賢修還修建了一座"烟波樓"，可以眺望涪上烟波，成爲一方勝景。《紅江鎮志》（1985年修纂）載：烟波樓，位於蓬溪縣紅江鎮（原康家渡）渡船口上邊，清光緒年間沈賢修建。正房三間，各有横房一間。正房中有一木樓，當時康家渡鹽大使署官員常到此樓觀景。鹽卡上關，設烟波樓下，有高丈餘、寬丈許的石臺一座，建房一間，以作鹽丁瞭望涪江中鹽船之哨所。清人吴朝品《十六日康家渡阻風登岸憩烟波樓即沈鶴子鹺尹建也》："地接唐興縣，涪江正急流。亂沙山色晦，甘雨麥苗稠（時久雨初晴）。石徑通官舍，風帆滯客舟。岩棲宜此住，不減庾公樓。"此可參見拙文《沈賢修與烟波樓》（載1997年7月17日《蓬溪報》）。

光緒十六年（1890），沈賢修來蓬溪康家渡任鹽課大使已經五年，撰《庚寅九日邀吴君如孝廉宴集烟波樓賦詩見贈依韵答之》："五年彈指故依然，日日樓頭坐暮烟。明月長江誇勝地，落霞秋水誦前賢。舊游似夢來花底，往事無痕話酒邊。壯不如人今老矣，每逢佳節輒流連。"

光緒二十一年（1895），沈賢修任蓬溪縣鹽課大使已十年，撰《乙未人日》云："人日涪江上，塵緣歷十年。樓空聞水語，樹隱見山眠。宦味驚新歲，鄉心亂暮烟。東征諸將吏，撻伐早安邊。"其時，中日甲午戰争烽火方急，故詩人希望"東征諸將吏，撻伐早安邊"。

是年春，沈賢修年届六十，撰《六十初度感述》八首。又撰古風《念我》，有云："一自來長江，冷關十年守。職司慎咸鹾，白黑不敢苟。關地起層樓，結構山之阜。稠木繞池亭，好山當户牖。春漲嫩晴初，秋高新雨後。光景每流連，寄興詩與酒。古歡日耽玩，摩挲不釋手。篆體法斯冰，籀文究蝌蚪。索居嘆離群，開徑望益友。遮眼常一編，折腰爲五斗。……忽忽六十載，衰慵竟成叟。"表明自己流連烟波樓，寄興詩與酒，其小篆師法李斯、李陽冰。

光緒二十二年（1896），撰《自適》《蔡景軒大令回任羅江再疊前韵即送之行》六首、《題蔡景軒自怡説軒詩集》二首、《夜窗坐雨》《丙申歲暮查積穀宿吉祥寺》《江上》《丙申除

① （清）沈賢修：《定生慧龕詩集》卷下，民國二十四年（1935）鉛印本，第5頁。

夜》諸作。二十三年（1897），撰有《烟波樓觀漲》《雨後登烟波樓》《聞雁》《喜晴》《落葉》《樓頭觀書》《櫻桃》《紅豆》等詩。二十四年（1898）二月，繼室陸宜人卒於蓬溪康家渡鹽大使署。是年撰《戊戌元旦試筆》《題櫻桃畫扇贈鄭湘蘭》《戊戌除夜悼詞兼憶兒子其穀》等作，慨嘆“光陰過眼原如夢，時事傷心不忍言”“從今莫問塵勞事，且息生機静六根”“酒爲澆愁常獨醉，詩難著句與誰聯”。戊戌變法失敗，詩人傷心時事，只能沉默不語，以酒澆愁，休談國事，莫問政治了。

光緒二十五年（1899）三月，長子其穀病卒於京師，撰《哭長子其穀》十二首，長歌當哭，不忍卒讀。十一月，四川總督奏參“庸劣不職”官員，其中就有沈賢修。《清實録•光緒朝實録一》載：光緒二十五年己亥十二月辛卯，“蓬溪縣康家渡鹽大使沈賢修，行止不端；試用縣丞龔慶華，招摇撞騙，均著即行革職”[①]。可知沈賢修是在光緒二十五年（1899）底於蓬溪鹽大使任上因“行止不端”被朝廷革職的[②]。

革職之際，沈賢修撰《抱關十五載，行將去矣，夜坐有感，成七絶八首，名之曰停織詞》，回顧自己任職十五年的得失。其一云：“十五年來强自持，米鹽心碎有誰知？於今付與他人手，生計應當异昔時。”其六云：“相夫鞠子願無違，孰料今朝被遣歸？念我小姑同刺綉，夜窗相伴倍依依。”其八云：“趨侍慈顔祝壽康，出門揮手泪沾裳。肯教歸去容休息，曲體姑恩不敢忘。”述説自己任職十五年來，爲鹽業操碎了心，誰知却落得個被遣的下場！故感到十分傷心，以致“出門揮手泪沾裳”。二十五年（1899）除夕，撰《己亥歲除感而有得》，表明自己今後將“止水修心皈佛法”，感嘆“昂首天衢世路難”。

沈賢修被革職後，撰《夜坐有感》：“偃蹇長江十五年，歸來築室浣溪前。曾鄰杜賈思先哲，更仿金羅結畫緣（康家渡八里，地名長江壩，古長江縣治。賈島官長江主簿，有祠在焉）。花竹繞籬閑課種，圖書列架且親編。只餘一事頻搔首，何日王師靖北燕？”可知沈賢修寓居成都浣花溪前，與杜甫草堂爲鄰，書畫效法金農、羅聘。愛國之心仍在，希望王師早日掃除八國聯軍，使北方得到安寧。

光緒二十七年（1901），寓居成都。撰《辛丑元日步唐公實韵》《感秋》八首、《步鄧純風見示大作原韵兼送之任南部》《再疊前韵奉酬》《題王麓台仿大癡秋山》四首、《臨邊頤公畫册題句》十首、《松月坐禪畫扇》《辛丑除夜》諸詩。二十八年（1902），撰《唐公實題餘畫花卉册七絶四首爲步元韵》四首、《得鄭板橋行書聯再步前韵》四首、《悼亡姬三十首》諸作。二十九年（1903），撰《癸卯元日試筆》四首、《題濮書華女史花卉册》四首、《以所藏舊瓷凡二十四種售於日本商富田熊作》、《秋日感懷》八首、《十月十五日對月有懷》《癸卯除夜對梅餞歲》等詩[③]。富田熊作（1872—1953），日本兵庫縣人，其父爲米酒批發商。因會説英語，1903年被大阪著名的藝術商行山中公司倫敦分公司雇用，成爲這家公司的經理。

---

① 中國第一歷史檔案館編：《光緒朝硃批奏摺》（第十四輯），中華書局，1995年版，第583頁。

② 四川省檔案館：《四川保路運動檔案選編》，四川人民出版社，1981年版。

③ 傅崇矩：《成都通覽》下册，巴蜀書社，1987年版，第99—100頁。

在山中倫敦分公司工作期間，富田熊作成爲英國紅十字會 1915 年舉辦的日本藝術大展的組織者之一。三十年（1904），撰《寄兒子其穉》《甲辰中秋後四日爲長孫曾蔭授室》《哭趙漢卿太守》四首、《甲辰除夜》等作。三十一年（1905）春，沈賢修年七十。撰《乙巳人日游浣花草堂》《七十感述》八首、《題唐泥佛塔像》《題袁粲造像》《題竟陵王子良造像》《袁師造像》《王咏齋太守以六十述懷七律四章見示爲步元韵》四首、《光緒乙巳除夜》諸詩。

光緒三十二年（1906），撰《丙午元日試筆》《人日游浣花草堂用子宜弟元韵》《夜聞子規聲棖觸予懷得禽言一章》《丙午除夜》二首等作。在《夜聞子規聲棖觸予懷得禽言一章》中云："胡爲乎蓬泛萍飄蜀都，流寓於今三四十年矣。太息時光虚度，一生落拓，八口凋零，蒼凉晚景傷遲暮。"最後發出了"花正好、春長駐，不如歸去"的吶喊。

光緒三十三年（1907），寓居成都已八年。是年撰《丁未元日》《人日述懷步元日韵》《子宜弟初度三疊前韵爲壽》《有感四疊前韵》《寓言》《楊紹源塾師以詩策二子讀書爲步原韵》二首《題畫黄梅》《咏史》《丁未七月於肆上得康熙窑花瓷，高尺許，圓徑八寸，正中二方格，一繪坐禪像，一盗綃故事，下二格寫雙鹿，頸口四格，一牧童牛背横笛，一童子立牛側，餘二格繪兩獸，質細色古，花紋雅静，作案頭清玩，成小詩以寄興》二首、《月夜懷唐公實》《歲暮感事》《丁未歲除》等詩作。三十四年（1908），撰《壽子宜弟七十》《題丁南羽畫佛像》四首、《題畫芭蕉燕支花》《題梔子芭蕉》等詩。丁南羽即丁雲鵬（1547—1628），明代著名畫家，字南羽，號聖華居士，安徽休寧人。工書法，畫善白描人物、山水、佛像，無不精妙。最擅長的是佛教題材，佛祖、菩薩、羅漢在他筆下既栩栩如生，又莊嚴肅穆。在明末人物畫家中，丁雲鵬與陳洪綬、崔子忠成鼎足之勢。

宣統二年（1910），沈賢修七十五歲，撰《長孫曾蔭觀政秋曹庚戌夏乞假歸省吟此志喜》一詩，這是《定生慧盦詩集》中最後一首詩。

沈賢修的卒年，從近代國學大師劉師培所撰《蜀中金石見聞録》可知。原文載 1912 年第 1 號《四川國學雜志》，爲劉師培居蜀期間所見所聞的巴蜀金石掌故。文云："石埭沈鶴子賢修，寓蜀有年，以書畫名，尤精鑒古，藏有梁天監九年綿州塔磚，其磚文云'女弟子袁氏與男大郎造磚七百□'，字畫昭晰。予抵蜀時，沈君適卒，未獲睹其藏，惟聞沈君於磚背鑿佛像，題曰：'光緒某年造像一區，弟子沈賢修供養'，亦佳話也。"① 宣統三年（1911）冬，劉師培隨末任四川總督端方入蜀，恰逢沈賢修卒，可知沈賢修卒於 1911 年冬，地點在成都，享年七十六歲。四川省圖書館所藏沈賢修《禪和子日記》（1865—1869）和《定生慧盦詩集》中記載：沈賢修妻周宜人，繼室陸宜人；子六：其穀（又名其世）、其穎、其稔、其穉、其采、其秾；女二：瀚、紡。

光緒十一年（1885）三月，沈賢修赴任蓬溪縣康家渡鹽大使。是年十月十七日，在康家渡喜得一孫，名沈曾蔭，字文伯，因與陸放翁同日生，故字仰放，號龍岩居士、皖南詩人，

---

① 劉師培：《蜀中金石見聞録》，《四川國學雜志》1912 年第 1 號。

齋號養性軒。清末北京實業專門學校畢業，曾任京師大學堂、北京大學學監等，與名流樊樊山、易順鼎、傅增湘、陳散原等頗多詩詞唱和。1963 年被聘爲北京市文史研究館館員，1971 年卒。撰有《養性軒詩集》《養性軒晚定稿》《龍岩詩詞合抄》《養性軒文藝詩歌合刊》（1966 年自印詩文集）等。沈曾蔭撰《八十自述》載："光緒乙酉冬，我生長江縣。"詩後自注："蜀北蓬溪縣乃唐代長江縣。"明確指出自己生於四川蓬溪。其《長生樂 • 紀年詞》亦云："七十稱觴又五年，生日早梅天（余以十月十七日生，與陸放翁同日）。皖江門第，隨宦滯西川。久處烟波樓畔，最愛林泉（樓在西蜀蓬溪，即唐代長江縣境，先祖鶴子公任鹺尹所建，附賈閬仙祠右）。吟風弄月，自號龍岩酒中仙（世居皖之龍岩）。"（載《養性軒詩續》）。《養性軒文藝詩歌合刊》已收入夏静主編的《近代詩文集彙編》第四十六册中，巴蜀書社 2020 年 7 月出版。

20 世紀 60 年代後期，年近八十高齡的沈曾蔭寫下了《夢游烟波樓》一詩，懷念他少年時期居住過的蓬溪縣鹽大使署烟波樓。詩前小序曰："樓在西蜀蓬溪縣鹺尹署側，清季先大父鶴子公任鹺尹時所建也。蓬溪古稱長江縣，唐賈島作縣尉於此，余離蜀已久，猶戀斯樓，近於夢中往游，覺後志所感。"詩云："先人所好惟樓居，吏隱長江十載餘。乘暇每談風月事，不因鞅掌拋琴書。署南固有閬仙祠，危欄枯樹相參差。捐廉重修呈豪舉，别築一樓裁新詩。樓外青山三兩處，樓前江水自東去。山光水色盈高樓，萬傾烟波眼底聚。落成煮酒宴賓客，刻石題聯著勝迹。雕梁畫棟林泉間，孤鶩浮鶴共晨夕。我方總角隨宦游，亦貪山水頻勾留。逸興駢臻暢所玩，芳蘭叢菊繁春秋。大父掛冠冀遠隱，乍别斯樓意弗忍。江濱過客猶停舟，望樓追慕賢鹺尹。屢易滄桑事可哀，大父仙游我東來。勝會渺然靡在獲，人去樓空枉溯洄。久欲重臨行復止，蜀道雖難念匪己。無端夢作蓬溪行，一夜飛渡八千里。頓瞻花木皆依舊，水未斷流山未瘦。如何兩鬢竟侵霜，老景婆娑异於幼。西窗秉燭復迎賓，殘碑尚在沾微塵。樓頭山色江水中，都識當年少主人。佳境由來易荒落，鄰鷄報曉夢初覺。依然獨卧繩床邊，不見烟波見枕角。吁嗟乎，萬事茫茫本相若，黄粱一夢抑何樂。瞬易河山錦綉春，弗啻空中現樓閣。君不見，黄鶴樓間黄鶴渺，鳳凰臺上鳳凰少。古今幾許好樓臺，物换星移蔓秋草。况經叔世厄紅羊，西顧氛埃却未了。他時重上烟波樓，不知能否覓鴻爪。"他夢裏的烟波樓早已湮滅不存了。1958 年，烟波樓被拆毁。

今蓬溪縣紅江鎮一帶，還留存許多沈賢修題詞書作，有"龍飛鳳舞""曾有鶴棲""古仙師洞""簸箕天""湛湛長江水，皎皎明月光"等石刻遺迹。

二、沈賢修書畫

沈賢修在清末宦游四川，出任蓬溪縣鹽課場大使，最後又被朝廷革職。官運不通，但其才藝却非凡。他不僅精通書法，擅長真、草、隸、篆各體，篆隸尤工，篆刻取法於鄧石如。亦長繪事，所繪花鳥人物，用色淡雅，造型生動，栩栩如生；還擅手指畫人物；嗜佛，所繪仙佛，更臻逸品。民國蜀中學者林思進先生贈沈湝莽詩中有"我昔年少識兩沈，石埭能書工篆引"，詩中"石埭"，即指石埭人沈賢修。當代學者周正舉先生説："沈賢修之篆、隸書，取法於鄧石如。其篆法，以二李爲宗，縱橫辟闔，稍参隸意，殺鋒以取勁折，字體微方，圓渾中寓犀利，平正中求險絶。"薛天沛《益州書畫録續編》、俞劍華《中國美術家人名辭典》、唐林《四川美術史》等均載有沈賢修生平事迹。

《益州書畫録續編》載，沈賢修的書畫篆刻作品在"蜀中遺迹頗富，得者視若拱璧"[1]。成都陳光建先生在草禪書屋新浪博客中記載：重慶中國三峽博物館收藏有沈賢修書畫作品十餘幅，多爲佛像。其中《佛像》題記："我佛莊嚴，和氣慈悲。信住行向，罄無不宜。發願啓請，一心受持。得大定慧，壽考維祺。光緒三十有四年戊申夏，爲耀庭尊者資福延壽。古皖禪和子沈賢修敬寫，時年七十有三。"鈐印：定生慧、阿難陀跋、以畫説法、香花供養、戊申、禪和子、沈賢修，餘模糊不可辨識。《古佛》題記："光緒甲申六月，敬寫古佛一軀，合十以贊：發慈悲念，見壽者相。心上冰清，眼中雪諒。得大自在，除諸礙障。通徹般若，歡喜供養。畫佛始於晋衛協、顧愷之，前宋陸探微輩，名流手筆，代代有之，今不可得見矣。杭郡金農冬心先生畫佛，隆鼻朵頤，龐眉大目，渾噩之氣，開後來多少宗支，直是六朝神品，唐宋間無此奇古，心竊慕之，發願寫佛，普結善緣。古皖禪和子沈賢修頂禮。"鈐印：甲申、香花供養、定生慧、阿難陀跋、以畫説法、法界蒼生和子頂禮。《無量壽佛》題記："無量壽佛。光緒丙午佛生日，寫佛一軀，莊嚴歡喜。爲耀亭尊者資福延壽。古皖沈賢修，時年七十有一。"鈐印：定生慧，餘模糊不可辨識。又《佛像》題記："離垢光明，歡喜供養。瀑琴尊兄見予畫佛，生妙微密心，發願啓請。時光緒十年甲申夏六月，敬寫一軀，爲結善緣。古皖禪和子沈賢修合十。"又《佛像》，自作詩："清貧未改舊時容，春韭秋蓴酒一鍾。閲盡世緣難解脱，尋來詩夢復惺忪。輸人愧似拖薑鼠，類我無知釀蜜蜂。護惜景光適其適，殳蟲戈鳥笑書傭。光緒壬寅夏録近作，瀑琴觀察大人兩正，鶴子沈賢修。"《篆書横幅》："言必忠信，而心不怨。仁義在神，而色無伐。思慮明通，而辭不專。篤行通道，自強不息，油然若將可及者，君子也。光緒甲申季琴尊兄屬，沈賢修。"此書録自《孔子家語》，有脱字。節臨《皇甫誕碑》扇面題記："量包申伯，稟嵩山之秀氣；材兼蕭相，降昴緯之淑精。據德依仁，居貞體道。含章表質，詎待變於朱藍；恭孝爲基，寧取訓於橋梓。鋒剸犀象，百練挺於昆吾；翼掩鴛鴻，九萬奮於溟海。博韜胥産，文瞻卿雲，孝窮温凊之方，忠盡匡救之道。同何充之器局，被重晋君；類荀攸之宏圖，見知魏主。斯故包羅衆藝，囊括群英者也。起家除周畢王府長史，策名蕃牧，則位重首寮；袨服睢陽，則譽光上客。新得《皇甫誕碑》，筆法□□，迥异尋常所見。子綬弟以素箋索書，乘興臨之。光緒戊寅□月□日，禪和子。"《蘭

① 薛天沛：《益州書畫録續編·流寓》，巴蜀書社，2018年版，第206頁。

花櫻桃便面》題記："和子爲子髫壽。"鈐印：和子、吉祥。《蘭花便面》題記："炎嶠雲蒸，記建波弄楫，曾采幽馨。經年素心重見，玉韵輕明。付與瑶臺仙骨，笑春蕙、雪凍孤莖。千山畫眉路，那稱聯芳，碧杜紅衡。楚天空九畹，想湘皋佩解，也唤珠英。月沉弦冷，江上誰訪騷靈。夢斷晶簾虚館，沁肌香、人在壺冰。深宵賦清些，可得秋風，淡水長盟。《國香》，録徐同儀素蘭詞。時同治六年丁卯五月十有五日，母親大人命書，男賢修。"鈐印：儷文舊館。《尊者像》題記："一杯清净水，尺幅光明紙。何處覓慈雲，援豪禪在此。光緒二十九年癸卯五月寫爲群禪尊者，永充供養。禪和子沈賢修敬寫。"鈐印：香花供養、阿難陀跋、即此般若、定生慧龕。《隸書屏》殘件："孔子讀《詩》及《小雅》，喟然而嘆曰，吾於《周南》《召南》，見周道之所以盛也。於《柏舟》，見匹婦執志之不可易也。於《淇澳》，見學之可以爲君子也。於《考槃》，見遁世之士而不悶也。於《木瓜》，見包且之禮行也。於《緇衣》，見好賢之心至也。於《鷄鳴》，見古之君子不忘其敬也。於《伐檀》，見賢者之先事後食也。於《蟋蟀》，見陶唐儉德之大也。於《下泉》，見亂世之思明君也。於《七月》，見豳公之所造周也。於《東山》，見周公之先公而後私也。於《狼跋》，見周公之遠志所以爲聖也。於《鹿鳴》，見君臣之有禮也。於《彤弓》，見有功之必報也。於《羔羊》，見善政之有應也。於《節南山》，見忠臣之憂世也。於《蓼莪》，見孝子之思養也。於《四月》，見孝子之思祭也。於《裳裳者華》，見古之賢者世保其禄也。於《采菽》，見古之明王所以敬諸侯也。"以上爲沈賢修隸書屏抄録内容，出自孔鮒所撰《孔叢子·記義》。此作原爲八屏，今僅餘其二。《胡僧像》題記："松根胡僧憩寂寞，龐眉皓首無住著。偏袒右肩露雙脚，葉裏松子僧前落。自娱軒主人拈杜詩句屬寫，未識有當雅意否？光緒乙巳三月下浣，禪和子時年七十。"鈐印：定生慧、以畫説法、彌勒同龕、乙巳、即此般若、香花供養。以上書畫藏三峡博物館。臨《伊秉綬隸書》："霜姿愈老愈精神，瀟灑園林回出塵。不信美人真絶世，只疑明月是前身。參來妙諦超凡品，悟到虚空有净因。鐵石心期存晚節，巡檐一笑未爲貧。伊墨卿書法筆力古厚，逼肖《開通碑》，戲師其意。禪和子。"隸書《楹聯》一幅，聯語："幸有兩眼明，多交益友；苦無十年暇，熟讀奇書。"題記："曩見完白有此，閑時往來於懷，偶憶及，仿其筆法，即希瀑琴觀察大人正腕。光緒二十有七年辛丑十一月作於定生慧龕，古皖禪和子沈賢修。"成都文殊院藏沈賢修作《達摩像》題記："大筆濡染，現像瞿曇。具有慧眼，妙色莊嚴。依菩提樹，同彌勒龕。空林供奉，頂禮和南。光緒三十四年戊申四月中澣寫於定生慧龕，古皖禪和子沈賢修七十三參，時年七十有三。"鈐印：即此般若、香花供養、以畫説法、戊申、禪和子、沈賢修印、七十後書、法界蒼生和子頂禮。爲成都文殊院妙如方丈作《篆書聯》："發上等願，享下等福；擇平處坐，向寬處行。"款："妙如大方丈雅鑒，光緒辛卯十有一月初旬作於空林禪院，鶴子沈賢修。"此聯書於光緒十七年，歲次辛卯，即 1891 年。沈賢修《漢"延年"鏡銘》摹本，釋文題記："漢延年鏡銘，文曰：煉治銅華清而明，以之爲鏡宜文章，延年益壽避不祥，與天無極樂未央。"爲成都文殊院妙如方丈作《隸書屏》："君子食和羹以平其氣，聽和聲以平其志，納和言以平其政，履和行以平其德。夫酸鹹甘苦不同，嘉味以濟，謂之和羹；宫商角徵不同，嘉言以章，謂之和聲；臧否損益不同，中正以訓，謂之和言；趣舍動静不同，雅度以平，謂之和行。晏子有云，以水濟水，誰能食之？琴瑟一聲，誰能聽之？《詩》云，亦有和羹，既戒且平，此之謂也。光緒癸卯秋，作于空林禪院。妙如方丈印可，禪和子沈賢修。”鈐印：沈賢修印、和子。沈賢修篆書《成都文殊院藏經樓聯》，聯語：“是名忍辱波羅蜜，普放無數光明雲。”題記：“道光辛丑歲，余自隴西入益州，嘗游文殊院。未幾，即北看京師。迄咸豐庚申，復侍先大夫宦蜀，至是，或一年或二年，或四、三年一至成都，則至必與桂芳、悟修兩方丈數數過從，計至今天子辛丑之歲，忽忽六十年矣。桂芳、悟修相繼圓寂，而余獨衰老且存。去夏卜居城北，時與妙如、修明煮茗話曩日事，不禁感慨繫之。頃出紙索書，用集此聯，篆以遺之。佛氏謂香火因緣，余與妙如諸公，殆有非偶然者乎？光緒二十有七年歲在辛丑夏五月二十八日，作於空林禪院。石埭禪和子沈賢修識，時年六十有六。”鈐印：定生慧、龢子小篆、沈賢修印、龢子。《佛像》一幀，題記：“我今皈佛前，佛隨因示現。現相亦非相，是名空諸相。除却諸客塵，亦無諸障礙。便成無上道，即得大自在。即身即見佛，佛即在我心。即心即是佛，佛即是我身。我承佛威力，一心念我佛。念佛佛在兹，念佛者是誰？禪和子説偈。”鈐印：禪和子、長壽年賢修印、即此般若。此圖係沈賢修爲成都文殊院方丈所作，邊框取六朝佛龕拓本。千載以後，佛像不存，空餘佛龕。沈賢修以己意復原佛相，佛祖趺坐貝多樹葉蒲團上，雙手合十，神態祥和。加上摹寫漆書説偈，頗得金冬心筆墨神韵。沈賢修録唐岱《繪事發微》句一幀：“畫學高深廣大，變化幽微，天時、人事、地理、物態無不備焉。古人天資穎悟，識見宏遠，於書無所不讀，於理無所不通，斯得畫中三昧。故所著之書，字字肯綮，皆成訣要，爲後人之階梯，故學畫者宜先讀書。胸中具上下千古之思，腕下具縱横萬里之勢，立身畫外，存心畫中，發墨揮毫，皆成天趣。讀書之功，焉可少哉！《莊子》云：知而不學，謂之視肉。未有不學而能得其微妙者。禪和子。”鈐印：禪和子、長壽年賢修印。此幅殘件，爲沈賢修節録唐岱《繪事發微》句。沈賢修楷書學歐陽詢，行書受楊翰影響較深。《篆書扇面》一幀：“夫水出於山而入於海，稼生於田而藏於廩，聖人見所生則知所歸矣。夫一圍之木持千鈞之屋，五寸之楗而利闔闢，豈材足任哉？蓋所居者要也。”（録劉向《説苑 • 談叢》句）。款：笛樓先生大人正篆，光緒壬辰，鶴子沈賢修。印：壬辰、賢修、和子。《隸書聯》一幅，聯語：“藝到可傳多具癖，人非有品不能貧。”題記：“書之仿完白筆瀶，媿不得其形似也。明隱君句。古皖蟄叟沈賢修。”鈐印：吉金石如私淑弟子、沈賢、隺子、六十後書。《紅梅圖》并題詩：“一株老幹卧雲根，冷褒冬心早閉門。清到十分原有骨，開來數點已銷魂。暗香亂灑團春色，疏影低斜伴月痕。寂寂空山誰著意，傍華且自倒芳尊。繩武屬，禪和子。”鈐印：隺子小詩、和子。“禪和子爲繩武寫生”，鈐印：沈賢修。按：金繩武，字述之，號眉生、韵仙，室名海棠秋館、評花仙館。浙江錢塘人。沈賢修作《梅花圖》題記：“霜姿愈老愈精神，瀟灑園林迥出塵。不信美人真絶世，只疑明月是前身。參來妙諦超凡品，悟到虚空有净因。鐵石心期存晚節，巡檐一笑未爲貧。翠袖天寒竹外斜，幽居空谷隱生涯。鍾情似此推吾輩，老態於今戀歲華。如挹清芬高士榻，轉憐閑散野人家。垂垂豈敢嫌遲暮，縱不逢時也自花。右録《梅花》舊作。”題款：“歗槎尊兄世大人屬，光緒癸卯夏五月，鶴子沈賢修寫於蟄窠。”鈐印：定生慧、鶴子小詩、禪和子、沈賢修印。此畫藏四川博物院，作於光緒癸卯，即1903年。可見沈氏作畫承金壽門一脉，爲其正傳。所録《梅花》詩，亦瀟灑絶塵，非尋常以詩人自居者可比。民國貴州畢節學人路朝鑾在《定生慧盦詩集序》中云：“尤耽樂藝術，精書法篆刻，旁通内典，自號禪和子。所寫之佛像，深得金壽門意。”

盛建武、袁愈高編《沈賢修印譜》封三載沈賢修篆書聯一件，聯語：“客來有酒時尤好，春到無花處亦香。”題識：“宣統庚戌孟冬二日，述先五兄大人正篆，禪和子沈賢修，時年七十有三。”

沈賢修是清末一位重要指頭畫家。其指畫《陳希夷像》，刊於《湖社月刊》。畫中以隸書題識：“希夷道人小象，沈賢修敬寫”。陳希夷（871—989），名摶，安徽亳州人，係宋代著名道家隱士。

《四川美術史》載：沈賢修，曾任四川蓬溪縣鹽大使。成都李劼人故居紀念館藏有其《無量壽佛圖》和《達摩圖軸》。長寧縣文化館藏有其《淡彩佛像畫》。他還繪花鳥，四川博物院藏有其《粉梅圖》軸。成都市李劼人故居紀念館藏有《梅花斗方》和書法篆書《通玄真經》屏。貴州省藏有沈賢修畫册，清綾裱經折裝，十六幅①。

沈賢修書畫篆刻，今青羊宫、杜甫草堂、蓬溪縣紅江鎮等地，亦存數幅。

三、沈賢修印譜

沈賢修現存《印譜》，共四册，共計七百餘方，係沈賢修自鐫以及給别人所作之印拓。該印譜中附有時賢名士張之洞、顧復初、吴郁生等人的題跋以及幾位名人的拜觀題記。

晚清名臣、著名學者張之洞評價沈賢修《印譜》跋云：

> 刻印家撫漢印不如臨碑版，臨碑版不如通小學、寫小篆。鶴子大使文學通博，善爲小篆。家藏多漢魏六朝金石刻，故刻印無師而自工，不名一家。如此卷中朱文“安仁之印”，白文“翎侯”，前卷中白文“子詳”三印，是真通六書親碑版者之所爲。又如前卷白文“念孫之章”“東漢三獨坐”兩印，真得漢人規矩。又如前卷細白文“沈賢”（别有白文印，文同而少肥，故著細字以异之），此卷白文“鄂老”“起不敏”，朱白文“鶴子小詩”四印，亦不减趙次閑得意之作。若專以小篆法行之，壯棄諸家所詣，殆不可測，文、何以下，不足道也。大使學印於吴秋衣，秋衣看印多，讀書少；大使今日所作，已

① 唐林：《四川美術史》下册，巴蜀書社，2020年版，第493頁。

有勝之者。佛氏語曰："智過於師，乃堪傳授。"不虚耳。光緒二年三月清明日，南皮張之洞題記。

張之洞在跋文開頭，連兩個"不如"，層層剥筍，引出學之關鍵在於"通小學、寫小篆"。不通小學，不懂文字源流，小篆不精，要刻好印，那是絶對不可能的。張之洞認爲沈賢修有三大優勢：一是"文學通博"；二是"善爲小篆"；三是"家藏多漢魏六朝金石"，可以借鑒。由此，便"無師而自工，不名一家"，自成體系。張之洞稱贊沈賢修之作是"真通六書親碑版者之所爲""真得漢人規矩""不減趙次閑得意之作"，評價甚高，絶非虚譽。張之洞説沈賢修"學印於吴秋衣"，吴秋衣即清末印人吴重光。《廣印人傳》載：吴重光（？—1875），字秋畦，一字秋伊（秋衣），浙江仁和諸生。早歲猶及與鄉先輩陳鴻壽諸人游，故印學有根柢。嘗以極薄劣石摹漢印兩千餘方，無不惟妙惟肖。居京師數載，與馬研香諸名彦交游唱和。光緒元年（1875），年七十餘，忽忽不樂，一日，肩所摹印徒步出都門。越十餘年，有人遇諸峨眉，鬚眉皆作紺碧色。後，不知所終。吴秋衣"摹漢印兩千餘方，無不惟妙惟肖"；吴郁生也愛沈賢修"取法之博，用意之工"。可見，沈賢修已深得吴秋衣之真傳。

清末大臣、書法家吴郁生跋《印譜》云：

鶴子仁兄出示《印譜》四册，予於斯事未嘗問津，惟愛其取法之博，用意之工。展閲一過，爰記歲月歸之。時癸卯閏月，鈍齋吴郁生。

清末著名學者、詩人、書畫家顧復初跋《印譜》曰：

篆刻一道，今之能者頗多，所難者，古雅爾。要而論之，寓工於拙，求密於疏，神骨氣味之間，幽深洲懿，此非可以力致，要以學養積漸然也。穌子世講虚懷下詢，蒙以前孝達先生所言，已盡其秘，復推衍之，蓋以今學者之患，在速於求工，過於趨密。穌子當弗河謙斯言。光緒四年三月既望，子遠弟顧復初題。

清末舉人、南江縣訓導舒雲逵《定生慧龕詩集》題詞云：

四聲留譜在，家法沈東陽。金石無凡品（先生精鑒賞，所賞金石文甚富），尊罍亦古香（陳設多古窑器）。宦游巴子國，世業皖公鄉。頑伯承分篆，鴻泥遍蜀方（國朝分篆書推鄧頑伯爲冠，先生其鄉人，深得遺法，請求遍一時）。

當代印學研究者、四川省文化廳原廳長周正舉先生在《沈賢修的篆刻藝術》一文中説：

近代游宦於蜀的浙江籍書畫篆刻家沈賢修，以其精湛的書畫、篆刻藝術飲譽西南地區，是對西南地區書壇、印壇有重要影響的藝術家。……沈賢修治印，初宗秦小璽、漢印，繼取元諸家之長，更擷明清各流派印之精華，溯源秦漢而能得其神韵；承接元人而能另出新意；汲取明清印人而能熔於一爐，終成自己面目：厚重中呈清峭，方正中見圓轉，静穆中寓秀雅，質樸中含妍美。用“剛健婀娜、圓潤典雅”八個字來概括沈賢修的印風，大致不錯。

2008年11月，時任四川省博物館館長盛建武、四川省文物總店副研究員袁愈高二先生，將珍藏的沈賢修四册手鈐《印譜》整理，選出六百餘方，按原大尺寸，合編成一册，并附上沈賢修的書法作品一件，書名《沈賢修印譜》，内部出版[①]。嘉惠印林，功莫大焉。

四、沈賢修詩歌

沈賢修撰《定生慧盦詩集》二卷，其孫沈曾蔭校刊，民國二十四年（1935）鉛印本，卷首有蔡承雲、路朝鑾等撰序。中國人民大學圖書館、四川大學圖書館有藏。蔡承雲，字景軒，安徽合肥舉人，光緒二十一年（1895）二月至二十二年（1896）二月任蓬溪縣知縣。光緒丙申（1896）中秋節前三日，時任羅江縣知縣的蔡承雲在《定生慧盦詩集序》中説：“今夏，予以任滿得代返羅，鶴子執訊來曰：‘相得如吾兩人，不可不留墨以示後。今郵寄吾集，子其爲我序之。’”[②] 路朝鑾（1880—1954），别名金波，號瓠盦，貴州省畢節德溝人，光緒舉人，著名國畫家、書法家、詩人。官四川候補知州。辛亥革命後，歷任北京師範大學、北京大學、東北大學、四川大學文學教授，四川通志館副總纂。1953年，聘爲上海文史館館員。著有《瓠盦先生詩抄》。民國二十四年（1935）暮春，路朝鑾在《定生慧盦詩集序》中説：“（沈賢修）歿後，適值蜀亂，遺稿多散佚。文孫仰放（沈曾蔭），能世其家，亦好爲詩，竭力搜訪。久之始獲是集，將謀付梓而徵序於余。”

沈賢修現存詩歌七百餘首，以近體詩爲主，時人對沈賢修詩歌評價頗高。蔡承雲在《定生慧盦詩集序》中説：“鶴子爲人氣仁而言訥，於俗事無一措意，而精神内蘊，游藝甚精。善畫、善書、善鎸印章兼善摹古佛像及秦漢鐘鼎泉刀，而生平精力所萃，尤在於詩。剪燭西窗，恨相見恨晚。次日爲予置酒於所構烟波樓中，出所作全集相示。予因就溪光山色中倚檻百讀之，一讀一擊節。卒以官程促迫，未暇一一究宣，旋復别去。然自是郵筒互答，唱喁益歡。”射洪舉人舒雲逵（刻本將“逵”誤爲“臺”）《定生慧盦詩集題詞》云：“詩凡兩册，大都氣味澄敻，多中正和平之音，不以踼迹偏陬而爲憂思怫鬱憤懣無聊之語，其所養者可知。”路朝鑾《定生慧盦詩集序》中説：“先生遭遇略似閬仙，而詩固弗肖，多以白陸爲宗。解組後，流寓成都，年躋大耋，猶歌嘯弗衰，儻所謂衷懷澹定不爲物役者耶？抑能委心任運無往

① 盛建武、袁愈高編：《沈賢修印譜》，内部印行，2008年版。

② （清）沈賢修：《定生慧盦詩集》卷首，民國二十四年（1935）鉛印本，第1—2頁。

而不自得者耶?”

沈賢修之詩，内容較豐富，主要有山水詩、抒懷詩、咏物詩、悼亡詩、贈答詩等，詩風清新淡遠，寫景抒情精妙，具有很高的藝術水準。

（一）山水詩

沈賢修長期在蓬溪康家渡做鹽課大使，身處下僚，修建烟波樓，修築宜園，寄情山水，寫了大量山水詩，繪聲繪影，寓情於景，形象鮮明，詩中有畫。

《霍州道中》二首云：“瘦峭青山聳，蒼茫入望中。隔畦春草緑，夾道夕陽紅。水淺群鷗卧，烟凝一燕翀。旅人何處宿？指點畫橋東。”“碧落觀無際，零星雁影横。攤書開自遣，伏軾夢頻驚。水色兼山色，風聲雜樹聲。江鄉遥極目，萬叠暮雲平。”霍州，即今山西省霍州市。詩人經過霍州，夕陽西下，青山瘦峭，春草碧緑，群鷗卧波，一燕衝天，景色明麗，令人心醉。

《喜晴》：“蘆花蕭瑟晚風柔，目極高空雁影留。恍似倪迂新畫本，斜陽一抹萬山秋。”疏林坡岸，幽秀曠逸，似一幅倪瓚山水畫。倪迂，即元末明初著名畫家、詩人倪瓚，生性清高孤傲，自號“倪迂”。其畫風早年清潤，晚年平淡天真。

《烟波樓》十首，序曰：“山麓舊有樓兩楹，頽廢久矣。抱關息影，重爲修葺，題曰‘烟波’。山腰隙地，建亭於上，石壁削立，雜樹交蔭，憑高眺遠，四面雲山皆入望中，成七律十首，刻於石，以志鴻爪。”① 詩云：“僕本江南釣艇身，蓬飄萍泛水之濱。窺入白鷺心情冷，對我青山面目真。且漫登樓思歲月，可憐傳舍逐風塵。幽棲畢竟從吾好，結構岩阿亦夙因。”又：“長吟西北有高樓，獨鶴歸來樓上頭。風定波摇山影動，沙明月帶水聲流。側身岩穴誰同調？過眼雲烟總不留。更上一層環四望，飄飄天地等浮漚。”又：“一江春水在吟邊，霧閣雲窗思悄然。欹枕貪聽紅杏雨，開樽宴集緑楊烟。鶯花歷亂重三節，蠶豆離披又一年。眼底浮塵飛不到，樓居恰好等游仙。”又：“新敞軒窗面面開，野花如綉孕初胎。風饕老屋明殘照，雲壓空山響怒雷。壁上丹青遲客賞，門前蒼翠餌人來。書成八咏消長夏，艷説吾家絶妙才。”又：“亞欄幹外大江横，宜雨宜烟趁晚晴。黄葉頓增知己感，白雲偏動故人情。一聲笛倚秋風起，千里舟還夜月明。天氣已凉眠不穩，滿身花影聽蟲鳴。”又：“石徑欹斜草不删，投林高鳥倦知還。九梯宛轉路旁路，十笏縱横山外山。夜仰危檐星斗闊，寒吟短榻水雲間。嘅然一笑梅花發，冷抱冬心且閉關。”又：“破曉林巒分外青，回環萬象自空靈。朝來爽氣盈襟袖，雨後晴嵐敞畫屏。花看半開詩欲就，鳥聽百囀夢初醒。晨光瀁漭容疏放，檻外方池池上亭。”又：“夕陽倒影淡無痕，暮色蒼然欲浸門。幾縷炊烟含遠樹，一星漁火認前村。歸來蔣徑開三益，放下蒲團證六根。萬籟無聲群動息，如鈎新月照黄昏。”又：“楊柳梧桐手自栽，幾經妝點獨徘徊。芙蓉恰傍鶯啼處，花萼相輝蝶夢回。老樹離奇蟠巨石，荒藤夭矯卧層台。岧嶢百尺臨江望，蜃氣憑虚水上來。”又：“一聲欸乃月輪孤，萬頃烟波羡釣徒。別有

① （清）沈賢修：《定生慧盦詩集》卷下，民國二十四年（1935）鉛印本，第9—10頁。

清愁飛燕雁，不無舊夢憶尊鱸。山逢平遠尋詩境，人倚高寒入畫圖。何日扁舟整歸棹？笠檐蓑袂隱菰蘆。”此組山水詩，爲沈賢修之佳作，詩中有畫，巒翠撩人，江碧無際，涪上山水，不讓江南。

烟波樓是沈賢修的最愛，描寫烟波樓之詩有《烟波樓》十首、《庚寅九日邀吴君如孝廉宴集烟波樓賦詩見贈依韵答之》二首、《秋日登烟波樓》四首、《烟波樓詞》六首、《烟波樓晚望》四首、《烟波樓》八首、《烟波樓即事》四首、《十一月二十六日雪，大雪連朝，登烟波樓遠眺，千岩萬壑，宛然畫圖，忍寒徘徊，不啻置身瓊樓玉宇，成七律二首以寄興》、《烟波樓側紅梅開放賦此自遣》八首、《烟波樓觀漲》《雨後登烟波樓》《樓頭觀書》《江上》等，多達六十餘首，幾乎占了整部《定生慧盦詩集》的十分之一。清末舉人舒雲逵在《定生慧盦詩集》題詞中說：“花草開三徑，烟波匯一樓。賓筵陳廣座，世路泛虚舟。璀璨吟牋擁，淋漓醉墨留。升沉何足問？得失付閑鷗。”民國學者路朝鑾《定生慧盦詩集序》云：“（沈賢修）官蓬溪縣康家渡鹾尹最久，於廨側構樓一椽，顏曰‘烟波’。公暇吟眺其中，寄情山水。春秋佳日，輒召賓客觴咏，以爲笑樂。”

《秋日登烟波樓》：“八年潦倒久思歸，抱影樓頭坐夕暉。四壁風傳蟲絮語，一江秋帶雁低飛。飄飄獨立知音少，落落中懷與俗違。歲月蹉跎增老態，眼前光景倍依依。”《烟波樓詞》：“遠水明斜照，烟波晚望宜。興來每欲往，只怕野風吹。”《烟波樓晚望》：“大江東去渺烟波，樓外青山擁翠螺。别有鄉心何處寄？一竿垂釣换漁蓑。”又：“岩巒遁迹笑今吾，天水空明儼畫圖。山外夕陽紅一抹，樓外倒影下平蕪。”《烟波樓》：“我愛烟波樓，讀書樓上頭。但聞樓下水，日夜向東流。”《烟波樓即事》：“到此塵緣盡，晨光水石銜。層樓好風日，絶壁老松杉。谷静花無語，山空草不凡。移尊閑命酌，青翠撲衣衫。”“烟靄團山色，蒼茫入望中。風高鳴大野，月冷逼晴空。去住無成竹，生涯類轉蓬。淒凉江上笛，聲調感離鴻。”詩人從各個方面描繪烟波樓，寫景抒情，清新精妙，美不勝收。

《宜園遣興》八首，其二：“瑣碎秋花種滿臺，呼童掃石護新苔。偶經裝點都成趣，小築幽棲不假栽。塵外游蹤雙屐健，閑中寄興一樽開。枝高果熟無人摘，時有飛禽自去來。”其三：“紫竹紅蕉手自分，操鋤負盎課殷勤。素心有約懷之子，高節相期識此君。三徑花融一潭水，片時雨釀半山雲。學書大似安禪法，壁上閑看蝸篆文。”其四：“秋來最好是新凉，籬豆花開壓短牆。一帶荒塘浴翡翠，半竿斜日唤鶖黄。望機秘坐神逾斂，抱膝微吟句亦香。庸福偶從閑處得，莫教放過此時光。”其六：“竹枕繩床晝夢清，門無俗客少逢迎。一官蕭散堪藏拙，半畝棲遲且慰情。風定疏花招蝶至，夜凉無月聽蟲鳴。歸田有願知何日？脱却朝衫理舊盟。”其七：“一生游好是園林，借樹爲門望轉深。天地空靈涵霽色，雲烟縹緲寄秋心。苔間鋪徑緑無縫，葉冷當階紅不禁。人影不隨明月去，滿身風露立花陰。”其八：“官冷何妨晝掩關，深居不讓野鷗閑。燭花剪燼書零疊，詩草吟成字屢删。繞屋秋聲凉似水，當窗樹影夜如山。折腰漫説全粗俗，獨向長江日往還。”可見宜園如天然圖畫，景色令人陶醉。

《烟波樓觀漲》：“森森長江水，平沙走急湍。風暄晴日薄，浪卷陣雲寒。蘆葦低垂岸，魚龍咽晚灘。臨流思有濟，何術挽狂瀾?”寫涪江漲洪水，氣勢磅礴，驚心動魄。

《雨後登烟波樓》云：“宿雨收平野，環樓布晚嵐。樹高山擁翠，石隱水拖藍。宦味隨名淡，鄉情入夢酣。何時理歸棹? 一葦大江南。”烟波樓雖好，畢竟是异鄉；宦味已淡，思念江南家鄉了。

（二）抒懷詩

即事感懷，是詩人因一點事由而生發，抒寫心中的感慨，或憂國憂民；或反映離亂；或渴望建功立業；或仕途失意、閨中懷人；或謳歌河山。內容包括懷親、送友、思鄉、贈人、人生感悟、閑情逸趣等。沈賢修抒懷詩篇甚多，獨具特色，形式多樣，各有千秋。

《桂花橋亭散步（亭在西充縣城南）》：“青山窈窕水潺湲，小鳥臨風弱羽掀。散步歸來殘照裏，客懷棖觸在湘沅。”此詩爲客寓西充縣時所撰，抒發作者思鄉之感。

《記得》云：“被放無聊感已深，閑庭獨坐漏沉沉。卿來夜半温存語，我愧無才悔至今。”又：“海王村口雨濛濛，同坐寒窗怯晚風。最是重陽感過日，萬千種話一燈紅。”又：“櫻桃街口路横斜，遥指君家碧樹遮。最是隔簾緑鸚鵡，見儂來便唤煎茶。”又：“喁喁絮語轉深更，説到將離别緒縈。紅燭兩行清泪落，願儂歸是恨儂行。”又：“自憐繚繞是閑情，每立斜陽望帝京。往事似烟歡似夢，至今追憶尚分明。”寫閨中懷人，感情真摯①。

《秋夜》：“獨對銀釭秋夜長，多情也自太凄凉。一聲歸雁三更雨，無那愁人盡憶鄉。”思念故鄉之情，躍然紙上。

《薄暮》：“聲聲布穀夕陽天，桵尾春光又插田。憶到宣南風景好，觸人别思亂於烟。”夕陽西下，布穀聲聲，思緒濃濃。

《感秋》：“是日秋容老，相望各有情。半窗猶日色，高閣自風聲。吾道難中止，韶華已半生。予懷徒感嘆，一事尚無成。”秋風又起，韶華已失，慨嘆自己一事無成。

《妾薄命》：“花顔比妾好，妾命比花薄。郎去不復還，倚闌空泪落。”又：“花開春將至，花謝春又暮。春去能再來，妾顔不能駐。”寫閨怨，語言通俗，具有民歌風味。

《感懷》六首，其三云：“自笑身如不繫舟，相隨江水向東流。追維往事皆成夢，才説尋歡又惹愁。紅葉有情偏惜别，黄花多恨易經秋。無端心上添惆悵，落日西山紅到樓。”其五云：“獨吟孤醉泪雙行，悶損何堪秋夜長。萬斛相思誰共語? 一生綺債願難償。當初歡笑皆閑事，别後思量盡斷腸。最是連宵眠不得，敲窗疏雨太蒼凉!”此爲詩人客居涪州時所作，抒寫心中之惆悵。

《酆都道中懷石生弟》二首：“日日征途上，青春奈若何? 寒風吹别思，落日滿關河。野渡芳菲盡，扁舟離恨多。幽情無處表，方寸去來過。”“憶昔同游日，今來倍感傷。年光偏易過，舊事最難忘。此際依樓望，蒼凉只夕陽。怕看歸鳥盡，滿地菜花黄。”詩人與石生弟情同手足，思念之情，感人至深。

---

① （清）沈賢修：《定生慧盦詩集》卷上，民國二十四年（1935）鉛印本，第4—5頁。

《旅夜》云："風透疏簾夜未眠，心頭舊事憶前年。梨花枝上三更雨，杜宇聲中二月天。愁逐寒烟消不盡，情隨春水漾無邊。雲山迢遞人何處？應在高樓畫閣前。"旅夜未眠，回憶舊事，懷念故人。

《七月望日月明如水及幕府吴秋帆蔡書農陳雨山小集於倚翠樓感懷》："西南天地望中收，雲樹蒼茫百尺樓。四壁涼蟲風北至，一江明月水東流。銀鐙賓佐觴飛夜，玉笛關山木落秋。回首舊游蕭索甚，一聲長嘯碧峰頭。"七月十五中元節，月明如水，詩友會聚倚翠樓，飲酒賦詩，懷念舊雨。

《中秋》："今夕爲何夕？相思枉斷腸。蟲聲催落葉，花意戀秋光。戎馬無休歇，風雲正渺茫。可憐殘夜酒，一酌泪千行。"八月十五中秋節，每逢佳節倍思親，夜深酒醉，涕泪千行。

《九日》云："相思無語立斜暉，做客蕭條嘆未歸。日暮江亭簫鼓歇，滿天黄葉向人飛。"此詩撰於廣安，重陽節時獨在异鄉，蕭條無語，黄葉紛飛，更加思念親朋。

《秋夜即事》："讀罷奇書興不窮，輕寒四壁亂鳴蟲。蕭齋夜話千山雨，高閣凉生一笛風。孤枕客思詩夢緑，殘更酒醒蠟燈紅。宵深獨坐偏多感，清磬一聲落葉中。"讀奇書，聽蟲鳴，話夜語，思友人，感慨多多。

《五十初度感述》八首，其一："浪迹塵寰五十年，少游秦隴壯幽燕。功名富貴無非幻，翰墨圖書總是緣。薄宦僅餘山水趣，索居遥憶竹林賢。思來家國都無補，如許頭顱只自憐。"其六："無端錦瑟誤華年，太息塵根未了緣。結習難忘追少日，遣懷無計對長天。學詩中歲高常侍，解褐微官賈閬仙。明月涪江供眼界，去來我與我周旋。"年届五十，出任蓬溪縣鹽課大使，感嘆功名虚幻，遣懷無計。

《謁賈閬仙祠》二首，序云："康家渡八里，地名長江壩，即西魏長江縣舊址。《全唐詩•傳》：'賈島，字閬仙，范陽人。初爲浮屠，名無本。韓愈教之爲文，舉進士不第，爲長江主簿。'宋人遂於主簿廨址建祠，塑公夫婦像，龔鼎撰《記》，兩楹刻公詩及前人題咏。"[①] 詩云："先生今不作，終古一祠堂。知己惟東野，遺庵憶范陽（直隸房山縣賈島峪，遺庵猶存）。碑殘文剥落，縣廢寺荒凉（祠亦名明月寺。明楊作楫《明月寺碑》云：'晋巴郡守王堂，初寄是縣，建玩月亭於山之巔。閬仙喜登眺，放懷水雲山月之間，竟以寺名，志其未第時推敲僧故也。元豐初，崔毅爲長江縣尉兼主簿事，亦登眺懷古，復輝煌其寺。'）。留得行吟處，空山草木香。""我亦長江尉，千秋有夙緣。流風今邈矣，明月自依然（閬仙有《明月山》詩）。出世當成佛，能詩即是仙。片雲孤鶴外，寂寂蜀山川。"光緒十一年（1885），沈賢修到長江壩賈島祠游覽。登上明月山，可以俯瞰涪江千帆來去，左視長江壩灼灼桃花，右望五龍坪萋萋芳草，正觀金井壩水鳥眠沙。江上一葉漁舟，山外數聲牧笛。身在山中，人疑世外。面對此情此景，沈賢修想到賈浪仙曾在明月山登眺，於是俯今追昔，詩思泉涌，揮毫

① （清）沈賢修：《定生慧盦詩集》卷下，民國二十四年（1935）鉛印本，第2—3頁。

寫下了此詩，抒發對賈島的崇敬和懷念之情。路朝鑾《定生慧盦詩集序》載：“（沈賢修）官蓬溪縣康家渡鹺尹最久……其地近古長江縣，爲唐賈簿舊治。嘗拜賈祠，題詩而去。”賈浪仙祠，即賈島祠，位於今大英縣回馬鎮長江村，始建於北宋元豐年間，清嘉慶年間予以重修。西魏恭帝二年（555），改巴興縣爲長江縣。元世祖至元十九年（1282），長江縣人口鋭減，土地荒蕪，并入蓬溪縣。1997 年，析蓬溪縣置大英縣。此可參見拙文《沈賢修詩題賈島祠》（載拙著《大英風物志》，巴蜀書社 1999 年 11 月出版）。

《小别》四首：“小别增怊悵，含情不語時。盈盈一江水，欲去故遲遲。”“朝辭江上樓，暮宿江上舟。但願隨江水，相逐向東流。”“昔日鄄江渡，一見傾心注。小影隱紅樓，風起帘開處。”“獨倚江樓望，紅梅又著花。所思渺何處？搔首念天涯。”清代愛情詩甚少，沈賢修却寫了不少情詩，如《記得》三十首、《秋詞》三十律、《春詞》三十首，“多因旖旎之情，寫出香奩之句”，難能可貴。此四首情詩，大膽明快，語言通俗，很有民歌風味和地方特色。詩中所言“鄄江渡”，位於鄄口（今屬大英縣回馬鎮），與沈賢修所駐鹽大使署康家渡（今蓬溪縣紅江鎮），僅隔一條涪江，近在咫尺。

《六十初度感述》八首。其一：“行年六十愧無能，覽揆興思歲月增。托迹闢門閑似鶴，嬰屙丈室瘦於僧。清貧風味從吾好，垂老吟懷敢自矜。回首舊游皆幻境，夜來枕上記曹騰。”其八：“山阿妝點好樓居，樓外烟波混太虛。余事皈依僧佛法，古歡消遣畫詩書。耆年親舊情彌篤，少日疏狂習漸除。潦倒一官同逆旅，悠悠何處是吾廬？”感慨自己一官潦倒、六十無成、清貧似鶴、人瘦於僧，未能像曹騰那樣有所作爲，只好以詩書畫自娱。

《丙申歲暮查積穀宿吉祥寺》云：“古刹何年建？殘碑手自捫（寺有宋紹興庚午敷文閣直學士馮檝《碑記》，《碑》稱吉祥古刹，經始當在宋以前也。碑陰《建五百羅漢閣記》，元祐四年二月立）。吉祥名未改，元祐字猶存。妙相思前代，禪樓證世尊。疏鐘天欲曙，暫駐息塵根。”吉祥寺位於今遂寧市蓬溪縣吉祥鎮，此詩覽古書懷，因公務宿古寺，息下塵根，赢得浮生半日閑。

《歲暮感事》：“八年僑寓錦官城，歲暮匆匆百感生。賴有圖書娱老境，愧無金幣答親情。素懷不肯長呼負，底事徒勞剥啄聲。明日出門先一笑，看君看我對君傾。”此詩作於光緒三十三年（1907）。最後一句“明日出門先一笑，看君看我對君傾”，描寫了一個很美妙的意象，與張船山《夢中二絶》中“已近樓前還負手，看君看我看君來”一句，有异曲同工之妙。

《自適》：“塵外覓詩句，境閑心自清。花酣蜂作陣，樹遠鳥呼名。春水緑無語，夕陽紅有情。静觀皆妙諦，縝密樂吾生。”詩人閑適之情，表露無遺。

《夜窗坐雨》：“托迹空山裏，秋風又一年。兼旬愁坐雨，竟夕憶田園。燈影看無語，書聲聽未眠。懷人詩味冷，幽寂似枯禪。”表現詩人托迹空山，夜雨枯坐，人心俱老，思念田園。

《感秋》八首，其五：“素志原蕭淡，况今衰老餘。市中萬人海，林外一吾廬。閑課新添筍，貪看未讀書。思來下酒物，帶雨摘園蔬。”其六：“樹老高於屋，層陰覆曲廊。琴書欣有托，文字願難償。鄉信縈懷切，秋聲到耳涼。時光不我與，兩鬢已成霜。”其八：“山中何日住？未辦買山錢。暫得幽棲地，難忘夙昔緣。小園僮課種，短榻我閑眠。早晚仍歸隱，携家水竹邊。”詩人晚年，寓居成都。生活閑適，樹高於屋，眠短榻，看奇書，帶雨摘園蔬，琴書有托，鄉心縈懷。嘆息時不我待，兩鬢飛霜。

《七十感述》八首，其三：“六秩重開又十年，天時人事遞相煎。名心早比浮雲薄，逸興難教外物牽。出水青蓮如解語，在山白石可尋研。陸沈於世終何濟？澹泊清虛歸自然。”其六：“忽忽年華届古稀，四方多難我何依？老成圖畫無長策，援引當權孰達機。七十光陰如過隙，三千世界早知幾。遭時不幸嬰憂患，坐對空山戀落暉。”清末危機四伏，已似沉舟，詩人年老體衰，深感“四方多難”，憂患無依①。

（三）咏物詩

沈賢修很喜歡咏物。他在蓬溪康家渡鹽大使署建“宜園”，園内栽植花草三十餘種，有紅梅、黄梅、水仙、蘭花、菖蒲花、桃花、山茶、海棠、蝴蝶花、牡丹、芍藥、薔薇、金銀花、梔子花、石榴花、兒女花、夾竹桃、紫薇、茉莉、玉簪、竹、蕉、秋葵、鳳仙、秋海棠、蓼花、胭脂花、雁來紅、鷄冠花、桂花、芙蓉、菊花等，四時皆備，足資賞玩。他對這三十多種花草，一一題咏，細緻描摹，托物言志，借物抒情，物情交融。

《落葉》：“瑟瑟西風裏，秋天不肯明。怕聽林葉落，頓使客心驚。遥夜飄無定，空階觸有聲。物華相代嬗，何復計枯榮？”此詩撰於光緒二十三年（1897），秋風蕭瑟，落葉驚心，名心已退，道心漸生，何計枯榮？

《促織》：“秋聲聽亂耳，汝獨復何鳴？長夜真無奈，因風最有情。籬根吟不斷，砌下自相争。九月飛霜重，飄零過一生。”寫蟋蟀，亦是寓自己，飄零一生，令人同情。

《桃花》：“當年百種花開日，最喜夭桃放小紅。今日山頭三兩樹，可憐斜倚度春風。”寫夭花艷麗，迎春而開。

《玉蘭》：“春色繁華春日遲，木蘭花發最高枝。參差玉佩胭脂點，却是微開半吐時。”蘭花高潔，似開未開最有情。

《山茶》：“園花開到曼陀羅，彈指年光三度過。漫説錦窠偏少態，最高枝上影婆娑。”曼陀羅，即茶花古名，分爲大花（白花）曼陀羅、紅花曼陀羅、紫花曼陀羅等種類，花朵大而美麗，甚具觀賞性。

《薔薇》：“薔薇一架恰當窗，野客相邀酌酒缸。蝴蝶不來春去也，滿庭花落誦長江。”長江，即唐代長江縣主簿賈島，撰有《長江集》。康家渡與長江壩相距四公里。

《蕉》：“一卷才舒分外青，綠天掩映寫黄庭。從今莫剪窗前葉，留待秋來有雨聽。”此詩寫芭蕉青綠，雨打芭蕉，可徹夜聽寒聲。

---

①（清）沈賢修：《定生慧盦詩集》卷下，民國二十四年（1935）鉛印本，第32—33頁。

《秋葵》："鴨脚分來手自鋤，花開花落葉蕭疏。秋凉釀得濃於酒，淡到斜陽色不如。"秋葵是自古以來無數文人墨客所喜愛表現的題材之一，夏秋開花，此寫秋葵比斜陽還美。

《鳳仙》："疏紅淺白種高低，何處飛來鳳穩棲？今夜月明秋正好，枝枝倒影古牆西。"鳳仙花，又名指甲花，描寫鳳仙花顔色多樣，有粉紅、大紅、紫色、粉紫等多種顔色，非常漂亮。

《燕脂花》："此花只合伴妝臺，一撚燕脂試點腮。莫向風前呼小字，怕他蜂蝶過牆來。"燕脂花，即胭脂花、報春花，表明燕脂花可以用來化妝，深受女孩喜愛，蜂蝶亦會飛過牆來采花。

《雁來紅》："雁來高下傍花叢，妝點疏籬任化工。未近夕陽先已醉，做成秋色爲誰紅？"雁來紅，别名向陽紅、一品紅、老來少、葉鷄冠、老來嬌等，有淡紅、深紅、紫、白、淡黄等色，此詩描寫雁來紅鮮艷耀眼，未近夕陽先已醉，令人喜愛。

《烟波樓側紅梅開放賦此自遣》八首，其一："一株老幹卧雲根，冷抱冬心早閉門。清到十分原有骨，開來數點已銷魂。暗香亂灑團春色，疏影低斜伴月痕。寂寂空山誰著意？傍花且自倒芳樽。"其四："細嚼寒香手一編，酸鹹味外味中傳。試探氣韵歸詩卷，摹寫神情悟畫禪。破臘争春開境界，微雲淡月冷因緣。故人疏我無消息，夢繞山邊與水邊。"其五："閑庭如水夜沉沉，彈到無聲月滿琴。亂我離愁添雪髮，耐人耽玩見天心。結交清友容疏放，遁迹孤山自古今。欲把幽芳來寄遠，相逢驛使話苔岑。"其七："翠袖天寒竹外斜，幽居空谷隱生涯。鍾情似此推吾輩，老態於今戀歲華。如挹清芬高士榻，轉憐閑散野人家。垂垂豈敢嫌遲暮，縱不逢時也自花。"其八："南枝低亞古牆西，八九分花放已齊。香雪霏霏迷晚徑，玉鱗漠漠映寒溪。清高未必能諧俗，冷艷何妨細品題。一自東風回暖意，亂開亂落有鶯啼。"詩人描寫紅梅，咏物抒情，表現梅花高潔耐寒，狀寫梅花氣韵，文情并茂，可與張船山《梅花》八首媲美①。

（四）悼亡詩

沈賢修的悼亡詩，亦因人事不同，而使其詩産生出不同的風格。其悼亡詩有對先室周宜人、繼陸室宜人、亡姬的追悼，有對亡故親人或朋友表達哀思，如對詩友吴秋帆、長子其穀、趙漢卿太守、鍾貞女等的懷念。

《丙寅上元悼詞》："生來底事太癡情，伏枕無眠苦憶卿。回首去年今日事，心頭歷歷記分明。"《重到涪州》："我又重來矣，孤舟泊水濱。怕看今夜月，却憶舊時人。俯仰皆陳迹，支離感病身。不堪回首想，雙泪濕衣巾。"《重過婦家》："深院無人晝掩門，尋來一步一銷魂。落花流水都無主，紙閣蘆簾空復存。大好時光憐獨立，幾多情緒向誰論？那堪回首當年事，歷歷心頭似夢痕。""亞闌幹外畫牆西，楊柳絲絲盡拂堤。風景依稀人已没，夕陽明滅鳥空啼。人生缺陷原多感，物序推遷總不齊。顧盼巢痕猶宛在，可憐無分是雙棲。"《别婦家》：

① （清）沈賢修：《定生慧盦詩集》卷下，民國二十四年（1935）鉛印本，第14—15頁。

“一載雲萍感别離，登臨回望不勝悲。樓頭流水猶今日，山外斜陽又暮時。此度情懷難自已，再來游眺竟無期。怕聽杜宇呼歸去，長遣愁人入夢思。”“登樓瞻望使人愁，彈指年光似水流。此地去來曾四度，伊人訣别已三秋。畫簾燈影悲前事，明月簫聲感舊游。數到更籌將盡也，滿襟清泪出涪州。”《枕上》：“客睡何曾穩？秋天總不明。偏驚千里别，難遣五更情。蟲響通宵急，江流入夜清。怕聽窗外雨，點滴一聲聲。”同治四年（1865）冬，沈賢修妻子周宜人卒。這幾首詩歌，都是詩人懷念妻亡妻周宜人的。回憶妻子賢慧，夫妻恩愛；妻子去世後，詩人涕泪交融，悲痛無比。

《悼亡姬三十首》，有云：“薄宦長江十五年，心頭歷歷舊情遷。持家萊婦傷憔悴，服役殷勤賴汝賢。”又：“退歸累汝滯長途，歲暮涪江一棹孤，歷盡艱難風雲裏，入門乍見訝清臞。”此詩撰於光緒二十八年（1902），運用白描手法，感情深摯動人。

《哭吴秋帆》：“當年一見早心傾，香火三生石上盟。飲酒興原因好客，讀書志不在求名。詩篇藴藉多風雅，言語從容識性情。今日西風蕭索甚，青山我自哭先生。”好友吴秋帆卒，詩人哭之，贊揚吴秋帆讀書不求名、詩歌風雅藴藉。

《哭長子其穀》十二首，其五：“未能親視倍傷懷，藥裏醫方事竟乖。垂死更無人在側，獨憐新婦斂遺骸。”其七：“十年淹留在京華，前度歸來又去家。此别都留今日憶，一棺萬里戚無涯。”其八：“小影傳來識病容，開緘驚愕涕沾胸。呼兒一慟今何在？言貌形神夢裏逢。”其九：“藥物高昂慮費錢，病深不敢一言傳。思來用意真良苦，使我回頭涕泗漣。”其十：“哭不成聲恨未消，側身北望路迢迢。魂兮畢竟歸何處？剩得悲凉賦大招。”其十二：“膝下童孫念少孤，依依左右日相趨。從今乃父無由見，肯構他年慰老夫。”光緒二十五年（1899）三月二十一日，沈其穀病卒於京師，年僅三十六歲。沈賢修老年失子，白髮人送黑髮人，悲痛可想而知。此組哭子詩，叙寫其穀生前卒後慘狀，一字一泪，可憐天下父母心，不忍卒讀[①]。

（五）贈答詩

沈賢修潛心詩書畫印，與晚清政界名流張之洞、吴棠、完顔崇實、吴郁生、易佩紳、唐炯等人有交往；同當時書畫界、收藏界名賢方濬頤、顧復初、曹錡、俞昌言、葉大起、吴秋帆、蔡承雲、牟思敬、胡文魁、舒雲逵、鍾永定等人，亦過從甚密。在蓬溪縣康家渡任職時，交游的人有：周學銘（蓬溪知縣）、端秀（蓬溪縣丞）、陳矩（蓬射鹽厘局）、唐我峘（遂寧知縣）、甘大璋（遂寧舉人）、蒲殿俊（廣安人，曾小住康家渡）、施愚（涪陵人，舟行過康家渡）、周善培（四川勸業道總辦）、徐炳靈（康家渡名醫）等。在《定生慧盦詩集》中，題贈懷人詩不少，内容豐富多彩，或抒情、或叙事、或議論、或狀物，時而沉吟低唱，時而慷慨激昂。在贈答詩中，涉及不少宦游巴蜀的官吏和巴蜀籍文化人。

《蒲鼎九茂才》：“天涯作客得逢君，才調縱横迥不群。老屋藏頭閑弄筆，蕭齋握手快論

---

① （清）沈賢修：《定生慧盦詩集》卷下，民國二十四年（1935）鉛印本，第22—23頁。

文。篇章終久歸詞苑，游好生平在典墳。爲道故人勤努力，男兒壯志貴凌雲。”詩人客居廣安州三載，離别時寫時贈答友人。回憶與蒲鼎九秀才的交往，鼓勵其要有凌雲壯志，勤學苦練，科考及第。

《園丁彭二》：“亦有閑情學種花，倚樓窗畔話桑麻。一鋤帶雨垂頭冷，三徑籠烟望眼賒。除却荒藤開隙地，乞來細竹護籬笆。可憐傍我殷勤甚，今日相看也自嗟。”彭二是詩人寓居廣安時雇傭的園丁，隨侍三年，灌花栽草，風雨不惰，故離别是也贈詩一首，贊揚彭二的勤勞和善良，表現了詩人對勞動人民的同情。

《牟惠庵大令之任德陽賦此送别》八首，其六：“似我真迂拙，十年留抱關。歲華雙鬢改，風月一身閑。偶得山林趣，何妨世慮删。初衣吾未遂，却羡鳥知還。”其七：“風雨涪江岸，挑燈話舊時。書宗山谷體，句愛輞川詩（惠庵書法酷似黄山谷，尤喜唐人五古，手鈔卷帙甚富）。暫得今宵聚，都留後日思。一樽對無語，世事兩心知。”其八：“泛棹烟波裏，相邀共倚樓。雅言真醖藉，題句擅風流（予建樓於山麓，顔曰‘烟波’。惠庵題七律四首，將刻石存之）。飲歡忘形迹，篇章互唱酬（惠庵榷厘於楊桃溪時，相過從，極文酒之樂）。從兹分袂後，梁月夢同游。”牟思敬，字惠庵，貴州貴筑縣監生，光緒時署遂寧縣知縣。光緒十九年（1893）出任德陽知縣，沈賢修撰此詩贈别。

《邀蔡景軒大令烟波樓小飲别後以詩見貽依韵酬之》六首，其二：“清詞麗句才人筆，高咏樓頭坐落暉。想見君謨弄柔翰，詩宗島瘦字胡肥。”其四：“十年漂泊涪江上，相屬舳艫看溯洄，僕本有家在淮水，一帆何日賦歸來？”《蔡景軒大令回任羅江再疊前韵即送之行》六首，其二：“樽酒論文成往事，筆情詩境似元暉。小樓特起烟波裏，題句群推蔡合肥。”其三：“夾岸桃花紅帶雨，沿溪楊柳緑垂雲。送君無限晨星感，離緒偏縈涪水濆。”其六：“萍蹤聚散原無定，暫得今宵共榻論。春水緑波春草碧，江淹賦别最銷魂。”《題蔡景軒自怡説軒詩集》二首，其一：“紅瘦緑肥花亂開，六朝様子麗清才。好辭艷説中郎筆，靈孕實從河嶽來。”

詩中“蔡合肥”，即蔡承雲，字景軒，安徽合肥舉人，光緒時任蓬溪縣知縣，工詩文，撰有《自怡説軒詩集》，與沈賢修結交，詩酒唱酬，贈答頻仍。光緒二十二年（1896）中秋節前三日，蔡承雲在羅江署景賢堂爲沈賢修《定生慧盦詩集》撰《序》云：“雖然賈祠、康渡，固皆予蓬溪攝令舊管中。雖以距城稍遠，不能如閬仙、鶴子，終日坐卧於畫圖中，得以蕩滌其俗慮而清沁其詩脾。而予舊所莅如大邑、羅江，其邑治皆擅有江山之勝，不减嘉陵。予顧勞身焦思，日汩没於簿書。期會之内，戴星出入，僅免過差求。欲如古人電掃訟庭響答詩筒之盛，了不可得。近以鶴子書來逼索，始命小史於故紙堆中，檢存舊作。然已十亡六七，斷句零章，不復能成完集。讀鶴子詩，能無自愧其寒儉也耶？鶴子固嘗以詩説法者，孰爲神通？孰爲野狐禪？孰爲正法眼藏？還希爲予一印證之。”[①] 可證二人相知甚深。

① （清）沈賢修：《定生慧盦詩集》卷首，民國二十四年（1935）鉛印本，第1—2頁。

總之，沈賢修詩歌體裁以近體詩爲主，内容以山水、咏懷較多，抒寫性靈，詩風冲淡，語言清淺，具有較高的藝術性，在清末蜀中詩壇占有一席之地。正如清人蔡承雲在《定生慧盦詩集序》中所云："竊謂鶴子之詩，清微澹遠，能得王孟佳處。其高者，幾欲上躋李杜，平揖蘇黄。長江瘦簿，雖與後先相望，同以屈宋作衙官，然其詩境迫狹，方斯蔑矣。蓋鶴子権署與長江舊治相隔只一衣帶水，其地實據江山勝處。鶴子嘘靈挹秀於此，蓋已十有餘年，無怪其所詣卓卓可傳如是。"清末舒雲逵《定生慧盦詩集題詞》説："古縣長江地，前身賈閬仙。雅懷超酒聖，流咏入詩禪。制錦才原富，如珠句可穿。抱關同小隱，逸風獨飄然。""不作秋蟲語，拈毫寫性情。穀神參老氏，懸解悟莊生。宦味平逾澹，心香妙亦清。煦人春意暖，吹律有和聲。"民國路朝鑾在《定生慧盦詩集序》中説："及觀石埭沈鶴子先生詩集，而益信先生學行醇懿。既不得志於有司，始以鹽官宦蜀，其所爲詩，自少而壯而老，一皆志和音雅，無幾微怨悱之意。平生篤嗜吟咏，視人世窮通得喪菀枯豐嗇，漠然無所動於心。"以上這些評論，是正確的、中肯的。

（作者單位：四川省蓬溪縣政協）

晚清羌族詩人董湘琴生平事迹考①

張起 葉園

内容提要：晚清羌族詩人董湘琴一曲《松游小唱》名動詩壇，百年來輾轉傳抄於文人彦士之間。因資料匱乏，詩人董湘琴生平事迹未詳，民間傳説頗多，類似傳奇故事，均無可信度。但采求闕文，補綴漏逸，從《松游小唱》所述以及其他史料旁證，尚可覓得一二詩人事迹。本文主要從董湘琴生平考述、入松考述、詩人文學觀念及後人評價三方面進行，以添補詩人生平事迹之闕。

關鍵詞：董湘琴；生平事迹；入幕松潘；詩觀；考證

《松游小唱》是近年四川省在整理四川近代文學遺産工作中的重要發現，它在四川地方文學史乃至中國近代文學史上都可謂是滄海遺珠。自發現以來，董湘琴及其《松游小唱》亦受到人們的注目和學界的研究。但在驚艷這首長達萬言、堪稱文字上的“清明上河圖”的長詩的同時，也深感其主人生平資料匱乏，事迹不詳，僅在地方史志中有不多的介紹，因此有必要考證梳理詩人生平事迹，補綴闕載之憾。

《松游小唱》是清末民初流傳於川西地區的一首萬言長詩，作爲優秀的民族文化遺産，它富含濃郁詩性，展示了七百里松潘古道雄奇的自然風光和羌藏民族的生活樣態。這部藴含歷史文化、風俗文化、自然風光的少數民族文學，又以“小唱”的形式在近代詩壇具有形式創新的價值，對古典詩歌形式的發展和突破傳統都有啓迪未來的意義。

---

① 基金項目：教育部人文社會科學研究規劃基金項目“晚清松茂古道的一次民間行吟考察——董湘琴《松游小唱》校注、整理與研究”（項目編號：11YJA850030）。

一、生平考述

董湘琴（約1843—1900），名朝軒，字湘琴、香芹，榜名玉書。清末四川灌縣（都江堰市）人，祖籍虹口，後遷居城關白果巷，自建畹腴精舍。後人爲其詩文集所作各序，盡顯天資穎异、滿腹經綸和忠心報國之德行。其生涯充滿傳奇，同治十三年（1874），曾涉身哥老，爲川西“九和會”會首獲罪。光緒十一年（1885）以直隸理番廳乙酉科“拔貢”入仕，時人稱譽“川西第一才子”。他是川西董姓土司後裔。董姓羌族是聲名赫赫的大姓，歷史上一直是中央政府在羌藏地區“代言人”。光緒辛卯（1891），松潘番亂，松潘廳總兵夏毓秀督師平亂，因湘琴在松茂地區人脉廣厚，受邀作松潘廳幕僚。九月，沿松茂古道起行，十五天從灌縣到松潘的行程中“就所閲歷，發爲詩歌”“信口狂吟，隨游隨唱”，賦成長篇邊塞記游詩《松游小唱》，在當時的藏羌地區傳唱甚廣。

（一）生卒年

1. 生年

關於董湘琴生平，確鑿文字史料少，傳聞佚事多，但多爲口耳相傳，時間地點人物皆不能連貫。前清舉人羅駿聲纂修《灌縣志·人士傳》也僅用六十九字爲其立傳：“董玉書，字香芹，天資穎异，先輩皆以翰苑相期，而卒以歲貢終，非其志也。所著詩文已成帙而稿復散失，其膾炙人口者，零章斷句而已。頡頏於董者，有楊作軿，詩思超逸，稿亦僅存。”① 其中未提及董氏生卒年，亦無家室行狀。詩人生卒年，訪諸後人皆不知曉。又因青壯年時期加入哥老會，行爲不爲封建階級接受，故關於他的鄉乘史料甚少。最早提及董氏生卒年的是楊蕤林，1984年他在《汶川縣文史資料（第一輯）》發表了一篇《〈松游小唱〉校勘記》，提出董氏生卒年爲1844年至1892年，“在世四十八年”。而民國丙子版《董湘琴先生遺著》尹席珍（1849－1942）序稱：“湘琴爲予同門友，尚長予數歲。”② 由“同門友”可知尹席珍與董氏年齡接近，“數歲”可知相差五歲左右。尹席珍序作於丙子年（1936），自云“拜叙時年八十有八”，若董氏健在則九十三歲。由此逆推，董湘琴大約生於1843年。除此之外，董湘琴詩《乙酉於腕腴精舍偶作感懷七律二首呈輔卿賢院正》：“年逾三十愧蕭郎，華發催人鬢有霜”“三十蕭郎四十過，依然歲月任蹉跎”，詩中“三十蕭郎”爲梁武帝蕭衍。《梁書·武帝紀上》：“儉一見（蕭衍）深相器异，謂廬江何憲曰：‘此蕭郎三十内當作侍中，出此則貴不

① （民國）葉大鏘、羅駿聲纂修：《灌縣志》卷十一《人士傳上·文學》，美利利印刷公司，民國二十二年（1933）版，第44頁。

② 尹席珍：《序》，《晚清松茂古道的一次民間行吟考察》卷三《〈松游小唱〉研究資料彙集》，西南交通大學出版社，2016年版，第291頁。

可言。'" 以蕭郎自比，今四十已過却總事與願違，表其歲月蹉跎，懷才不遇的心迹。詩作於光緒乙酉（1885），詩中"四十已過"，可見詩人作詩時爲四十一二歲。由此，可證董氏約生於道光癸卯（1843）前後。

2. 卒年

董湘琴卒年，亦無明確記載，只能通過各家之言推論。楊蕤林《校勘記》述董氏逝於1892年，實誤。董氏科舉屢試不中，光緒乙酉年（1885），才取得理番廳"歲貢"資格，已約42歲。此次榮膺并未步入仕途，僅懷一腔報國心，空負憂國憂民情。直到光緒十七年（1891），"歲辛卯，松潘鎮夏琅溪軍門，以包佐夷叛（按：辛卯（1891）實爲川甘邊境拉卜楞寺、骨磨寺擾邊之患。包佐夷亂在丙申（1896）。此爲董朝清《叙》誤記）禀省請援。"[①] 總戎夏毓秀并盛邀董湘琴前往做幕僚，"其時鎮松潘者爲夏朗清（按：應爲夏琅溪。又，舊《茂縣志》稱"夏毓秀字鍾靈"）軍門，聘公充幄幕，贊戎機。"[②] "湘琴既往主筆札，歷陳利弊，而上下之隔閡乃舒，旋得援兵解圍。復贊襄夏上籌邊策略。再得上憲獎掖，轉保奏夏升遷提督矣。"[③] "（夏）後以軍功保授（董）教諭加花翎知縣補用"[④]。由此看，董氏不僅參與了平拉卜楞寺之亂，還參加了光緒丙申（1896）平包佐夷亂。此後，夏毓秀擢升四川提督，湘琴也因才能功績被保授藍翎候補知縣。湘琴雖已躋身仕途，但他并不"迷途"。董朝清《叙》："而湘琴以深諳詐僞人情，厭倦仕途，遂浩然辭歸鄉里。"[⑤] 董氏辭官不可在也不應在提拔之時，理應在次年光緒二十四年（1898），時約55歲。而董朝清《叙》作於光緒三十二年春（1906），《叙》云："嗚呼！湘琴已矣。"《叙》乃爲《松游小唱》而作，從語氣推測，湘琴已過世多年。結合其退居成都百花潭閉門著述，光緒二十六年（1900）後其行蹤再無音息來看，約在光緒二十六年（1900）前後謝世較爲合理。故，楊蕤林《校勘記》勘訂的卒年有誤。

（二）家族

董湘琴出身顯赫之家。據《舊唐書》唐貞觀元年（627）"羌叛，州縣俱罷。二年，生羌首領董屈占者，請吏復立維州。移治於姜維城東，始屬茂州，爲羈縻州。麟德二年，進爲正州。尋叛，羌降，爲羈縻州。"[⑥] 羈縻始於唐，乃征服邊遠地區所設置之州，并以都督府統轄。川西即以"茂州都督府，羈縻州十"管制、鎮壓。據《舊唐書》載："徹州，貞觀五年，

---

① 董朝清：《敘》（又名《花村序》），《晚清松茂古道的一次民間行吟考察》卷一《〈松游小唱〉點校》，西南交通大學出版社，2016年版，第3頁。

② 董紹康：《付印事略》，《晚清松茂古道的一次民間行吟考察》卷三《〈松游小唱〉研究資料彙集》，西南交通大學出版社，2016年版，第289頁。

③ 董朝清：《敘》（又名《花村序》），《晚清松茂古道的一次民間行吟考察》卷一《〈松游小唱〉點校》，西南交通大學出版社，2016年版，第3頁。

④ 董紹康：《付印事略》，《晚清松茂古道的一次民間行吟考察》卷三《〈松游小唱〉研究資料彙集》，西南交通大學出版社，2016年版，第289頁。

⑤ 董朝清：《敘》（又名《花村序》），《晚清松茂古道的一次民間行吟考察》卷一《〈松游小唱〉點校》，西南交通大學出版社，2016年版，第3頁。

⑥ （後晋）劉昫等：《舊唐書》卷四十一《地理志四・劍南道》，中華書局，1999年版，第1158頁。

西羌首領董凋貞歸化置"；"小封，咸亨二年（671），刺史董弄招慰生羌置也"①；"保州，開元二十八年（740），置奉州，以董宴立爲刺史。領定廉一縣……乾元元年（758）二月，西山子弟兵使嗣歸誠王董嘉俊以西山管内天保郡歸附，乃爲保州，以嘉俊爲刺史"②。《新唐書》亦有董嘉俊記載："乾元元年（758），嗣歸誠王董嘉俊以郡來歸，更州名"。③ 又，《舊唐書》："通軌，本屬松州，歷代生羌之地。貞觀二十年（646），松州首領董和那蓬固守松府，特敕於通軌縣置當州，以蓬爲刺史。顯慶元年（656），蓬嫡子屈寧襲繼爲刺史"。④ 北宋歐陽忞《輿地廣記》："羌酋董和那蓬固守松州有功，於是拆松州之通軌縣置當州，以董和那蓬爲刺史，後其子屈寧襲焉。"⑤ 可見，自唐起董姓就在川西羌地世代爲官，爲朝廷效命。故詩人到達汶川桃關後在詩中得意説"吾宗此地有人豪，是西來表表"。

唐以後千餘年間董姓成爲川西地區聲名顯赫的羌族大姓。宋以董姓爲羌長。元推行土司制，董旺格受封静州長官土司。明成化間，董百彪被封通化土司，住維城。明代董姓土司在羌藏地區是忠於朝廷的，明末張獻忠陷四川，濫殺明蜀藩王宗室及朱姓百姓。陳世松先生在《西華大學學報》發表《明代蜀藩宗室考》：

> 據費密《荒書》載，"蜀府郡王"皆遇害，獨慶王府與妃嬪在張獻忠陷成都之前"先走土司董卜韓胡，得全"。後藏居崇慶州、邛州。直到清軍入川，慶王僚屬"與人相訴"，才暴露其王室身份。⑥

崇慶州緊連阿壩雅安羌藏土司管區，可推知慶王避亂土司，即在阿壩與崇州一帶，這裏乃理想藏身之所，進可入平原，退可回山區。《荒書》所記明末"土司董卜韓胡"也爲董姓一支。到清順治時期，静州土司董懷德歸附，《清史稿》列傳三百《土司二》載："静州長官司，其先董正伯，自唐時歸附，授職。順治年間，賊踞茂州，土司董懷德率土兵捍禦，地方寧謐。九年，董應詔歸附。"其子董光書中舉，建董氏祠堂，設祖先牌位，訂宗支行序。康熙間，董百彪一支後裔遷往灌縣，世居虹口，清末這支董姓羌人通過開煤窑、淘金、挖礦、種茶、種藥、製漆、伐木，漸成富豪。董湘琴即爲董百彪後裔，家境豐饒，世代書香⑦。

（三）袍哥"冒頂"生涯

董湘琴生性風流倜儻，好行俠仗義，早年曾涉身袍哥組織。一身肝膽，被推爲反清民間組織川西"九和會""冒頂"（袍哥舵把子）。董朝清《叙》云："湘琴素性倜儻，好讀史遷游

---

① （後晋）劉昫等：《舊唐書》卷四十一《地理志四·劍南道》，中華書局，1999 年版，第 1158 頁。
② （後晋）劉昫等：《舊唐書》卷四十一《地理志四·劍南道》，中華書局，1999 年版，第 1168 頁。
③ （宋）歐陽修、宋祁：《新唐書》卷四十二《地理志六》，中華書局，2000 年版，第 174 頁。
④ （後晋）劉昫等：《舊唐書》卷四十一《地理志四·劍南道》，中華書局，1999 年版，第 1166 頁。
⑤ （北宋）歐陽忞：《輿地廣記》卷第三十《成都府路化外州·下都督府松州》，四川大學出版社，2003 年版，第 876 頁。
⑥ 陳世松：《明代蜀藩宗室考》，《西華大學學報》2011 年第 2 期。
⑦ 周正：《董湘琴〈松游小唱〉的成因簡析》，《阿壩師範高等專科學校學報》2010 年第 2 期。

俠傳，入哥老會。”[①]

何時加入哥老會[②]，《叙》語焉不詳，各本説法都基本定爲晚年退隱林下以後的事。如，民國丙子版《董湘琴先生遺著•花村序》云：“湘琴倦游歸里，遭遇丁寶楨深惡哥老，湘琴被牽連下獄。”實誤。丁寶楨光緒二年（1876）督川，光緒十二年（1886）即已故於任上。湘琴何能在1896年平定包佐夷亂“倦游歸里”後，又被逝世十餘年的丁寶楨逮捕呢？顯爲《花村序》錯訛。人老體弱厭倦政事的董湘琴何以有餘力参與袍哥？筆者推測，應爲早年英氣勃發之時，從其早年交友、詩文可窺一二。

湘琴早年輕狂，幾經風雨，屢考不中，遂心灰意冷，懷才不遇的心境油然而生。爲之徘徊，不如另謀出路。他縱情於詩歌詞賦之中，投筆於高官權勢之外，詩文頻出，廣結湖海名流，如湘琴爲其寫下“投筆結交天下士”的彭縣李儔五、灌縣令王宫午、生員賈輔卿、華陽令張傑、成都舉人謝禹門等輩。適值清末，朝政腐敗，湘琴受蜀地反清思潮影響，加以在社會上的人望，豪俠仗義的個性，遂加入哥老會。而遲至1874年，三十餘歲即已被舉爲灌縣袍哥“冒頂”。到了光緒丁亥（1887），拔貢兩年後，所作《贈彭門李儔五》仍有袍哥餘息，“丈夫不合老經史，投筆結交天下士。……奇氣鬱勃不得發，干將韜匣光熊熊。……登樓鼻息拂天河，當筵拇戰恣狂嘯。”從詩中可見他不是傳統迂腐士子，其身上流着羌人叛逆的血脉。

《叙》云：“未幾，不容於當道，在成都被牽連下獄。”[③]“牽連”一詞概説紛紜。

一説：川督换位，丁寶楨新官上任，鎮壓袍哥，以湘琴“冒頂”罪羈之。

二説：楊蕤林《校勘記》“（湘琴）光緒初，以哥老會灌縣首領響應李宗義、張之洞爲‘東鄉血案’白冤活動中，被加以‘冒頂’罪，入繫華陽獄。”[④] 但并非如此，“東鄉血案”發生於光緒元年（1875），但之前同治末東鄉（宣漢）已發生旱灾，縣令孫定揚却加捐税，税畝之外另增五百文，激發民變。百姓以“糧清民安”與東鄉縣衙理論。總督文格行文“批飭各營痛加剿洗”“以清亂源”[⑤]。光緒二年提督李有恒進剿，殺四百餘口，史稱“東鄉血案”。哥老會袁廷蛟進京“泣訴前日局紳之賄，申官長及今日官兵，慘殺寨民之故”（民國《宣漢縣志》卷十），却被刑部拘捕。川内袍哥響應，爲東鄉白冤。丁寶楨是在“東鄉血案”後督川，病死川督任上爲光緒十二年（1886），故湘琴是丁寶楨督川期間“打袍哥”入獄，

---

① 董朝清：《敘》（又名《花村序》），《晚清松茂古道的一次民間行吟考察》卷一《〈松游小唱〉點校》，西南交通大學出版社，2016年版，第3頁。

② 晚清四川哥老會數量在全國最多，勢力最大。有“一紳二糧三袍哥”之稱。袍哥具有强烈的反清色彩，咸豐年間四川爆發歷時六年的李永和、藍朝鼎起義，基本力量即爲哥老會。歷次反洋教爲中心的反清教案主力也是哥老會，如四川最大教案“大足教案”。

③ 董朝清：《敘》（又名《花村序》），《晚清松茂古道的一次民間行吟考察》卷一《〈松游小唱〉點校》，西南交通大學出版社，2016年版，第3頁。

④ 楊蕤林：《校勘記》，《晚清松茂古道的一次民間行吟考察》卷二《〈松游小唱〉研究》，西南交通大學出版社，2016年版，第180頁。

⑤ 周正：《董湘琴〈松游小唱〉的成因簡析》，《阿壩師範高等專科學校學報》2010年第2期。

非“東鄉血案”白冤之事牽連。

三說：袍哥勢力，歷來已久。早在咸豐年間，李雲九首開“青城山”碼頭，河西石羊、河東崇義，及灌口紛紛建立公口。光緒時石羊西義公舵把子羅三冒頂勢力，已威懾官府。董湘琴爲灌口地區袍哥“冒頂”，受此牽連被捕。

四說：《清史稿・吴棠傳》：同治甲戌（1874），灌縣“山匪”作亂，時川督吴棠令李有恒進剿。湘琴或“牽連”下獄？此説亦不確，《清史稿・吴棠傳》載明山匪乃“渠首餘其隆”。又據民國《灌縣志・故實記・軍事》載：“同治十三年夏六月初九日，妖人李三少、余道士結山匪爲亂，夜焚太平場、中興場各村舍。”“先是李、余往來温彭崇灌間，棲止寺觀，以照光、拜燈、拳勇各術，煽惑愚民，復假鬼神談隱秘，人多信之。不逞者，因附焉。”“川督吴棠聞警，飛檄參將范繼先率數百人入山……乘賊心未固，疾擊窮搜，匪遂殄。”此類於早期燈花教（紅燈教前身），實爲妖道惑衆，與袍哥無關。

比較四説，第一説丁寶楨初入川，人生地不熟，不會輕易得罪袍哥勢力，他尚有借助“一紳二糧三袍哥”中的袍哥來安定地方的心理。據《清史稿・丁寶楨傳》“光緒二年，（丁寶楨）代吴棠署四川總督。至即嚴劾貪墨吏，澄肅官方，建機器局，修都江堤，裁夫馬以恤民，革陋規以恤吏。”[①] 第二説缺乏實據。第四説乃妖道爲禍。通觀第三説，袍哥威懾官府，而受打擊，故此説較爲貼切。

光緒辛巳（1881）以後，川内袍哥頻頻鬧事。當時灌縣士氣高漲的袍哥董湘琴受“牽連”，被捕囚獄。幸得友人王宫午等人疏解，又得按察使黄雲鵠賞識，丁寶楨礙於輿論，借春聯釋放了董氏。《叙》云：“適歲除，借書監門聯語寄慨，當道嘆其才而釋之。”[②] 董氏獄中曾作《華陽獄中元旦聯》：

> 無端平地起鯨波，把東箭南金，盡情撮合。每當夜譚縱酒，砍劍高歌，色舞眉飛，説不盡英雄肝膽。怎經得囚燈一盞，挑殘蝴蝶鄉心；禁柝三更，敲冷鴛鴦春夢。隙駒容易過，又贏得元宵鑼鼓，神會簫笙，端午蒲觴，中秋月餅。
>
> 都是前緣同犴獄，問蘭因絮果，大有來由。幾多怨氣呼天，覆盆興嘆，含沙射影，幻出些山海仇冤。更何堪茹痛十年，望斷馬頭生角；羈魂千里，音沉雁足傳書。磨勘古今同，幾曾見羑里文王，聖門公冶，眉州蘇軾，堂阜夷吾。

聯文中詩人大秀才華，身雖繫獄，也與卒囚“夜譚縱酒，砍劍高歌”，英雄肝膽，滿腔熱血，頗體現了湘琴袍哥會首氣概。一聯即可讓丁寶楨釋放他？當然不會。董湘琴入會袍哥，與近代民主革命暗流涌動的時代有關，袍哥組織本就反對清廷腐敗無能，怎會輕易放過？實際是勝友如雲的湘琴大獲民心，政府迫於形勢，才釋放了他。

---

① 趙爾巽等：《清史稿卷四百四十七丁寶楨列傳》，中華書局，1976 年版，第 12493 頁。

② 董朝清：《敘》（又名《花村序》），《晚清松茂古道的一次民間行吟考察》卷一《〈松游小唱〉點校》，西南交通大學出版社，2016 年版，第 3 頁。

經筆者考證，董氏“冒頂罪”應在1882年至1884年之間，其時丁寶楨穩定大局施行“打袍哥”策略。又，王宫午作灌縣令在1882年，二人結爲好友，其後才有董氏入獄，宫午施救，而1885年詩人已榮膺廪貢，故推測其入獄在1883年至1884年之間。

董氏羈獄，時間多長？有人認爲十餘年，如李啓明爲《〈松游小唱〉箋注》作序云：“即以此‘罪名’被逮捕入華陽縣監獄。茹苦十年，望斷馬頭生角。”[①] 誤。實際時間只有一年不到。試想入獄十年，在晚清不可想象，十年時光早已被邊緣化，何能結交那麽多名流，并且友人亦會全力疏救。且董氏并未遭流放，故不可以今日之法律去臆想晚清現實。丁寶楨關押董氏時間極短，況丁寶楨亦不願過於得罪袍哥勢力。若是董氏被押十年，十年後未必能有如此豪氣干雲的聯文。再有，丁寶楨1876年督川，董氏被抓當在1876年或以後，關押十年，則釋放之日最早也在1886年。但湘琴光緒乙酉（1885）已取得理番廳“歲貢”，故不可能牢中考取。據此推測，可能李啓明錯把聯中“茹痛十年”理解爲十年牢期。數月牢期尚算較合理。

二、入松考述

（一）行程時間

光緒辛卯（1891），詩人應夏毓秀之邀，“把行期約定在九月九，走!”[②]“走”之豪興，將仕途失意之積鬱掃盡，路漫於松潘，“三腦九坪十八關，一羅一鼓上松潘”[③]。三腦：西關腦、東界腦、壽星腦。九坪：紫坪、豆耳坪、興文坪、銀杏坪、大邑坪、楊木坪、窩陽坪、黄草坪、鎮坪。十八關分上下各九關，下九關：鎮夷關、茶關、沙坪關、澈底關、桃關、飛沙關、新保關、雁門關、七星關；上九關：渭門關、石大關、大定關、西寧關、安順關、新塘關、歸化關、白定關、鎮江關。“一鑼一鼓”，分指汶川境内鑼圈灣、茂州境内石鼓。

1. 古道及里程

董氏入松所走古道，爲古羌驛道，從灌縣經汶川、茂州至松潘。明清四川驛道幹綫以省會成都爲中心分東西南北四路，汶川古羌驛道屬西路，起自成都府屬錦官驛，經郫、灌至汶川，共四站，至松潘則爲760里。

明清時期，以灌縣爲起點的茶馬道有四條：

第一條，“由（灌縣）西門出玉壘關，直上十里爲白沙鎮，過白沙河索橋，又十里爲猪

① 孫洪壽：《〈松游小唱〉箋注》，自印本，2010年版，前言，第12—13頁。

② 張宗品、張文宗：《〈松游小唱〉繪圖本》，四川美術出版社，2004年版，第8頁。

③ 張宗品、張文宗：《〈松游小唱〉繪圖本》，四川美術出版社，2004年版，第2頁。

腦壩，交汶川縣界，上至威茂松潘，俗稱大路。”① 再經尤溪、東界腦、羊店、新保關到茂州，接着驛程溝口寨、大店、猴兒寨、鎮江關、安宏關、松潘，再由松潘到甘青地區。董湘琴即行經此道入松，并寫下膾炙人口的《松游小唱》。

第二條，出灌縣，尤溪、綿虒至新保關（威州），進入雜谷腦右岸大道。經高河壩、洪水溝、雜谷卡、樸頭、彭家河壩、古爾溝、鷓鴣山河壩、鷓鴣山、馬塘、二京里、紅原刷金寺，最後達甘青地區。昔日背茶包的脚夫多在雜谷卡交茶包。此道以翻鷓鴣山最險，上 30 里，下 30 里。

第三條，“距（灌縣）西門二里，過都江索橋，沿江西上，爲懋功五屯要道，俗稱小路。……漩口場，右有支路，北出虛谷棧道，由此右行，即古勝因院遺迹，再上，即古溪溝，中灘堡，魚子溪，北通汶川縣路。”或由漩口西上，至興仁場（俗稱水磨溝），南至太平場，“至泰安寺，登熊耳山，下牯牛岡，七十里來會。疇昔往來金川，皆由此。清開漩口道，此路遂廢，惟土人負載偶行之。”或“由興仁場十里有土門子，又十五里三江口，交汶川瓦寺界，再西可達懋功，又雅州清溪，爲入屯大道，故俗稱邑西爲小路云。”②

第四條，北路“縣城十里至土地嶺，又十里董家林，又十里酒店坪，進入峽口過索橋，沿白沙河而上，率皆大山，荒寒百餘里，抵茂縣界。惟馱炭、伐木、采藥、打獵諸人往還，不通大道。”③

通常第一、二條古道稱爲“大路”，第三、四條古道則知之者較少。

2.《松游小唱》記載的詩人入松行程

（1）灌縣至茂州

首日，“把行期約定九月九，走!”踏上征途，從“鎮夷關高踞虎頭，第一程山河雄構”④“鎮夷關”起，雄關漫道七百里。過白沙，登山“五里茶關”“五里楠木園”“又五里龍洞”。行至龍溪，“恰趁着魚鱗天晚……盡盤桓，破題兒龍溪頭站。”⑤ 且休眠。

次日，“天生一嶺界華夷，上十里，下十五里，佳名自昔稱娘子。”⑥ 娘子嶺上下合二十五里，行路艱難，“九折邛崍”於“映秀灣歇氣”。抬頭“松潘西望路漫漫”，感嘆“行程要耐煩”。至東界腦，“東倒西歪幾家茅店”⑦ 將就住宿。

三日，早起，經豆耳、銀杏與興文，繞羅圈灣，至澈底關，“坡下小停驂，炊起朝烟”

① （民國）葉大鏘、羅駿聲纂修：《灌縣志》卷二《營繕書・交通》，美利利印刷公司，民國二十二年（1933）版，第 14 頁。

② （民國）葉大鏘、羅駿聲纂修：《灌縣志》卷十一《營繕書・交通》，美利利印刷公司，民國二十二年（1933）版，第 14 頁。

③ （民國）葉大鏘、羅駿聲纂修：《灌縣志》卷十一《營繕書・交通》，美利利印刷公司，民國二十二年（1933）版，第 14 頁。

④ 張宗品、張文宗：《〈松游小唱〉繪圖本》，四川美術出版社，2004 年版，第 10 頁。

⑤ 張宗品、張文宗：《〈松游小唱〉繪圖本》，四川美術出版社，2004 年版，第 18 頁。

⑥ 張宗品、張文宗：《〈松游小唱〉繪圖本》，四川美術出版社，2004 年版，第 20 頁。

⑦ 張宗品、張文宗：《〈松游小唱〉繪圖本》，四川美術出版社，2004 年版，第 26 頁。

才吃早飯。場口逗留。“紅日墜西山，行十里，抵桃關”[①]，憑吊桃關昔日繁華，庚寅洪水後早已不再。過索橋，“好良霄，羊店睡覺”[②]。

四日，羊店起身，過飛沙嶺，夏后誕生地石紐山。山容漸淡，過乩仙廟已抵汶川縣。過橋去塗禹山，“日落遠銜山”“投宿在板橋茅店”[③]。

五日，早起前往七盤溝，一路“雅静”停訪“天官舊日墳”，“絶塞暮雲横”，“猛然間威州已近”。威州，即古維州，詩人“懷古不勝愁，匆匆旅店投”“呼兒旅邸頻沽酒，深宵話久”[④]。

六日，“一枕黑甜游，鷄聲唤起行人走”[⑤]，在“十里過街樓”訪“西來好友”，臨别送至雁門口，三十里文鎮入茂州界。過七星關、石鼓到茂州郡。茂州“由灌而往，幾經汶上，三百里山高水長，無此寬廣，果然是神禹鄉邦”[⑥]，市井繁榮。茂州是大站，詩中“明日長亭細細量”，知湘琴一行在此住宿。

（2）茂州至松潘

七日，茂州北上，無事可采。隨馬幫而行，“金烏西落，旅邸有張羅，松坪溝盤餐小酌”。

八日，“早過大棧營，一枕黄粱半未醒”[⑦]，行五里來到塔水墩，行行復行行，過石榴溝番語皆不通，上山下山至渭門關，“旅館酣眠，明朝又過小沙灣”[⑧]。

九日，沙灣溝口寨過橋，十里側耳崖，“支尖投宿都不愛，催馬到紅崖”。至淺溝“平坦十餘里”，又經數十里大石嶙峋之地，“前面是長寧，可以緩程”，苜蓿堡支尖。苜蓿長寧一路下來十餘里讓人疲乏。“自晨至昏兩歇憩，又是一天，且投宿大定關酣睡”[⑨]。

十日，荒凉黄草坪，要害小關子，雄關疊溪營，較場龍池一過，孟良城在前。經觀音崖、五盤山，山下平橋溝“平房太破爛”，“趕緊到沙灣歇店，好煮胡麻飯”[⑩]。

十一日，“五里猴兒寨”，“太平山口忽然開”，左楊柳溝，右蘿卜寨。十里永鎮，有界碑“松界之南”。前去平定關，距松城尚有一百八十里。“快馬揚鞭過大灣”，靖夷堡支尖。出堡來，“蓮花崖畔問蓮花”，“夾竹寺邊夾竹桃”，鎮坪“愛清閑，假寐今宵”[⑪]。

十二日，金瓶崖已到，平夷堡在前，直向平番走，至鎮江關“主人翁已出門迎接，何妨

① 張宗品、張文宗：《〈松游小唱〉繪圖本》，四川美術出版社，2004年版，第28頁。
② 張宗品、張文宗：《〈松游小唱〉繪圖本》，四川美術出版社，2004年版，第30頁。
③ 張宗品、張文宗：《〈松游小唱〉繪圖本》，四川美術出版社，2004年版，第44頁。
④ 張宗品、張文宗：《〈松游小唱〉繪圖本》，四川美術出版社，2004年版，第54頁。
⑤ 張宗品、張文宗：《〈松游小唱〉繪圖本》，四川美術出版社，2004年版，第54頁。
⑥ 張宗品、張文宗：《〈松游小唱〉繪圖本》，四川美術出版社，2004年版，第66頁。
⑦ 張宗品、張文宗：《〈松游小唱〉繪圖本》，四川美術出版社，2004年版，第74頁。
⑧ 張宗品、張文宗：《〈松游小唱〉繪圖本》，四川美術出版社，2004年版，第80頁。
⑨ 張宗品、張文宗：《〈松游小唱〉繪圖本》，四川美術出版社，2004年版，第92頁。
⑩ 張宗品、張文宗：《〈松游小唱〉繪圖本》，四川美術出版社，2004年版，第104頁。
⑪ 張宗品、張文宗：《〈松游小唱〉繪圖本》，四川美術出版社，2004年版，第120頁。

下馬度今夕”[①]。

十三日，“行至白定關”，遇見“農工商賈把場趕”。“龍潭十里覓神龍”，“得勝堡好柳林”，“安順小橋西，一帶好幽溪”。翻雲騰堡，四十里途程達松城。經西寧關，過紅花屯，“斜陽晚照，隔江紅樹把人招。回首路迢迢，險阻崎嶇走完了”[②]。

從全詩標明看：共計途中宿 12 個夜晚，行走 13 天，平均每天 50 里，無論騎馬坐轎皆可。但詩中所述與實際路程相較略有不合，從威州到茂州 90 餘里，中途在過街樓，又曾“駐馬場頭”訪“常家昆仲”，他鄉遇友，自有一段“勾留”。故，一日到不了茂州。推測行程，與尚家昆仲别後，去文鎮投宿。威州至過街樓十里，再三十里至文鎮，90 里正好走約一半，故投宿文鎮才合理，應加一日。又，離茂州後，不知何故繞道去了松坪溝，再返回大路，經大棧營北上松潘。考民國《松潘縣志・宦績》：“光緒中署松潘鎮，實心圖治，百廢俱舉。黑水、松坪諸番作亂，毓秀派員往輸解散。”推測可能詩人帶着使命前去松坪溝。應再加一日，已 15 日。

綜上，董湘琴自灌入松，最少都要 15 天。

（二）入松原因

1. 歷史

明歐陽直《蜀亂》云：“天下未亂蜀先亂，天下已定蜀未定。”清代松潘地區邊亂頻發，康熙五十九年（1720），“漳臘營十二處惡洛西番搶劫兵民，四川提督岳鍾琪、松潘鎮總兵路振揚率兵由松潘進剿，番敗，悉還所劫以降。”[③] 乾隆十七年（1752），“四川提督岳鍾琪率松潘鎮總兵馬良柱進剿雜谷番寨，土司蒼旺備勤伏誅。”[④] 民國《松潘縣志・邊防・書庚申番變事》：“咸豐十年（1860）番叛，逾年陷城，官民受禍劇慘。”咸豐十一年（1861），“以巴珠蘇土司爲首的羌人及各族人民起義，於七月十八圍攻茂州城。”[⑤] 可見，傳統上這一地區多動蕩，難治理。民國《松潘縣志・宦績》：“陳濟清光緒初鎮松，時值雜谷頭人狼梭勾串諸夷肇亂，邊防岌岌。濟清請師撻伐，中衡張希舟在茂阻兵。濟清憤怒辭職去，臨行父老祖餞，濟清曰：‘夷性犬羊，畏威不懷德，今與言和，邊防自此多事矣。’後果常出劫掠，爲邊地患。”

光緒二年（1876），雲南昆明縣人夏毓秀入川，領省標十營。“七年（1881），松潘番蠢動，數擾邊，命署總兵治之。既至，擒首惡，撫良懦，番民以安。其地固荒服，設學額百餘年，多爲他邑人所占，謳誦益寂寥。毓秀方夷大難，即選聰穎子弟入署讀書，斥私財建書院，廣延名宿，崇化勵賢，至是始聞弦歌聲。九年，實授。莅鎮十載，培堤岸，浚溝洫，儲

① 張宗品、張文宗：《〈松游小唱〉繪圖本》，四川美術出版社，2004 年版，第 130 頁。
② 張宗品、張文宗：《〈松游小唱〉繪圖本》，四川美術出版社，2004 年版，第 148 頁。
③ 四川省灌縣志編纂委員會編纂：《灌縣志》，四川人民出版社，1991 年版，第 12 頁。
④ 四川省灌縣志編纂委員會編纂：《灌縣志》，四川人民出版社，1991 年版，第 12 頁。
⑤ 四川省灌縣志編纂委員會編纂：《灌縣志》，四川人民出版社，1991 年版，第 12 頁。

倉廩，士民德之，至建生祠以祀。”[①] 夏毓秀前後鎮松十載，多次盛邀董氏入松襄助。於是詩人於1891年赴松，時松潘總兵已改吴中奇繼鎮，又現甘南拉卜楞寺擾邊之患。董氏在松潘幕中經歷了吴中奇、陳金鼇、夏毓秀、況文榜四任總兵，歷時八載。

董氏何以能堪此任？當時灌汶茂松地區有許多袍哥組織，正所謂“明末無白丁，清末無倥子”（未參加袍哥的人叫倥子）。董氏有羌人血統，土司後人背景，又是川西袍哥組織“九和會”會首，廣結湖海名流。夏毓秀想以湘琴人脉平息民族衝突。并且湘琴又是理番廳貢生，博學多才，早有報國之心，自是不二之選。

2. 兩次番亂及其仕途

《清史稿·夏毓秀傳》：

（光緒）二十年（1894）……會鹿傳霖出督四川，奏毓秀自隨，於是再莅松潘鎮任。初，甘肅循化番族拉布浪寺夙强悍，數越界侵掠。毓秀初莅鎮，遣兵防守，安撫餘衆，而拉部擅命如故。既復任，遂率將士出關，克碉十餘，擒渠率，斬以徇諸夷。諸夷皆伏服，莫敢惕息。蜀邊寧静，擢提督。[②]

民國《松潘縣志》卷三《邊防》：

《川甘番案始末記》：道光初，有甘肅循化廳屬之拉卜楞寺，始以黄教念經，誘聚僧徒於川屬上阿壩官兵駐防塞竹卡地方，創修骨磨寺院，煽惑番衆。咸豐五六年間，附近寨落歸入該寺熬茶。惟時内地軍興，不暇顧及。遂將骨磨寺地方據爲己有，陸續侵占甲多、色凹二十四寨。光緒七年，該寺勢愈强横，越界焚掠，占踞上中下三阿壩一百餘寨，逼投勒凹、扎蓋二十餘户。又十三年，窩留川省逃逸匪首棒周。勾結賊番，劫大幫茶商馬炳南等牛馬茶包銀貨，殺斃八命。十七年，又擁兵三千至上阿壩焚毁擇參巴寺，傷斃寺僧七命，并將轄慢、冷房、草場五百餘家概行燒毁。二十年六月，劉督（劉秉璋）委松潘同知武文源、參將楊茂林隨帶官紳兵勇四百餘人出關，將匪首棒周，并黑窩、卡周、相錯等照例嚴辦。

《書徵包坐事》：光緒二十二年，川甘交界之打拉、罩子溝等賊番結連川屬包坐、雙寨、甲借等寨，出巢滋事，傷斃兵勇，并勾結鐵布阿蝦等寨，肆行劫掠，大爲邊患。經松潘總兵夏毓秀禀請，四川總督鹿傳霖奏聞，夏毓秀率漢土官兵於四月二十日出黄勝關，疊克堅巢，復潘州城，乘勝破雙寨、甲借、谷爾壩等寨。先後擒斬賊首三十餘名，餘寨乞降。未及兩月，川境肅清。

以上資料載明兩次番亂，一次爲拉卜楞寺長期擾邊之案，光緒二十年（1894）川督劉秉

---

① 趙爾巽等：《清史稿卷四百五十六夏毓秀列傳》，中華書局，1976年版，第12657頁。

② 趙爾巽等：《清史稿卷四百五十六夏毓秀列傳》，中華書局，1976年版，第12658頁。

璋剿平。一次爲徵包坐事，總督鹿傳霖委松潘總兵夏毓秀肅清。兩次清剿董湘琴均在鎮署。

夏毓秀曾三度總鎮松潘平亂。第一次是光緒七年（1881），第二次是光緒九年（1883），第三次是光緒二十一年（1895）。那麼董湘琴是何年受邀入松的呢？孫洪壽《〈松游小唱〉箋注》定爲1881年，歲次辛巳，“松潘番蠢動”，夏毓秀受命赴松治之。時年湘琴三十七歲，應邀赴松襄助。孫洪壽考辨：“有的版本却説董湘琴此年（1892）入松助夏毓秀平拉卜楞寺之亂，可見不實。‘平拉卜楞寺之亂’，此語不實，應是靖拉卜楞寺擾邊之患。那應是1894年，即光緒二十年，歲次甲午。夏毓秀蒞松潘鎮任，時年董湘琴已半百，何能再入松助之？”① 對此觀點筆者不苟同，焉能以董氏年齡作判斷？《松游小唱》有憑吊桃關洪灾一段，“年逢庚寅，山龍王胡鬧，匝地起浪濤。”庚寅爲光緒十六年（1890），桃關遭特大洪水，死傷無數。據1892年《桃關溝董氏合葬族人墓碑記》載：“大不幸，光緒庚寅歲五月十二日寅卯刻，天降洪水，孽龍出，五六百尺之峰源頭走，數千年之墓盡付江中。”② 可見詩人是灾後途經桃關的。這次洪水發生於光緒十六年，故董氏不可能在光緒七年（1881）入松，更不可能在光緒七年入松的詩中記寫光緒十六年的洪水。孫之考辨忽略了《松游小唱》已記明的時間，而據年齡判爲1881年入松，不足爲憑。

另一説，來自董氏堂兄董朝清《叙》。此序作於光緒三十二年（1906），序云：“歲辛卯，松潘鎮夏琅溪軍門，以包佐夷叛稟省請援。”③ “歲辛卯以包左夷叛”，誤。民國《松潘縣志•邊防》記載詳盡：光緒辛卯（1891）拉卜楞寺作亂，擁兵三千至上阿壩焚毁擇參巴寺，傷斃寺僧七命，擴展勢力，而非包左夷亂。時松潘總兵爲貴州人吴中奇，同年，前總兵夏毓秀，亦曾赴省垣，“面懇總督劉仲良（秉璋）奏命兩省會委查辦”川甘邊境拉卜楞寺積年懸案。至光緒二十年甲午（1894）劉仲良才平定拉卜楞寺之患。劉因教案去職，鹿傳霖繼任川督。光緒二十二年丙申（1896）松潘包佐夷叛，夏毓秀率兵三路進擊平定。

參之以上史事，董氏受聘軍幕，最早應是在夏毓秀多次函催，於光緒十七年秋（1891）成行的，而非光緒七年（1881）。

據其裔孫董純蝦（紹康）《董湘琴先生遺著•付印事略》中記：“歲辛卯（1891），京川夷務發生，其時鎮松潘者爲夏朗清（夏琅溪）軍門，聘公充幄幕，贊戎機，以軍功保授教諭加花翎知縣補用。”④ 董朝清《叙》亦記：“湘琴既往，主筆札，歷陳利弊，而上下之隔閡乃舒，旋得援兵解圍。復贊襄夏上籌邊策略，再得上憲獎掖，轉保奏夏升遷提督矣。”⑤ 可見，

① 孫洪壽：《〈松游小唱〉箋注》，自印本，2010年版，第2頁。

② 《桃關溝董氏合葬族人墓碑記》（1892年），《晚清松茂古道的一次民間行吟考察》卷一《〈松游小唱〉點校》，西南交通大學出版社，2016年版，第40頁。

③ 董朝清：《叙》（又名《花村序》），《晚清松茂古道的一次民間行吟考察》卷一《〈松游小唱〉點校》，西南交通大學出版社，2016年版，第3頁。

④ 董紹康：《付印事略》，《晚清松茂古道的一次民間行吟考察》卷三《〈松游小唱〉研究資料彙集》，西南交通大學出版社，2016年版，第289頁。

⑤ 董朝清：《叙》（又名《花村序》），《晚清松茂古道的一次民間行吟考察》卷一《〈松游小唱〉點校》，西南交通大學出版社，2016年版，第3頁。

董氏從平拉卜楞寺之亂（1894）至平包佐夷亂（1896），均參與其中。事定，又上《籌邊策》。光緒二十二年（1896），鹿傳霖保舉，夏毓秀擢升提督，董氏亦因才幹功勛保授藍翎候補知縣。

三、董湘琴詩觀及後人評價

董湘琴一生創作頗豐，如《腕腴精舍詞賦》《百花潭詩集》等，却多已散佚，僅存《松游小唱》及爲數不多的詩賦聯文。七百里松茂古道始於灌縣，經汶川、茂州，最後抵達松潘，湘琴沿古道寫下的《松游小唱》堪稱他一生中最重要的代表作。

（一）詩人詩觀

《松游小唱》亦文亦白，雅美與通俗結合，可謂内涵與形式，各盡其妙。詩前小序，爲湘琴的詩藝宣言。云：

> 《松游小唱》者，辛卯松潘之游，隨游隨唱也。曷唱乎爾？自來名士從軍，才人入幕，就所閱歷，發爲詩歌。途次所觸，欲以五七字賦之，而又苦於裁對。因念古人，如玉蟾朱桃稚輩，信口狂吟，自鳴天籟，音之高下，句之短長，在所不計。自灌束裝，以迄抵松，有見必唱，間有掛漏，亦略所當略。《陽春》《白雪》，尚已《下里》《巴人》，何妨敝帚日享。二三知己，謂爲板橋《道情》可，盲女彈詞亦可。①

“小序”特别介紹了他對傳統的繼承。“因念古人，如玉蟾朱桃稚輩，信口狂吟，自鳴天籟，音之高下，句之短長，在所不計”，説明了他對唱詞自由隨性的特徵及其歷史源流的認識；“自來名士從軍，才人入幕，就所閱歷，發爲詩歌”，説明詩人自比自己行爲如唐代詩人入幕從軍，《松游小唱》在内容上堪稱晚清的邊塞詩；“二三知己，謂爲板橋《道情》可，盲女彈詞亦可”，又説自己的創作類於《道情》、盲女《彈詞》。

尤其重要的是他提出了“《陽春》《白雪》，尚已《下里》《巴人》”的文學觀念。《陽春》《白雪》本戰國時楚國的高雅歌曲名，後泛指高深而不通俗的文學藝術。《下里》《巴人》是戰國時楚國的民間歌曲。下里，鄉里；巴，古國名，地在今川東、鄂西一帶。尚已，加上。此句點明了詩人的詩學觀，陽春白雪中再加以下里巴人，是詩人所重視和崇尚的，也是他找到的改造舊體詩歌的秘法。詩人非常仰慕詩歌的通俗化道路。這可以説是晚清“詩界革命”的理論先聲，是近代詩變的嬰啼。

《小唱》特别注意保持“文人創作”的雅正，講求用典。同時，《小唱》還學習繼承清代

① 張宗品、張文宗：《〈松游小唱〉繪圖本》，四川美術出版社，2004年版，第6頁。

散曲，發揚了散曲趨近白話口語的特徵，從而在晚清中國古典詩歌走向白話詩的歷史進程中先行一步。

（二）後人評價

董氏大膽嘗試詩藝改革，不避盲女彈詞與俚歌俚語之俗，甚至戲曲唱詞，一概引入小唱，使之“人人能理解，個個愛吟唱”。此萬字長詩，“就所閱歷，發爲詩歌”“信口狂吟，隨游隨唱”，自然天成。《星星詩刊》主編詩人白航初識《松游小唱》乃言其具“三自精神”：

> 《松游小唱》的内容廣博，極富文采。詩人由灌縣起，經汶川、茂州而至松潘，一路描繪山川形勝，風土人情，極具歷史性，也具風光性，讀之快意，思之動情。此詩尚有三點頗具特色，即一，自由書寫，不拘字句，不拘聲韵，不限内容，隨性之所至；二，自然寫實，見物寫物，見人寫人，見事寫事，見景寫景；三，自娱自樂，不求聞達於後世，只求自娱於當時。①

董氏堂兄董朝清光緒三十二年春《叙》云：“《松游小唱》既膾炙人口，遐邇傳鈔，因括其生平，述其涯略，而有感於士之不竟其學，學又不得其用者，以裨後來。”② 董氏長孫董純嘏爲丙子版《松游小唱》寫《付印事略》云：“每有著作，邑人争相抄誦，大有洛陽紙貴之概。惜純嘏年幼，片稿無存，如《百花潭詩集》《腕腴精舍詞賦》皆以欣賞者携去。”③

湘琴生性慷慨豪爽，名播湖海。近代革命家、同盟會會員公孫長子④云：“讀湘琴先生稿，不免動長子深感矣！”⑤ 可見董氏乃真人才俊，使之爲其動容。前清廩貢尹席珍序《董湘琴先生遺著》云：“蓋其精妙之思，雋永之詞，有非朋輩能望肩背者……將先生殘稿刊而行之，將見校庠傳誦，遠近知名，先生其不歿矣。”⑥

《松游小唱》是七百里山水長詩，五千年河谷文明，上百個景點，匯聚了羌、藏、回、漢等民族，記述了18處歷史古迹，16處民族風情，十多個掌故傳説，真是珠璣琳琅，洋洋大觀。詩人通過卓越的行吟，才情的醖釀，寄托了個人的人生理想和抱負。長詩不僅讓生活在川西平原的人們記住了這條古道文明，還使舊時的民風名迹得以追溯和賡續。1958年，

---

① 白航：《初識〈松游小唱〉》，《晚清松茂古道的一次民間行吟考察》卷三《〈松游小唱〉研究資料彙集》，西南交通大學出版社，2016年版，第295頁。

② 董朝清：《敘》（又名《花村序》），《晚清松茂古道的一次民間行吟考察》卷一《〈松游小唱〉點校》，西南交通大學出版社，2016年版，第3頁。

③ 董紹康：《付印事略》，《晚清松茂古道的一次民間行吟考察》卷三《〈松游小唱〉研究資料彙集》，西南交通大學出版社，2016年版，第289頁。

④ 公孫長子（1881—1952），姓余名切，又名蘭陔，字培初。公孫，黄帝姓，公孫長子爲其筆名，取黄帝子孫之義。四川内江人，同盟會會員，曾參加辛亥革命和反袁鬥争，爲著名民主主義革命家。公孫文武兼備，清末曾領導彭縣起義；民國初年，曾任川軍要職；擅長詩文，尤工壓綫雙鈎書法，是四川近代史上的傑出人物。

⑤ 公孫長子：《讀湘琴先生遺著序》，《晚清松茂古道的一次民間行吟考察》卷三《〈松游小唱〉研究資料彙集》，西南交通大學出版社，2016年版，第290頁。

⑥ 尹席珍：《序》，《晚清松茂古道的一次民間行吟考察》卷三《〈松游小唱〉研究資料彙集》，西南交通大學出版社，2016年版，第291頁。

毛澤東曾在成都會議期間對《松游小唱》大加贊賞，還吟誦了幾節精彩詩句。迄今，能够記誦此詩的大有人在，更有熱愛“湘琴體”的讀者循着詩歌重走松茂古道，足見長詩影響深遠。張宗品《〈松游小唱〉繪圖本·續記》評其詩學意義在於：

> 它是優秀的文化遺産，撫今追昔，不僅可以獲取高超的審美情操、藝術的感染、思想的升華和智慧的啓迪，還可增强對祖國山河的熱愛，民族風情的瞭解，增强了民族團結的凝聚力。是學習、繼承和發揚民族優秀文化不可多得的教材和範本。①

四、結語

綜上，對詩人生平事迹的考證梳理，從膾炙人口的《松游小唱》瞭解其詩觀及後人對《松游小唱》的評價，認識其影響，對傳播詩歌是有意義的。筆者相信，以文史互證的方式填補了羌族詩人董湘琴生平事迹闕載之憾，寄同好以饗享。

董氏亡故後，《松游小唱》仍傳誦一時。在其文墨生涯中還撰有大量詩詞、聯文，然長期以來因資料湮没鮮爲人知，亦被歷來研究者忽略。經追訪考尋，其成集的詩詞除了《百花潭詩集》《腕腴精舍詞賦》兩卷，南京大學圖書館館藏有《湘琴遺著》一卷。民國《灌縣志》稱：“所著詩文已成帙而稿復散失。”董氏是晚清一位進步的詩家，其詩文主題與抒發的情感，多爲民族振興，匹夫有責的志士立場，反映出鴉片戰争後知識分子感懷時局、痛心國事的愛國思想，展現了一腔熱血、憂國憂民的報國情懷。其詩文風格，也充滿慷慨悲壯之氣，表現出豪放雄奇的特點。

（説明：本文在研究和寫作過程中，尤其還原詩人生平事迹方面，得到都江堰市文史專家施廷俊先生諸多幫助、啓發和指導，特示敬意和感謝。）

（作者單位：成都大學文明互鑒與“一帶一路”研究中心）

① 張宗品、張文宗：《〈松游小唱〉繪圖本》，四川美術出版社，2004年版，第157頁。

廖平佚文一則考辨

——兼及廖平與岳森的學術聯繫

陶　亮

内容提要：《論學》取駢文體，主要從十個方面爲學者指點了經學研究之門徑，不失爲一份簡明的治學指南。學者汪辟疆等人認爲《論學》爲瞿鴻禨初任四川學政之時，廖平的應試之作。經考證，《論學》并非廖平之作，實爲岳森所作，汪辟疆本於賀國昌之説屬於誤記，《論學》應該署名爲“岳林宗先生遺著”方爲妥當。岳森的文章在後世逐漸演變爲廖平的著作，原因就在於《論學》確實與《今古學考》有明顯的承襲關係，岳氏在晚清四川學界的地位值得進一步關注。對此類隱没學人史事的鈎沉也有利於展現近代學術轉型過程中的多元圖景。

關鍵詞：廖平；岳森；《學林月刊》；《論學》；《今古學考》

王國維先生曾言："古來新學問起，大多由於新發見。"[①] 對於歷史研究來説，新材料的發現最爲值得期待，而辨析史料的真僞則應該是進行研究的首要前提。筆者近來研讀民國學術類期刊，於殷孟倫等人主辦的《學林月刊》中發現了一篇署名爲"廖季平先生遺著"、題爲"論學"的廖平佚文[②]。

廖平（1852—1932），字季平，原名登廷，字旭陔，又字勖齋，晚清四川直隸資州井研縣人，著名今文經學家。《論學》一文不載於目前所見廖平著述之目録[③]。細讀之下，筆者發現《論學》行文風格、思想學説與廖氏同一時期的著作有較大出入，如何考察這種差异性成爲解讀此文的關鍵。

---

① 王國維：《最近二三十年中中國新發見之學問》，謝維揚、房鑫亮主編，胡逢祥分卷主編：《王國維全集》第14卷"詩文"，浙江教育出版社，2010年版，第239頁。

② 廖平先生遺著，汪辟疆整理：《論學》，《學林月刊》1939年第2期。

③ 《六譯館叢書》，舒大剛、楊世文二位先生主編之《廖平全集》，鄭偉先生編撰的《廖平著述考》等皆未著録此文。

一

先就《論學》原文加以新式標點，整理如下：

論學

（題）廖季平先生遺著

夫周孔之門，宏於淵海；删定之業，富於陶頓；本末兼賅，流源具備。蒙服習有年，不無心得。然毛舉既嫌瑣碎，略言未免挂漏。敬以師友餘論，不揣固陋，略發大凡，其端有十：

一曰辨经。夫聖道散在六經，而傳習歧爲衆派。秦火既烈，漢業益繁。《易》分爲五，《詩》分爲四，《禮》分爲七，《春秋》列五家之傳，《尚書》備四師之説。要而言之，今學、古學而已。蓋諸儒傳受者爲今文，得自孔壁者爲古文；漢興早立者爲今文，哀平晚達者爲古文。文有今古，夫人而知之；學有今古，學者易忽也。詎知文之所异，義每相歧；文義并殊，學固判然矣。《易》梁邱、京、孟；《書》夏侯、歐陽；《詩》齊、魯、韓；《春秋》公、穀；《禮》后、戴，諸經皆今文，皆今學也。《易》費、高；《書》孔傳；《禮》周官；《春秋》左氏，諸經皆古文，皆古學也。古與古同，恒异乎今經；今與今同，難齊乎古訓。故朝聘不同時，巡狩不同年，選舉不同政，公卿不同數。封爵立三等五等，井地分八家九家。班《志》列古經之名，早示區别；《异誼》條古今之説，顯判指歸。此經之不可不辨也。

二曰尊緯。夫三正七曜，詳於《書緯》，則《書》之綱也；五際四始，具於《詩緯》，則《詩》之紀也；卦氣爻辰、納甲飛伏，事出於《易緯》，則四聖之奥旨，漢師之舊法也。又若三科九旨、七等進退之説，深關比屬，則《春秋》不可無緯也。“日者天之明”，“月者地之理”，具有精義，則《孝經》不可無緯也。天子旗九仞十三旒，諸侯七仞九旒，足補《周官》之缺。天子射熊，諸侯射麋，大夫射豹，士庶射鹿、豕，與《儀禮·鄉射記》合。天子五廟，二昭二穆，以始祖而五，與《禮記·喪服記》合。則三《禮》經説，尤不可無緯也。至若“志在《春秋》，行在《孝經》”，“以《春秋》屬商，以《孝經》屬參”，“差之毫厘，失之千里”。《易》象之言氣，藏數於象；《洪範》之言五行，藏象於數。凡兹微言，備載緯書，則夫洙泗之淵源，贊修之要義，莫不賴緯説以明之也。

三曰守詁。夫漢代明經，此界尤嚴。詔講石渠，先詳師法；通論虎觀，首尚專門。能專門者立太常，無師法者遭擯棄。以斯文承秦火之後，諸儒抱殘繼絶，必有承受，乃見信述，苟失據依，恐同妄作。是故鄒氏以無師不顯，《韓詩》以雜説見譏。慈明獨好邱《易》，景君力立歐陽。趙賓改"箕子"之訓，易家共非；嬴公守胡毋之學，昭帝優眷。焦贛立异，光禄證明其傳；博士亂流，徐防劾之以疏。凡兹宗，備列儒史。乃若康成初駁《异議》，猶準昔規；及作《箋》《注》，遂移初步。注《周官》用《王制》，箋《毛傳》引《韓詩》，注古文《尚書》引夏侯、歐陽説。而近日學者好滋新議，以爲破壞家法，瀆亂源流，名爲集二學之大成，實則毁先師之宗旨。竊謂古今二學，漢學也；康成之學，鄭學也。漢學各守其詁，鄭學統守其詁，漢學最精，鄭學至博，以漢較鄭，覺鄭學一途，尤爲儒學之極致。故由魏迄晋以來，若孫、王、崔、范之徒，從之者固不離其宗，即違者亦不能越其派也。

四曰觀通。夫制作有損益，傳記有流别，時世有變易，篇章有脱誤。如文質殊科，尊親判道，期、斬不同服，日、時各异祭。冕流别五章、九章，宫廟分夏屋、重屋。或論選，或世卿，或州牧，或方伯，或以冢宰領六官，或以二伯統侯甸。若斯之類，損益是也。三《傳》既有徑庭，《戴記》豈免齟齬，二伯五伯之説，五祀七祀之文。日食之例，傳與記差；两彝一條，傳記俱忒。王子、季姬、仲孫，《左氏》既异《公》《穀》之言；祭仲、單伯、女叔，《穀梁》又非《公羊》之誼。若斯之類，流别是也。矢蓋由於升徑，髽帀由於臺駘；鏤簋惟聞敬仲，揚觶肇自晋平。元冠紫緌，宋公独服；玉瓚大圭，魯邦特典。《檀弓》裼襲，爲學士權宜之文；《鄉黨》衣裘，乃孔子一人之服。若斯之類，變易是也。《儀禮》《周禮》，皆非全書；《酒誥》《召誥》，早傳脱簡。《爾雅》有倒置之訓，《魯論》多重出之文。《投壺》顯著奪文，《玉藻》明張錯節。《書序》百篇，本有安國所佚；《禮經》諸記，豈無高堂之訛。若斯之類，脱誤是也。學者欲綜群經，先求四故。損益所在，細尋沿革；傳記不同，詳推經例。制出變异，不以常禮視之；文遇讹脱，惟以闕疑謹之。知其無不通，而後能通其可通。苟於不通而强通，將必雖通如未通也。

五曰别禮。夫禮有宗派，如《祭義》本於《孝經》，《玉藻》出於《周禮》。《檀弓》義殊《公》《穀》，知其爲《左》《國》之説；《中庸》半合《春秋》，不盡與《大學》相配。《記》有經學一門，先師説經之書也，《經解》爲主，而《緇衣》《坊記》從之矣。《記》有學記一門，古學問程式也，《大學》舉其綱，《學記》言其候，《勸學》篇以勉學者，而《衛將軍文子》《子張入官》附之矣。餘如《五帝德》《文王官人》諸篇，皆儒家言，《論語》之支派也。此宜分宗派。又有分合。《樂記》《雜記》《曾子問》，舊日猶存，當分一篇爲數篇；《大傳》《服問》，文義相貫，當合數篇爲一篇。《曲禮》前半皆小學，後半説周官，宜各從其類也。《郊特牲》《禮運》《禮器》，即子游習禮所傳，可并爲一記也。此宜别分合。又有舛互。《祭統》有鼎銘，《中庸》雜《孝記》。《世子》篇前後相屬，中出視學之文；《内則》言飲食未終，忽入養老一節。以及此篇之末簡，或謂彼篇之首文；前節之孤章，或爲後節之脱句。本文相貫，合猶可言；不類而聚，彼此兩失。此宜别舛互。經義别而主宰明，記例别而經權當。如是方爲治經，然後可以議禮矣。

六曰審器。夫形上謂道，形下爲器。道之寓器，猶器之寄形，器不能舍形而麗於虚空，道亦能外器而絶無依附？是故范武子不識殽烝，周公閱不識昌歜，則《左氏》譏之。《爾雅》有《釋器》之篇，《戴記》著禮器之目。若是不識官室之制，則《儀禮》昏、冠之陳設莫辨何方；不識車服之制，則《周官》侯伯之等差莫知其殺。况乎九房八達，明堂有規；五室九階，路寢有制；九經九緯，營國有度；五溝五涂，奠土有則。土圭測影，步算有法；律吕箭管，容徑有殊。以至彝罍上下，壺缶内外；爵散貴賤，角觚尊卑；侯分龍虎，旂别龍蛇；環璧肉好，琮圭鄂邸；鼎鼐大小，簠簋方圓；委武齊秦，卷幘滕薛。凡諶鑒之所繪畫，梁聶之所鈎摹，苟爲禮器所關，即有尊威之辨，將由多識而貫，豈徒製器之能銘哉？

七曰擇術。夫學有二代、三家之分，漢、鄭、許、宋、朱之别。何謂二代？漢、宋是也。何謂三家？鄭、許、朱是也。漢學則慎古今之防，守師承之界；鄭學則衷群言於一是，匯衆説而求通。若直詁形義之本，兼括聲讀之全，謂之許學；不屑章句，直研精義，謂之宋學。文質交修，博約并理，謂之朱學。近今學者莫不以宋學爲漢學之敵，程朱爲許鄭之對。不知守古今之界[①]，一以通博爲功，敵漢學者實鄭學，無與乎宋也；一爲漢儒之極致，一集濂洛之大成，對鄭學者乃朱學，無與於程也；一則點畫必究，一則音訓從略，宋學正與許學相敵對，不得汎[②]指漢人，尤不必牽涉鄭朱也。凡兹正統所衍，莫非入道之門，惟能剖晰毫芒，乃不差池分寸。然紫隨朱至，莠與苗俱，魚目混珠，燕石成寶，似是之非，亦宜辨矣。如王弼注《易》，杜預例《左》，盡失漢法之遺；吴澄考經，王柏删《詩》，適成宋學之蔽。南北朝義疏，唐貞觀《正義》，不盡爲鄭學也；金姚諸家，不盡爲宋學也。吕忱《字林》，野王《玉篇》，不得爲許學。王肅之徒故與康成爲難，實不出鄭學之範圍；陸王之學多與晦翁相反，而已爲朱學所包舉。流派既晰，歧正復明。或以許學通其訓，以宋學檢其身，而上法鄭於漢，下仿朱於宋，淵懿宏達，表裏純全，術之上也。否則就五派之中，擇專門之業，篤信固執，期於克成，亦上之次也。豈可混同是尚，而泛溢無歸哉？

八曰質今。夫知今而不知古，史胥也；知古而不知今，迂儒也。是以"稽古"有"同天"之訓，通經爲致用之門。使可古而不可今，或今有而古無有。將韞櫝之藏，本無美聖；鼓篋所業，徒載虚車。是爲不兆之龜筴，久同已陳之芻狗。何以瓠落無容，猶煩漆園之譏；匏繫不食，尚興洙泗之嘆。是故卻[③]縠以敦《詩》《書》

① 疑"知"下脱"一"字，爲"一守古今之界"。
② 汎：疑爲"汎"，形近而誤。
③ 卻：疑爲"郤"，形近而誤。

爲將，李斯以通《蒼》《史》作相；平當以明《禹貢》而治河，董子以明《春秋》而决獄，莫不藻曜儒林，聲騰策府也。凡見异思遷，皆緣學古者安陋。苟深求以宏通，自見聖之多能；豈今古必相及，實範圍之不過。謂不信也，則可質也。改輪圜爲橢圜，則推步之法，未若《堯典》之可久；殫煤力與鐵力，則舟車之制，未若《冬官》之盡利。時辰鐘錶，則本懸壺土圭之遺而巧爲造者也；電水諸學，則即金燧方諸之意而質以推者也。而且地位圜體，即《曾子》十篇之言；太陽高卑，實《書緯》四游之説。蒙氣有差，本庫談於姜岌；諸曜异天，可溯論於郗萌。是其百端异術，一切新説，或不外乎經説，或見及於緯候，或預出於經生之口。此豈謂今之所有爲古之所無，古之所傳非今之所務乎？蓋在學者以經書相質證爾。

九曰校讎。夫校讎之術有三：一在經傳。别字例於《韓》《毛》，補經闕於《左》《穀》。識衛包妄改之失，辨孟喜私更之説。“務人”作“禺人”，聲同易證；“肆哉”作“肆告”，形近無疑。《雜記》“西上”一條，實經注之相混；《召誥》“比”“介”二字，由遐邇之致訛。《靏殷》之什，删“或”字“敢”字者非；《椒聊》之篇，作“兩修”“兩條”皆誤，此經傳之宜校也。一在箋疏。“司徒教子”，以疏校經；“西郭虞庠”，即注勘疏。《儀禮》疏多删潤，由明人謬襲朱公；《孟子》注無章指，乃疏者僞托孫奭。分肌劈理，知楊士勛勝於范寧；六史穿經，考徐遵明即爲徐彦。他如《孝經》鄭注，《論語》皇疏，昔在唐代，已見駁於劉君。今閲千齡，何獨出於海國？此箋疏之宜校者也。一在板本，訪《儀禮》於嚴州，得《禮記》於吴氏。《易》《詩》窺足利之精，《左傳》求沈家之舊。《爾雅》三卷，合訂宋、元、明之刊；《孟子》一經，比校劉、岳、廖之刻。由單疏而兼義，由兼義而注疏，則端委必晰也；以宋本校明本，以石經校宋本，則斟斠至宜也。蓋以鏤版始自後周，而合疏盛於南宋。元世剞劂，未失紹興之風；明代覆鎸，遂貽嘉靖之陋。此板本之宜校也。三者具備，群籍斯先，均爲校讎宏業，莫非先輩專長，而要皆經外餘功，難可殫究而深縷矣。

十曰金石。夫懿維勒勛，典隆周禮；林鍾紀代，傳詳左邱。《檀弓》有豐碑之記，《祭統》系孔悝之銘。昧旦韙讒鼎之詞，溺淵著盥銘之戒。觀三代之文字，已最重於金石矣。迨至汝南許君，更彰厥誼，乃取山川鼎彝之款題，辨章古籀；采琅琊金石之鎸刻，附注异文。然金石出於許君前者，《説文》録之；出於許君後者，尤不少也。子尾送女之尊，大和乃掘；周宣岐陽之鼓，貞觀始傳。秦稱權銘，顔之推釋其篆；吴季札墓，唐開元拓其碑。三代金薤，固重於琳琅；兩漢貞珉，無殊於琬玉。若斯之類，可以證古籀，可以辨篆隸，可以驗禮器，可以審音均，可以通假借，可以考事迹，可以定氏族，可以訂職官，可以稽地輿，可以校年月，可以推尺步，可以助文藝。然非義貫六書，制通三《禮》，斟酌墳素，準量雌黄，亦不能抉微顯幽，發疑正讀。故創者難工，修者易密，自宋以來，作者繼踵。考訓故，定是非，信而有徵，確乎不惑，其家法豈可忽哉？

統緒十端，古今囊括；師法授受，各有淵源。得其門徑，則跬步而萬里可期；涉其歧途，則捷足而去之愈遠。假使强識而一覽不忘，讀書則十行俱下，猶當知所先後，别其緩急。蒙略涉往義，膚受末學，自知不敢有望於古人，然師友傳一得之言，或有取也。

文後有汪辟疆題記曰：

按此文不載《四譯館集》。長沙瞿文慎公①督學蜀中，下車觀風，以此題試士。廖先生於風檐寸晷中，囊括古今，條舉要義，累三千五百言。語語徵實，文尤雅飭。文慎亟賞之，以爲蜀士之魁也。時萍鄉賀苯生國昌②，佐文慎校士蜀中。廖先生原卷，久庋苯生行匧。癸丑秋間，予在南昌，遇苯生於熊純如③先生座上，談及此文，因從寫副。本文既未收入廖集，恐蜀中亦無人知之也。篇中論學，雖雜采今古，然觀“辨經”“尊緯”諸條，已徵其趨向所在，是又未可以少作廢棄也。民國二十八年三月方湖汪辟疆④題記。

按，據文末題記，此文當爲癸丑年（1913），汪辟疆在南昌熊純如府上據賀國昌所藏廖平試卷謄録而成。《論學》取駢文體，主要從十個方面爲學者指點了經學研究之門徑，正如汪氏所言，此文“語語徵實”，讀來不似廖平經學後三變那樣怪誕，主要談論今古、漢宋等傳統經學領域内的議題。

① 瞿鴻禨（1850—1918），謚文慎，字子玖，號止盦，湖南善化人。同治十年（1871）進士，授翰林院編修。光緒二十七年（1901），迎駕兩宫回鑾有功，授太子少保銜、軍機大臣。光緒三十三年（1907）罷官回籍。1918 年病逝於上海。著有《止庵詩文集》《漢書箋識》等。

② 賀國昌（1856—1919），字相吉，號苯生，江西萍鄉人。光緒十九年（1893）舉人。1904 年，赴日本警官學校學習法律，并加入同盟會，後歷任湖南總礦務局提調、貴州巡警道道台、貴州學政等。1915 年，當選國民參議院參議員。1919 年病逝於北京。譯有《監獄學》等。

③ 熊錫育（1868—1942），字純如，江西南昌人。

④ 汪辟疆，名國垣，字辟疆，又字笠雲，晚號方湖，又號展庵，以字行。江西彭澤人。近代目録學家、藏書家。著有《光宣以來詩壇點將録》《目録學研究》等。

二

據汪辟疆説《論學》的寫作背景爲：

長沙瞿文慎公督學蜀中，下車觀風，以此題試士。……文慎亟賞之，以爲蜀士之魁也。時萍鄉賀蓁生國昌，佐文慎校士蜀中……[①]

按汪氏之言，此文乃瞿鴻禨督學蜀中"下車觀風"之時，廖平的應試之作。所謂"下車觀風"，光緒五年（1879）任四川學政的譚宗浚《提學四川下車觀風教》提到：

蓋聞陳詩采風，制從周代；乘輶問俗，事著漢典。近時學使者，按臨直省，例有觀風，月課題目即其遺意也。……本院下車伊始，輒擬出題目數條。[②]

根據譚氏所説，按例，清代學政在就任之初，應對當地學子、士人進行考察[③]。那麼《論學》的寫作時間當爲瞿鴻禨初任四川學政之時。

據《大清德宗景皇帝實録》，光緒十七年（1891）八月，上諭"瞿鴻禨提督四川學政"[④]。瞿氏《使閩日記》載："（八月）初三日，巳刻開門。外間送進電抄，知蒙恩命簡放四川學政，感悚交深。"[⑤] 可知瞿鴻禨於光緒十七年（1891）八月接到就任四川學政的通知，而其直到十二月方至省城[⑥]。其子瞿宣穎説："浮海至滬，乘兵輪溯江至武昌。……買舟入峽，抵成都已將歲莫矣。"[⑦] 另據《廖季平先生年譜長編》載是年十一月，"先生奔喪歸，善化瞿鴻禨來督川學，詢先生近狀於尊經書院監院薛焕"[⑧]。瞿氏當於光緒十七年（1891）年底方至成都，其"觀風"之事應該在光緒十八年（1892）至光緒十九年（1893）之間。

而此時正好處於廖平自謂"經學二變"的期間，他强調"尊今抑古"，提倡"知聖""辟劉"。廖平曾言此時"考究古文家淵源，則皆出許、鄭以後之僞撰。所有古文家師説，則全出劉歆以後據《周禮》《左氏》之推衍"[⑨]。廖師政己酉本《經學四變記》論"二變"旨趣

① （題）廖平先生遺著；汪辟疆整理：《論學》，《學林月刊》1939年第2期。
② （清）譚宗浚撰：《希古堂集》乙集卷二，清光緒刻本。
③ 關於"下車觀風"的具體意涵，可參王涵編著《中國歷代書院學記》，商務印書館，2017年版，第231頁脚注④。
④ 《清實録》第五十五册《德宗景皇帝實録》第四册卷三〇〇"光緒十七年八月"條，中華書局，1987年版，第968頁上欄。
⑤ 瞿鴻禨：《使閩日記》，諶東飆校點：《瞿鴻禨集》，湖南人民出版社，2010年版，第281頁。
⑥ 瞿鴻禨：《使閩日記》，諶東飆校點：《瞿鴻禨集》，湖南人民出版社，2010年版，第292頁。
⑦ 瞿鴻禨：《使閩日記》，諶東飆校點：《瞿鴻禨集》，湖南人民出版社，2010年版，第255頁。
⑧ 按，此處薛焕當爲薛華墀，《年譜》誤。參王承軍《廖季平先生年譜長編》，中華書局，2019年版，第142頁。
⑨ 廖平：《四益館經學四變記》，舒大剛、楊世文主編：《廖平全集》第2册，上海古籍出版社，2015年版，第886頁。

亦云：

> 光緒十四年戊子，撰《知聖篇》《古學考》，一名《辟劉篇》。專主博士，以古文家《尚書》《毛詩》《左氏》《周禮》，其源流皆晚出僞説，力反秦火經殘之論。諸經皆全文，《毛詩序》《尚書序》皆歆弟子僞撰；《周禮》爲《逸禮》，與《王制》同，其异者皆歆羼入。專守《王制》，以中國一隅説六藝之派也。[①]

劉子雄在其日記中也頗爲詳細地記載了當時和尊經同仁論學之事，其中有幾則材料值得注意：

> 1. 劉子雄丁亥八月日記謂見先生作《續今古學考》自駁舊説，以《周禮》《左傳》爲僞。
>
> 2. 閏四月八日，劉子雄來談，先生欲以《書》《詩》《儀禮》皆爲今學，又以《冠》《昏》二記爲古學，與初義又變。
>
> 3. 六月，成《王制周禮凡例》，以《周禮》爲劉歆僞作。[②]

上述材料皆表明廖平至遲於光绪十三年丁亥（1887）就已經在思考古文經的來源問題，而且還强調群經皆全本，“力反秦火經殘之論”。

而《論學》却言：“蓋諸儒傳受者爲今文，得自孔壁者爲古文。漢興早立者爲今文，哀平晚達者爲古文。”[③] 認爲《尚書》《詩經》等皆分今古，尤其是在古文經淵源、秦火焚書、强調經傳自身的脱誤等方面，與目前所見廖氏二變時期的主要觀點完全相左。此時正值新任學政瞿鴻禨觀風之際，廖平未將新説充分表達，反而近似一變“平分今古”之論。又觀其《經學初程》等指點門徑之作，亦不同於《論學》文風。

三

那麼此篇署名爲“廖季平先生遺著”的佚文究竟該如何理解？筆者查閲光緒十八年（1892）至二十年（1894）前後數年的相關文獻，找到一則十分關鍵的材料。光緒十四年（1888），曾就讀尊經書院、後經選拔進入南學（國子監）的岳森在致廖平的一通書信中嘗謂：

① 廖師政：《四益館經學四變記（己酉本）》，舒大剛、楊世文主編：《廖平全集》第3册，第1079頁。

② 劉子雄日記今不見，引自廖幼平編《廖季平年譜》，巴蜀書社，1985年版，第41—42頁。

③ 廖平先生遺著；汪辟疆整理：《論學》，《學林月刊》1939年第2期。

冬月初旬，祭酒宗室公以“爲學通議”課，南學貢舉，限作駢體，意仿彦和。弟作《辨經》《守詁》《觀通》《别禮》四篇，即用論斷尊著之説，率爾操觚，伯兮夫子大加賞譽，取列第一名……選入《課士録》登，時刻成單刷，此樣本百餘，遍送京中故舊及住學生徒，於弟實增盜名之慚，兄可謂出其緒餘，便令孺子成名者矣。[①]

岳森在信中提到國子監祭酒盛昱於光緒十三年（1887）冬，命貢舉士子以“爲學通議”爲題習作。而岳森所撰《爲學通議》中就有《辨經》《守詁》《觀通》《别禮》四篇，且明言本於廖氏之説[②]。《論學》所列十條門徑，其中四條之目即爲“辨經”“守詁”“觀通”“别禮”，這是否只是巧合？抑或是本於廖平所言，二者觀點相似呢？以下選取《論學》與《爲學通議》二文緊要内容進行比勘：

辨經第一：

《論學》：秦火既烈，漢業益繁。……蓋諸儒傳受者爲今文，得自孔壁者爲古文。漢興早立者爲今文，哀平晚達者爲古文。文有今古，夫人而知之；學有今古，學者易忽也。……古與古同，恒异乎今經；今與今同，難齊乎古訓。

《爲學通議》：秦火既烈，漢業益繁。……蓋諸儒傳受者爲今文，得自孔壁者爲古文。漢興早立者爲今文，哀平晚達者多古文。文有今古，夫人而知之，學有今古，學者易忽也。……古與古同，恒异乎今經；今與今同，難齊乎古訓。

守詁第三：

《論學》：以斯文承秦火之後，諸儒抱殘繼絶，必有承受，乃見信述，苟失據依，恐同妄作。

《爲學通議》：以斯文承秦火之後，諸儒保殘繼絶，必有承受，乃見信述，苟失據依，恐同妄作。

觀通第四：

《論學》：《儀禮》《周禮》，皆非全書；《酒誥》《召誥》，早傳脱簡。……若斯之類，脱誤是也。[③]

《爲學通議》：一曰篇章有脱誤。《儀禮》《周禮》，皆非全書；《酒誥》《召誥》，早傳脱簡。[④]

上引僅涉及部分章節，其間表述大同小异。值得注意的還有《論學》“審器”一節，極爲强調禮器在禮學研究中的重要作用。而岳森在和廖平的書信中也曾强調他自己以禮制探先

---

① 岳森：《南學報廖季平書》，《癸甲襄校録》卷五，光緒廿年甲午尊經書局刻本，版心葉“五十三”至“五十四”。

② 吴仰湘先生曾進行過整理，對岳氏生平及其學術有過簡要介紹。參岳森原著，吴仰湘整理《爲學通議》，干春松、陳壁生主編《經學研究》第1輯《經學的新開展》，中國人民大學出版社，2012年版，第233—250頁。

③ 上引《論學》皆出自汪辟疆整理《論學》，《學林月刊》1939年第2期。

④ 上引《爲學通議》皆出自岳森《癸甲襄校録》卷二，光緒廿年甲午尊經書局刻本，版心葉“五十六”至“七十九”。

聖之旨，重視“禮器”在經學研究中的作用，已經撰成《祭器考》六卷[①]。可以看出，無論是文體（駢文體）還是對今古文經學的認識，以及對於禮器研究的重視，《論學》與《爲學通議》幾乎是一致的，只是《論學》更加精煉簡要而已。那麼《論學》的作者有没有可能就是岳森呢？

岳森，字林宗，四川南江縣人。袁昶《毗邪臺山散人日記》載：“岳森，字林宗，俱四川拔貢，爲高材生。……王、岳長於三禮。”[②] 由於在尊經書院表現優异，被張之洞推薦入國子監學習，《爲學通議》就是其南學貢舉試題。據岳氏《癸甲襄校録自序》：

> 癸巳春，學使善化瞿子玖先生以余與名山吴伯朅爲書院學長，蓋仿學海堂例，變其襄校之名也。是年秋，復會銜制府札委井研廖季平與余同爲學長，兼充襄校。[③]

岳森光緒十八年（1892）回到家鄉南江守制[④]，光緒十九年（1893）春到成都就任尊經書院襄校。此時瞿鴻禨正在四川學政任上，伍肇齡在《癸甲襄校録序》中也説道：

> 前年，岳君襄校亦由瞿子玖學使自楚來，曾經與香帥商定，既而學使加廖、岳於學長，仍不没其襄校之名。[⑤]

伍氏之言表明岳森任尊經書院襄校是由瞿鴻禨與張之洞共同商議的結果，岳森曾在盛昱南學貢舉試中取得第一名，二人對岳氏的能力是比較看重的。再來看岳森《癸甲襄校録自序》：

> 時余方由京還蜀，行篋中携有分印《成均課士録》及集著數册，同學見之謬相轉鈔，猶病未溥，請付。……即篋稿稍加甄選略分經説、詩賦、集文四，匯次爲五卷，録呈學使、院長錫之鑒定……時光緒二十年甲午歲十月丙辰南江岳森林宗。[⑥]

《成均課士録》爲盛昱所編，收録了岳森《爲學通議》。岳氏將此書呈給瞿鴻禨和伍肇齡閲覽，意即瞿鴻禨曾見過《論學》與《爲學通議》二文，不會不知道這兩篇文章的承襲關係，如果《論學》真是廖平所撰，那麼在瞿氏看來，恐大有抄襲之嫌。

此外，畢竟《論學》所作時間與《爲學通議》相差近五年之久，岳森此時對於群經典籍的態度是否有變化呢？據《癸甲襄校録》“説例”云：

① 岳森：《南學報廖季平書》，《癸甲襄校録》卷五，光緒廿年甲午尊經書局刻本，版心葉“六十四”。
② 袁昶：《毗邪臺山散人日記》不分卷，民國間鈔本。
③ 岳森：《癸甲襄校録自序》，光緒廿年甲午尊經書局刻本。
④ 岳森：《奉贈瞿學使五古三首》，《癸甲襄校録》卷三，光緒廿年甲午尊經書局刻本，版心葉“七十五”。
⑤ 伍肇齡：《癸甲襄校録序》，光緒廿年甲午尊經書局刻本。
⑥ 岳森：《癸甲襄校録自序》，光緒廿年甲午尊經書局刻本。

> 近日學者，厭棄舊聞，務標瑰异，立説愈新，風氣彌壞。因傳習之异派，而妄詆群經；滅耳目之大公，而各憑臆測。其信心蔑古，較之王柏删《詩》、吴澄定《禮》，非惟同之，又加烈焉。甚非國朝諸老師所以敦崇樸學，黜抑空談之本意也。[①]

岳森所言“因傳習之异派，而妄詆群經滅耳”“各憑臆測，其信心蔑古”等批評應該意有所指，他曾對廖平經學二變“古學始於劉歆”等觀點有過規勸，批評廖氏“圖功太過”，而他自己還擬撰《周禮保氏教》一書[②]。這説明岳森此時還認同廖平經學一變的主要觀點，而這也是《論學》所持之論。

當然，《論學》與《爲學通議》也有部分差异，集中於“審器”相關内容。岳森參考了曾一同就讀於國子監的温仲和、陳棫林等人的觀點，對《爲學通議》進行了修改[③]。這也能視爲《論學》作者確是岳森的旁證。

綜上所言，岳森此時已經由京城返回成都，與廖平同任尊經書院襄校，有參與觀風之試的可能性。而就《論學》文本來説，其爲岳森所作之迹亦甚爲明顯，而并非廖平之作品。汪辟疆本於賀國昌之説屬於誤記，《論學》應該署名爲“岳林宗先生遺著”方爲妥當。

最後，還有一個值得思考之處，爲何岳森的文章在後世會逐漸演變爲了廖平的著作？引起這個問題的原因就在於，《論學》確實與《今古學考》有明顯的承襲關係，但就瞿鴻禨任四川學政的時間來看，此文與廖平此時所持學術主張完全不同。而無論是賀國昌還是汪辟疆等人，并未深究背後的原因，默認“蜀魁”文章的作者就是廖平，背後的文化現象尤其值得重視。

如果我們以此篇佚文的辨僞作爲切入點，破除後見之明，可以看到自廖平去世後，國民政府下令褒揚，其後幾乎就等同於近代巴蜀學術的代名詞，蒙文通先生《議蜀學》其實就是“議廖平”[④]。而與廖平形象逐漸鮮明相反的是，岳森、吴之英等人被有意無意地忽略了，地方學人在激變的近代極易被遮蔽。岳森中年去世，生卒年不詳，聲名亦不顯，僅有一部《癸甲襄校録》存世，基本不見於學術史書寫之中。客觀來看，《論學》不失爲一份簡明的治學指南，對於中國學術發展階段的劃分，對於器物、金石、校勘等的重視，都值得經學研究者學習[⑤]。

不僅如此，从岳森與廖平的書信往来看，在尊經書院的建設與管理上，岳氏亦出力不少。他針對廖平喜好獨自著述的缺點提出批評，强調只有四川學人整體水準的提升，才有可

---

① 岳森:《癸甲襄校録》卷一“例説”，光緒廿年甲午尊經書局刻本，版心葉“十一”。

② 岳森:《南學報廖季平第三書》,《癸甲襄校録》卷五，光緒廿年甲午尊經書局刻本，版心葉“七十一”。

③ 詳參岳森原著，吴仰湘整理《爲學通議》，干春松、陳壁生主編《經學研究》第1輯《經學的新開展》，第235頁。

④ 關於晚清四川學界的大體情況可參王東傑《地方認同與學術自覺：清末民國的“蜀學”論》,《四川大學學報》(哲學社會科學版) 2010年第6期。

⑤ 岳森尤精三禮，甚至不下於吴之英，詳參岳森所作《禘祫大小通考》《朝士注王有五門五門之次先後鄭不同説》《虞庠在國之西郊及四郊考》等。

能成就“蜀學”[1]。有論者將其視爲京城“南學派”在尊經書院的代表[2]，這一説法似不確切。岳森和張之洞、瞿鴻機等人的關係頗爲密切，書信往來較頻繁，岳氏在晚清四川學界的地位值得進一步關注。對此類隱没學人史事的鈎沉也有利於展現近代學術轉型過程中的多元圖景。

（作者單位：四川大學歷史文化學院古籍整理研究所）

① 岳森：《南學報廖季平書》，《癸甲襄校録》卷五，光緒廿年甲午尊經書局刻本，版心葉“六十六”。

② 詳參李曉宇《四川省城尊經書院的三個學術流派》，舒大剛、尹波主編：《蜀學・湘學與儒學學術研討會論文集》，綫裝書局，2018年版，第834—838頁。

蜀學史林

射洪鹽業的歷史與貢獻

謝德鋭

内容提要：射洪鹽業始於秦代，綿延2200餘年。明朝萬曆年間發生於射洪鹽場的木質套管等固井、治井材料、技術創新，使古代井鹽工藝更趨完善，爲中國井鹽技術的發展做出了貢獻。明朝萬曆年間射洪人馬驥著《鹽井圖説》，記載了射洪鹽場的技術創新，成爲研究中國井鹽技術發展的珍貴文獻。清初，射洪鹽業發展迅速，居川鹽之首。乾隆時期，射洪從事鹽業者衆。民國後期（1941—1944），沿海鹽場淪陷，射洪鹽業達到鼎盛。中華人民共和國成立後，鹽業仍然是射洪工業的主體。1996年，馬家溝最後一口鹽井封井，射洪井鹽生産歷史結束。作爲川鹽的重要産地，在很長一段歷史時期，射洪都是川北鹽政、鹽務中心。從萬曆年間起至中華人民共和國成立後的很長歷史時期，在自身發展的同時，射洪鹽業成爲射洪經濟發展、社會進步的孵化器，催生了射洪交通、運輸、教育、醫療、金融等現代服務業的誕生。

關鍵詞：射洪鹽業歷史；固井治井技術；貢獻

射洪鹽業始於秦代，綿延2200餘年。秦代，蜀守李冰在今雙流縣治水掘井過程中，發現并開鑿“廣都鹽井”。“廣都鹽井”是我國歷史上有文字記載的第一口鹽井。據《四川鹽政史》記載：秦代（川北）已有4縣産鹽，其中就有廣漢縣。廣漢縣地頗寬，即今之三台、中江、射洪、遂寧等縣境内。漢代時，川北有牛鞞（今簡陽）、南充、國興（今南部）、郪縣（今三台、射洪）四縣産鹽。唐代，通泉縣（縣治在今沱牌鎮通泉村，元世祖至元二十年（1283）并入射洪縣）有赤車鹽井；其西北十二里，大約在今瞿河鄉境内又别有鹽井十三所。至宋初，通泉縣管鹽井已達七十四所。明代，射洪爲潼川州轄，所屬七縣（包括射洪）均産鹽；明代後期，四川井鹽産地以射洪、蓬溪一帶最爲興盛。

清朝初年，射洪井鹽業繼續發展。“清初，射蓬地區（鹽業）發展迅速，居川鹽之首”①。清政府爲了恢復生産，頒布了一系列有利於鹽業生産的措施，四川井鹽業得到迅速發展。雍正八年（1730），川南地區的“犍（爲）、樂（山）兩地鹽井數達到 1286 眼”②。比康熙時增加了兩倍多。雍正間，富順“有井 281，鍋 472”③。同一時期，“射洪縣鹽井即達 2319 眼，蓬溪縣鹽井亦達 1251 眼”④。比康熙二十五年增加 7—9 倍，成爲全川鹽井最多之縣。“四川始以潼川府之射洪、蓬溪産鹽爲旺，嘉定府之犍爲、樂山、榮縣，叙川府富順次之……”⑤。由此説明，自貢“鹽都”之稱，是清中期以後的事，之前還鮮有聲名。乾隆、嘉慶時期（1775—1820），“射洪井鹽持續發展。乾隆二十三年增井 293 眼，三十二年又增井 391 眼，合計爲 3000 井。嘉慶十三年，上報納課鹽井爲 2999 眼”⑥。乾隆時期，射洪從事鹽業者衆，“地素産鹽，居民强半以井爲業”⑦。咸豐年間，太平軍占領南京，截斷兩淮鹽運，湖北、湖南一帶食鹽緊缺，清政府大力發展“川鹽濟楚”，并作爲軍餉重要來源，射洪鹽業乘此大發展，井鹽業成爲射洪經濟支柱。明代的技術革新，清雍正、乾嘉年間的社會穩定，咸豐時期的“川鹽濟楚”，使射洪鹽業迎來幾次大的興盛，産量大增。

射洪井鹽，按不斷擴大的引地、銷岸，沿涪江上下游，深入長江、烏江、嘉陵江、渠江、凱江、梓江腹地，開啓了浩蕩的外銷征程。雍正年間，貴州巡撫元展成疏略：“……貴陽、安順、平越、都匀、鎮遠、思南、石阡、大定、南籠、遵義等十府，向來俱食川鹽……一産於川省自流井、貢井……一産於川省射洪縣。”⑧ 據《射洪縣鹽業志》記載：雍正時期，外銷貴州、涪江上下游各地行鹽 626.82 萬斤（折合現代市斤 1021 萬斤，5105 噸）；乾隆、嘉慶時期，鹽業大盛，外銷行鹽 2541 萬斤（折合現代市斤 3175 萬斤，15875 噸），較雍正時期增加三倍以上，外銷區域迅猛擴大。據《射洪縣鹽業志》載，射洪井鹽依靠水、陸兩路遠銷貴州（沿烏江），江北、巴縣、長壽、璧山、墊江、南川、定遠（今武勝）、合州（今合川）、涪州、銅梁、太平、酆都（沿涪江、長江），廣安、鄰水、達縣（沿涪江、嘉陵江、渠江）；成都、華陽、郫縣、崇寧、漢州、什邡、德陽、綿竹、羅江（沿涪江、凱江）等地。

民國時期，尤其在民國後期，抗日戰爭爆發，沿海鹽區淪陷。國民政府遷都重慶，各社會團體、大學等的大批人員也相繼涌入，四川人口猛增。爲保證戰時財政物資保障和軍需民

---

① 林元雄、宋良曦、鍾長永等著：《中國井鹽科技史》，四川科學技術出版社，1987 年版，第 190 頁。

② （清）丁寶楨總纂，（清）羅文彬编纂：《四川鹽法志・卷五・井廠五》，光緒八年（1882）刻本，第 8 頁。

③ （清）丁寶楨總纂，（清）羅文彬编纂：《四川鹽法志・卷五・井廠五》，光緒八年（1882）刻本，第 4 頁。

④ （清）丁寶楨總纂，（清）羅文彬编纂：《四川鹽法志・卷五・井廠五》，光緒八年（1882）刻本，第 10—11 頁。

⑤ （民國）趙爾巽：《清史稿・食貨志・鹽法・卷一百二十三》，中華書局，1976 年版。

⑥ （清）丁寶楨總纂，（清）羅文彬编纂：《四川鹽法志・卷五・井廠五》，光緒八年（1882）刻本，第 11 頁。

⑦ （清）張松孫總纂，（清）沈詩杜纂修：乾隆《射洪縣志・志序》，《歷代射洪縣志彙編》，四川省射洪縣地方志編輯委員會編印，1995 年版，第 82 頁。

⑧ （清）丁寶楨總纂，（清）羅文彬编纂：《四川鹽法志・卷十・轉運五・貴州邊岸》，光緒八年（1882）刻本，第 12—13 頁。

用，政府出臺了給竈商大量貸款、鹽工緩服兵役、實行官收專賣等一系列支持鹽業生產的政策，射洪鹽業獲得空前發展。“民國三十至三十三年（1941—1944），全縣竈户二千餘家，鹵井一萬餘口，年均産鹽 40 萬擔（20000 噸），最高年産 43 萬擔（21200 噸），爲川北各場之冠。全縣直接從事鹽業生産的鹽工 1.5 萬人，間接從事製鹽運銷服務共 3 萬餘人，總計占到全縣勞動力的 15％左右，縣人生計來源 20％”①。這一時期，射洪井鹽遠銷江北、巴縣、南川、廣安、岳池、涪陵、蓬溪、合川、遂寧、潼南、銅梁、璧山、武勝（沿涪江、嘉陵江）、渠縣、鄰水、劍閣、廣元、旺蒼、青川、北川、陝西寧强、甘肅文縣（沿涪江、嘉陵江、渠江）、江油、彰明、平武、三台、綿陽、鹽亭、茂縣（沿涪江、梓江）、中江、廣漢、德陽、羅江、綿竹、什邡（沿涪江、凱江），覆蓋省内外 35 個縣。

鹽業的興盛，帶動了射洪造船、煤炭、鹽鍋、竹木、桐油等爲鹽業服務的手工業、商業和運輸業的繁榮，還誕生了爲鹽工服務的鹽工醫院（鹽工診療所）、鹽工小學、鹽業高中。商業的發達，又催生金融業發展。中央銀行、中國銀行、交通銀行、中國農民銀行、四川美豐商業銀行、四川省銀行、重慶商業銀行、川康平民商業銀行、巴川銀行、安康銀行、射洪縣銀行、三台縣銀行等 12 家中央、地方銀行齊聚射洪縣太和鎮，還有籌建中、專爲鹽商服務的鹽業銀行。鹽業的興盛，帶動涪江航運發展，使太和鎮碼頭成爲千里涪江第一碼頭；促進射洪百業興旺，使太和鎮躍居四川省“四大名鎮”之列。

中華人民共和國成立後，鹽業仍然是射洪工業的主體，（金華鎮）馬家溝則一直是射洪鹽業的集中主産區。1949 年 12 月 8 日，射洪解放。“1950 年全縣有鹽竈 1056 座，鹽井 8294 眼”②。1953 年，全縣建成 379 座私營聯營竈，鹽井保留 4863 眼。1955 年，全縣 394 座私營鹽竈納入 137 個農業生産合作社，射洪鹽業生産經營私有制進入集體經營階段。1958 年，在“大躍進”運動中，射洪以大辦鹽業爲“工業大躍進”的主要内容。8 月，“射洪縣國營東風鹽廠”成立，隸屬射洪縣製鹽工業局主管，廠部設於馬家溝汪家祠。東風鹽廠建立時，馬家溝有鹵井 129 眼、灰壩 70 畝、枝架 68 座、潢坑 116 口、鹽竈 7 個，職工 730 人，年産鹽 3540 噸。1963 年，紅旗鹽廠一車間（今雙溪鄉）、武南鹽廠（今廣興鎮）并入東風鹽廠。國營東風鹽廠先後經歷射洪縣製鹽工業管理局、縣工業交通科、國務院第一輕工業部中國鹽業公司、中國鹽業公司四川省公司、四川省輕工業局、四川省鹽業公司管理、射洪縣工業交通局主管。1971 年開始，東風鹽廠進行了大規模的技術改造，先後實現半機械化、機械化製鹽和集中煎鹽。1974 年，現代化真空製鹽正式投産。1977 年，金潼新區建成後，東風鹽廠共有鹵井 83 眼，分布於武東、金潼、武南、雙溪、伯玉、潼射 6 個鄉，方圓 33 平方千米；擁有真空製鹽設備真空罐 4000 平方米，職工 384 人，年生産能力 6000 噸。1979 年，産鹽 6439 噸，上納税利 13.12 萬元，人均勞動生産率 8035 元，創廠歷史最好水準，被授予

① 四川省鹽業公司射洪支公司編印：《射洪縣鹽業志》，内部資料，1988 年版，第 2 頁。

② 四川省鹽業公司射洪支公司編印：《射洪縣鹽業志》，内部資料，1988 年版，第 3 頁。

四川省“大慶式”企業稱號。1985年，東風鹽廠因産業調控、生産成本及鹵源諸多因素停産、轉産。金華鎮松樹村承接東風鹽廠部分設備、資源，在馬家溝開辦了村辦製鹽企業，稱“小東風鹽廠”。1996年，該村辦鹽廠封井停産，2200餘年的射洪井鹽歷史結束。

射洪縣作爲川鹽重要産地，在很長一段歷史時期，鹽政、鹽務管理機構設置上處於十分重要的地位。從清雍正年間至民國時期，射洪都是川北鹽政、鹽務的管理中心，先後設有“鹽務通判”，總攬鹽政；“鹽課大使”（後稱票厘總局），專管課税；“鹽務巡檢”，專司巡緝私鹽。按年代，先後設有：射洪縣督捕鹽務通判——“乾隆元年改潼川府通判移射洪縣，駐太和鎮，兼管三台、射洪、遂寧、蓬溪、鹽亭等縣鹽井，各鹽大使屬之”①；射洪縣鹽課大使——“乾隆元年，添設射洪之黄磉浩、青堤渡二大使，二十年改黄磉浩鹽大使爲巡檢，移駐洋桃溪（今洋溪鎮），其鹽場事務歸青堤渡大使兼管”②；“（乾隆）時清廷已在全國各主要産鹽之地設置鹽課大使共一百二十人，掌管各鹽場之生産、交易、徵收等鹽政事務，官秩爲正八品，四川五人，分別於青堤渡場（射洪境内）、康家渡場（蓬溪境内）、牛華溪場（樂山境内）、雲陽縣雲安場、大寧縣大寧場各置一人”③；潼川府票厘總局——“咸豐八年，在蓬射交界之康家渡設局抽鹽厘……光緒三年將康家渡厘局遷移之（射洪縣）洋溪鎮，改爲潼川府票厘總局，兼管綏綿等縣鹽務。（票厘局爲專抽鹽税機構）”④。據《射洪縣鹽業志》記載：“民國三年（1914），四川相繼成立‘鹽運使公署’和‘鹽務稽核分所’（署址重慶）。川北副運使署設於射洪之青堤渡，轄射蓬、三台、射洪、南閬（南部、閬中）、蓬中、蓬遂、樂至、西鹽（西充、鹽亭）、中江、綿陽等十一個鹽場知事公署，川北鹽務稽核分所設於射洪洋溪鎮；同年，在洋溪鎮設射蓬鹽場知事公署，民國四年（1915）在射洪縣城（金華鎮）設‘射洪鹽場知事公署’，分轄射洪上、下半縣的鹽務……民國十八年（1929），鹽場知事公署改稱‘場長公署’，民國二十五年（1936），射蓬鹽場場長公署與射洪鹽場場長公署等機構統一裁拆合并，改名‘射洪鹽場公署’，署地遷移太和鎮禹王宫（原縣法院舊址）；中華人民共和國成立後，1950年4月成立‘射洪縣鹽場管理處’，下屬1個分處、1個分倉、13個場務管理所。”

青堤渡，從清乾隆時期起至民國後期，都是川北鹽業航運、鹽務管理重鎮。青堤古渡，歷史上又稱綺川度、清平渡，興於唐，在射洪進入鹽業時代後，以大關昌村井鹽爲代表的多處鹽竈相繼生火出鹽，清乾隆、嘉慶，至民國後期，青堤渡達到鼎盛。

從秦代有鹽産地文字記載開始，射洪鹽業從體制上經歷了私營（1955年前）、集體（1955年冬至1958年夏）、國營（1958年8月至1985年）；從鑿井、汲鹵技術上經歷了秦代、漢晋和唐時赤車井大口井鹽時期，宋朝卓筒井小口徑“繩索衝擊式（頓鑽）鑿井法”淺

① （清）丁寶楨總纂，（清）羅文彬編纂：《四川鹽法志·卷三十·職官四》，光緒八年（1882）刻本，第5頁。

② （清）丁寶楨總纂，（清）羅文彬編纂：《四川鹽法志·卷三十·職官四》，光緒八年（1882）刻本，第7頁。

③ 趙爾巽：《清史稿·職官志·卷一百一十六》，中華書局，1976年版。

④ （清）謝廷鈞等修，（清）羅錦城等纂：光緒《射洪縣志·卷五·鹽法》，《歷代射洪縣志彙編》，四川省射洪縣地方志編輯委員會編印，1995年版，第413頁。

井、人力竹筒汲鹵時期，明清至民國木質套管小口徑“繩索衝擊式（頓鑽）鑿井法”深井、人力竹筒汲鹵時期（部分井場，畜力平車汲鹵），中華人民共和國成立後電力機械化“繩索衝擊式（頓鑽）鑿井法”深井、電動捲揚機推水汲鹵時期；從濃鹵、煎鹽技術上經歷了20世紀40年代前的灰壩曬鹵和之後至中華人民共和國成立初的枝條架濃鹵時期（中華人民共和國成立後有短暫的“鹽田”濃鹵時期），在此前後的深鍋煎製花鹽，平鍋煎製巴鹽、改煎花鹽時期；20世紀70年代，射洪鹽業鑿井、汲鹵、輸鹵完全實現地質鑽井機旋轉鑽井、套管（木竹）由木改鐵、鹵泵抽鹵、管道輸鹵，制鹽進入現代化真空製鹽時代。

至清雍正開始，歷經乾隆、嘉慶時期，民國時期，直至中華人民共和國成立初，鹽業都是射洪工業主體和經濟支柱。射洪鹽業，卓然耀世。一部《中國井鹽科技史》（國務院原副總理方毅題寫書名、四川科學技術出版社出版）有關射洪的文、圖記載多達25處。射洪人創造的木質套管固井技術和修治井技術被收録認定；該書還不惜篇幅，用了4頁全文登載射洪人馬驥《鹽井圖説》和對該篇文獻的評價。《中國井鹽科技史》對射洪特别青睞、眷顧的現象，充分説明了射洪鹽業不僅在全川，即使在全國井鹽科技史上，都有着非常重要的地位。2200餘年的鹽業發展，射洪爲中國井鹽科技進步和中國井鹽科技史、爲中華民族十四年抗戰和中國人民的解放事業做出了重大貢獻，爲射洪現代工業、商業經濟的發展和社會文明的進步産生了巨大的推動作用。

一、射洪人發明固井新技術

射洪人發明、創造了以木質套管爲主的固井新技術，并在射洪鹽井開鑿中首先使用。明萬曆年間射洪人馬驥著《鹽井圖説》關於射洪鹽場木質套管技術的記載：“凡匠民相井地，多於兩河兩岸、山形險急得沙勢處，鳩工立石圈，盡去面上浮土，不計丈尺，以見堅石爲度，而鑿大小竅焉……次第疏鑿，不計工程力大，較至二三十丈许，見紅石岩口，大竅告成矣。隨議下竹，竹有木竹……木竹，取堅也，刳木兩片，以麻合其縫，以油灰釁其隙……木竹末爲大麻頭，累累節合，下盡全竹，四瀆淡水障阻，不能浸淫。”[①] 木質套管技術，包括一整套固井新材料石圈、木竹、油灰和新技術的應用。石圈、油灰（桐油、石灰混合，用碓打融製成）爲輔料，木質套管爲主材。在射洪鹽場，石圈稱爲“石碟子、石壘子，用石料打成外方内圓的形狀”；木質套管稱爲“木竹”：一般采用柏木、青杠木等堅硬、耐腐樹木作材料，“將圓形木柱對剖，挖空中心再合之，外用麻草緊裹，塗桐油石灰於其上，製成之物曰

① （明）馬驥：《鹽井圖記（説）》，（清）謝廷鈞等修，（清）羅錦城等纂：光緒《射洪縣志・藝文志》，《歷代射洪縣志彙編》，四川省射洪縣地方志編輯委員會編印，1995年版，第567頁。

‘木竹’”[①]。采用圓木作固井材料，不僅增强了套管的强度，而且解决了鹽井的大小受楠竹等竹質材料限制的問題。卓筒井鑿井方法於 11 世紀問世時，就開始采用竹子作套管固井、隔水，這是中國人的一大創造，是卓筒井鑿井技術享有“石油鑽井之父”的重要因素。早期的套管，采用竹子固井和“以隔横入淡水”。但是，隨着鑿井深度日漸增加，竹質套管已不能適應要求。一是深度增加，鑿井的口徑應相應增大，竹子直徑不能滿足更大的開鑿井徑。二是鑿井深度增加，下入套管也要增長，“牝牡相銜”已難以防止井下更高壓的地下水滲漏。木質套管的直徑、厚度、强度皆優於竹質套管。木質套管至遲出現於明萬曆年間（1573—1619）。據《蜀中廣記》記載，明萬曆初年，馬驥等人在考察射洪鹽井時，就看到那裏的鹽井在固井中采用木質套管。“迨至（明）萬曆年間，四川井鹽産區之一的射洪、蓬溪一帶，井鹽鑽井工藝發生了重大的變化，在固井、治井技術等方面取得了重大突破……采用木質套管取代竹質套管是固井技術的一次重大突破，它不僅起到了保護井壁、阻止地層淡水浸入的作用，而且更重要的是爲鑽入地層深處和增加鑽井深度創造了有利的條件”[②]。木質套管技術誕生後，卓筒井開鑿技術進入了小口深井階段，爲鹽鹵資源、地質條件更爲優良、後來成爲“鹽都”的自貢富榮鹽場提供了技術支持，使自貢鹽區至清代中期獲得了顯著發展，并超過了從前産鹽最盛的射洪、蓬溪一帶。木質套管固井技術明代在射洪誕生後，在井鹽産區迅速推廣、普及。“自清代以來，在井鹽主要産區——四川的大部分地區，都采用木柱封隔淺層白水和疏鬆易塌的岩層”[③]。

油灰，也是射洪鹽場一項新發明。“明代（射洪鹽場）固井，不但在主要材料上進行了改革，而且還用了一種新型輔助材料——油灰”[④]。油灰用桐子油和石灰混合，碓窩打融製成。油灰塗於木竹表面，有極强的增强木製導管强度和抗腐能力。

卓筒井小口徑鹽井開鑿技術，《中國井鹽科技史》據宋代蘇軾《蜀鹽説》、文同《奏爲乞差京朝官知井研縣事》兩篇文獻，認定其誕生於宋慶曆年間的川南井研縣、榮縣。“自慶曆、皇祐以來，蜀始創筒井，用圓刃鑿，如碗大，深者數十丈。以巨竹去節，牝牡相銜爲井，以隔横入淡水，則鹹泉自上，又以竹之差小者，出入井中爲桶，無底而竅其上，懸熟皮數寸，出入水中，氣自呼吸而啓閉之，一桶致水數斗。凡筒井皆用機械，利之所在，人無不知”[⑤]；“伏見管内井研縣，去州治百里，地勢深險最僻陋，在昔爲山中小邑，於今已謂要劇索治已處。蓋自慶曆以來，始因土人鑿地植竹爲之卓筒井，以取鹹泉，鬻煉鹽色，後來其民盡能此法，爲者甚衆”[⑥]。《中國井鹽科技史》據蘇軾、文同文獻記載認定卓筒井小口徑鹽井開鑿技術誕生於宋慶曆年間川南井研、榮縣是正確的。但是，蘇軾、文同這兩篇文獻，只有文同一

① 四川省鹽業公司射洪支公司編印：《射洪縣鹽業志》，内部資料，1988 年版，第 15 頁。
② 林元雄、宋良曦、鍾長永等著：《中國井鹽科技史》，四川科學技術出版社，1987 年版，第 173、177 頁。
③ 林元雄、宋良曦、鍾長永等著：《中國井鹽科技史》，四川科學技術出版社，1987 年版，第 225 頁。
④ 林元雄、宋良曦、鍾長永等著：《中國井鹽科技史》，四川科學技術出版社，1987 年版，第 173、177 頁。
⑤ （宋）蘇軾：《東坡志林》卷四，《欽定四庫全書》本，影印古籍。
⑥ （宋）文同：《奏爲乞差京朝官知井研縣事》，《丹淵集》卷三十四。

篇有具體地址的記載，且只是“伏見管内井研縣……”，未明確肯定一定發明、首創於井研縣（包括榮州）。據此推知，木製套管技術首先發現於射洪鹽場，有射洪人、射洪知縣馬驥等人考察射洪鹽場而作《鹽井圖説》文獻記載，有《中國井鹽科技史》認定，明萬曆年間發生於射洪鹽場的木質套管取代竹套管技術一整套新材料、新技術（包括修治井技術），即爲射洪人發明、創造。這一整套新材料、新技術，引導卓筒井小口徑深鑽技術的最後成型。“明代後期，射洪鑿井技術有較大發展，創造小口深井爲川内最先”①。卓筒井小口徑深鑽技術，與指南針、火藥、印刷術、造紙術并稱爲“中國五大發明”，被譽爲近代“石油鑽井之父”，被李約瑟博士載入《中國科學技術史》，射洪鹽業、射洪先民做出了重要貢獻。

二、射洪人創造了卓筒井治井技術

南宋四川制置使胡元質在淳熙四年（1177）的奏摺中説，在卓筒井的生産過程中，“或井筒剥落，土石堙塞、彌旬累月，計不得取；或夏冬漲潦，淡水入井，不可煎燒……如此之類，不可勝計”②。卓筒井小口徑鑿井技術誕生於宋代川南的井研、榮州，但一直没有成熟的治井、修井技術。鹽井出現落物、崩塌事故後，導致報廢。明萬曆年間發生於射洪鹽場的技術革新，不僅創造了木製套管技術，還創造了一整套修治井技術和工具。馬驥考察射洪鹽場的《鹽井圖説》記載：“若掘鑿之際，釬偶中折而墜其中者，或遭淤泥作阻者……釬帶火掌篾而墜者，以攬鐮鈎出爲力易易……惟釬半墜，或只墜釬頭者，取之之法，製爲鐵五爪，如覆手狀……則爪攫剿釬頭著牢……若被淤泥填溢大小竅，猶關格症然，甚者製爲搜子，以和解其膠密。搜子者，鐵條之有齧齒者也……漕釬者，撞子釬之有齧齒者也。支解既析，則爲刮筒以取其泥。”③ 明代射洪鹽場的治井技術，包括攬鐮、鐵五爪、撞子釬等打撈落物工具及技術，搜子、漕釬、刮筒等掏井工具及技術。“修治井技術繼明代中葉在四川射洪地區初步發展起來以後，於清中葉在今自貢地區逐漸充實和完善。這一整套修治井技術包括補腔、打撈，修治木柱和淘井，它有效地解決了鑽井和生産過程中發生的事故，使古代井鹽工藝更趨於完善”④。

---

① 四川省鹽業公司射洪支公司編印：《射洪縣鹽業志》，内部資料，1988年版，第14頁。

② （宋）王圻：《續文獻通考》淳熙四年條。

③ （明）馬驥：《鹽井圖記（説）》，（清）謝廷鈞等修，（清）羅錦城等纂：光緒《射洪縣志·藝文志》，《歷代射洪縣志彙編》，四川省射洪縣地方志編輯委員會編印，1995年版，第567頁。

④ 林元雄、宋良曦、鍾長永等著：《中國井鹽科技史》，四川科學技術出版社，1987年版，第213頁。

三、射洪人創造了枝條架濃鹵塔的前身——灰笆

《中國井鹽科技史》記載，枝條架濃鹵塔始於德國，由意大利首先采用，後遍於歐州大陸。1921年湖北應城人陳英三游學於德國，看到了枝條架濃鹵塔，於是1921年左右在應城開始建造。1941年，枝條架濃鹵塔在射洪鹽場推廣。枝條架濃鹵塔，是一種用樹木做支架、竹枝或草料覆蓋、鹵水自上而下噴淋，通過大面積日光照曬、風力吹拂蒸發水分的新型剪型棚架濃鹵設施，可大幅提高濃鹵效率，降低燃料消耗。明萬曆年間射洪人馬驥考察射洪鹽場後撰寫的“考察報告”《鹽井圖説》，有“鹹水就灰笆潑水，而煎燒有序”① 的記載。這一記載言簡意賅，信息量、意義很大。這個“灰笆”是什麼材料做的？是什麼形狀？從“笆”字的構成看，應當是用竹、木一類材料捆綁連結而成的平面、板狀結構；《現代漢語詞典》“笆”字的解釋，也是“用竹片或樹的枝條做成的片狀物”；“鹹水就灰笆潑水”，動詞“潑”，説明其目標“灰笆”應該是單塊斜立或兩塊篷立。顯然，明代射洪人濃鹵“鹹水就灰笆潑水”，不論是材料、形狀、構造，還是工藝，都與先始於德國、1921年傳入中國、1941年在射洪推廣的枝條架濃鹵塔的構造非常接近，完全就是其前身。值得注意的是，射洪人馬驥《鹽井圖説》關於射洪鹽場“鹹水就灰笆潑水”的記載，也引起了《中國井鹽科技史》的重視：“（《鹽井圖説》）在第四段中，則對采鹵設備和采鹵方法進行了描述，并提到了‘就灰笆潑水’的濃縮鹵水辦法。”② 射洪鹽場枝條架濃鹵塔的前身“灰笆”的創造、使用，比西方早300年左右。

四、射洪人馬驥著《鹽井圖説》

射洪人馬驥著、反映明代射洪鹽場技術創新的《鹽井圖説》，是中國井鹽科技史上唯一一篇詳細記録明代鹽場固井、修井等新材料、新工具及技術的文獻，爲中國井鹽科技史的研究做出了貢獻。

馬驥是明代嘉靖、萬曆年間四川射洪人，萬曆初任射洪縣令。在他任職期間，與郭子章（四川學政）、岳諭方等對射洪鹽井進行了考察……根據考察結果，由岳諭方繪製了《鹽井

---

① （明）馬驥：《鹽井圖記（説）》，（清）謝廷鈞等修，（清）羅錦城等纂：光緒《射洪縣志・藝文志》，《歷代射洪縣志彙編》，四川省射洪縣地方志編輯委員會編印，1995年版，第567頁。

② 林元雄、宋良曦、鍾長永等著：《中國井鹽科技史》，四川科學技術出版社，1987年版，第182頁。

圖》，馬驥作《鹽井圖説》。《鹽井圖説》第二段關於明萬曆年間射洪鹽場木套管固井、鑿井技術的記載："凡匠民相井地，多於兩河夾岸、山形險急得沙勢處，鳩工立石圈，盡去面上浮土，不計丈尺，以見堅石爲度，而鑿大小竅焉。大竅大鐵釬主之，小竅小鐵釬主之。釬一也，大釬則有釬頭，扁竟七寸，有輪鋒，利穿鑿。興井日，北口傍樹兩木，横一木於上，有小木滚子，以火掌繩釬末，附於横木滚子上，離井六七步爲一木樁，糾火掌篾而耦舂之，滚竹運釬，自上下相乘矣。匠氏掌釬篾坐井口傍，周遭圜轉，令其竅圓直。初則灌水鑿之，及二三丈許，泉蒙四出，不用客水，無論土石，釬觸處俱爲泥水。每鑿一二尺，匠氏命起釬，用筒竹一根，約丈餘，通節，以繩繫其梢，筒末爲皮錢掩其底，至泥水所在，匠氏揉繩伸縮，皮欹水入。挹滿攬出。泥水漸盡，復下釬鑿焉。次第疏鑿，不計工程力大，較至二三十丈許，見紅石岩口，大竅告成矣。隨儀下竹，竹有木竹、楗竹二種。木竹，取堅也，刳木兩片，以麻合其縫，以油灰釁其隙。楗竹出馬湖山中，亦以麻裹之。木竹末爲大麻頭，累累節合，下盡全竹，四潰淡水障阻，不能浸淫。乃截去大釬頭，用釬梢鑿小竅，法如大竅然。鑿至二十丈，中見白沙數丈，有鹹水數擔，名曰腰脉水，去鹹水不遠，尋鑿之，而鹹水淵涓自見也。"[①]《鹽井圖説》第五段關於明萬曆年間射洪鹽場修治井技術的記載："若掘鑿之際，釬偶中折而墜其中者，或遭淤泥作阻者，其出法亦巧，而爲器亦异。釬帶火掌篾而墜者，以攬鐮鈎出，爲力易易。惟釬半墜，或只墜釬頭者，取之之法，製爲鐵五爪，如覆手狀，爪背入木數寸，以竹三尺許，劈碎一尺，纏扼爪木，令堅致；上一尺亦劈碎，則活繫撞子釬，不令拘泥偏向；中一尺通其節，以待撞子釬假道撻伐。垂爪入井，爪定所墜釬頭，匠氏從上督索撞子釬由筒中擊木，木擊五爪，數擊，則爪攫剿釬頭者，牢不可以游滑自匿，雖欲不出，不可得矣。若被淤泥填溢大小竅，猶關格症然，甚者製爲搜子，以和解其膠密。搜子者，鐵條之有齧齒者也。未甚者製爲漕釬，以衝擊其脂凝。漕釬者，撞子釬之有齧齒者也。支解既折，則爲刮筒以取其泥。刮筒之制，與鹽筒殊科，不通其節，而每節之始，鑿爲方口，投井中吸泥，亦如汲水式。蓋水可以疏通翕受，泥則逾節不可，是則匠氏作法意也。"[②]

《中國井鹽科技史》對馬驥《鹽井圖説》給予了極高評價："《鹽井圖説》全文1000餘字……主要内容包括鑿井過程、采鹵方法、打撈和淘井技術三大部分。馬驥在第二段中，按鑿井的先後順序，叙述了相井地、立石圈、鑿大竅、扇泥、下竹、鑿小竅的詳細過程，這是關於鑽井方法的第一次最完整的記載……《鹽井圖説》中最精彩的部分，是第五段中對打撈和淘井技術的記載，這是目前所知史籍中關於治井技術的最早記載。其中，采用攬鐮打撈落篾，鐵五爪打撈落銼，搜子、漕釬、刮筒處理'淤泥事故'等，是對明代鑽井技術出現重大

---

① （明）馬驥：《鹽井圖記（説）》，（清）謝廷鈞等修，（清）羅錦城等纂：光緒《射洪縣志·藝文志》，《歷代射洪縣志彙編》，四川省射洪縣地方志編輯委員會編印，1995年版，第567頁。

② （明）馬驥：《鹽井圖記（説）》，（清）謝廷鈞等修，（清）羅錦城等纂：光緒《射洪縣志·藝文志》，《歷代射洪縣志彙編》，四川省射洪縣地方志編輯委員會編印，1995年版，第567頁。

突破的最好説明。在《鹽井圖説》，馬驥用三分之二以上的篇幅來記載當時射洪地區的鑽井技術，可見他已認識到這種技術的價值。他的記載，有助於我們弄清中國古代鑽井工藝的發展過程……是研究明中葉以後中國鑽井工藝發展的極爲珍貴的科技史料。”①

五、射洪鹽業推動了射洪的發展与進步

射洪鹽業爲射洪現代工業、商業經濟的起步、騰飛奠定了基礎，極大地催生、推動了射洪近現代服務業等社會發展和文明的進步。從（明）萬曆年間起，射洪鹽業經歷了清雍正、乾嘉時期、民國後期、中華人民共和國成立初期幾次大的發展。在自身發展的同時，射洪鹽業還成爲射洪經濟發展、社會進步的孵化器，催生射洪交通、運輸、教育、醫療、金融及電力等現代服務業、工業的誕生，推動射洪經濟的發展。

（一）交通

1. 射洪縣第一條縣道——馬家溝鹽道（公路）。1938 年，隨着由民國政府鹽務總局撥款支持修建的“潼射路”“遂太路”相繼峻工，馬家溝竈商於 1940 年 11 月 1 日發動成立了“射洪縣修築射鹽縣道（射洪縣城金華鎮至鹽亭縣）馬家溝籌備會”，同時成立射鹽縣道馬家溝段工程處。射鹽縣道馬家溝段，1941 年春開工，1942 年春竣工。該路自金華鎮東門對岸起，至馬家溝板橋止，全長 6 千米。“在民國三十年（1941）爲方便馬家溝食鹽外運，由鹽竈商每售一擔捐款八元，川北鹽務管理局補助橋涵及地價款三萬元，於民國三十一年（1942）春，建成馬家溝鹽道”②；《四川省志・鹽業志》也對馬家溝鹽道公路的修建作了記載：“射洪至馬家溝公路長 8 公里，由竈商集資，於 1943 年完成。”③

2. 1938 年，民國政府鹽務總局撥款支持的縣内第一條省道公路——川北鹽區“潼射路”（射洪至三台）射洪段峻工通車。“1936 年，由四川鹽運使署、省建設廳、公路局會商鹽區公路，提出了……修築三（台）射（洪）、射（金華）太（和鎮）、太（和鎮）遂（寧）等 14 條公路綫的設想，并相繼開工”④。潼射路始建於 1929 年，1932 年停工。“民國十八年（1929），二十九軍田頌堯盤據射洪和三台縣時，設‘潼射公路總局’，以捐款、隨糧附徵、提賣公産、廟産等方式籌集資金。并令縣長兼任督辦，興建三台至太和鎮的潼射公路。此路段爲 35 千米，築路工程到民國二十一年（1932）癱瘓……民國二十六年（1937），列入鹽區公路……到民國二十七年（1938）一月二十七日，潼射公路峻工通車”⑤。

---

① 林元雄、宋良曦、鍾長永等著：《中國井鹽科技史》，四川科學技術出版社，1987 年版，第 181、182 頁。
② 四川省鹽業公司射洪支公司編印：《射洪縣鹽業志》，内部資料，1988 年版，第 77 頁。
③ 四川省地方志編纂委員會：《四川省志・鹽業志》，四川科學技術出版社，1995 年版，第 186 頁。
④ 四川省地方志編纂委員會：《四川省志・鹽業志》，四川科學技術出版社，1995 年版，第 185 頁。
⑤ 四川省鹽業公司射洪支公司編印：《射洪縣鹽業志》，内部資料，1988 年版，第 76、77 頁。

該條公路即今天的205省道射洪北段，時爲國道——陪都重慶（抗戰時期民國首都）經璧山、遂寧、射洪、三台、綿陽至西北，比經成都至西北縮短180千米。

3. 1941年，民國政府鹽務總局撥款支持的川北鹽區公路——“遂太路”（遂寧至射洪太和鎮）射洪段峻工通車。“（遂太路）始建於民國十六年（1927）。射洪至遂寧這一段，由邊防軍李家鈺部割據轄管，當時用提賣廟會産業的資金，修築遂太公路，後因與田頌堯争奪地盤，戰争失敗，遂太公路停建……民國二十八年（1939），抗日戰争軍情緊迫，民國政府内遷重慶，令綿遂鹽區公路提前修築，遂寧至太和鎮一段，由鹽務總局撥款，數月即建成。民國二十九年（1940）一月，四川省府特諭嘉獎修路人員”①。

1941年，由鹽務總局撥款支持修建的射洪縣境遂太路、潼射路射洪段貫通，川北鹽區綿遂路全綫通車，爲戰時射洪井鹽的外銷、運輸和抗日戰争的勝利發揮了重要作用。“1941年，川北興建鹽區公路，計有遂太段56公里（遂寧至射洪太和鎮），三台縣道的北段50公里”②。

4. 馬家溝古石䃮橋上䃮橋、下䃮橋，爲馬家溝鹽商、竈户建造。下䃮橋因建新橋已被覆蓋，上䃮橋屹立在馬家溝松樹村名爲“新水溝”的小溪上，曾是連通射洪至鹽亭的古道，至今保存完好，橋上石刻龍頭風化嚴重，但仍依稀可辨。《射洪縣志》收録了上䃮橋（上栱橋）③ 的橋名，其餘歷代縣志均無記載。據此推算，上䃮橋的建造時間應該不低於距今150年。該橋建橋準確年代、具體情況有待進一步考證。

（二）運輸

1. 射洪縣第一輛汽車——轉運鹽場外運鹽巴。“民國三十七年（1948）二月二日，川北鹽務管理局，函促射洪鹽場公署，辦理已調撥收用的雪佛蘭汽車的换證手續。鹽場公署是射洪最早備有汽車的單位”④。

2. 射洪縣第一輛摩托車——鹽商購買。“1942年，洋溪鎮龍裕齋在太和鎮做鹽、碳、米糧生意，與美豐銀行關係密切，從重慶購回一輛外國製造的摩托車，爲縣人首見”⑤。

3. 涪江流域第一大碼頭——太和鎮碼頭，因鹽而興。“鹽業生産有力地促進了射洪經濟發展。清朝嘉慶至咸豐年間和民國三十年後，爲射鹽兩度極盛時期……鹽業與棉業、絲業構成射洪三大經濟支柱，太和鎮之所以發展成爲川北商業重鎮，它與鹽業的生産、運銷有着極其重要的關係”⑥。射洪鹽業的不斷發展，催生了縣境内大塘溪、洋溪鎮等數個鹽碼頭。因鹽和與鹽業相關的物資大進大出，促進了涪江航運的繁榮，太和鎮碼頭成爲了涪江上下游物資航運中轉樞紐。鹽的運銷以船爲主，遠銷省外，近銷巴蜀。航運業的興起，擴大了川鹽的

---

① 四川省鹽業公司射洪支公司編印：《射洪縣鹽業志》，内部資料，1988年版，第76、77頁。
② 四川省鹽業公司綿陽分公司編印：《綿陽鹽業志・大事記》，内部資料，第16頁。
③ 四川省射洪縣志編纂委員會編：《射洪縣志》，四川大學出版社，1990年版，第325頁。
④ 四川省鹽業公司射洪支公司編印：《射洪縣鹽業志》，内部資料，1988年版，第86頁。
⑤ 劉宗生：《陳子昂故里交通史話》，四川民族出版社，2016年版，第2頁。
⑥ 四川省鹽業公司射洪支公司編印：《射洪縣鹽業志》，内部資料，1988年版，第1頁。

市場；川鹽的暢銷又促進了航運業的向前發展……同治、光緒時期，“太和鎮爲水陸通衢，商販駢聯，舟車輻輳”（邑人、清同治進士夏肇庸）；“迄至民國年間，太和鎮成爲涪江流域最大的港口碼頭，涪江全航道船舶三千多隻，航行必往返於此。在抗日戰爭年代，太和港口發展到極興盛時期……上從水府宫，下至黄磉灝，一千六百米之間，沿河兩岸排滿内外六層航船，數達千隻以上。‘槳擼相依，檣桅如林’，每日貨物吞吐量約二千噸之多，裝卸船工達千人以上……”①

4. 鹽商捐建的義渡——大榆上渡口義渡。“大榆渡……上渡口，在太和鎮的水府宫對岸的木桶店，當時稱周字口渡（今涪江大橋兩岸之間）。民國十八年（1929）有渡船七隻，過河費每人二百至四百文（即一二個銅元）。民國二十八年（1939）因超載沉船，七人被淹死。射洪縣政府規定過渡費只收二百文、裝載限二十五人，每船插旗一面，標明收費標準和裝載限度。後有鹽商捐款，製造渡船兩隻，渡工推渡，過渡一律免費。周字口私渡，遂爲義渡所代替”②。

（三）電力

射洪鹽業支援了射洪第一個電站的建設——螺絲池水電站。“五十年代……在螺絲池建水電站，打棗兒埡隧洞時……爲了不出偏差，請來了鹽業修井工，在隧洞坡地上面，按照隧洞路綫，打了幾個竪井，既是氣孔，又是導向，終於在一九五八年五一節打通合攏，没有偏差”③。

（四）教育

1. 射洪縣第一所職工子弟小學——馬家溝鹽工子弟校。民國三十六年（1947），川北鹽務局推行鹽工福利保險（職工傷亡、父母配偶病故、退休養老、鹽工子女教育、鹽工免費醫療），并撥付射洪鹽場拾萬元（法幣）作爲基金。民國三十七年（1948），開辦馬家溝鹽工子弟校。“1950 年 1 月射洪縣人民政府成立，即派軍代表吴峙組成臨時委員會接管‘場長公署’，由原場長吴定基向人民政府移交（包括場公署、下屬場所以及附屬之場商辦事處、鹽業工會、鹽工子弟校、醫療所、鹽工合作社、鹽工保險社）”④。1951 年馬家溝還開辦了鹽業工人職工業餘文化學校。

2. 射洪縣第一所職業高中——射洪縣鹽業高中。“竈户們在發展鹽業的同時，還興辦教育，爲國家、爲社會培育人才。二十世紀四十年代初，他們集資在太和鎮辦起了一所職業高中（簡稱‘鹽高’），也是附近區、縣唯一的一所職高……解放後，鹽中和射洪中學合并，成爲射洪中學後來發展的基礎……”⑤。换言之，射洪縣鹽業高中是射洪中學前身之一。

---

① 四川省鹽業公司射洪支公司編印：《射洪縣鹽業志》，内部資料，1988 年版，第 47 頁。
② 四川省鹽業公司射洪支公司編印：《射洪縣鹽業志》，内部資料，1988 年版，第 42 頁。
③ 賴偉：《射洪鹽業史話》，第 50 頁。賴偉是射洪東風鹽廠老員工，2019 年筆者開展射洪鹽業調研時取得聯絡。《射洪鹽業史話》爲賴偉出於保存射洪鹽業史，自撰自費印刷的材料。
④ 四川省鹽業公司射洪支公司編印：《射洪縣鹽業志》，内部資料，1988 年版，第 59 頁。
⑤ 賴偉：《射洪鹽業史話》，第 70 頁。

3. 鹽業竈户集資創辦川北第一所大學——川北農工學院。“在抗戰勝利前夕，竈户們得知，在抗戰時期疏散到三台縣城的東北大學（國畫大師孫竹籬先生即隨東北大學内遷任職員，後居留射洪），勝利後要遷走的消息，他們認爲川北不能没有大學，便積極與川北十大鹽場的竈户們商議，共同集資辦起了一所‘川北農工學院’……於解放後一九五二年遷去川北行署所在地南充，成爲川北唯一的一所大學”①；原射洪縣鹽場管理處工作人員、現射洪市人大退休幹部郭定銘先生回憶：“川北農工學院，1948 年改名爲‘私立川北大學’，下設文學院、理學院、農學院。”縣政協文史委原主任羅剛鋒先生也回憶，五十年代初，川北農工學院院系調整一分爲三：一部分院系遷成都，發展爲今天的四川師範大學；一部分院系遷雅安，即今天的雅安四川農業大學；一部分院系留南充，即今天南充的西華師範大學。换言之，射洪鹽商參與創辦的川北農工學院，是四川師範大學、四川農業大學、西華師範大學的前身。

（五）醫療

射洪第一家工人醫院、爲射洪人民的解放做出貢獻的醫院——鹽工醫院。鹽工醫院前身“鹽工診療所”應成立於民國三十七年（1948），先後開辦射洪鹽工診療所金華分所、柳樹分所。1950 年鹽業工會租用太和鎮上北街物業（原縣食品公司内），擴建原鹽工診療所爲鹽工醫院。1952 年鹽工醫院購買并遷入德勝街龍海廷宅院（現太和一幼）。“民國三十三年（1944）12 月 10 日在縣城（金華鎮）建立縣衛生院……建國後，縣人民政府於 1950 年 3 月接管縣衛生院，4 月遷太和鎮……1956 年 5 月改名爲縣人民醫院，1958 年 4 月原鹽工醫院并入縣人民醫院”②。據此，鹽工醫院應該是射洪縣人民醫院的前身之一，也是射洪縣第一家主要爲鹽業工人服務的工人醫院。

（六）金融

射洪第一家專業銀行——射洪鹽業銀行。民國年間，鹽業的鼎盛帶動百業興旺、工商繁榮，12 家銀行聚集射洪，也促成射洪第一家鹽業銀行的籌建。“民國三十四年（1945）11 月曾籌建射洪鹽業銀行，以鹽竈商爲募股對象，至民國三十五年（1946）8 月計收股金 2583 萬元”③。雖後因鹽業銀行法尚未修訂而未成立，也足以説明當時射洪鹽業之興盛和對經濟滲透、影響之深。

（七）技術工人

射洪鹽業培養、儲備了射洪第一批有熟練技術、受早期工業文明熏陶的産業工人，爲本縣及相鄰市、縣的工業發展輸送了大批産業工人。

1985 年，射洪縣東風鹽廠轉産，全部鹽業工人轉入射洪縣天然氣化工廠。早在 20 世紀六、七十年代，以原東風鹽廠爲主的射洪鹽業，支援蓬溪縣蓬萊鹽廠 100 餘名幹部和技術工

---

① 賴偉：《射洪鹽業史話》，第 70 頁。

② 四川省射洪縣志編纂委員會編：《射洪縣志》，四川大學出版社，1990 年版，第 932 頁。

③ 四川省射洪縣志編纂委員會編：《射洪縣志》，四川大學出版社，1990 年版，第 484 頁。

人，江油馬角壩水泥廠、磷肥廠，江油二郎廟碗廠、綿竹磷肥廠、青川伐木廠先後調集射洪鹽業幹部、工人 100 人以上。

六、射洪工人運動

射洪鹽業工人自覺接受黨的領導，舉行了一系列同軍閥和地方官吏苛政作鬥争的罷工運動。1927 年，蔣介石發動“4·12”反革命政變後，第一次大革命失敗，國民革命跌入低潮。民國十六年（1927）9 月，中共太和鎮軍事支部在四川陸軍第五師瞿聯丞旅秘密建立，成爲當時射江市境内第一個中共黨支部。在太和鎮軍事支部領導和影響下，射洪鹽業工人開展了一系列工人運動，産生了重大和深遠的影響。

（一）馬家溝鹽業工人“工農聯合反暴政，倒古揪胡打縣衙”。民國十七年（1928），軍閥田頌堯與射洪縣知事古之彦串通，不顧連續三年乾旱，糧食欠收的灾害，强令一區（今金華鎮一帶地區）、四區（今復興鎮一帶地區）每月籌政費、軍餉大洋 240 元，巧立名目，徵收嫁娶婚約查驗費、鍋捐（一家一鍋），工農商賈不堪重負。四區團總胡楨廷及徵收人員如狼似虎，激起民衆反抗。7 月 11 日，復興農民肩抬龍王牌位，高舉“水龍”（黄荆、馬桑捆扎），押着胡團總前往縣城（今金華鎮）要求縣知事古之彦設壇祈雨。深受中共射洪軍事支部反暴政、抗捐税、打土豪等進步思想影響的馬家溝數百名鹽業工人，迅速加入請願隊伍，渡過涪江，翻越城門，攻打縣衙。經過持續三天的鬥争，迫使縣令辭職，免除軍餉，賑濟灾民，撫恤死者，醫治受傷民衆。這次馬家溝鹽業工人參加的工農運動取得完全勝利。

（二）馬家溝鹽業工人大罷工。民國時期，射洪鹽業鼎盛，馬家溝鹽場的産業工人已達 2000 多人。中共太和鎮軍事支部成立後，在馬家溝鹽場建立了馬家溝鹽工工會。1929 年 4 月，中共三台中心縣委在馬家溝鹽工中發展工會會員 600 餘人，建立了馬家溝鹽工黨支部。民國十九年（1930）5 月，在中共射洪特别支部（代理書記許本達）的領導下，馬家溝鹽工黨支部組織 400 餘工會積極份子召開罷工鬥争動員會，决定第二天舉行馬家溝鹽場總罷工。這次罷工，雖因鹽場税警隊和縣警隊鎮壓而失敗，但開啓了鹽業工人在黨組織的直接領導下開展工人運動的先河。

民國十九年（1930）五月馬家溝鹽業工人大罷工失敗後，馬家溝鹽工黨支部書記、鹽工、馬家溝人汪廷才，被上級黨組織轉移至三台，繼續從事革命鬥争，被四川軍閥、29 軍田頌堯部殺害。馬家溝鹽業工人、共産黨員汪廷才，成爲射洪工人運動中犧牲的第一位烈士[①]。

（三）射洪鹽業工人革命意識的覺醒，不斷掀起了反壓迫、反剥削的工人運動。1947 年

① 四川省射洪縣志編纂委員會編：《射洪縣志》，四川大學出版社，1990 年版，第 983 頁。

6月至1948年7月，馬家溝鹽場、太和鹽場大榆鹽場、金華下渡口鹽場鹽工先後舉行了三次罷工鬥争。

七、射洪鹽業支援了射洪人民的解放事業

射洪鹽業爲中華民族抗日戰争的勝利做出了重大貢獻，參加、支援了射洪人民的解放事業。

（一）1937年日本發動侵華戰争，中國政府掀起了全民抗戰。沿海鹽場淪陷，財政趨緊。南京失守後，國民政府遷都重慶，淪陷區一大批學校、團體和民衆内遷四川。（食鹽）軍需民用完全依賴川鹽供應。射洪作爲川鹽的主産地，回應政府號召，盡一切努力增産，支援抗戰。鹽井、鹽工，以及爲鹽業産供銷服務的運輸、金融業都全面動員起來。射洪鹽業達到空前發展，“不僅保證了本地和劃定地區的食鹽供應，保證了大後方的安定。同時還多次奉急電調射洪鹽到陝、鄂前綫解决軍民急需”①。在財政税收上，射洪鹽業還爲戰時的中央財政做出了貢獻。“僅據解放後的1951年統計對比，射洪鹽場的鹽税收入，解入中央金庫達153.33億元，而全縣各項税收總和爲144.2億元，還多出11.13億元”②。

（二）縣鹽工醫院參加、支援了射洪人民的解放事業。經查射洪縣人民醫院檔案卷3《射洪鹽場公署鹽工診療所》，該卷檔案内容有“一九五〇年爲介（“介”應爲“解”，筆誤）放軍醫療，蔣軍過境本所損失……”的記載。射洪縣於1949年12月8日解放，這一内容不僅印證了鹽工疹療所成立於解放前的民國時期，還真實記録了鹽工醫院參加、支援射洪的人民解放事業，救治解放軍傷病人員，而且遭到國民黨軍隊攻擊的進步歷史。

（作者單位：射洪陳子昂研究會）

① 賴偉：《射洪鹽業史話》，第15頁。

② 郭定銘：《歷史輝煌的射洪鹽業》。郭定銘是射洪50年代鹽場工人，縣人大退休幹部，文字稿是筆者調研期間與其座談後形成的口述史資料。

讀劉沅《江沱離堆考》再談“離堆辨”①

馬 旭

内容提要： 劉沅所撰《江沱離堆考》利用史料、金石文證明李冰所鑿離堆在都江堰（灌縣），今根據劉沅文章内容，厘清劉沅考辨“離堆”位置的具體事實，進一步證明李冰所鑿離堆即今天都江堰離堆，而非樂山烏尤山。

關鍵詞： 離堆；沫水；李冰石像

劉沅（1767－1855），字止唐，號清陽，又號訥如，成都雙流人，乾隆五十七年（1792）舉人，劉氏以儒業傳家，其父劉汝欽精通易學，“父汝欽，精易學，洞澈性理。謂河出圖，洛出書，聖人則天，實天啓聖人以明道化，不僅在數術也。”② 劉沅自幼從父學習家學與儒家經典，三次參加會試，“三薦禮闈不售”③，後决意留籍奉養母親，在家講學爲生，因其居住之地有槐樹，世人稱爲槐軒先生，稱其學爲槐軒學説，其主要著作合爲《槐軒全書》。《江沱離堆考》被收録在文集《槐軒雜著》中，劉沅利用史料、金石文，對“離堆”所在位置進行辨析，充分體現了他的考據學功底。今根據劉沅文章内容，厘清劉沅考辨“離堆”位置的具體事實，進一步證明李冰所鑿離堆即今天都江堰離堆。

劉沅《江沱離堆考》記載：

> 《漢·河渠志》禹治水後，沫水尚爲民害，李冰鑿離堆山釃爲二渠，即今之内江、外江也。而説者因《華陽國志》沫水出蒙山，冰發卒鑿平，溷涯與水神戰，遂以離堆爲在名山，豈知冰之治水，固非一處。而離堆則在灌邑，與皁江亦稱沫水。禹導江後，皁

① 本文爲劉氏家族與都江堰（LBYJ2019－017）課題的階段性研究成果。

② （清）劉沅：《槐軒全書》（增補本），書首《國史館本傳》，巴蜀書社，2006年版，第1頁。

③ （清）劉沅：《槐軒全書》（增補本），《槐軒雜著·槐軒記》，巴蜀書社，2006年版，第3422頁。

將循山麓，行山足旁，出是爲離堆。水繞離堆而行，外無所束，盛夏水漲，江流直瀉，潛蛟助之，遂爲巨患，冰壅江作堋，析外江以入郫，而鑿離堆以通内江，二江支流各以十數灌溉。所周蜀爲沃壤，冰之明德遠矣。深淘灘低作堰，亦冰所遺。而山之麓復有水，則鐫十八刻，候水之消長。以防浸淫，其下有山石如闕。蓋當時水於此爲堋，以此示後人低昂之准，迄今舊迹昭然，而《金石文》爲低作堰爲淺包鄢，《水經注》以離堆在南安，於是學者目嘉定之烏尤爲離堆。俗又以隋時之趙昱爲二郎，豈非考古者未嘗躬親寡聞者，弗明真贋乎。范成大云："沿江兩岸中斷，李冰鑿此，以分江流。"其目擊言可破群説，今離堆之下蛟穴猶存，冬春之交水涸可入，其中空闊洪濤既至，出入正宕。其上店閣皆摇，而數千年毫無損益，亦奇觀也。離堆之上祀冰子二郎，鄉人猶曰伏龍觀云。①

劉沅考證李冰所鑿離堆即是現在的都江堰（灌縣）離堆。他考辨的理由有三：一是劉沅根據《史記·河渠書》記載："蜀守冰鑿離碓，辟沫水之害，穿二江成都之中。此渠皆可行舟，有餘則用溉浸，百姓饗其利。"② 李冰所鑿離堆在都江堰才會有内、外二江穿成都之中。至於"沫水"，劉沅認爲是指皂江，而不是指大渡河。二是劉沅根據都江堰離堆旁留下的"深淘灘，低作堰"金石文是李冰所遺，判斷離堆當在都江堰（灌縣），而不是樂山烏尤山。三是劉沅根據范成大《離堆詩序》記載，判斷范成大所見離堆即是都江堰（灌縣）離堆。

歷史上關於李冰所鑿離堆位置最有争議的是兩個地方：一是都江堰（灌縣），二是樂山（嘉州）烏尤山。20 世紀 80 年代初，學者們就對這兩種説法進行過較爲激烈的討論。喻全域《都江堰古史新論》（《社會科學研究》1982 年第 3 期）首先提出都江堰的沱江是在李冰之前就有的，他認爲離堆在樂山而不是灌縣。王純五《都江堰確爲李冰所建——與喻全域同志商榷》（《社會科學研究》1982 年第 5 期）批判了喻全域的説法，并進一步證明李冰所鑿離堆在灌縣。關於離堆所在位置的争辯源於《史記·河渠書》的記載："蜀守冰鑿離碓，辟沫水之害，穿二江成都之中。"③ 認爲李冰所鑿離堆在樂山是因"沫水"二字。持離堆在樂山烏尤山之説的，大都以史料證明"沫水"即指大渡河。明確地把"沫水"説成是現在大渡河的古地理書，首先是《水經注·沫水》："沫水出廣柔徼外，東南過牦牛縣北，又東至越西靈道縣，出蒙山南，東北與青衣水合。"④ 漢晋時的廣柔，是今理縣一帶，"徼外"則指理縣西部邛崍山系，大渡河上源正是流經馬爾康、金川、丹巴一綫，漢晋時的牦牛縣，則在今漢源縣南，大渡河從瀘定南至石棉，突然折向東方抵達漢源；而古代靈道縣則在今峨邊縣南，大渡河正是由漢源東至峨邊，確在峨眉山（蒙山）之南，最後向東北流到樂山，與青衣江會合。因此《水經》上的沫水，確爲今大渡河無疑。但《水經》中所説的沫水是否又等同於

① （清）劉沅：《槐軒雜著·江沱離堆考》，《槐軒全書》（增補本），巴蜀書社，2006 年版，第 3383 頁。
② （漢）司馬遷：《史記·河渠書》第七，中華書局，1975 年版，第 1425 頁。
③ （漢）司馬遷：《史記·河渠書》第七，中華書局，1975 年版，第 1425 頁。
④ （北魏）酈道元注：《水經注》卷三十六，清英武殿聚珍版叢書本，第 91 頁。

《史記・河渠書》中的沫水呢？筆者認爲二者是不能完全畫等號的，因爲古時對大渡河的稱呼并非沫水一個。

在《漢書・地理志・蜀郡・汶江》中記載："渽水出徼外，南至南安，東入江。過郡三，行三千四十里。"①《蜀郡・青衣》："《禹貢》蒙山溪大渡水，東南至南安入渽。"② 查《禹貢》蒙山在今名山縣西，是青衣江上源之一，所謂"大渡水"實是今青衣江；漢代的南安在今樂山；那麼渽水就應該是大渡河了。《讀史方輿紀要》卷七十二"陽江"條下對大渡河异名的解釋是："《通典》謂之'青衣江'，以與青衣水合流也，或謂之'峨水'，以峨眉山水流入也。"③ 可見大渡河在歷史上并非只有沫水一個稱呼，大渡河可謂渽水、峨水、青衣江。那麽，沫水也就有可能不止專指大渡河。劉沅曰"皂江亦稱沫水"應出於《宋史》，《宋史・河渠志》中記載："岷江水發源處古導江，今爲永康軍，漢史所謂秦蜀守李冰始鑿離堆，辟沫水之害，是也。沫水出蜀西徼外，今陽山江、大皁江皆爲沫水，入於西川。"④ 皂江又稱金馬河，是李冰鑿離堆後，外江的一條支流。劉沅曰："皂江者，外江也，一名沫水，非南岸嘉州之沫水。"⑤ 而宋代的陽山江是指大渡河在今漢源縣以下的一段，大皂江是岷江在今茂漢縣至灌縣的一段，此兩段河流在宋代都稱爲沫水。元人揭傒斯《蜀堰碑》（見《灌志文徵》）中説，都江堰"北舊無江，冰鑿以辟沫水之害"。明人曹學佺在《蜀中廣記・邊防》中説："大江……至漢爲皂江，至灌爲沫水"。由是可知，沫水之名，不專指大渡河，岷江在灌縣的一段也稱沫水，此乃同名异河，是岷江在此一段的地方名稱，也即是因地而名的地方河段，有如前所稱的陽山江、大皂江皆是這一類的地方名稱。

在宋以前没有史料顯示沫水稱爲岷江一段，因此，人們才會對"李冰鑿離堆，辟沫水之害"産生懷疑。但有一點是肯定的，宋以前也没有任何史料顯示李冰所鑿離堆在樂山。而關於沫水爲岷江一段的説法，也在《四川通志》得到證實："以今考之，江水自漢川縣經灌縣，俗呼沫江。"⑥ 沫江自汶川縣流入，合白沙江下流十里，至縣城西，分一小支如崇慶州界，爲味江，其正派又分爲二，一支南注爲岷江，一支東别爲沱。可見，劉沅將"沫水稱爲皂江"作爲判斷離堆在都江堰（灌縣）的依據是可靠的。

劉沅認爲"深淘灘，低作堰"的金石文爲李冰所遺，值得商榷。關於"深淘灘，低作堰"見於古書記載的資料，最早是元代揭傒斯所撰《大元敕賜修堰碑》："水自離堆分流，入於南江，南江東至鹿角，又東至金馬口，又東過大安橋，入於成都。俗稱大皂江，江之正源也。北江少東爲虎頭山，爲鬥鷄臺，臺有水則尺爲之畫，凡十有一水及其九，其民喜過則

① （漢）班固：《漢書・地理志》，中華書局，1962 年版，第 1598 頁。
② （漢）班固：《漢書・地理志》，中華書局，1962 年版，第 1598 頁。
③ （清）顧祖禹撰，賀次君、施和金點校：《讀史方輿紀要》，中華書局，2012 年版，第 3187 頁。
④ （元）脱脱等撰：《宋史・河渠志》，中華書局，1977 年版，第 2375 頁。
⑤ （清）劉沅：《槐軒雜著・江沱離堆石犀考》，《槐軒全書》（增補本），巴蜀書社，2006 年版，第 3385 頁。
⑥ 常明、楊芳燦等纂修：《四川通志・輿地・灌縣》，巴蜀書社，1984 年版，第 966 頁。

憂，没其則困，乃書深淘灘低作堰六字，其傍爲治水之法，皆冰所爲也。”① 明朝洪武二至三年（1369—1370）成書的《元史·河渠志》載有：“（都江堰）北江少東爲虎頭山，爲鬥鷄臺，臺有水則……又書‘深淘灘、高（應爲低字）作堰’六字其旁，爲治水之法。”② 明代四川學者楊升庵在其《金石古文》中録：“《秦蜀守李冰湔堋堰官碑》：‘深淘潬，淺包鄢。潬古灘字，鄢即堰也。’冰在蜀治水澤利民，功烈盛矣。誓神而神至今不敢違之，教民而民至今不能違之。其文又簡古如此，真异人哉。”③ 可知在元明時期六字訣即已刻在都江堰山崖石壁上。而在圖中首次將這六字訣記載下來的，當是乾隆五十一年（1786 年）成書的《灌縣志》，該書卷首載有《都江堰圖》，其位置與元史記載相同。這六個字在元代就有石刻，則刻成時間應早於《元史》記録，早於何時，尚缺考證。但在明時，就有學者認爲此六字非李冰所刻，陸深撰《儼山外集》曰：“深淘灘，淺作堰，六言石刻在灌縣，相傳以爲秦李冰鑿離堆，以利蜀時所爲，此恐後人所爲，非古詞也。至於節宣水利，無過此言。”④

另，《升庵外集》卷六“水則”條記載“深淘灘，淺作堰”六字訣見梁朝李膺所撰《益州記》。《益州記》已亡佚，唯《太平寰宇記》輯録《益州記》最多，却没有發現此條，且“淘”和“鄢”字在《説文》《金文》裏都没有，秦人不可能將後來出現的字刻入碑文中。又清杭愛《復浚離堆記》云：“明正德間，水利僉事盧翊專意疏浚，直抵鐵板。得秦人所書六字訣曰：深淘灘，低作堰。大書觀瀾亭，用昭永鑒。”但明盧翊《灌縣治水記》云：“舊刻相傳在虎頭山鬥鷄臺，水則立其旁，雖久剥落，索弗獲，後之君子將無考焉。因摩石重刊碑刻則云。”盧翊本人所傳碑文不見記述。《楊升庵叢書·金石文》秦蜀守李冰湔堋堰官碑條，校勘記云：“李冰湔堰官碑，歷代無著録，此碑乃明鄭德時得於湔堋堰水中，傳爲秦刻，恐未必然，疑亦唐時之物。”⑤ 筆者認爲可信。六字訣的原理可以説是在秦代就已爲人們所發現、掌握和運用；但最終形成具體的“深淘灘，低作堰”六字訣，則是後人不斷總結和提煉的結果。因此，把六字訣説成是李冰制定的，尚没有足够的證據予以説明。

最後，劉沅根據范成大《離堆詩序》記載，判斷范成大所見離堆即爲都江堰（灌縣）離堆。范成大除了在《離堆詩序》中提到離堆，在其文集《吴船録》中也提到離堆：“崇德廟在軍城西門外山上，秦太守李冰父子廟食處也。辛未登城西門樓，其下岷江，江自山中出，至此始盛壯。對江即岷山，岷山之最近者曰青城山，其尤大者曰大面山，大面之後皆西戎山矣。西門名玉壘關，自門少城轉，登浮雲亭，李蘩清叔守郡時所作，取杜子美詩‘玉壘浮雲變古今’之句，登臨雄勝。又登懷古亭，俯觀離堆，離堆者，李太守鑿崖中斷，分江水一派入永康，以至彭、蜀，支流自郫以至成都。懷古對崖有道觀曰伏龍，相傳李太守鎖孽龍於離堆之下。觀有孫太古畫李氏父子像，出玉壘關，登山謁崇德廟，新作廟前門樓甚壯。下臨大

① （元）揭傒斯撰：《文安集》卷十一，四部從刊影舊鈔本。
② （明）宋濂等撰：《元史》，中華書局，1976 年版，第 1654 頁。
③ （明）楊升庵：《金石古文卷三》，王文才、萬光治等編注《楊升庵叢書》二册，天地出版社，2002 年版，第 47 頁。
④ （明）陸深撰：《儼山外集》卷三十，清文淵閣四庫全書本。
⑤ （明）楊升庵：《金石古文卷三》，王文才、萬光治等編注《楊升庵叢書》二册，天地出版社，2002 年版，第 47 頁。

江，名曰都江，江源正自西戎中來，由岷山澗壑出而會於此，故名都江。”① 范成大文的記載比詩序更充分地證明了離堆在都江堰（灌縣），而非樂山烏尤山。淳熙二年（1175），范成大受任爲敷文閣待制、四川制置使、知成都府，在成都居住二年，於淳熙四年（1177）離任，離開成都。范成大所記當屬實，劉沅引范詩來作證，合乎邏輯且具有説服力。

除范成大外，我們推測司馬遷作《史記》亦見到過都江堰的離堆。《史記・自序》：“遷仕爲郎中，奉使西征巴蜀之南，南略邛、笮、昆明”②，又在《河渠書》中説“余西瞻蜀之岷山及離碓”③。清王鳴盛《十七史商榷》卷一《子長游蹤》：“瞻岷山、離堆，即爲郎中使巴蜀時事。”司馬遷由長安到邛、笮、昆明，成都是必經之地，他在文中將岷山與離堆并稱，顯然司馬遷所到之處是離成都不遠的岷山之旁的離堆。若司馬遷所記爲樂山烏尤山之離堆，其地屬應是當時早已設置郡的犍爲郡南安縣，而南安地不當與岷山相近，故不能將岷山與離堆并提。

證明李冰所鑿離堆爲都江堰離堆最有力的證據是 1974 年在都江堰灌溉工程新修建基地上出土的李冰石像。石像完整無缺，未被衝泐。袖手直立，儀態雍容，面目清晰，衣紋猶存。前部刻有題銘三行：“建寧元年閏月戊申朔廿五日，都水掾（石像左袖）。尹龍長陳壹造三神石人，珍水萬世焉（石像右袖）。”中行八字題“故蜀郡李府君諱冰”，故稱爲李冰石像。這座造像是現存都江堰水利工程最早的文物，距今已有一千八百多年的歷史。造像本稱“石人”。古代設置石人和石犀，分別用於測量水位，疏浚管道，進行科學管理。秦時“壅江作堋”，穿導兩江，爲保證堰渠的使用效率，已注意到經常觀察水位，發揮人力控制流量。常璩《華陽國志》記録這項措施較爲詳細：

> 外作石犀五頭，以厭水精；穿石犀溪於江南，命曰犀牛里。後轉置犀牛二頭：一在府市市橋門，今謂石牛門是也；一在淵中。乃自湔堰上，分穿羊摩江，灌江西，於玉女房下白沙郵作三石人，立三水中。與江神要：水竭不至足，盛不没肩。④

這段敘述，雖帶有迷信色彩，但却分別指明了石人和石犀的作用與所在位置。李冰石像“作三石人”，陳壹“造三神石人”，都是測量水位的“水則”。常志敘述石人測水，是以它的肩足表示水位的上下準點。劉沅著有《石犀考》：“昔李太守治江水，鑿離堆，命其子二郎作三石人，以鎮江流，五石犀以厭水怪，其立石人爲江中也。與江神約曰竭毋至足，没毋至肩，後人鎸而記之，爲《誓水碑》。”⑤《誓水碑》有在石人上刻“竭不至足，盛不没肩”的文字説明；漢製石人雖無此文，作用相同。新出土的石人造像，高 2.9 米，其底部製作留有

---

① （宋）范成大撰：《吴船録》卷上，清鈔本。
② （漢）司馬遷：《史記・自序》，中華書局，1975 年版，第 3286 頁。
③ （漢）司馬遷：《史記・河渠書》第七，中華書局，1975 年版，第 1425 頁。
④ （晉）常璩著，劉琳校注：《華陽國志校注》，巴蜀書社，1984 年版，第 202 頁。
⑤ （清）劉沅：《槐軒雜著・石犀考》，《槐軒全書》（增補本），巴蜀書社，2006 年版，第 3387 頁。

石榫，像下石座尚待發掘。僅據石像，已不難推測秦漢時岷江水位的漲落差距。

通過對劉沅《江沱離堆考》的解讀，我們的結論是李冰所鑿離堆在都江堰（灌縣）所在地，而不是樂山烏尤山所在地。其理由有三：一、《河渠書》中“沫水”并非特指大渡河，岷江一段古人亦稱“沫水”。二、“深淘灘，低作堰”并非李冰所書，而是後人不斷提煉的結果，但 1974 年出土的李冰造像却是離堆在都江堰的有力證據。三、范成大所見離堆即今都江堰離堆，且司馬遷疑見過都江堰離堆。近人郭沫若於 1955 年 4 月到灌縣仔細查看了李冰離堆後，給都江堰管理局的題字是：“李冰掘離堆，鑿鹽井，不僅嘉惠蜀人，實爲中國二千數百年前卓越之工程技術專家。離堆所在，或以爲乃嘉州烏尤山。余嘉州人也，今至此觀寶瓶口，猶餘斧鑿痕。謂在嘉州者，乃妄説耳!”此題字已由都江堰文物保管所石刻嵌在離堆上之伏龍觀二殿後壁上。

（作者單位：中國社會科學院文學研究所）

楊升庵到過渡船鋪瀘州衛嗎

陳介剛

内容提要：興文縣多數方志記載明代才子楊慎（1488—1559）到過渡船鋪瀘州衛即今縣城古宋，并選録其詩文。筆者據楊慎全集、遺集和年譜及瀘州方志、族譜、專著考證後認爲，興文方志所載楊慎事迹與詩文係誤載和篡改，楊慎到過興文縣并無實據，根本原因乃是當時編者資料缺乏，不明瀘州衛的遷移真相和治學不嚴。

關鍵詞：楊慎；到過；渡船鋪；考證；否定

清乾隆《九姓司志》、嘉慶《九姓志略》、光緒《瀘州九姓鄉志》、1990 年《興文縣古宋區志》、1994 年《興文縣志》或明載楊慎“因與瀘衛韓指揮有戚誼，常寓瀘衛”[①]，或選録其詩文以佐證，興文許多人亦堅信不疑。唯民國《古宋縣志初稿》未襲此説，對楊慎作品一首（篇）未録。

20 世紀八、九十年代，筆者閱讀以上諸志，頗感疑惑，既然言之鑿鑿，且附詩文，然耙梳其他文獻、史籍，却一無旁證，亦無一實地、一實物可稽。2007 年至 2010 年，筆者忝任《興文縣志（1996—2005）》副總編，因編附録《詩詞》之需，對歷代興文志書所録楊慎詩文進行核對，參以美國哈佛大學圖書館藏的萬曆十年張士佩、宋仁刻《升庵文集》和萬曆三十四年丙午年王象乾刻《太史升庵遺集》，結果發現：乾隆《九姓司志》等興文志書所言楊慎到渡船鋪瀘州衛并無依據，所録楊慎詩文或與渡船鋪瀘州衛毫無關係，或係斷章取義，

① 乾隆《九姓司志》卷二《人物·流寓》，中國科學院文獻情報中心藏《稀見方志叢刊》第八十七册，國家圖書館出版社，2014 年版，第 169 頁；嘉慶《九姓志略》卷下《流寓》，國家圖書館地方志家譜文獻中心編《孤本舊方志選編》第十五册，綫裝書局，2004 年版，第 610 頁；光緒《瀘州九姓鄉志》卷四《人物志·流寓》，《中國地方志集成·四川府縣志輯》第三十二輯，巴蜀書社，1992 年版，第 824 頁；1994 年《興文縣志》附録，四川辭書出版社，1994 年版，第 752 頁。

或係篡改原詩題目，因編志急迫，時未成文。2021 年 3 月，興文縣史志學會開研討會，談及此事，争論不已，會員劉君建議筆者形成文字以助争鳴，遂將從前所查資料加以説明，形成一篇，以就教於各位同仁。

楊慎到興文周邊如瀘州、納溪、叙永、江安、南溪、宜賓皆有其本人詩文明證，有的興文人就不理解，爲什麽他就不會、就不能到渡船鋪瀘州衛看看？其實楊升庵到上述地區與其流放雲南永昌的綫路或時任差役或個人事務有關。知人論世，主要就兩點：一是瀘州和宜賓地區歷來是上通雲貴的咽喉要道，瀘州更甚，如漢代唐蒙從合江巴符關和僰道出發開發西南夷（《漢書·西南夷列傳》），明代傅友德派都督郭英、胡海洋從永寧出發進軍雲南（《明史·傅友德傳》）。明代烏撒道是蜀通黔、滇的主道，設納溪、江門、永寧、普市、摩尼、赤水、畢節、七星關、黑張、烏撒、沾益等驛至曲靖接雲南交通幹綫[①]。瀘州是楊慎從成都（新都）或重慶赴永昌的最佳選擇，水路可乘船從瀘州經納溪到永寧，再陸行經普市、摩尼、赤水、畢節、七星關、黑張至烏撒（今貴州威寧、赫章縣境）登滇黔大道到永昌，完全不必經渡船鋪瀘州衛。爲什麽他没有取道渡船鋪到永昌？因爲經大壩太平川長官司、鎮雄軍民府屬安静長官司、鎮雄府到黑章，路况更險，且皆土司地盤，尤其是要經過部分都掌地區，據《明實録·世宗實録》卷三二九、卷三五一、卷四二四，《明史·劉顯傳》等記載，當時戎縣九絲都掌就常出擊周邊地區，如大壩、江安、高縣等，却不敢騷擾永寧，因爲永寧宣撫司力量遠超都掌，都掌也需永寧宣撫司暗中相助。二是當時其表弟韓適甫是駐瀘州的瀘州衛指揮使，能提供幫助。後交友增多，更讓他樂不思蓉，乃至居瀘十餘載，其子亦娶妻於此。

楊慎從瀘州赴滇川内路綫圖

（截自譚其驤《中國歷史地圖集》明萬曆十年四川省圖）

---

① 陸韌、夏自金：《交通安全与边疆稳定：明代烏撒道的特殊作用與交通管控模式探析》，《中國邊疆史地研究》2019 年第 4 期。

一、興文方志所載楊慎事迹與詩文辨析

興文方志載楊慎事迹與詩文始於乾隆《九姓司志》，就從此開始討論。

（一）《九姓司志》

筆者把相關文字一條不漏辨析於下：

1.《山川》："温水溪，在司南十五里。冬則熱氣薰蒸，土人常浴於其中，不生瘡疾。楊慎詩云，附後。"① 找遍僅25000字的全書，却不見此詩。

2.《人物·流寓》："明楊慎，字用修，號升庵，新都人，狀元。嘉靖癸未議大禮，謫永昌。癸丑領戎役過瀘，遂就居焉，前後居瀘者十數年。因與瀘衛韓指揮有戚誼，常寓瀘衛。"②

晚成書40年左右的嘉慶二十五年（1820）刻本《直隸瀘州志》卷九《人物·流寓》（瀘州市圖書館藏）記載詳細得多："明楊慎，字用修，號升庵，新都少師廷和子，正德初舉殿試第一。嘉靖三年大禮議起，慎率衆跪哭左順門，廷杖者再，謫戍雲南永昌。嘗領戎役於蜀，往來道瀘多僦居焉。與州賢士曾嶼、章懋、韓適甫、述甫等友善。適甫、述甫，其母娣子也。子寧仁娶瀘州滕恩官女爲室，慎卒後，妻黄乃至瀘携歸撫教。豫章簡紹芳與慎爲忘年交，其卒也爲《年譜》，載慎前後僑寓瀘者凡十數年，題咏甚富。"③

究竟以何志記載爲真？首先看人物關係。如果韓適甫常居渡船鋪，則爲何興文史料對其居地和事迹了無一字痕迹，而瀘州史料則記載頗詳，遺迹可考。韓適甫生於庚午年即1510年，小楊慎22歲（見楊慎《姨母黄淑人墓志銘》）。光緒《瀘州方山韓氏宗譜》詳細記載了韓氏從始祖韓成到七世祖韓適甫、八世祖韓繼先的傳承譜系，以及遷居瀘州的原因。趙永康《楊升庵與瀘州》一書之《楊升庵在瀘州的十年》記載："韓姓在當時的瀘州，是名門望族。今日瀘州市公園路大街（2017年永康按：今已改建爲江陽北路。其地望在今瀘州市文化宫、圖書館一帶），舊名'韓家垇'，便是當年韓家産業，幾乎占去嘉靖年間瀘州城的五分之一。"④ 瀘州九十九峰至今仍存韓氏墓園"韓氏佳城"。

從楊慎的《戲炅庵》詩（《升庵遺集》卷一九）亦可知韓適甫（字明可）常住瀘州，而

---

① 乾隆《九姓司志》卷1《人物·山川》，中國科學院文獻情報中心藏《稀見方志叢刊》第八十七册，國家圖書館出版社，2014年版，第58頁。

② 乾隆《九姓司志》卷2《人物·流寓》，中國科學院文獻情報中心藏《稀見方志叢刊》第八十七册，國家圖書館出版社，2014年版，第169頁。

③ 光緒《瀘州直隸州志》卷一一《人物志·流寓》，《中國地方志集成·四川府縣志輯》第三十二輯，巴蜀書社，1992年版，第700頁。

④ 趙永康：《楊升庵與瀘州》，四川大學出版社，2017年版，第20頁。

非渡船鋪：

花驄小市頻頻過，蘭鷁凝光緩緩歸。

忘却將軍開幕府，只憐姹女翳宵暉。

如楊慎所居爲渡船鋪瀘州衛，又與曾岷野、章後齋諸公友善，與滕恩官爲親家，爲什麼興文縣没有二位名士與滕恩官的點滴記載與傳聞？莫非數百年其後裔皆絶，韓氏獨傳？

嘉慶《直隸瀘州志》卷九《九姓長官司·人物·流寓》和光緒《直隸瀘州志》卷一二《九姓長官司·人物·流寓》就直接把關於楊慎的記載删了，可見當時瀘州學界的態度。

綜上，《九姓司志》之《人物·流寓》關於楊慎的記載不合史實，不可信。

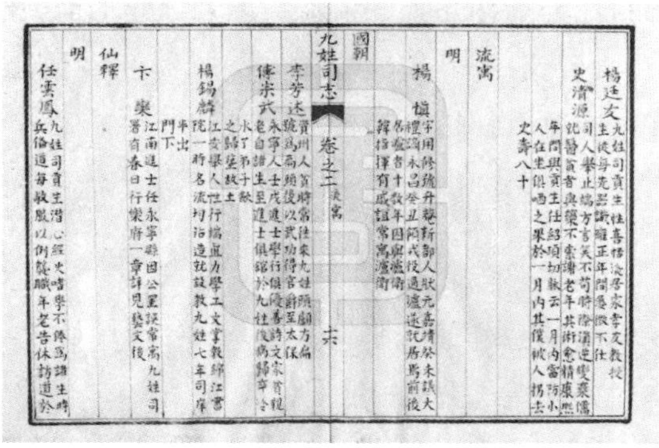
楊廷文
史濟源
流寓
明
楊慎
國朝
九姓司志 卷之二 流寓
李芳述
傅宋式
楊錫麟
卞粲
仙釋
明
任雲鳳

《九姓司志》之《人物·流寓》關於楊慎的記載

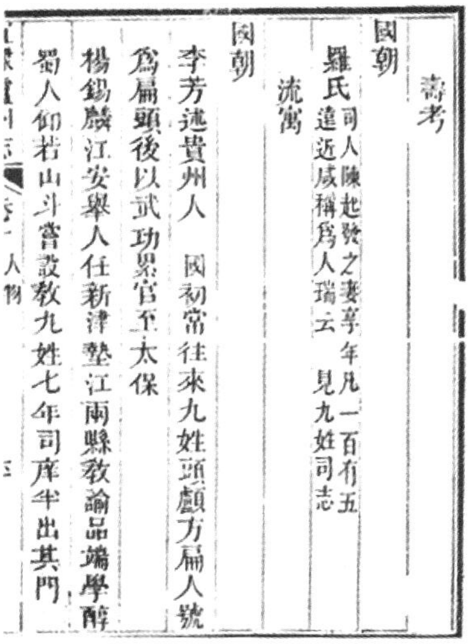
壽考
國朝
羅氏 司人陳地發之妻享年九一百有五
逵近咸稱爲人瑞云 見九姓司志
流寓
國朝
李芳述貴州人 國初常往來九姓頭顱方扁人號
爲扁頭後以武功累官至太保
楊錫麟江安舉人任新津墊江兩縣教諭品端學醇
蜀人仰若山斗嘗設教九姓七年司庠半出其門

嘉慶《直隸瀘州志》卷九《九姓長官司·人物·流寓》（没有關於楊慎的記載）

3.《藝文·〈述曾子固荔枝狀（楊慎）〉》

其文甚長，不録。曾子固即唐宋八大家之一的宋代曾鞏，其文全名爲《福州擬貢荔枝狀〈并荔枝録〉》，楊慎轉抄之，實與九姓長官司無絲毫瓜葛。

4.《藝文 • 〈姨母黄淑人墓志銘（楊慎）〉》

……葬後十年，乃以戎役過瀘，始拜吊於家。表弟、指揮使適甫，學生述甫以遺言告慎，出真隱飛霞君所制狀，屬慎銘，乃據狀述其大者。……姨母嗣育孔堅，幾歿幾續，僅存一女桂卿，儲侄子恒甫爲嗣。忽得异夢，神告以陰德當有後，庚午之歲，年已不惑，是歲誥封而二子適生，即適甫、述甫也，咸以爲積善之證云。桂卿嫁爲指揮僉事王永唐妻，孫允濟、允灝、大皋、大阜，女孫大繁卒以嘉靖乙酉十二月二十日，葬以丙戌十二日，墓在方山回峰之戊辰岡，去祖及總兵塋皆咫尺，合於蒼雪公禮也……

其實，此文正好證明楊慎所居是瀘州，而非渡船鋪。韓氏祖墓在瀘州方山回峰，孫子居瀘州，兒子韓適甫、述甫自然亦居瀘州，楊慎流寓處乃瀘州而非渡船鋪，渡船鋪没一直有韓適甫祖墓的記載或傳説。

5.《藝文 • 〈九日登接官亭（楊慎）〉》

九日登接官亭

采采黄花不滿衣，暝烟起望自朝暉。
馬卿病裏芳菲晚，宋玉愁邊節序非。
木落水流如有意，鴻來雁去故相違。
消除强醉清樽酒，歸掩田家白板扉。

《升庵文集》卷三十一是這樣的：

己卯九日登高

采采黄花不滿衣，暝烟起望自朝暉。
馬卿病裏芳菲晚，宋玉愁邊節序非。
落木流波如有意，來鴻去雁故相違。
消除强醉清樽酒，歸掩田家白板扉。

《九姓司志》把詩題篡改了，連句子也有改動。後來光緒《九姓鄉志》編纂者發現了這個失誤，所以卷一《山川》這樣記載："接官亭，在瀘衛城南三里。前志載楊慎《九日登接官亭》詩，舊志存之云。按：《升庵文集》載此詩，題云《己卯九日登高》，無九姓接官亭字，是傅會也，今删之。"①

據楊慎摯友簡紹芳《升庵先生年譜》，楊慎自甲申（嘉靖三年）七月發配永昌，至己未（嘉靖三十七年）七月卒於永昌，其間没有己卯年，己卯年當是乙卯之誤。"癸丑（嘉靖三十

① 光緒《瀘州九姓鄉志》卷一《山川》，《中國地方志集成 • 四川府縣志輯》第三十二輯，巴蜀書社，1992年版，第772頁。

一年)，公復領戍役於蜀，僑寓瀘州”，築室蕊珠樓於城西，直至“己未春還戍所”，七月卒於永昌，乙卯年是嘉靖三十三年，爲僑寓瀘州第三年，没有提到渡船鋪[1]。再者，“歸掩田家白板扉”顯指自己居所，是在瀘州，渡船鋪也從無楊慎卜居地的記載或傳説。年已 67 歲、疾病纏身的楊慎恐亦無心登接官亭了。

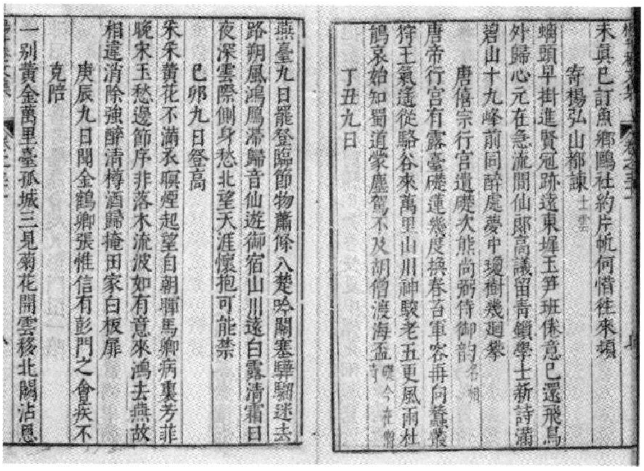
未眞已訂魚鄉鷗社約片帆何惜往來頻
寄楊弘山都諫 士雲
螭頭早掛進賢冠跡遠東墀玉筍班倦意已還飛鳥
外歸心元在急流間仙郎高議留青鎖學士新詩滿
碧山十九峰前同醉處夢中瓊樹幾迴攀
唐僖宗行宮遺礎次熊尚弼侍御韻 名桐
唐帝行宮有露臺礎蓮幾度換春苔軍容再向蠶叢
狩王氣遙從駱谷來萬里山川神駿老五更風雨杜
鵑哀始知蜀道蒙塵駕不及胡僧渡海盃 礎今在僧寺
丁丑九日
燕臺九日罷登臨節物蕭條入楚吟關塞驛騮迷去
路朔風鴻鴈滯歸音仙遊御宿山川遠白露清霜日
夜深雲際側身愁北望天涯懷抱可能禁
己卯九日登高
采采黃花不滿衣風煙起望自朝暉馬卿病裏芳菲
晚宋玉愁邊節序非落木流波如有意來鴻去燕故
相違消除強醉清樽酒歸掩田家白板扉
庚辰九日聞金鶴卿張惟信有彭門之會疾不
克陪
一別黃金萬里臺孤城三見菊花開雲移北闕沾恩

《己卯九日登高》詩（《升庵文集》卷三十一）

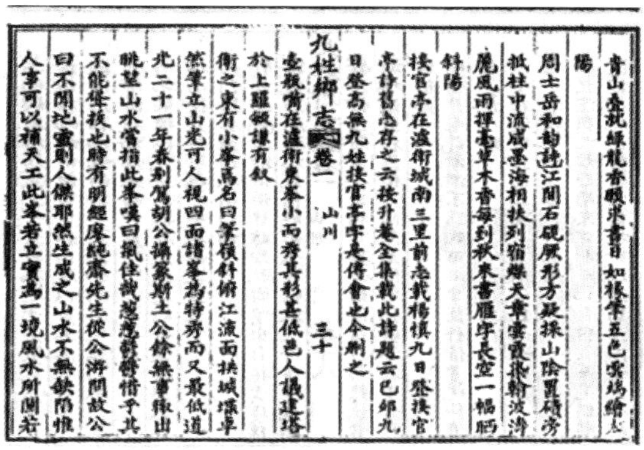
青山森戟綠龍香暖求書日如椽筆五色霞鴆繪太
陽
周士岳和韻詩江間石硯厥形方疑採山陰置硯旁
砥柱中流成墨海相扶列宿爆天章雲霞飛躍波濤
麗風雨揮毫草木香每到秋來書雁字長空一幅晒
斜陽
接官亭在瀘衛城南三里前志載楊慎九日登接官
亭詩僅存之云按升菴全集載此詩題云己卯九
日登高無九姓接官亭字是傳會也今刪之
九姓鄉志 卷一 山川 三十
壺瓶嘴在瀘衛東峯小而秀其形甚低邑人議建塔
於上題級猶有叙
衛之東有小峯高名曰筆嶺俯瞰江流面挨城壕卓
然筆立山光可人視四面諸峯為特秀而又最低道
光二十一年春到邑胡公攝篆斯土公餘無事縱出
眺望山水嘗指此峯嘆曰風佳哉惜其
不能發科也時有明經廖純齋先生從公游問故公
曰不聞地靈則人傑耶然生成之山水不無缺陷惟
人事可以補天工此峯若立實為一境風水所關若

光緒《九姓鄉志》卷一《山川》對接官亭的記載

6.《藝文·〈瀘衛荔枝（楊慎）〉》

瀘衛荔枝

萍實楚江浮赤日，桃花秦洞粲紅霞。
試將海内芳蕤數，敢并瀘陽荔子誇。
雲液留香凝重錦，冰丸映肉捲輕紗。
美人釵股雙雙綴，肯擲潘郎滿鈿車。

[1] 簡紹芳：《升庵先生年譜》，楊慎《升庵全集》（一），王雲五主編，商務印書館，武漢大學圖書館藏，民國二十六年，第 6 頁。

《升庵文集》卷二十六是這樣的：

咏荔枝

萍實楚江浮赤日，桃花秦洞粲紅霞。
試將海内芳蕤數，敢並江陽荔子誇。
雲液留香凝重錦，冰丸映肉捲輕紗。
美人釵股雙雙綴，肯擲潘郎滿鈿車。

升菴先生文集二十五卷
升菴先生文集二十六卷
成都楊慎著
從子 有仁編輯
七言律詩
詠荔枝
萍實楚江浮赤日桃花秦洞粲紅霞試將海内芳蕤數敢並江陽荔子誇雲液留香凝重錦冰丸映肉捲輕紗美人釵股雙雙綴肯擲潘郎滿鈿車

《咏荔枝》詩（《升庵文集》卷二十六）

楊慎原詩本是《咏荔枝》，《九姓司志》妄改。首先，“萍實楚江浮赤日，桃花秦洞粲紅霞。”荔枝林規模如此之大，渡船鋪何曾有過？何曾名揚海内？而瀘州荔枝唐宋即已名揚天下。杜甫《解悶十二首》之十：“憶過瀘戎摘荔枝，青峰隱映石逶迤。京中舊見無顔色，紅顆酸甜只自知。”宋代羅大經《鶴林玉露》丙編卷四曰：“又如荔支，明皇時所謂‘一騎紅塵妃子笑’者，謂瀘戎産也，故杜子美有‘憶向瀘戎摘荔枝’之句。是時閩品絶未有聞。”[①]其時興文境内還是羈縻晏州、宋州。“試將海内芳蕤數，敢并江陽荔子誇？”本是南宋高宗時王十朋（1112—1171）的詩句，其時宋州已廢，實與瀘陽荔子無關。所謂“瀘衛荔枝”到清

① （宋）羅大經：《鶴林玉露》丙編卷四《物産不常》，中華書局，1983年版，第300頁。

代乾隆五年（1740）時只是“猶剩五株香”了①。而今天，瀘州的合江荔枝質優量大，依然享譽海内，瀘衛荔枝已不見半株。另外，渡船鋪從未稱過瀘陽，瀘州稱瀘陽則有據可查，嘉慶《直隸瀘州志》卷九《人物·張駿》載有明儒薛瑄《送張鵬遠歸瀘陽序》②，至今仍可稱瀘陽，古瀘陽主題園2021年3月已建成開放。宜賓學院羅應濤編纂的《詩游僰國》一書對《瀘衛荔枝》一詩作兩可處理，未定歸屬。

7.《藝文·〈謝荔枝（楊慎）〉》

謝荔枝

柏府薰風荔子丹，雕盤持贈下臺端。
絳紗囊裡冰肌滑，火齊枝頭水玉寒。
羅帕分珍慚逐客，驛塵飛旨寄長安。
瓊瑶欲報才應盡，獨立蒼茫倚曲闌。

《升庵文集》卷二十七是這樣的：

姚鳳岡荔枝

柏府薰風荔子丹，雕盤持贈下臺端。
絳紗囊裡冰肌滑，火齊枝頭水玉寒。
羅帕分珍慚逐客，驛塵飛鞚憶長安。
瓊瑶欲報才應盡，獨立蒼茫倚曲闌。

四月十一日喜雨柬妹夫劉珥江周五津 五津能詩
丹厤水淺似坳堂忽漏宵殘雨送涼原色未須歌滌
滌灘聲最喜聽浪浪望中笑電生觴矢夢裡雷車借
阿香便注仙瓢傾馬背盡回焦土作金穰
又
南浦新聲喜雨篇不須艷曲唱嬋娟惠連池草借靈
運杜甫簷花對鄭虔已見清風生羽扇更聞流水入
琴絃雲龍茗勞珍覢好試東城解玉泉
姚鳳岡荔枝
栢府薰風荔子丹雕盤持贈下臺端絳紗囊裡冰肌
滑火齊枝頭水玉寒羅帕分珍慙逐客驛塵飛鞚憶
長安瓊瑤欲報才應盡獨立蒼茫倚曲闌
綠竹亭為李前渠賦二首
高人愛竹真成癖萬竹亭前竹萬竿風伯倚聲添颭
爽月娥分影璅欞樂稀天籟紛琦猶溼拂地清霜暑
亦寒莫遣兒童摧錦籜成巢結實待栖鸞
又
綠竹亭前竹萬枝與來刻竹醉題詩裁成龍笛青瑤
管斫就魚竿綠玉池嘯詠宵分開鼓吹平安日報偃

《姚鳳岡荔枝》（《升庵文集》卷二十七）

① 林良銓：《巡瀘衛詩》，光緒《九姓鄉志》卷一《公署》，《中國地方志集成·四川府縣志輯》第三十二輯，巴蜀書社，1992年版，第777頁。

② 光緒《瀘州直隸州志》卷九《人物志上·張駿》，《中國地方志集成·四川府縣志輯》第三十二輯，巴蜀書社，1992年版，第615頁。8、第125頁

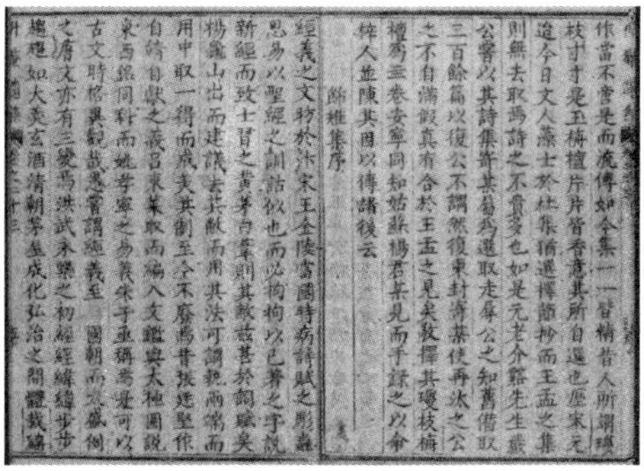
作當不啻是而庬傳如今集一一皆摘昔人所謂璵
枝寸寸是玉栴檀片片皆香意其所自選也歷宋元
迨今日文人藻士於杜集猶選擇節抄而王孟之集
則無去取焉詩之不貴多也如是元老介谿先生嚴
公嘗以其詩集賛其翁爲選取走屬公之知舊備取
三百餘篇以復公不謂然復東封詩菜使再沐之公
之不自滿假真有合於王孟之見矣故擇其瓊枝栴
檀爲三卷安寧同知姑蘇楊君其見而手錄之以命
梓人並陳其周以傳諸後云
飾雉集序
經義之文始於汴宋王金陵當國特病詩賦之彫蟲
思易以聖經之訓詁似也而必拘拘以已著之字說
新經而致士習之靡茅白葦則其敝甚於詞賦矣
楊龜山出而建議去其敝而用其法可謂執兩端而
用中取一得而成矣其創至今不廢焉昔扶廷堅作
自靖自獻之義呂東萊取而編入文鑑與太極圖說
東西銘同科而姚孝寧之易義宋子亟稱焉此可以
古文時格異觀哉遷實謂極義至 國朝而大盛倒
之唐文亦有三變焉洪武永樂之初經經緯緯步步
趨趨如大羹玄酒清朝等盛成化弘治之間體裁端

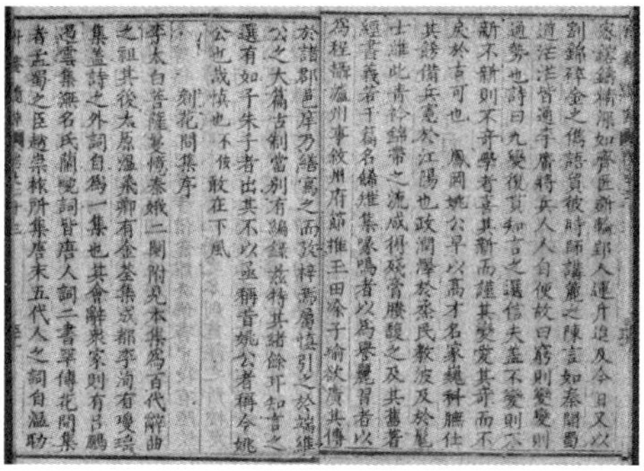
密密鑄精深如齊匠斲輪郢人運斤迨及今日又以
劉歆碎金之傳語質彼時師講藁之陳言如秦關蜀
道茫茫皆適予曹將兵人人自便故曰窮則變變則
通勢也詩曰九變復貫知言之選信夫盍不變則不
新不新則不奇學者喜其新而譏其變愛其奇而不
反於古可也 鳳岡姚公早以高才名家巍科膴仕
其飭備兵憲於江陽也政閑學校聚氏教授及於髦
士雅此青衿錦帶之流咸得賦讀膺之及其舊著
經書義若干篇名飾雉集嚶鳴者以爲學觀習者以
爲程瀘州事敘州府節推王田孫子瑜欲廣其傳
於諸郡邑屬序乃緒寫之而於梓焉屬慎引之於端維
公之大篇古制當別有編錄茲特其緒餘耳知言之
選有如子朱子者出其不以巫稱舊姚公者稱今姚
公也哉愼也不佞敢在下風
刻花間集序
李太白菩薩蠻憶秦娥二闋附見本集爲百代辭曲
之祖其後太原溫柔卿有金荃集成都李洵有瓊瑤
集蓋詩之外詞自爲一集也其會辭衆家則有呂鵬
遏雲集海名氏蘭畹詞皆唐人詞二書罕傳花間集
者孟蜀之臣趙崇祚所集唐末五代人之詞自溫助

《升庵遺集》卷二十三《飾雉集序》有關於姚鳳岡的記載

《九姓司志》妄改題目，此詩也與渡船鋪實無關。姚鳳岡何許人也？據《升庵遺集》卷二十三《飾雉集序》："鳳岡姚公早以高才名家巍科膴仕，其飭備兵憲於江陽也……屬慎引之於端。"嘉慶刻本《直隸瀘州志》卷六《職官》明監司："姚梧，號鳳岡，浙江慈溪縣進士，嘉靖中任兵備僉事，見《楊升庵文集》。"既是敘瀘兵備僉事，嘉靖時兵備道駐瀘州，姚鳳岡也當駐瀘州，不駐渡船鋪，且渡船鋪向無兵備道衙門駐地記載與傳說。

8.《藝文·〈送韓靈庵應蔭指揮北上（楊慎）〉》

送韓靈庵應蔭指揮北上

采蘭贈弟弟如金，珍重金蘭只此心。

屈子秉芳留佩韘，左思招隱間重襟。

驪駒北上瞻高步，虎節西歸聽好音。

奕世聞詩齊魯并，豈惟韜略似淮陰。

《升庵文集》卷二十八是這樣的：

送韓炅庵應蔭北上（原注：指揮）

采蘭贈弟弟如金，珍重金蘭只此心。

屈子秉芳留佩韘，左思招隱間重襟。

驪駒北上瞻高步，虎節西歸聽好音。

奕世聞詩齊魯并，豈惟韜略似淮陰。

此詩對證明楊慎到過渡船鋪與否没有意義，未提渡船鋪。

9.《藝文·〈舟中留别韓靈庵、任蒼崖（楊慎）〉》

舟中留别韓靈庵、任蒼崖

夢醒渾疑未别離，止舟却喜似歸時。

情親千里勞相送，衰病三秋指遠期。

閭左又興秦戍役，殿前曾識漢官儀。

琵琶商婦君休聽，恐動王崖貝錦辭。

《升庵文集》卷二十九一模一樣。

韓炅庵之身份、住地前面已説，這裏需要搞清任蒼崖何許人也。《升庵文集》卷二十一《永寧贈任蒼崖》云：

蒼崖金陵彦，江陽隱薖軸。紫曄采靈芝，青黏種仙穀。

匪直起人痌，兼用醫士俗。騂緑謝雲逵，鵠白非日浴。

石鼎彌明詩，錦肆君平卜。連鑣圭里游，對榻天池宿。

綢繆情已深，繾綣意何篤。明當理歸艎，候予春渚曲。

君來自金川我日渡江口不看中街花不飲小市酒
詩句纂毋三文華歐陽九書鵠且東津青驄遠西首
亦有十洲期丹成能寄否
玉蟾寺
春郊遠眺
永寧贈任蒼崖
蒼崖金陵彥江陽隱薖軸紫曄採靈芝青黏種仙穀
匪直起人痌兼用醫士俗騂綠謝雲逵鵠白非日浴

石鼎彌明詩錦肆君平卜連鑣圭里遊對榻天池宿
綢繆情已深繾綣意何篤明當理歸艎候予春渚曲
相國丁巨川攜酒話别
陳母貞節卷
張竹亭壽八十詩
秋夜

《永寧贈任蒼崖》詩（《升庵文集》卷二十一）

從詩中可見，任蒼崖金陵人，跟楊慎相識於南京，隱居瀘州行醫，此次送楊慎至永寧天池，正是溯永寧河納溪、天池、永寧而去雲南，不必也無法乘船經過渡船鋪。

10.《藝文·〈以忠州雲根筆贈韓靈庵（楊慎）〉》

以忠州雲根筆贈韓靈庵

射虎當年舊將家，剩將筆陣綰龍蛇。

停雲閣上紅塵隔，題竹林中翠袖斜。

燕寢清香盤紫霧，鼠須元點竄青霞。

幾行循墨千冲折，何必班超萬里沙。

《升庵文集》卷二十六基本相同，不録，也無助於證明楊慎到過渡船鋪與否。

綜述以上，《九姓司志》云楊升庵到渡船鋪實無確鑿依據。

（二）嘉慶《九姓志略》

嘉慶《九姓志略》兩卷係長官司長官以《九姓司志》爲底本略加增補而成。涉及楊慎之處較司志爲少，見下：

1. 卷下《人物·流寓》有明楊慎。

2. 卷下《藝文志·黄淑人墓志（楊慎）》。

3. 卷下《藝文志·送韓靈庵應蔭指揮北上（楊慎）》。

4. 卷下《藝文志·舟中留別韓靈庵、任蒼崖（楊慎）》。

以上皆照搬司志，不録。

（三）光緒《九姓鄉志》

1. 卷一《山川》："温水溪渡，在瀘衛東南五里，隆冬猶暖，浴其中者無復瘡疥。明楊升庵詩：漸漸不濡軌，汩汩常盈科。偕賞玩仙液，蘊真洗人痾。"①

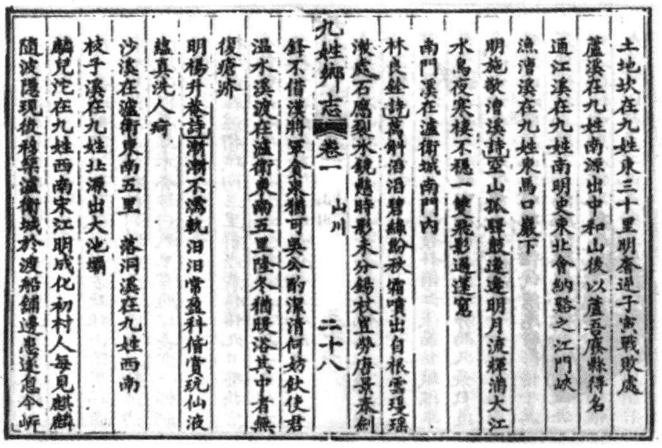
土地坎在九姓東三十里明奢逆子寅戰敗處
蘆溪在九姓南源出中和山後以蘆吾廢縣得名
通江溪在九姓南明史東北會納谿之江門峽
漁漕溪在九姓東馬口巖下
明施敬漕溪詩空山孤驛鼓逢逢明月流輝滿大江
水鳥夜寒棲不穩一雙飛影過蓬窗
南門溪在瀘衛城南門內
林良銓詩萬斛滔滔碧綠紛秋犹噴出自根雲瑰瑤
澂底石爲裂氷鏡燃時影未分錫杖豈勞唐景泰劍
九姓鄉志　卷一　山川　二十八
錚不借漢將軍貪泉猶可吳公酌潔清何妨飲使君
温水溪渡在瀘衛東南五里隆冬猶暖浴其中者無
復瘡疥
明楊升菴詩漸漸不濡軌汩汩常盈科偕賞玩仙液
蘊真洗人痾
沙溪在瀘衛東南五里　落洞溪在九姓西南
枝子溪在九姓北源出大池壩
麟兒沱在九姓西南宋江明成化初村人每見麒麟
隨波隱現後移築瀘衛城於渡船鋪邊患遂息今呼

光緒《九姓鄉志》卷一《山川》温水溪渡及楊升庵詩

① 光緒《瀘州九姓鄉志》卷一《山川》，《中國地方志集成·四川府縣志輯》第三十二輯，巴蜀書社，1992年版，第771頁。

嘉慶《直隸瀘州志》卷二《山川·九姓長官司》和光緒《直隸瀘州志》卷二《山川·九姓長官司》幾乎照録："温水溪，在司西南十五里，隆冬猶暖，浴其中者無復瘖疥。明楊升庵詩云：'漸漸不濡軌，汩汩常盈科。偕賞玩仙液，藴真洗人疴。'疑即此。"[①] 却加了"疑"字。

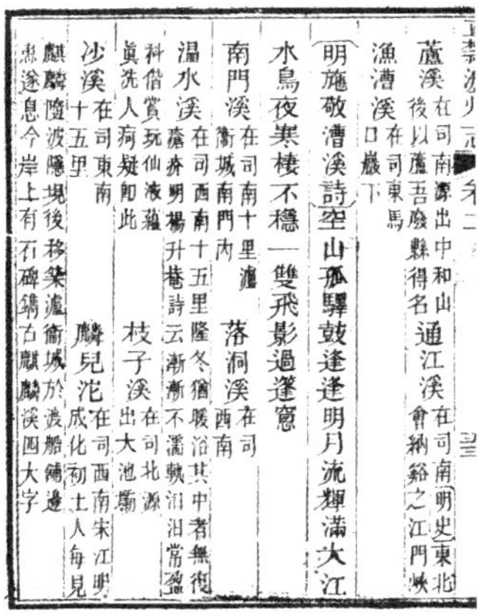
直隸瀘州志　卷二
蘆溪在司南源出中和山後以蘆吾廢縣得名　通江溪在司南明史東北會納谿之江門峽
漁漕溪在司東馬口巖下
明施敬漕溪詩空山孤驛鼓逢逢明月流輝滿大江
水鳥夜寒棲不穩一雙飛影過蓬窗
南門溪在司南十里瀘衛城南門內　落洞溪在司西南
温水溪在司西南十五里隆冬猶暖浴其中者無復瘖疥明楊升菴詩云漸漸不濡軌汩汩常盈科偕賞玩仙液藴眞洗人疴疑即此　枝子溪在司北源出大池鄉
沙溪在司東南十五里　麟兒沱在司西南宋江明成化初土人每見麒麟隱波隱現後移築瀘衛城於渡船鋪邊遂息今岸上有石碑鐫古麒麟溪四大字

光緒《直隸瀘州志》卷二《山川》九姓長官司温水溪及楊升庵詩

對比《升庵文集》卷二十一《温泉》詩，《九姓鄉志》僅摘録其中四句，斷章取義而已。完詩如下：

温　泉

神丘隱雲岊，靈源渺天河。陰火煮玉泉，陽暈激朱波。
吹律豈鄒子，煉石疑媧娥。乳竇沉水碧，埼梁起盤渦。
漸漸不濡軌，汩汩常盈科。偕賞玩仙液，藴真洗人痾。
浴蘭興遠思，沐芳咏遺歌。銅池漢霤側，扣堿驪山阿。
朝宗阻江漢，褰裳限牂牁。天隅感流落，日暮吟蹉跎。

詩中"藴真洗人痾"之"痾"顯誤，當作"疴"。

如説哪首才是楊慎原作，一目了然，《九姓鄉志》實屬尋章摘句。從描寫景象看，"陰火煮玉泉""汩汩常盈科"明擺是温泉而非溪流，與楊慎推爲"海内第一湯"，"使余樂謫居而忘故里"，屢屢歌咏的雲南安寧温泉景象十分相似，見《升庵文集》卷二十二《安寧温泉詩》、卷三十《安寧温泉》。2008 年 5 月，筆者與好友楊永華特地觀看了安寧温泉，確如升庵先生所寫。今興文縣古宋有名爲温水溪之地兩處，皆小河，哪條爲温水溪尚有争論，均無"陰火煮玉泉""汩汩常盈科"景象。如楊狀元屢往觀賞或洗浴，渡船鋪瀘州衛官員焉得不知，豈能没有題刻？安寧温泉就有楊慎題刻"天下第一湯""不可不飲"。最爲關鍵的是"朝宗阻江漢，褰裳限牂牁。天隅感流落，日暮吟蹉跎"四句，江水朝宗實喻嚮往朝廷，爲江漢

① 光緒《直隸瀘州志》卷二《九姓長官司·山川》，《中國地方志集成·四川府縣志輯》第三十二輯，巴蜀書社，1992 年版，第 365 頁。

和貴州山川所阻，所處地點顯非川南，而距瀘州、叙州僅 200 里左右的渡船鋪也絶非天隅，而更符合雲南，更符合永昌衛。

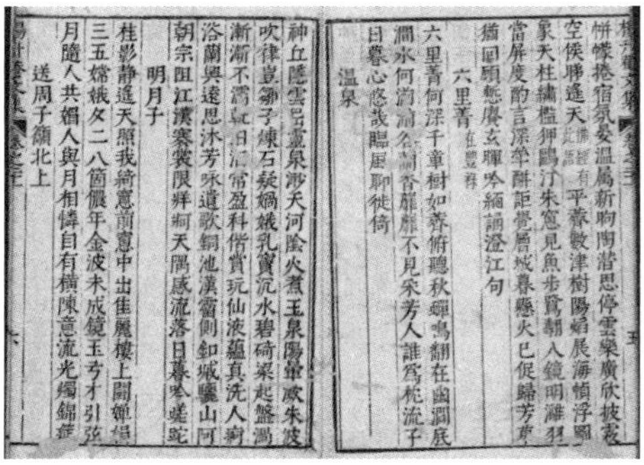
六里箐
六里箐何深千章樹如薺俯聽秋蟬鳴翻在幽澗底
澗水何潺潺，不見采芳人誰寫枕流子
日暮心悠哉聊倚
温泉
神丘隱雲宫靈泉涉天河陰火煮玉泉陽崖藏朱波
吹律豈鄒子煉石疑媧娥乳寶沉水碧砌渠起盤渦
漸漸不濡紅日漣常盈科偕賞玩仙液蘊真洗人痾
浴蘭興遠思沐芳咏遺歌銅池漢霤側釦城驪山阿
朝宗阻江漢寒襲限舜軻天隅感流落日暮咏蹉跎
明月子
桂影靜遥天照我綺窗前窗中出佳麗樓上闢蟬娟
三五嫦娥夕二八箇儂年金波未成鏡玉兮才引弦
月隨人共娟人與月相憐自有横陳意流光燭錦
送周子嶺北上

《（古）温泉》詩（《升庵文集》卷二十一）

2. 卷二《物産》:“荔枝，在瀘衛城，明末兵火，惟餘城中五株，歲結二株，依次輪轉，冬花夏實，子熟時紅顆與緑葉相間。”接下來即“明楊慎《荔枝詩》”，却無詩題：

萍實楚江浮赤日，桃花秦洞粲紅霞。
試將海内芳蕤數，敢并瀘陽荔子誇。
雲液留香凝重錦，冰丸映肉捲輕紗。
美人釵股雙雙綴，肯擲潘郎滿鈿車。
柏府薰風荔子丹，雕盤持贈下台端。
絳紗囊裹冰肌滑，火齊枝頭水玉寒。
羅帕分珍慚逐客，驛塵飛直寄長安。
瓊瑤欲報才應盡，獨立蒼茫倚曲欄。[①]

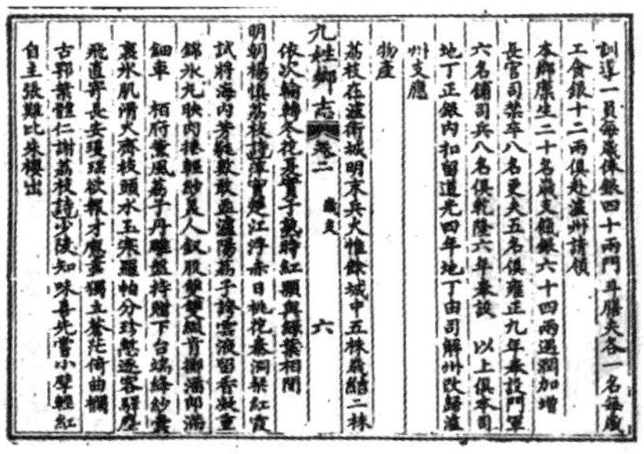
訓導一員每歲俸銀四十兩門斗膳夫各一名每歲
工食銀十二兩俱赴瀘州請領
本鄉廪生二十名歲支餼銀六十四兩遇閏加增
長官司禁卒八名更夫五名俱雍正九年奏設門皁
六名舖司兵八名俱乾隆六年奏設　以上俱本司
地丁正銀内扣留道光四年地丁由司解州改歸瀘
州支應
物産
荔枝在瀘衛城明末兵火惟餘城中五株歲結二株
九姓鄉志　卷二　六
依次輪轉冬花夏實子熟時紅顆與緑葉相間
明楊慎荔枝詩萍實楚江浮赤日桃花秦洞粲紅霞
試將海内芳蕤數敢並瀘陽荔子誇雲液留香凝重
錦冰丸映肉捲輕紗美人釵股雙雙綴肯擲潘郎滿
鈿車　柏府薰風荔子丹雕盤持贈下台端絳紗囊
裹冰肌滑火齊枝頭水玉寒羅帕分珍慚逐客驛塵
飛直寄長安瓊瑤欲報才應盡獨立蒼茫倚曲欄
古郡黄體仁謝荔枝詩少陵知味喜先嘗小摘輕紅
自主張難比朱櫻出

《九姓鄉志》卷二《物産》所載明楊慎《荔枝詩》

3. 卷四《人物·流寓》有明楊慎，全同司志[②]，不録。也被光緒《直隸瀘州志》卷 9

① 光緒《瀘州九姓鄉志》卷二《物産》，《中國地方志集成·四川府縣志輯》第三十二輯，巴蜀書社，1992 年版，第 791 頁。

② 光緒《瀘州九姓鄉志》卷四《流寓》，《中國地方志集成·四川府縣志輯》第三十二輯，巴蜀書社，1992 年版，第 824 頁。

《九姓長官司・人物・流寓》删除。

（四）1990 年《興文縣古宋區志》

第 10 章《藝文遺作選》第一節《詩四十七首》承前照録了楊慎的《瀘衛荔枝》《九日登接官亭》兩首詩。雖然其時搜集楊慎作品和瀘州志書條件較清代、民國爲佳，但肯定大不如今天電腦普及時代，不僅資料多，而且易於查找核對，情有可原。

（五）1994 年《興文縣志》

《附録》也照録了楊慎的《咏温水溪》《九日登接官亭》兩首詩，失誤原因見前，還把《九姓鄉志》對温水溪渡的介紹文字當作了楊慎自注。

二、興文方志誤記誤載楊慎事迹與詩文的原因探討

興文方志誤載楊慎事迹與詩文，筆者認爲資料缺乏，没有搞清瀘州茜草壩和渡船鋪兩個瀘州衛的關係，固是原因之一，治學不嚴，斷章取義，篡改詩題乃是主因。在此，筆者將造成錯誤的客觀原因——嘉靖時瀘州衛指揮使衙門當在何處作一探討。

先説兩個瀘州衛與九姓司的關係。瀘州衛洪武二十五年（1392）首先置於瀘州茜草壩（《明實録・太祖實録》卷一九四）。成化四年（1468），明軍打敗大壩都掌，遷瀘州衛於渡船鋪（《明實録・憲宗實録》卷五三、《明史・程信傳》），在九姓司東南 10 里。但在正德元年（1506）五月辛卯，巡撫四川右副都御史劉洪奏松潘、疊溪禦夷八事：“‘……一、據形勝。瀘州衛原設於瀘州，成化初調於渡船鋪以禦大壩蠻夷。然瀘州當長江之中，資江、永寧之口，滇蜀之冲，乞取衛回州城守，渡船鋪量留五百户所官軍及抽選餘丁守之。’從之。”（《明實録・武宗實録》卷十三）即 38 年之後，瀘州衛領導機關又撤回瀘州茜草壩了。

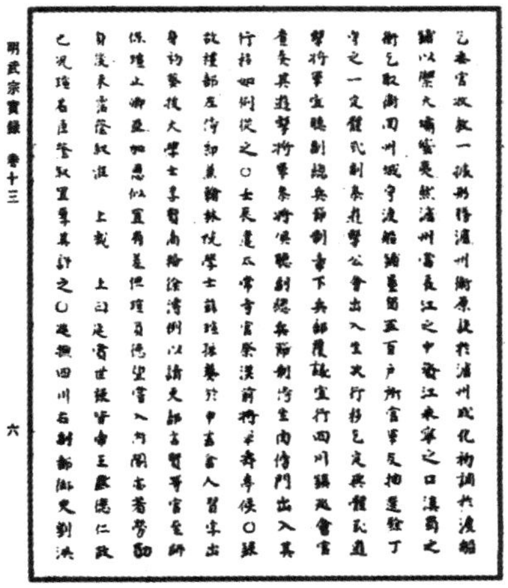
明武宗實録 卷十三 六
乞兼官收叙一據形勝瀘州衛原設於瀘州成化初調於渡船
鋪以禦大壩蠻夷然瀘州當長江之中資江永寧之口滇蜀之
衝乞取衛回州城守渡船鋪量留五百户所官軍及抽選餘丁
守之一定體式副參遊擊公會出入坐次行移已定與體統道
擊將軍宜聽副總兵節制書下兵部覆議宜行四川鎮巡會官
查奏其遊擊將軍參將俱聽副總兵節制[illegible]內傍門出入其
行移如例從之○[illegible]太常寺官祭漢前將軍壽亭侯○録
故禮部左侍郎兼翰林院學士[illegible]孫[illegible]於中書舍人習字出
身[illegible]大學士李東陽論[illegible]例以請吏部言[illegible]宦望所
係禮上[illegible]並加恩似宜有差但[illegible]負德望實入內閣未著勞勛
[illegible]漢來當[illegible]紀准 上裁 上曰是[illegible]世[illegible]皆由王[illegible]德仁致
乞[illegible]名直督[illegible]置專其許之○巡撫四川右副都御史劉洪

《明實録》劉洪奏章記載

至萬曆元年（1573），曾省吾《經略平蠻善後疏》言："查得附近瀘州衛先與瀘州同郭，止設左、右、中三所。……今蠻既蕩平，即當全衛改入九絲，但該衛去新建武所城不滿百里，分兵兩地，同禦一方……"① 此時瀘州衛確又回到渡船鋪，何時則未見史料記載。筆者認爲極可能是總兵劉顯因防剿都掌兵力不足，故首先前移附近兵力於都掌周邊，而渡船鋪本屬瀘州衛防地，屬正常調動。曾省吾《平蠻全録》卷一一《翰牘・報内閣揭》説："今日設大將，屯兵一萬稱守矣，而地遠兵寡，分布不前，日久玩生，（都掌）乘間竊發，仍無忌憚。"② 據《明實録・神宗實録》卷四，隆慶六年（1572）八月劉顯曾請增兵。此次調動或因隆慶六年、萬曆元年調兵繁多又屬正常調動而失於記載。故可判斷，嘉靖期間瀘州衛指揮使衙門當在瀘州，楊慎去世於嘉靖三十八年，不可能來渡船鋪居住。天啓元年（1621），永寧宣撫使奢崇明叛，九姓司署被焚毁，四年，繼任長官任祈禄平叛有功，加授瀘州衛守備，遂僑居渡船鋪。康熙二十四年（1685）裁瀘州衛守備，衛地并入九姓長官司，瀘州衛存在217年，而渡船鋪遂失其本名，改稱瀘州衛③。九姓司後於道光二（1822）年後改土歸流爲九姓鄉，光緒三十四年（1908）擴建爲古宋縣，1960年并入叙永爲古宋區，1983年劃歸興文至今。

萬曆元年時，韓適甫參加剿滅都掌蠻，才移防渡船鋪，已63歲，掌管瀘州衛左、右二所（中、前二所遷建武），根據明代軍户制度，户籍繫於衛所，不得居住他地，方屬常住，而楊慎已卒14年矣，怎來渡船鋪？後韓適甫葬於古宋攏船沱，乃是後話。

最後補充一點，楊升庵到過渡船鋪無據，却寫過有關興文的詩篇——《病中秋懷之四》（《升庵文集》卷二十八）和《九絲城行》（《升庵遺集》卷五），所以筆者實際主編《興文縣志（1996—2005）》附録詩詞時僅選録了這兩首。

（作者單位：四川省興文縣博物館）

① 曾省吾：《確庵曾先生西蜀平蠻全録》卷四《奏議・經略平蠻善後疏》，《中國野史集成續編》第十八册，巴蜀書社，2000年版，第632頁。

② 曾省吾：《確庵曾先生西蜀平蠻全録》卷一一《翰牘・報内閣揭三》，《中國野史集成續編》第十八册，巴蜀書社，2000年版，第742頁。

③ 光緒《瀘州九姓鄉志》卷一《城池》、卷三《職官》，《中國地方志集成・四川府縣志輯》第三十二輯，巴蜀書社，1992年版，第802頁。

從“苴”到“荼”的源流史

蔣　藍

内容提要：中國是世界茶葉栽培的起源地，四川則是現在所知中國茶葉的最早栽培地與茶葉交易場所。文章首先從古蜀開明王朝的族源、遷徙路綫、葭萌的釋義和苴的音義及巴蜀地區對茶的别稱綜合起來，梳理了茶的利用由巴地到蜀地的脉絡，并得出基本結論：巴地利用野茶早於蜀地，但茶葉却最早在蜀地成爲商品；其次，對“葭萌”讀音問題的争論進行辨析，通過縱向梳理“茶”讀音之演變，進而佐證了茶源葭萌的歷史事實。

關鍵詞：茶文明；巴蜀；苴；葭萌；源流

著名巴蜀學者譚繼和新近提出了“茶文明”概念，認爲茶文明與農耕文明、絲綢文明構成了中華文明的起源和形成的三大特色①。這可能是對於一種植物敬仰的最高表述。

中國是世界茶葉栽培的起源地，四川則是現在所知中國茶葉的最早栽培地與茶葉交易場所。提及茶葉的最早集市“武陽”（彭山縣江口鎮）出自漢朝王褒《僮約》。其所言“膾魚包（炮）鱉，烹茶盡具”，後來明朝人考據此處所指的是一種苦菜；而另外一句“牽犬販鵝，武陽買茶”才指的是真正的茗茶。常識而言，茶的發現來自荆楚、巴蜀原始巢居人采摘茶樹葉來嚼食，用以調和腥膻野生動物食品殘留於口腔之味，并有替代鹽的功用。

一荼、二檟、三蔎、四茗、五荈，這些字是什麽意思？荼、檟、蔎、茗、荈都是指茶，是講茶的不同名稱以及不同地域對茶的叫法，而這些字詞均在蜀地早已出現。總體而言，唐代以前茶的名稱繁多，大體有以下區别：

1.《詩經》裏有“荼”字，既是苦菜，也是茶。“荼”字的讀音在西漢就已經得到了明確。如現在湖南省的茶陵，西漢時曾是劉欣的領地，俗稱“荼王城”。在《漢書·地理志》

① 譚繼和：《川茶振興與茶健康美學》，《文史雜志》2020年第1期。

中，“荼”陵的“荼”字，顔師古注爲：音弋奢反，又音丈加反。尤其是第二個反切注音，恰是後世“茶”字的基本讀音。從這個現象看，“茶”字讀音的明確，肯定早於“荼”字字形的確立。

2.《爾雅》稱茶爲“檟”（jiǎ），指的是味道苦的茶。

3. 揚雄《方言》裏稱“蜀西南人謂茶曰蔎”。羅開玉、謝輝先生認爲，“或指今西昌、渡口一帶的邛人。當時製茶主要靠日曬，一般不用鍋炒。而在四川盆地内，如此製茶易使茶葉黴爛，加之茶葉上可能有蟲卵，故需烹煮。外來移民很快學會了種茶和飲茶，并將其傳播外地。”① 蔎（shè）這個字只在《爾雅·釋草》和揚雄的《方言》等典籍出現過，看來不是古蜀對茶的流行稱呼。

4. 荈（chuǎn），指采摘時間較晚的茶。晉時郭璞認爲：“早采者爲荼，晚取者爲茗，一名荈。”郭璞《爾雅注》：“荈，蜀人名之苦荼。”而四川方言裏至今還用“荼”等字來表達苦澀之味。司馬相如《凡將篇》中有“荈詫”一詞，荈就是茶。另外《三國志·吴書·韋曜傳》記載：“曜飲酒不過二升，皓初禮异，密賜荼荈以代酒”，其中也提到荈。

在黄河文化譜系裏，“苴”字的指向與西南蜀地似乎完全是南轅北轍。

“苴”字很早就見於古籍。比如南朝顧野王撰《玉篇·艸部》云：“苴，苴麻也。”宋代編纂的《集韵·魚韵》明確指出：“苴，麻之有子者。”在北方地望裏的“苴”，即是大麻的雌株，稱爲“牝麻”，此物常用於喪事。

在巴蜀地緣裏，“苴”的指向要豐富得多。

據常璩《華陽國志·巴志》記載，公元前1066年周武王率南方八小國伐紂，成功之後，苴國侯（苴，蜀地讀音爲 chá，位於今四川廣元一帶，當地鄉村至今也是作 chá 的讀音。苴國郡設於老昭化，史稱葭萌關），用當地所産的桑、蠶、丹、漆、茶等上貢周武王，這是迄今爲止以茶葉作爲貢品最早的漢語記載。

漢中侯杜葭萌，生卒年不詳。杜姓，開明氏裔，名葭萌，字萌，也稱開明萌、荼葭萌。他是蜀聖帝的次子，蜀尚王杜尚的弟弟，爲苴國第一位國君。

分析古蜀歷史，可以發現鱉靈與苴族有關。

鱉令亦作鱉靈，《後漢書·張衡傳》注引揚雄的《蜀王本紀》：“鱉令尸隨江水上至郫，遂活，與望帝相見，望帝以鱉令爲相。”“尸”字在甲骨卜辭中爲“尸方”，周金文中寫爲“東尸”，還有“荆尸”。“尸”乃是“夷”，亦即卜辭中的“尸方”，似乎不是一個方國，不妨下一個大包圍，這是由許多本來臣屬於夏王朝的東夷方國組成的一個方國聯盟。説鱉靈是巴人，何以又稱荆人呢？這是因爲巴地東部後來爲楚國所據，秦人又從楚人控制下奪得這一地區。而秦諱楚，因此稱之爲“荆”。荆人鱉靈應是一個氏族集團（可能就是稱爲苴的氏族），受到楚人所迫，其族人被迫溯長江而遷徙。

① 羅開玉、謝輝：《成都通史》卷二，四川人民出版社，2011年版，第383頁。

大約在公元前七世紀時候，鱉令由巴地東部溯長江而上至郫地，再由廣都樊鄉徙成都，他可能將巴地利用茶的方法傳播到蜀地。從葭萌、苴的音義分析，以及蜀人對茶的多種稱謂推論，作爲開明王朝開山高祖的鱉令，威望極高。到“開明五世建立宗廟時，爲紀念其先王，命名廟堂祭祀之樂爲荆。”[①] 至今在雅安市滎經縣、眉山市洪雅縣瓦屋山一帶，還殘留祭祀鱉靈（炳靈）的宗廟以及地名。

後來蜀王封其弟葭萌於漢中（今廣元西南），號苴侯，於是命名其邑也叫葭萌。苴侯國介於漢中之南、蒼溪以北之地，并將都邑建在嘉陵江與白龍江交匯處的土基壩（後來當地人稱爲“吐費城”，也作土費城），之所以命名爲葭萌，在於他們主要靠種植、捕魚打獵爲生。這一現象，是人名、侯（國）名、地名、茶名最早的統一體，因而折射了蜀地茶的傳播信息。

同時值得關注的是，“吐費”一詞應是古語，但含義有争論，是否就是“吐蕃”的另外一種讀音呢？

我在“天涯論壇”上見到一篇未署名的文章，指出：“當年吐費城的城牆就是由巨磚構建而成的。土費城的‘吐’，應爲（吐蕃民族）的簡稱。‘費’是指城牆中的石體部分是用沙石、棉麻、石灰、鹽水按比配製作的“混凝土”，與現代人將混凝土稱爲砼是同一種概念。由於此地的城牆以土爲基，以石爲牆，土石分明，軟硬結合，是當年巴蜀境内唯一采用吐蕃技術建造的古城，故稱‘吐費城’。并將這塊方圜千畝的土壩，稱之爲‘土基壩’。雖然吐費城已在兩千年前毁壞了，但土基壩的地名却流傳至今。”（《苴國遺址（土基壩）的歷史探索》）

是否如此，值得關注。戰争的曲折并不複雜，轉折來自一場胳膊肘向外拐的事件。《華陽國志·蜀志》載：“蜀王别封弟葭萌於漢中，號苴侯，命其邑曰葭萌焉。苴侯與巴王爲好，巴與蜀仇。故蜀王怒，伐苴侯，苴侯奔巴，求救於秦。”公元前316年，“秦惠文王遣張儀、司馬錯救苴、巴，遂伐蜀，滅之。儀貪巴、苴之富，因取巴，執王以歸。”[②]

周慎王五年（前316）秋季，鑒於苴侯忘祖背宗曲意逢敵，蜀王率師攻葭萌。苴侯勢單力薄，忙向秦惠王救助。這年冬天，秦國應苴、巴要求遣其相張儀、名將司馬錯、都尉墨率虎狼之師由金牛道（亦稱石牛道）伐蜀，在葭萌一舉打敗蜀國軍隊。秦軍乘勝窮追，在武陽（今彭山東北）誅蜀王，在逢鄉（今彭縣）白鹿山頂殺蜀太子及相、傅。另外一個蜀王子蜀泮見大勢已去，帶領數萬殘部輾轉南遷，一直流亡到交趾（今越南北部）才找到一塊安身之地，建立甌雒國，自稱安陽王，建都於古螺，延續開明王朝的流亡命運。

秦軍滅蜀後再回師順勢滅苴、巴，占領了巴蜀，計算起來，苴國大概存在了56年。秦奪取原來的苴地，利用開明朝的孑遺扶持地方傀儡政權，并在漢中郡下置葭萌縣治葭萌邑。

---

① 段渝：《成都通史》（古蜀時期），四川人民出版社，2011年版，第233頁。
② （晋）常璩撰，劉琳校注：《〈華陽國志〉校注》（修訂版），成都時代出版社，2007年版，第10頁。

我以爲宋朝資州人郭允蹈《蜀鑒》的總結直走人心："秦人取蜀以王其親子弟三，而卒皆殺之，歷三十二年而始定，其取之不亦難乎！初置守張若而定黔中，繼用李冰而始平水害，蜀自是安寧。而漢高帝用之以取三秦，其所系不亦重乎！"① 經過開明王朝末期幾位蜀王子的連續反抗，司馬錯反復入蜀"平叛"，古蜀的氣數業已殆盡。

唐朝詩人張説《再使蜀道》："眇眇葭萌道，蒼蒼褒斜谷。烟壑争晦深，雲山共重複……"金牛道也稱爲葭萌道。苴侯的都邑葭萌，就在現在以廣元市林家山、雲洞寺爲中心的山崗。葭萌故城是一座山城，也與《華陽國志》提及蜀漢"大將軍費祎葬此山"的記述相吻合。現在的林家山境即爲苴國遺迹。

這段歷史綫索是準確的，如果與茶事相聯系而觀，則可以發現諸多信息。從古蜀開明王朝的族源、遷徙路綫、葭萌的釋義和苴的音義及巴蜀地區對茶的别稱綜合起來，茶的利用由巴地到蜀地的脉絡就比較清晰了。

巴國其地東至魚腹，西至僰道，北接漢中，南極黔涪。上古時期有條件發現和利用茶的地區是巴地東部長江兩岸。有"荆巴間采葉作餅""巴山峽川有二人合抱者，伐而掇之"等茶事記載，可以得出的基本結論是：巴地利用野茶早於蜀地，但茶葉却最早在蜀地成爲商品。儘管巴蜀學者賈大泉認爲蜀地茶樹栽培在西周時期，但郭聲波先生認爲，蜀地茶樹人工栽培的起源時間大體在春秋戰國時代更符合實際。

蜀王封葭萌號苴侯。四川地名裏具有"苴"字的除此之外，還有現在攀枝花市的"苴却"。苴字在老版《中華大字典》（中華書局 1978 年重印版）上就有 17 種讀音，如千餘切，音居；宗蘇切，音租；班交切，音包；總古切，音租，等等，但這些讀音之"苴"，都與蜀地的地名無涉。

儘管《後漢書·文苑傳·杜篤》裏也提到了"葭萌"："今天下新定，矢石之勒始瘳，而主上方以邊陲爲憂，忿葭萌之不柔，未遑於論都而遺思廱州也。"在我看來，這説明"葭萌"這一詞意義已經發生流變泛化，這一現象猶如揚雄《酒箴》裏提及的"鴟夷滑稽"一樣，"滑稽"（滑，讀作 gǔ）的本義逐漸由皮口袋上的分流酒器，引申爲能言善辯、言辭流利。李賢注"揚子雲《長揚賦》曰：'遐萌爲之不安'。案：篤此賦（杜篤寫給漢光武帝的《論都賦》）每取子雲《甘泉》《長揚賦》事，意'葭'即'遐'也。"

用葭萌一詞代指茶，始於何時?

秦以前中國茶事活動主要在巴蜀地區。以茶爲名的葭萌一地，應該是古蜀王朝區域裏最好的産茶區，進而佐證了一個事實：茶源葭萌。而蜀王之弟杜葭萌也許是當時的"茶王"。西元前 316 年秦滅巴蜀後，天下方知有茶。陸羽《茶經》卷下"七之事"引用揚雄《方言》"蜀西南人謂茶曰葭萌"的記載（可後世《方言》無此條記載，估計是抄漏所致），是發生在古蜀開明朝滅亡後不久的西漢，而昭化稱葭萌則是早在秦并巴蜀以前，而此前又只有巴蜀地

① 趙炳清：《〈蜀鑒〉校注》，國家圖書館出版社，2010 年版，第 5 頁。

區盛産茶葉，所以有學者認爲，葭萌一地是秦以前中國最好的産茶區。

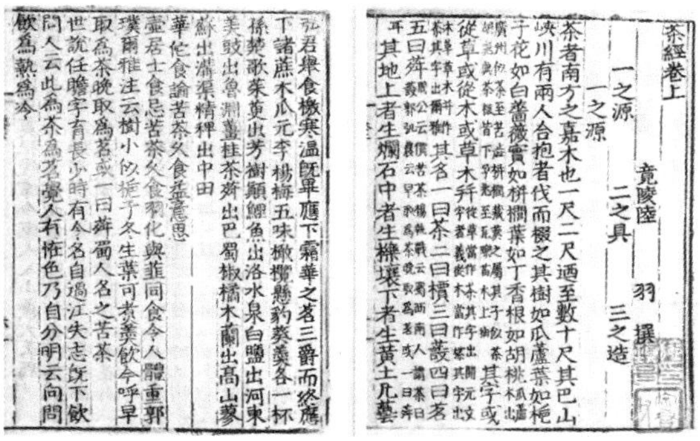
茶經卷上

竟陵陸羽撰

一之源 二之具 三之造

一之源

茶者南方之嘉木也一尺二尺迺至數十尺其巴山
峽川有兩人合抱者伐而掇之其樹如瓜蘆葉如梔
子花如白薔薇實如栟櫚葉如丁香根如胡桃
其字或從草或從木或草木并
其名一曰茶二曰檟三曰蔎四曰茗
五曰荈
其地上者生爛石中者生櫟壤下者生黃土凡藝

弘君舉食檄寒溫既畢應下霜華之茗三爵而終應
下諸蔗木瓜元李楊梅五味橄欖懸豹葵羹各一杯
孫楚歌茱萸出芳樹顛鯉魚出洛水泉白鹽出河東
美豉出魯淵薑桂茶荈出巴蜀椒橘木蘭出高山蓼
蘇出溝渠精稗出中田
華佗食論苦荼久食益意思
壺居士食忌苦荼久食羽化與韭同食令人體重郭
璞爾雅注云樹小似梔子冬生葉可煮羹飲今呼早
取爲荼晚取爲茗或一曰荈蜀人名之苦荼
世說任瞻字育長少時有令名自過江失志既下飲
問人云此爲茶爲茗覺人有怪色乃自分明云向問
飲爲熱爲冷

陸羽《茶經》書影

著名巴蜀學者陶元甘認爲《茶經》裏提到的茶之名荼、檟、蔎、茗、荈等字，都是借用漢字對譯古代巴蜀的雙音節方言。也可以説，雙音節茶名“葭萌”也表明巴蜀地區是茶葉的原産地之一，“葭萌”的蜀地讀音爲“嘉明”。“葭萌”是現在能夠見到的戰國中期蜀人稱茶的方言土語①。

著名茶業專家朱自振先生認爲，漢字“檟”“荼”“蔎”“茗”“荈”，基本上都是古蜀國雙音節茶名“葭萌”音省的一種記録②。

稱呼不同，茶的釋義多相類似，蜀茶的影響力逐漸波及更遠區域。晚唐詩人皮日休《茶塢》詩：“閑尋堯氏山，遂入深深塢。種荈已成園，栽葭寧記畝。石窪泉似掬，岩罅雲如縷。好是夏初時，白花滿烟雨。”可以發現，“荈”“葭”字都在詩歌裏出現了，顯示到了晚唐時節，用葭萌代指茶，在巴蜀以外的文人墨客已是較爲熟知③。

最易引起争論的還是“葭萌”的讀音問題。明代楊慎《郡國外夷考》云：“《漢志》：‘葭萌，蜀郡名。’萌，音芒。《方言》：‘蜀人謂之茶曰葭萌，蓋以茶氏郡也。’”陶元甘先生力證楊慎指出的“萌”字讀音有誤，他認爲就是開明之“明”的發音。楊慎記載的意義從傳播而言是深遠的，這至少説明早在戰國時期，西南一帶已盛産茶葉，茶葉南傳北游的演變經歷了多個階段。

記得多年前，我在成都分别采訪巴蜀文字學者錢玉趾、馮廣宏先生時，曾經提及“巴蜀圖語”裏與茶有關的文字，當時他們没有回復我。不久前我偶然讀到馮廣宏先生系列文章《巴蜀文字的期待》，他認爲：“以植物苗爲族徽的字元，在蜀地多與波浪文、鎖錠文、雙折綫文相組合，往往出現在兵器上，以炫耀其門庭高檔，如成都百花潭矛文、綿竹劍文、郫縣獨柏樹戈文等。巴地此符略有變化，如巴縣冬笥壩刀文、湖南常德蜀式戈文。此字似爲‘蒲卑’所轉化，可直接讀爲‘蒲’。衆多巴地劍文中頂部還有一個字元，那是在幾根（一般是

① 趙静：《〈華陽國志〉中的蜀語詞考釋》，《雲南師範大學學報》（哲學社會科學版）2009年第1期。
② 朱自振：《關於“茶”字出於中唐的匡正》，《古今農業》1996年第2期。
③ 薛德炳：《蜀王封葭萌號苴侯折射的茶事信息》，《茶業通報》2014年第1期。

3 根）水平綫中，長出兩株蒲葦類植物的圖像。從四川館藏劍銘中此字與‘心手文’（盡忠）組合可知，這個字應該是巴蜀的老族名（或族徽）。筆者試讀爲‘苴’，爲澤中所生之草；據《華陽國志》此字巴蜀讀音爲‘包’，接近於‘巴’。近年江西清江出土的陶文中亦有此字，解讀者疑其爲崇鳥的部族。”①

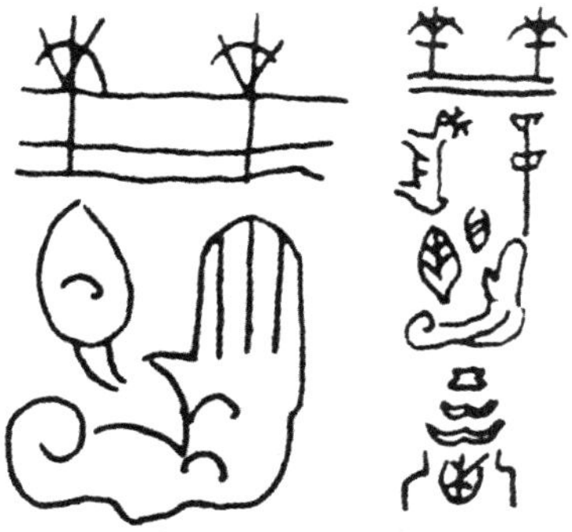

館藏劍　　廣元寶輪院劍

古蜀圖語裏具有“苴”形的文字（馮廣宏先生提供）

馮廣宏先生燃犀燭識，這一對判讀很了不起！我一直認爲既然如此重要的葭萌，不可能在巴蜀文字裏毫無蹤迹。儘管他對“苴”字讀音的考證，使得這一字音問題再次旁逸斜出，因爲這與唐代司馬貞在《史記・索隱》中將“苴”讀成“巴”近似。在現在發現的幾百個“巴蜀圖語”的字體當中，包括馮廣宏先生提到的“苴”，其實還有幾個字與圖案（比如荆、蜀）的造型與茶樹長出的茶葉就非常相似。我大不贊同他將古蜀文字的“苴”解釋爲意義寬泛的“澤中所生之草”，因爲這也是黄河文化譜系的一種解釋法。我們只能推測，這一巴蜀文字以及另外幾個“巴蜀化的漢字”，極可能是古蜀人對茶的書寫記録。

在中華百家姓“茶”姓的來源中，其中有一個來源則是：苴國人在國滅後，不堪秦法南下逃亡者，開始以“葭萌”“苴”爲姓氏，特别是在由古羌人演化而出的彝人當中，“茶”姓家族更是較多。這也反映出，茶字的讀音與肇始源於古蜀一地。

到了中唐，這個“荼”字之音已經轉讀爲“茶”音。但“茶”字則是從唐代陸羽《茶經》而來，由陸羽正式確定的。《唐韵》“荼字，自中唐始作茶”。“茶”字由此一統天下，玉宇澄清萬里埃，茶的讀音也伴隨它的氤氳而飄香世界。

（作者單位：成都日報社）

① 馮廣宏：《巴蜀文字的期待（九）》，《文史雜志》2005 年 3 期，第 12 頁。

巴蜀文獻

論《太玄》八十一首排列次序中的含義

劉韶軍

内容提要：揚雄的《太玄》是模仿《周易》而成的著作，《周易》六十四卦的排列次序，據《序卦》的説法，其中是有特定含義的。《太玄》的八十一首，也不例外，在各首的先後排列次序上，也自有它的特定含義。如欲深入瞭解《太玄》的思想内容，對這種外在的排列次序問題，也不能忽視，應該根據相關的文獻加以探討，這也是研究《太玄》的一個重要方面。我们完全可以把八十一首看成一個完整的篇章，其中各首所説，不過是逐步説明陽氣（後來的首中又會開始以陰氣與萬物的關係爲主綫）與萬物的强弱變化情况，以八十一首的第一首作爲一個循環周期的開端，一直説到八十一首的最後一首，以此作爲一個完整的過程，來説明陽氣與陰氣對萬物盛衰變化的關係。其中的主綫就是陽氣與萬物的關係，從開始陽氣開始復蘇，重新開始一個從弱到强的階段，逐步説明陽氣如何變强，而使萬物隨之也逐漸生長，由此看出八十一首各首先後次序的内在關係。

關鍵詞：太玄；八十一首；次序

揚雄的《太玄》是模仿《周易》而成的著作，《周易》六十四卦的排列次序，據《序卦》的説法，其中是有特定含義的。《太玄》的八十一首，也不例外，在各首的先後排列次序上，也自有它的特定含義。如欲深入瞭解《太玄》的思想内容，對這種外在的排列次序問題，也不能忽視，應該根據相關的文獻加以探討，這也是研究《太玄》的一個重要方面。基於此，故撰此文來討論這一問題，不當之處，敬祈專家學者指正。

一、《太玄》八十一首次序有一定含義

《太玄》正文由八十一首的首贊之辭組成，即《漢書・揚雄傳》中所説的[①]：

故《玄》三方、九州、二十七部、八十一家、二百四十三表、七百二十九贊。[②]

家以上的方、州、部和家以下的表都是虚數，没有實際的文字，只有八十一家和其中的七百二十九贊實有其文，而八十一家就是八十一首，每首九贊，故共有七百二十九贊。所以説《太玄》實際上是由八十一首（家）組成的。

由八十一首組成《太玄》，這與《周易》由六十四卦組成是一樣的[③]。六十四卦各卦爲一篇，八十一首也是各首爲一篇，這是二者在形式上的區分。但無論是六十四卦還是八十一首，在整體的思想内容上則是統一的，所以六十四卦與八十一首都可看作一個統一的整體，各是一篇大文章。認識這一點，對於我們理解《太玄》的八十一首各首的内容，是有重要意義的。

八十一首全體合爲一個整體，表述《太玄》的種種思想，由於八十一首明顯地分成各首，如同一部書的各篇，所以人們習慣於從八十一首的每一首來解讀《太玄》的思想。也就是説，對於八十一首這個整體，是從分解的角度來加以研究和理解的。

人們對《太玄》八十一首的解讀，因其形式上分成首的，因此也就停留在這一步，没有進一步把分成八十一首的各首整合起來加以解讀，歷來的注家與研究者，都是這樣解讀《太玄》的。

這是最容易注意到的解讀方式，但絶不是完整的解讀方式。應該在對每一首進行解讀的基礎上，再把八十一首看作一個統一而完整的整體來解讀。

《周易》的六十四卦是一個整體，《周易》的十翼之一《序卦》就是對六十四卦的相互關係

---

① 《漢書・揚雄傳》在其中“贊曰”二字以前，都是揚雄《自序》的原文，此二字之後的内容才是班固寫的論述之言，這是古代學者們的共識，如顔師古注：“自《法言》目之前，皆是雄本《自序》之文。”謂《漢書・揚雄傳》所列《法言》目録以前，都是揚雄的《自序》之文。劉知幾《史通・雜説》：“班氏於司馬遷、揚雄，皆録其《自叙》以爲列傳。”謂《漢書》的《司馬遷傳》與《揚雄傳》，皆是照録二人的《自序》而成。段玉裁説：“傳文（指《漢書・揚雄傳》）爲録雄《自序》，不增改一字”，“贊曰‘雄之《自序》云爾’，乃總上一篇之辭，故師古曰：‘自《法言》目之前，皆是雄本自序之文也’。唐初《自序》已無單行之本，師古特就贊首一語明之。”所以在古代學者那裏直接就把《漢書・揚雄傳》視同揚雄自己寫的《自序》，因此此傳的内容是非常可信的。參見筆者《太玄與揚雄研究》第一章，人民出版社，2011年版。

② （漢）班固：《漢書》，中華書局，1962年版，第3575頁。

③ （宋）司馬光：《説玄》：“《易》以八卦相重爲六十四卦，《玄》以一二三錯於方州部家爲八十一首”，見劉韶軍點校的司馬光《太玄集注》，中華書局，1998年版。

進行關聯性説明的文字。在《周易 • 序卦》的《正義》中解釋了爲什麽要有《序卦》一篇：

> 文王既繇六十四卦，分爲上下二篇，其先後之次，其理不見，故孔子就上下二經各序其相次之義，故謂之《序卦》焉。……韓康伯云：《序卦》之所明……故以取其義理也。……則康伯所云，因卦之次，托象以明義，蓋不虛矣。[1]

這是説最初作出六十四卦，分爲上下篇，但各卦先後次序中的道理就看不出來，所以孔子作了《序卦》，説明六十四卦先後排列次序中所包含的義理。韓康伯也指出了這一點，認爲《序卦》之作，就是要説明卦的先後次序中所包含的義理，由此而闡明更多的義理，可知《序卦》一篇不是虛文。换言之，孔子認爲六十四卦分開排列，這只是表面上的分，但根據它們的前後次序還可以進一步看出更深一層的義理，所以要做《序卦》來説明這種只據各卦的分而不易看出的義理之所在。

這樣就使我們知道了《序卦》所强調的一層義理，是與各卦的先後次序有關的，即通過各卦的先後次序也可揭示出更多的義理，這比只看各卦的相關文字能够探索出更多的義理。

如《序卦》中説：

> 有天地然後萬物生焉，盈天地之間者唯萬物，故受之以屯。屯者，盈也，屯者，物之始生也。
>
> 物生必蒙，故受之以蒙。蒙者，蒙也，物之穉也，物穉不可不養也，故受之以需，需者，飲食之道也。
>
> 飲食必有訟，故受之以訟。訟必有衆起，故受之以師。師者，衆也。
>
> 衆必有所比，故受之以比。（下略）

據此處所説，可知《周易》以乾、坤爲第一二卦，乾坤代表天與地，所以從“有天地然後萬物生”説起，乾坤二卦之後就是屯卦，所以説明爲什麽在乾坤二卦後會有屯卦，并由此説明屯卦的基本含義是“盈”和“物之始生”。

屯之後爲蒙、需、訟、師、比等卦，所以《序卦》按它們的先後次序説明各卦的相互關係，并由此説明各卦的基本含義及其特點。

由此可知，孔子作《序卦》，是因爲只看六十四卦還會忽略某些義理，所以從各卦先後次序的角度來闡釋其中更多的義理。以前人們説十翼是對六十四卦的補充性説明，讀《周易》必須先讀十翼，就是因爲十翼各篇都有其特定的意義，各從一個特定角度揭示《周易》及六十四卦的更多更深的含義。

揚雄創作《太玄》時，也深知這個道理，所以他在創作了《太玄》的八十一首之後，又另外撰寫了 11 篇文章，從不同角度闡發只據八十一首而無法説明的義理。11 篇之中的《玄

---

① （唐）孔穎達：《周易注疏》卷十三，日本足利學校藏影南宋初年刊本。以下引《周易》，均據此本。

衝》篇，就是模仿《周易》的《序卦》而作的[1]，主要説明《太玄》八十一首在次序上也有特定的含義。

《玄掜》篇説：

> 《衝》，對其正也。

“衝”就是《玄衝》篇，“對其正”，“對”就是“衝”，指八十一首都可兩兩相對，而構成特定的義理闡釋。

這裏所説的首與首的相對（衝），與《周易》的《序卦》所説的次序還有所不同。

《序卦》是從乾、坤以下各卦的排列次序上來説各卦爲什麽要如此先後排列的，即所説的“序”是六十四卦的先後排列次序。而《太玄》的“衝”是把八十一首分成前後兩大部分，即從第一至第四十首爲前半部分，第四十一至八十一首爲後半後部，然後再把前後兩半部分的各首一一排列起來而加以對照，由此來看八十一首在次序排列上的相對各有什麽含義。

如《玄衝》篇中説的：

> 中則陽始，應則陰生。周復乎德，迎逆乎刑。礥大戚，遇小願。閑孤而竈鄰。

中爲第一首，應爲第四十一首；周爲第二首，迎爲第四十二首；礥爲第三首，遇爲第四十三首；閑爲第四首，竈（竈）爲第四十四首。餘類推。

這樣就把八十一首全都以兩首爲一組而列出了相對（衝）的關係，詳如下表：

相對的兩首及其相對之義	
一中首，陽始	四十一應首，陰生
二周首，復乎德	四十二迎首，逆乎刑
三礥首，大戚	四十三遇首，小願
四閑首，孤	四十四竈首，鄰
五少首，微	四十五大首，肥
六戾首，内反	四十六廓首，外違
七上首，觸素	四十七文首，多故
八干首，狂	四十八禮首，方
九狩首，來	四十九逃首，亡
十羨首，私曲	五十唐首，公而無欲
十一差首，過	五十一常首，谷

[1] （宋）司馬光《説玄》：“《易》有《序卦》，《玄》有《衝》。《衝》者，序八十一首，陰陽相對而解之，《序卦》之類是也。”版本同前注。

續表

相對的兩首及其相對之義	
十二童首，寡有	五十二度首，無乏
十三增首，始昌	五十三永首，極長
十四鋭首，執一	五十四昆首，大同
十五達首，日益其類	五十五減首，日損其彙
十六交首，相從	五十六唫首，不通
十七耎首，有畏	五十七守首，不可攻
十八徯首，出	五十八翕首，入
十九從首，散	五十九聚首，集
二十進首，多謀	六十積首，多財
二十一釋首，推	六十一飾首，衰
二十二格首，好也是	六十二疑首，惡也非
二十三夷首，平	六十三視首，傾
二十四樂首，上揚	六十四沈首，下藏
二十五争首，士齊	六十五内首，女懷
二十六務首，喜	六十六去首，悲
二十七事首，尚作	六十七晦首，尚休
二十八更首，變而共笑	六十八瞢首，久而益憂
二十九斷首，多事	六十九窮首，無喜
三十毅首，敢	七十割首，憊
三十一裝首，徙鄉	七十一止首，不行
三十二衆首，温柔	七十二堅首，寒剛
三十三密首，不可間	七十三成首，不可更
三十四親首，親乎善	七十四闞首，闞乎恩
三十五斂首，得	七十五失首，亡福
三十六强首，善不倦	七十六劇首，惡不息
三十七睟首，君道	七十七馴首，臣保
三十八盛首，壯	七十八將首，老
三十九居首，得乎位	七十九難首，遇乎屈
四十法首，易與天下同	八十勤首，苦而無功
八十一養首，受群餘，君子養吉，小人養凶。 是説第八十一首没有與之相對的首，它作爲全體八十首的最後一首，承受八十首的剩餘，到此時，重點是養，作爲君子，他的養，會使他將來爲吉，而作爲小人，他的養，則使他將來會凶。這説明，同爲養，但養之者有君子與小人之分，所以養的結果有吉凶之别。换言之，上面的八十首到最後有一個養首來承接它們，使它們有一個完整的結果。	

《玄衝》把八十一首兩兩相對以見各首之意，乃據各首首辭所述一年中陰陽二氣的發展變化而言。而據《玄衝》將各首相對而來的含義，對照各首首辭之義，即可明白各首的大意。如中首首辭“陽氣潛萌於黄宫，信無不在乎中”，就可參考《玄衝》篇所説的中首爲陽始之義，相對的應首爲陰生之義，周首爲復德之義，迎首爲逆刑之義，其他各首，皆相對而言，即可了解各首的大意。

但《玄衝》篇根據前後兩大部分的相對而揭示的相對之義，還不能充分説明八十一首的先後次序之義，我們可以借鑒《周易·序卦》的方法來探討八十一首從一到八十一首的各首先後排列次序上的特定含義。

二、用《序卦》法探討《太玄》八十一首先後間的含義

《周易》的《序卦》分析了六十四卦先後排列次序間的特定含義，其方法就是孔穎達《正義》所解釋的“孔子就上下二經（的六十四卦）各序其相次之義”，即一卦之後爲什麽會爲另一卦，其先後次序之間在邏輯上有著怎樣的道理。根據這一種方法，也可以探討《太玄》八十一首先後排列次序之間的特定含義，而這是揚雄當年撰作《玄衝》篇時没有爲人們説出來的含義。

這裏限於篇幅，不能把八十一首的全部加以分析，只分析從第一首中首到第十首羡首的先後排列中的特定含義。

第一首中首，其首辭爲：

> 陽氣潛萌於黄宫，信無不在乎中。

這是説冬至時陽氣極弱，處於潛藏地下的狀態，還没有發動起來而對萬物形成促生的作用，其特點是藏在地下，是藏在地中而没有向外顯出，但已開始萌生了，極弱并不是完全死絶，而是到了極弱而又重新萌生，開始一個新的循環周期過程。

第二首周首，其首辭爲：

> 陽氣周神而反乎始，物繼其彙。

其重點是陽氣要反乎始，開始對萬物發生作用了。

這裏的“反”，是指陽氣重新開始對萬物發生作用，不是最初的始，所以説是“反乎始”。因爲按照古代的陰陽學説，陰陽二氣的運動是周而復始的，陽氣從最弱時開始向强的

方向發展變化，到最强時又反向朝著弱的方向發展變化，到了極弱時又重新反向朝着强的方向發展變化，這是周而復始的過程，都是到了强或弱的極點而朝反方向發展變化，陰氣運動變化的過程與陽氣一樣。所以就説成“反乎始”，陰陽二氣的運動過程，都是“周神而反乎始”的，隨着陰陽二氣的這種發展變化過程的不斷推進，萬物就因陰陽二氣的不同强弱之勢而形成不同的生長衰落等狀況，這就是“物繼其彙”。

繼是隨在其後的意思，即物是隨着陰陽二氣的變化而變化的，彙是類之意，物的生長盛衰變化，與陰陽二氣是各從其類的，陽爲生長强盛之類，陰是衰落敗死之類，物繼陰陽之類而在生長盛衰之間變化着。這就是“物繼其彙”的意思。

因此來看從中首到周首，中首是藏於地中還没有開始對萬物發揮作用，但其後就是陽氣開始反乎始，重新開始對萬物發揮作用，而這是周而復始的變化過程，所以中首之後就是周首，説明陽氣從不動到開始動了，而物也就隨着而動，隨着陽氣的類而開始活動了。所以中首之後就繼之以周首，如同《序卦》所説的：“有天地然後萬物生焉，盈天地之間者唯萬物，故受之以屯。屯者盈也，屯者物之始生也。”《太玄》的中首之後就“受之以”周首，也是表示天地間的萬物之始生。

第三首礥首，其首辭爲：

> 陽氣微動，動而礥礥，物生之難也。

礥音賢，礥礥，是形容難的樣子，指物初生時的困難樣子。

中首陽氣在地中，還没有動，周首陽氣開始動，物也隨之而動，到礥首則陽氣的動有所加强，所以説是微動，但陽氣之動以及物初生之動，都是力量微弱的，所以説是礥礥很困難。所以中首之後受之以周首，周首以後受之以礥首，逐步地説明陽氣與萬物的發動過程。

第四首閑首，其首辭爲：

> 陽氣閑於陰，礥然物咸見閑。

閑是防閑之意，即防備、阻止之意。礥然，是陽欲出而不能之貌。

到此首，陽氣進一步上升，但受到陰氣的阻攔與防備，使陽氣的上升與萬物的生長都受到一定的阻礙。這説明此時陰氣還很强大，陽氣與萬物的生長，雖然已經開始，但力量還很弱小，不能突破陰氣的防與阻。但比前三首，已有進一步的生長之形態，所以礥首以後受之以閑首，困難局面仍未打開。

第五首少首，其首辭爲：

陽氣澹然施於淵，物謙然能自韯。

澹然，是恬然、紓緩的樣子。是説陽氣進一步對萬物發揮作用，但力量還不强盛。施於淵，也是説陽氣的力量只能發揮在低處，還不能布滿整個天地間。淵與前面所説的黄宫、地下是相呼應的，已出地下黄宫出來到了地面，但仍只能分布於低下處，而且力量紓緩，没有形成强盛的氣勢。

謙然，是指萬物能自約，如人一樣，能自謙而守其纖細。

少首在閑首之後，是陽氣與萬物繼續進一步生長，但還只能處於自謙自守的狀態，但比閑首已有進一步發展之勢了。所以閑首之後受之以少首。

第六首戾首，其首辭爲：

陽氣孚微，物各乖離，而觸其類。

孚指物之始化，如卵之始化、草之萌甲，都可稱爲孚。陽氣孚微，是説陽氣始化物之時力量微弱。物各乖離，是説物之初生時還是各自分離的，没有連成一片，没有呈現出茂盛的樣子，没有達到鬱鬱葱葱的狀態。觸其類，是説物在初生時各以類相聚，而没有各類合聚在一起。春季時，植物生長就是分别各自乖離的狀態，到夏季，植物生長達到茂盛狀態，各類植物相合聚，這就是所謂鬱鬱葱葱的樣子。古人描述萬物生長，多以植物生長爲代表，來説明不同階段的狀態。

戾首是説陽氣與萬物仍處初期生長狀態，各自分離，各就其類而生存，這就是戾。戾是指相反背離，不能合成一片。

少首是説陽氣與萬物生長還很弱小纖細，戾首是説陽氣與萬物的生長還没有達到茂盛狀態，没有合成一片，所以少首之後受之以戾首。

第七首上首，其首辭爲：

陽氣育物於下，咸射地而登乎上。

上首是説陽氣在地下育物，已使萬物生長到登乎地上的程度。從地下到地上，所以稱之爲上首。射地，是説植物生長從地下冲出地面，來到地上了。這也是借植物的生長來説明陽氣對於萬物的催生作用，及其在不同階段的變化情況。

上首的陽氣與萬物的狀態，已比戾首强盛了一些，所以戾首之後受之以上首。

第八首干首，其首辭爲：

陽扶物如鑽乎堅，鈴然有穿。

扶，是助的意思，所以後來有“扶助”這個詞。這一首首辭是説陽氣幫助萬物像鑽穿堅硬的外殼一樣，從地下鑽出地面，以此表示萬物在不斷增强的陽氣的助成之下，以更加旺盛的生命力從地下向上鑽穿而出，以求更爲廣闊的生長空間。

鈴（音閣）然，據古人注釋：“陷聲也”，意謂萬物從地下鑽過地殼而冒出，會發出一種穿孔的聲音，這就是所謂的陷聲。這裏用這個形容詞來説明到了此時，陽氣有所增强，而使萬物（以植物爲代表）紛紛鑽穿出地面而冒出到地面上。這種情況，正是接著上首而形成的，所以可以説，上首之後受之以干首。

干首的干字，據古代的注家解釋，是“上而有所干犯也”，萬物在陽氣的扶助下，從地下鑽穿而出，猶如地位低下的人向上冒犯了地位高貴的人，所以用了干字來作這一首的首名。

第九首狩首，其首辭爲：

陽氣强内而弱外，物咸扶狩而進乎大。

狩就是後來的疏字，揚雄喜歡用古字，所以選用了狩字。《太玄》中此類情况還有不少。

據此首首辭，到了這時，陽氣内部已開始變强，但在外表還是弱小的樣子，在此情况下，萬物則都生長得扶疏起來，而進步到大的狀態。

扶疏，是形容樹林的枝葉長得繁茂的樣子，古人多用這一詞匯，如《世説新語・汰侈》中説：枝柯扶疏，世罕其比。就是形容大樹的大枝小枝及其上的葉子極爲茂盛。

狩首命名之義即來自扶疏的疏，所以在首辭内用了“扶狩”的説法，狩就是疏，有時候也寫作疎。

狩首表示陽氣已開始變强，但外表上還没有充分表現出來，所以它所扶助的萬物也有扶疏的氣勢，而開始變大了。這裏雖然用了扶疏的説法，但還没有達到非常繁茂的狀態，只是説明有了這種勢頭。

前面的干首用了“扶物”的説法，扶與狩，正好前後相承，合成扶疏之意，這也可證明干首之後受之狩首是合乎邏輯的。

第十首羨首，其首辭爲：

陽氣贊幽，推包羡爽，未得正行。

這是説陽氣暗中（幽即暗）贊助（贊就是助）萬物，推包是指陽氣對萬物的推助、包裹之意。推容易理解，包之意古今有所不同。

包字在甲骨文時，是象形字，表示腹中有子之形。後來字體變化，就變成從勹從巳的字了。《説文解字》解釋説："包，象人裹妊，巳在中，象子未成形也。"所以包字的引申義有包住而助養之義。因此，推與包在這裏合起來用，都是指陽氣對萬物的助成之義。

羨，在《玄衝》中説"羨首私曲"，這就是羨在此首的基本含意。

爽，是差與不正的意思。

所以羨爽合起來是説萬物的生長在此時還没有達到强壯正直的狀態，還屬於弱小階段，不免有所彎曲，所以下面説"未得正行"。

合起來看，羨首之時，陽氣雖然暗中推助萬物向上生長，但陽氣的勢力還未能勝過陰氣，萬物雖有陽氣的推助，但尚未生長到强壯强直的狀態，所以説是羨爽而未得正行。

在干首之後，羨首的陽氣與萬物雖然又有一定的發展，但仍達到强盛的狀態，還處於陰强陽弱的態勢下，萬物因此而呈現羨爽不正的樣子。所以干首之後只能受之以羨首。

以上簡單地探討了八十一首的第1—10首的先後次序之間的邏輯接續關係，這就像《周易·序卦》中分析六十四卦先後次序的邏輯接續關係一樣，由此可知，無論是《周易》還是《太玄》，它們的卦與首的排列次序，都是有内在的邏輯關係的，不能因卦分爲六十四和首分爲八十一而把它們分成互不相干的部分，只做單獨的理解，而應把它們合成一個整體來解讀。因此可以説，《周易》的六十四卦是一篇整體性的文章，《太玄》八十一首也是一篇整體性的文章。

以上據《太玄》八十一首前十首的首辭，來看這些首的先後次序之間的邏輯關係，這就是用《周易·序卦》説明各卦先後次序之間的含義的方法，來看八十一首前十首的先後次序之間的邏輯關係。而其中的主綫就是陽氣與萬物的關係，從開始陽氣開始復蘇，重新開始一個從弱到强的階段，逐步説明陽氣如何變强，而使萬物隨之也逐漸生長，由此看出八十一首各首先後次序的内在關係，這説明完全可以把八十一首看成一個完整的篇章，其中各首所説，不過是逐步説明陽氣（後來的首中又會開始以陰氣與萬物的關係爲主綫）與萬物的强弱變化情況，以八十一首的第一首作爲一個循環周期的開端，一直説到八十一首的最後一首，以此作爲一個完整的過程，來説明陽氣與陰氣對萬物盛衰變化的關係。所以整個《太玄》的八十一首就構成了一個完整的大篇章，而形式上分成八十一首，有時會讓人只按八十一首的分列來理解《太玄》，而忘了《太玄》八十一首本來就是一個完整的篇章，不能只按首來看《太玄》，而應把八十一首合成一篇來看《太玄》的整體意旨。

（作者單位：華中師範大學歷史文獻研究所）

《四川全圖》叙論

黨躍武　李勇先

内容提要：《清初四川通省山川形勝全圖》（以下簡稱《四川全圖》），是四川大學圖書館“鎮館之寶”，對研究四川各地自然、人文、軍事地理和城市變遷等具有重要的史料價值。論文以四川大學圖書館影印出版的《四川全圖》为材料依據，从《四川全圖》成圖及其流轉、作爲地圖的《四川全圖》、《四川全圖》之歷史地理學價值、《四川全圖》之不足、《四川全圖》繪製之依據等五個角度對《四川全圖》進行叙論，旨在推動相關學術研究工作的深入開展。

關鍵詞：清初；《四川全圖》；府州縣；地方志；流轉；價值与不足

《清初四川通省山川形勝全圖》（以下簡稱《四川全圖》），是四川大學圖書館“鎮館之寶”。《四川全圖》共一百五十幅地圖，包括十一府（含十二個附郭縣）、九直隸州、一直隸廳（含一縣）、十二散州、九十九縣、四土司、一鎮、八營、三汛、二衛（含一所）、一所及二幅小分區圖，主要反映了清乾隆初年四川各府廳州縣（鎮、營、土司）山川、城池、官署、祠廟、塘汛、關隘、駐軍、倉儲等内容。正如民國二十年（1931）梁正麟跋云，該圖“於内地及邊藏山川形勝、道里、兵額、錢穀數目皆記載無遺”。民國二十二年（1933）黎澍也説，該圖“可考國家之盛衰，山川之險要，地理之沿革，制度之變遷”，對研究四川各地自然、人文、軍事地理和城市變遷等具有重要的史料價值。2011 年，四川省古籍再造善本《清初四川通省山川形勝全圖》首次出版，至今已有十年時間。爲更好地推動學術界開展深入、持久的研究，四川大學圖書館再次對《四川全圖》影印出版。

一、《四川全圖》成圖及其流轉

《四川全圖》采用中國傳統山水繪法，絹本彩繪，鈐有“國立四川大學圖書館藏”等朱印，每幅圖裱件尺寸長寬分别爲 46 厘米和 51 厘米，畫芯尺寸長寬分别爲 40.5 厘米和 47.7 厘米，各圖略有不同。《四川全圖》由清乾隆年間内閣學士董邦達（1696—1769）領銜繪製，多人共同參與完成，這可從不同地圖反映的不同繪畫風格中得以證明。董邦達，字孚存，號東山、非聞，浙江富陽縣人，清代著名書畫家，事迹見《清史稿》本傳。繪圖時間一般認爲是在清廷第一次平定瞻對、金川戰役結束以後，具體時間學術界有争議。覃影認爲，《四川全圖》完成時間在乾隆十三年（1748）九月至次年（1749）二月。董邦達於乾隆十二年（1747）正月，命南書房行走，七月擢内閣學士，十月丁母憂，十三年九月爲母服喪期間奪情起復“來京在内廷行走”，十五年（1750）補原官，《四川全圖》即在此期間繪製完成。而馬劍、朱莉娜認爲在乾隆十年至十二年（1745—1747）底[①]，但不會晚於乾隆十九年（1754），因爲《重慶府（附郭巴縣）圖》没有江北廳。據（嘉慶）《四川通志》卷二《輿地志・建置沿革》記載：“明爲巴縣之江北鎮，皇朝乾隆十九年因鎮所形勢冲要，以重慶府同知移駐江北。”[②] 江北廳在乾隆十九年前未曾設置。《四川全圖》繪製的目的并不是直接作爲軍事地圖來使用，而是通過地圖所呈現的四川各地險要的地勢、堅固的城池、完備的官署、充足的糧食、强大的駐防和暢通的交通等反映四川各地處於良好的戰備狀態，完全可以滿足任何軍事戰争的需要，讓最高統治者安心無憂。乾隆十三年正月十四日，内閣奉上諭：“現在進剿大金川，一應糧餉俱係紀山料理。紀山既有巡撫應辦之事，難以兼顧，着兵部尚書班第馳驛前往，將一切驛站挽運沿途查辦，至軍營調度、糧運事務，其將來金川、瞻對善後機宜，俱着會同張廣泗商酌辦理。”[③] 這段記載反映了乾隆對沿途驛站是否暢通、糧草是否充足、調度是否迅速的重視。《四川全圖》的編繪可爲朝廷瞭解整個四川的山川形勢、城市防禦以及倉儲、駐軍、交通等後勤保障情況，進而供朝廷决策提供方便，具有强烈的政治意義。如《夔州府圖》爲奉節縣現存最早的彩繪地圖[④]，作者用彩繪工筆手法，非常形象地反

---

① 馬劍、朱莉娜：《乾隆初年〈四川全圖〉考析》，《歷史檔案》2019 年第 4 期。

② （清）常明等修，楊芳燦、譚光祜等纂：《四川通志》卷二，《輿地志・建制沿革》，清嘉慶二十一年刻本。

③ 《大清高宗純皇帝實録》卷三百六“乾隆十三年正月己亥”條，中華書局，2008 年影印本。

④ 奉節縣隸屬重慶市，地處長江三峽西端，是川東著名的古城，有二千三百多年歷史。春秋戰國時期曾先後屬庸、夔、巴諸小國，後爲楚國所統一。秦惠文王時，秦於巴國之地置巴郡，魚復縣隨巴郡同置。東漢因之。東漢建武元年（25），公孫述據蜀稱帝，在瞿塘峡側山頭築白帝城。蜀漢章武二年（222），劉備夷陵之戰後敗退白帝城，改魚復爲永安縣。西晋太康元年（265），復魚復縣。西魏廢帝三年（527），改魚複爲人復。隋因之，爲信州治。唐初仍曰人復，爲夔州治。貞觀二十三年（649），爲尊崇諸葛亮奉劉備“托孤寄命，臨大節而不可奪”的品質，改人復爲奉節縣。宋因之，爲夔州路治。

映了清初夔州府（治奉節）官府衙署[①]、寺廟陵墓、山川名勝、鋪塘驛站分布以及夔州府治城市空間布局等情况。

《四川全圖》繪製完成以後，應該一直藏於清宫廷内。據民國二十年（1931）長寧梁正麟跋和民國二十二年（1933）黎澍題署圖名“四川全圖”及《説明》可知，該圖在清光緒二十六年（1900）時從宫中流出，“散落人間，爲嵩犢山尚書所得”。嵩犢山尚書即嵩申（1841—1891），字伯屏，號犢山，滿洲鑲黄旗人，清代八旗科舉世家，完顔將軍後裔，别號半畝園，《四川全圖》寧越營圖左下方有“半畝園曾存”篆印可證。嵩申曾主考光緒九年（1883）會試，歷任刑部尚書、理藩院尚書等。辛亥革命以後，該圖又流入四川合江人廖希賢（1886—?）手中，“得此彌可珍貴，其世寶之”。廖氏字勁伯，曾將此圖過示著名藏書家、目録學家、四川江安人傅增湘（1872—1949）。傅氏字叔和，又字沅叔、潤叔，民國初年曾任内閣教育總長，他認爲此圖集與所見《江南省全圖》一様，皆“以每縣爲一幅，於關河厄塞，道路遠近，紀之甚詳”，屬於同一性質的地圖。再此後，《四川全圖》爲國立四川大學圖書館收藏，具體經過已不可考。但是在民國二十五年（1936），國立四川大學圖書館在圖書清點中，已經將《四川全圖》等八種古籍作爲“重要及珍貴圖籍”。《四川全圖》一直保存至今，遂成四川大學圖書館“鎮館之寶”，并列名《國家珍貴古籍名録》《四川省珍貴古籍名録》(編號爲國 01752，省 0133)。

關於目前所見《四川全圖》是否爲完帙，覃影認爲極有可能缺少全省總圖一幅，而且，在編纂順序上，從初版影印順序來看，由於《四川全圖》原本没有裝訂，獨立分幅成册，前後順序明顯有誤。她通過考證《四川全圖》與方志圖的源流關係，推論清代四川輿圖排序通例，重新對《四川全圖》圖目進行了整理[②]。本次重印出版，即參考了覃影相關研究整理成果。

二、作爲地圖的《四川全圖》

《四川全圖》全部采用中國傳統山水畫法繪製，以青緑爲主色調，由董邦達爲首的一批“工繪事”[③] 的著名書畫家繪製而成，宛如一幅幅山水畫，具有很高的藝術價值，同時也是

---

① 據王象之《輿地碑記》等書記載，夔州早在唐代就編有圖經。故相國安陽公源乾曜嘗参夔州軍事，修有《夔州圖經》，言風俗甚備，劉禹錫曾爲該書撰序。宋代有李國緯編《夔舊圖經》、費士戣編《固陵集》、劉德禮《夔州圖經》（四卷）、高導《新夔州志》（十三卷）等，可惜這些圖經地志皆未流傳下來，其中所繪地圖也一并失傳。現存較早的夔州府治地圖見於明正德年間所修（正德）《夔州府志》卷首。夔州府治最早的彩繪地圖當屬清乾隆年間董邦達所繪《夔州府圖》。

② 覃影《〈四川全圖〉的圖目整理研究》，載李孝聰主編《中國古代輿圖調查與研究》（國家社會科學基金項目成果、教育部人文社科基地重大項目成果），中國水利水電出版社，2019 年版，第 207－221 頁。

③ （清）李桓：《國朝耆獻類徵初編》卷八十，《董邦達》（引《國史館本傳》），周駿富輯《清史傳記叢刊》，明文書局，1985 年版，第 639－640 頁。

名副其實的地圖。董邦達以書畫見長，筆法精美，頗得乾隆皇帝賞識，《峨邊營屬歸化太平卷木三汛圖》左下題“臣董邦達恭畫”及其二枚鈐印，可證董邦達親自參與了地圖繪製。

《四川全圖》幾乎每幅圖都標有方位。如《德陽縣圖》《仁壽縣圖》《重慶府（附郭巴縣）》《叙州府圖》《安岳縣圖》等按照上北下南、左西右東的方位繪製。但是并不是所有地圖都按照這樣的方位來加以標示，如《郫縣圖》《資陽縣圖》《保寧府附郭閬中縣圖》《雅州府圖》等采用的是上南下北、左東右西方位，《直隸眉州圖》《新津縣圖》采用上東下西、左北右南方位，《江安縣圖》的方位更是北方在右下，南方在左上，西方在右上，而東方在左下。可見，《四川全圖》方位并不統一，繪圖者主要根據河流走向和地貌形態以及如何更好地俯瞰整座城池全貌、表達城池空間布局來選擇方位。

《四川全圖》每幅圖幾乎都標有東、西、南、北四至。如《仁壽縣圖》所標“四至”，即“南至界牌鋪柒拾里交井研縣界”“北至秦皇寺壹百陸拾里交華陽縣界”“西至龍居場伍拾里交眉州界”“東至長堰子壹百肆拾里交資州界”；《安岳縣圖》所標“四至”，即“北至界牌七十里交遂寧縣界”“南至周禮場六十里交中江縣界”“西至倒坐廟塘六十里交樂至縣界”“東至孔雀鋪七十里交重慶府大足縣界”；《夔州府圖》標有四至和里程，“東至巫山縣捌拾里”“北至紅岩交大寧縣界壹百里”[①]“南至土地屯交湖廣施恩府界貳百里”[②]“西北岩鋪至巴陽交龍洞壹百里”[③]。除標“四至”外，部分地圖還對東北、西北、東南、西南等方向交界和里程加以標注。如《郫縣圖》除標有“東至卷洞橋貳拾伍里交成都縣界”“西至竹瓦鋪貳拾里交崇寧縣界”“南至楊家橋貳拾里交温江縣界”“北至錦水河貳拾里交新繁縣界”以外，還標有“西南花園場交灌縣界”，其餘西北、東北、東南方向交界距離没有標注。《叙州府圖》標有東北“白沙塘：至富順新縣共六塘，計六十里”，西南“天池塘：分路至高縣馬蹄塘界六十里”。《四川全圖》中，也還存在四至標注不全的情况，如《直隸眉州圖》并未完整地標出“四至”，只有“東至仁壽縣界四十五里”“西至金牛漕渠十五里，復興場塘交丹棱縣界五十里”“北至龍安鋪交彭山縣界三十里”。據（康熙）《眉州屬志》記載：眉州“北至彭山縣界牌界三十里起，至新津縣界牌界五十里，距新津九十里”；同時，還標有東南、西北、西南、東北等交界與里程情况[④]，但這些在《直隸眉州圖》中却未有體現。

《四川全圖》缺少比例尺的運用，也没有采用計里畫方的方法，除標明方位和四至八到以外，全圖没有統一圖例説明，但仍然可以看到一些相同或相近的圖符表達同一類地理事物的情况。如用紅杆黄旗符號標注鋪塘，黑點連續虚綫表示道路，《新津縣圖》即用黄色旗幟

① 紅岩或大寧縣鋪名。（清）恩成修、劉德銓纂：（道光）《夔州府志》卷二十三：“（大寧縣）紅岩鋪，在縣南八十五里。”

② “施恩府”當爲“恩施府”之誤。

③ 巴陽，或即雲陽縣巴陽驛，據（明）吴潛修，傅汝舟纂：（正德）《夔州府志》卷二：“巴陽驛，在縣西六十里。”龍洞或即龍洞溪，在府城西一百里，溪上産靈壽木。

④ （清）張漢修，汪纂：（康熙）《眉州屬志》卷一，《疆域》，故宫博物院編：《故宫珍本叢刊》，海南出版社，2001年影印本，第213册，第251頁下。

符號標注串頭鋪塘、花橋子塘、舊縣塘、鐵溪橋塘、界牌塘、柏木橋塘等步塘遞鋪，在縣城東南特意標出渡口所在，并繪製數十艘渡船。《四川全圖》城内城隍廟、文廟、武廟多用兩層斜頂建築圖案標記，倉房用單層建築標記，衙署多用歇山頂式圖案標記，城内建築民居多用單層斜頂房舍表示，城外民居、寺觀也與城内相同。其他如河流、樹林、橋梁、城牆等圖案大多相近，使整部地圖總體風格一致。

三、《四川全圖》之歷史地理學價值

《四川全圖》是現存四川各州縣第一幅彩繪地圖，也大多是四川各地現存最早的城市地圖。各圖城牆内主要標注治所、衙署、寺觀、祠廟、倉廒、書院等，城牆外主要標注山川、橋梁、津渡、關隘、塘鋪、營汛等。祠廟主要包括文廟、武廟（或關帝廟）、城隍廟等，大多分布在城内，也有分布在城外的。它不僅爲人們提供豐富的地理信息，而且展現了生動直觀的空間認知，如（乾隆）《江安縣志》記載有白廟子塘、方石塔塘、焦家壩塘等，其距縣城分别是“縣東二十里”“縣東三十里”“縣東四十里”。從文字記載上，我們很難想象幾處鋪塘的空間分布情况，但從《江安縣圖》中可以清楚地看出這三處鋪塘位於縣城東南方向一條“S”型的綫路上，從一個側面反映《四川全圖》所具有的歷史地理學價值。具體而言，《四川全圖》的歷史地理學價值主要體現在以下幾個方面：

一是在城市地理方面。《四川全圖》每一幅圖都是以城池爲中心構圖，城池在地圖上占據中心位置，城池繪製内容主要包括城牆，城門，城牆内的官署、文廟、武廟、城隍廟、先農壇等，以及城牆外的橋梁、塘汛、遞鋪等，再加上各地特有的地理内容，共同構成城池的主體部分。如《雅州府（附郭雅安縣）圖》城牆内標有府縣衙署、文廟、武廟、城隍廟，城牆外近郊有山川壇、先農壇和底塘等。《夔州府圖》城牆内外除標有官署、文廟、武廟、城隍廟以外，還有龍興寺、甘夫人墓等本地重要的寺觀祠墓。在對城池的繪製中，城牆是不可或缺的重要組成部分。絶大多數府、州、縣治城牆主要表現爲磚石砌牆，城牆形狀也大多相近。但也有如崇寧、郫縣等城牆爲雙層曲綫式，代表結土爲垣；長壽縣爲栅欄式，表示没有城牆，只有臨時修建的栅欄；城池形態除了普遍采用方形外，也有如保寧府治閬中、涪州、合州等采用不規則形狀，隨山川地勢而變，呈現多樣性。從輔助軍事設施來看，絶大部分地圖僅繪出牆體、譙樓、雉堞，未繪甕城、角樓、偏門等建築，只有新都縣等少數縣城牆繪有甕城，城牆形態表達更爲詳細。

二是在自然地理方面。《四川全圖》非常重視對城外山川形勝的描繪，突出拱衛城池、保護城市安全的重要作用。如《敘州府圖》標繪的翠屏山、師來山、東山、登高山、七星山、朱提山，《夔州府圖》標繪的赤甲山、勝己山、文山、走馬嶺、白帝城、水八陣堆、瞿塘峽、灩澦堆，《大足縣圖》標繪的白塔山、北山、龍王山、井山、高山、寶鼎山、玉口山、龍崗山、三華山等，《安岳縣圖》標繪有安居水、苦竹溪、岳陽溪以及大雪山、琴山、東林山、金羊山、安泉山、安岳山、香雲山、靈居山、文魁山、白雲山等，都位於城池周圍山川險要之處，反映出繪圖者對城市周圍山川地名并不是隨意標注和繪製，而是有目的地突出其咽喉險要、易守難攻的地理形勢。

三是在交通地理方面。《四川全圖》除個别地圖以外，幾乎都清晰地標明了城内外用於傳遞文書的塘鋪。如《資陽縣圖》由資陽縣向成都方向主要有石梯鋪塘、清泉鋪塘、楊柳鋪塘、臨江寺塘，由資陽縣向重慶東北方向主要有底塘、拱宸鋪塘、飛虹鋪塘、老君鋪塘、南津驛塘、新添鋪塘、涷青鋪塘、白佛寺塘、石橋鋪塘、長溝鋪塘等。《夔州府圖》城東北有清凉鋪塘，城東有草堂鋪堂，城南有土地屯塘，城西有白岩鋪塘。（嘉慶）《四川通志》"額設鋪司工食通例"條記載："康熙六十年，川督奏稱直隸各省皆設鋪司。川省兵燹之餘，未經請復，公文系付塘兵傳遞，偏僻州縣，里民輪送不能如式包護，擦損印封，甚至遺失，無可尋究。請於冲途每鋪設司兵四名，次冲設三名，偏僻設二名，每名月支銀六錢。部議准設。其工食銀兩照廣西例，每名月支工食銀三錢五分。清雍正六年，奉文裁革，公文仍交塘兵遞送。"① 但到了乾隆二年（1737），少詹隋人鵬奏稱："革除鋪司，概用塘兵遞送公文，於邊省尤屬不宜。請復設鋪司，以重郵傳。"部議覆准復設，每名每年給工食銀六兩，遇閏加增銀五錢，於各州縣地丁銀内扣留支給。嗣後又被裁減。直到道光二十五年（1845）才恢復。夔州屬四川偏遠州縣，據清乾隆、道光年間所編《夔州府志》記載，各鋪設鋪司一名，鋪卒二名，這些塘鋪可用來保障戰時官府公文及時傳送。將該圖所標注的鋪名與乾隆、道光所修《夔州府志》進行比對，發現該圖所標鋪塘并不見於府治記載②，故具有重要的史料價值。《郫縣圖》一方面標繪有通往東、南、西、北四個方向的道路及其所經過的水道橋梁，如清水河、磨底河、沱江河、油子河、錦水河、宋公橋、楊家橋、八里橋、犀浦橋、卷洞橋、送生橋等，另一方面還在圖中標明傳送文書的塘汛、遞鋪，如步塘遞鋪、犀浦場塘、卷洞橋、接王亭、竹瓦鋪塘等。據志書："接王亭塘汛，設有守兵三名，在城西十五里；犀浦塘汛，在城東二十里，設戰兵二名。每處塘坊三間，牌架房一間，烟墩三座，哨樓一座，旗杆一根。每或三年、五年一修，由縣按糧捐錢修整移汛，撥兵經管。其有各兵操演器械，赴營按名請領存汛，操演旗幟、鍋帳、火藥、鉛彈由營造辦存貯。"③

清代驛站主要分爲驛、站、鋪三種。驛主要是官府用來接待賓客、安排朝廷物資運輸的機構；站偏重軍事功能，負責傳遞重要文書及軍事情報；鋪是地方廳、州、縣級政府間傳遞公文、信函的通達機構。此外還有塘汛制度，是明清時期一種軍事制度。塘是軍隊警備的關

① （清）李玉宣修，衷興鑒纂：（嘉慶）《四川通志》卷八十九，《武備志・鋪遞》，清同治十二年刻本。

② （清）恩成修，劉德銓纂（道光）《夔州府志》卷二二記載奉節縣鋪塘有東底塘鋪、二溪鋪、青蓮鋪、古墳鋪、十里鋪、西底鋪、么塘鋪、仙女鋪、銅鑼鋪、拖板鋪、二道溪、北底鋪、馬鞍山鋪、香店鋪、王家坪鋪等等。

③ （清）朱鼎臣修，盛大器纂：（嘉慶）《郫縣志》卷十九，《兵制》，清嘉慶十七年刻本。

隘駐地，而千總、把總等統率緑營兵和駐兵所的巡邏範圍稱爲汛。《六部成語》中對“塘兵”一詞有過解釋：“比汛狹小曰塘，比塘狹小曰鋪。此處設兵不過十餘名，專備傳送文報、巡更查夜之用，不足以禦敵也。”① 塘汛的駐地一般設在關卡或人流量較大的地方，驛鋪通常也是設在行人車馬往來較多的地方，因此與塘汛通常在同一個地方或相距不遠之處。方志記載，清初四川行省未設鋪司，“上下文武公文俱系塘兵傳遞，州縣臨近文移各差里民遞送。康熙六十年，川陝總督年羹堯請照直省之例設鋪遞一十四鋪，鋪司十四名、鋪兵三十四名……乾隆元年，詹事少詹陏人鵬請復川撫楊馝題准，照冲路例設”②。在此次請復之後，四川各府、廳、州、縣才逐漸增設鋪司。故《四川全圖》中各圖大多標繪有相關信息，但也有極少數地圖未標繪鋪遞信息，如《仁壽縣圖》，(乾隆)《纂集仁壽全志》記載：“舊設龍泉驛（今屬簡州），十里青石、梅橋、清水、石糕、籍田等上下十餘鋪，今俱廢，惟設有菩薩岩鋪（治西五里）、鳳國寺鋪（治西十五里）、紅花場鋪（治西四十里）。”③ 據此推測，正是由於繪圖時仁壽各鋪塘“已俱廢”，故未在地圖中有所呈現。清代塘汛職責是“詰奸宄而戒不虞”，相當於警察或地方官府差役，不僅需要維護交通、防備盗賊、安定社會，還兼有郵遞職能。(光緒)《東川府續志》記載：“所有公文往來，均由塘兵遞送，未置郵傳號焉。”④ 由此可見，所謂鋪、塘，實際上是基層軍事據點與基層驛傳據點功能二合一的基層組織。《四川全圖》中對於塘汛的諸多標記，對研究清乾隆時期交通地理有重要價值。

四是在軍事地理方面。《四川全圖》主要反映了各地糧食儲備和軍隊駐守區域分布情況，相關信息也是相當豐富。

在糧食儲備上，《四川全圖》往往在圖幅空白處標注常平倉、社倉、監倉等糧食（穀、米、菽、麥、青稞等）儲備情況。常平倉糧食由民間捐輸、官方出資采買籌集，監倉則貯藏生員、童生們爲取得監生資格而捐納的米糧，社倉主要由百姓勸募捐輸而得。如《郫縣圖》在圖中標明常平倉位於縣治旁，圖右上角具體説明常平倉以及社倉、監倉所儲倉穀數量：“常平倉穀壹萬貳百伍拾貳石零，監穀壹萬貳千陸拾石，社穀壹千貳百伍拾七石零。”《大足縣圖》在圖幅左上角空白處專門記載了大足縣糧食倉儲情況，稱“常平倉穀五千一百三十三石零，監穀一萬二千六十石，社穀二千五百五十石”。《銅梁縣圖》標明倉廒位於銅梁縣治以東，在銅梁縣城東北角，圖的上方具體標注了常平倉、監倉、社倉所儲倉穀數量：“常平倉穀五千六百四十三石零，監穀六千六百八十石，社穀八百六十四石六斗。”又如《重慶府（附郭巴縣）圖》標注：“重慶府常平倉穀一萬二千石。巴縣常平倉穀一萬一千六十七石零，監穀七千八百石，社穀一千四百八十三石零。”《夔州府圖》清晰地標注了夔州府府倉和縣倉

① 《六部成語注解·兵部成語》，[日] 内藤乾吉原校，程兆奇標點，程天權審訂，浙江古籍出版社，1987年版，第111頁。

② 賀澤修，張趙才等纂：《滎經縣志》卷二，《建置志·鋪遞》，民國四年刻本。

③ (清) 佚名纂：(乾隆)《纂集仁壽全志》上卷，《鋪驛》，《仁壽縣舊志集成》（第一册），中國文史出版社，2014年版，第10頁。

④ (清) 余澤春修，茅紫芳纂，馮譽聰續修：(光緒)《東川府續志》卷一，《郵傳》，清光緒三十二年刻本。

的位置以及常平倉、監倉的儲穀數量，據圖可知，府倉位於城西北，縣倉位於城東南。（道光）《夔州府志》卷五："府常平倉二十一廒，在府署儀門内東邊，舊系知府經管，乾隆三十一年奉文歸并奉節縣經管。"府監倉二十七廒，"在鹽捕府署後右邊"。根據該圖標記，夔州府常平倉儲穀捌千石[①]，奉節縣常平倉府穀壹萬壹百肆拾捌石柒斗捌升[②]，儲監穀肆仟貳百三石三斗三升零[③]。《雅州府圖》在左上方標明雅州府倉穀數量："雅州府常平倉穀六千石，雅安縣常平倉穀四千九十七石六升零，監穀四千三百一十九石九斗九升零。"乾隆平定大小金川叛亂時，官員爲解决軍隊的糧草問題就曾向雅州府穀倉徵糧。《欽定平定金川方略》記載："（臣）等以爲既有瓦寺可通沃日，應仍由草坡分運前進，方敷接濟至川南。打箭爐一路軍糧原存爐倉一萬石，除給過官兵口糧外，又酌撥雅州府倉米五千石挽運爐城。"[④]（乾隆）《安縣志》也載有"乾隆十四年奉文捐買常平倉斗穀四石"[⑤]等語。（民國）《大足縣志》中也有關於乾隆第二次發兵金川時大足縣多次輸出軍需的記載："本縣自乾隆三十六年九月至十二月加派軍需六次。"[⑥]可見，在清廷與金川、瞻對作戰前夕，四川作爲首要軍需補給運轉之所，統計全省糧儲十分必要。

在軍隊駐守上，《四川全圖》反映四川地區軍事布防情况，包括八旗和緑營兵駐防兩部分。八旗軍主要駐防於成都地區，兵額保持在二千至三千名之間，緑營兵則分駐於四川各重要交通道路上，或者在府城、廳城、縣城駐守，專城駐防。如《重慶府（附郭巴縣）圖》標注"鎮標三營官共二十五員，馬步戰守兵丁共一千八百名，又鎮標各營官共十六員，兵一千三百五十名"。《夔州府圖》標注了夔州協標營所屬巫山、梁、萬各營官駐防軍隊數量，其中"夔州協標兩營并所屬巫山、梁、萬各營官共貳拾三員，馬步戰守兵丁共壹千柒百伍拾名"。當然，《四川全圖》也有個别地圖没有標注軍隊駐防情况，如《滎經縣圖》《雅州府（附郭雅安縣）圖》等。縣志記載，滎經縣"汛防舊設馬兵，外委千總一員，步戰兵五名，守兵二十五名，屬黎雅營轄。康熙四十六年，軍門岳鍾琪請以黎雅營屬改歸化林協。雍正八年，化林協裁改屬建昌鎮；雍正十三年仍設化林協，復以隸之[⑦]，直到清光緒戊戌變法改易兵制纔裁撤。另外，在縣城西門外小坪山東嶽建有一演武場，"忽得一片空闊平敞地面，凡三十餘畝，可以馳騎試劍，耀武分行"[⑧]，可供士兵日常操練。（乾隆）《雅州府志》也有關於化林坪（今甘孜州瀘定縣西南）營并附黎雅、峨邊二營的相關記載，康熙二年（1663）時此處已有

---

① （清）崔邑俊修，楊崇、焦懋熙纂（乾隆）《夔州府志》卷四："常平倉二十間，貯穀八千石。"（清）恩成修，劉德銓纂（道光）《夔州府志》卷十一："夔州府原管常平倉穀八千一十石，乾隆三十年改歸奉節縣經管。"

② （清）崔邑俊修，楊崇、焦懋熙纂（乾隆）《夔州府志》卷二記載，奉節縣常平倉有板倉十七間，土倉六間。（清）恩成修，劉德銓纂（道光）《夔州府志》卷十一："奉節縣常平倉穀一萬四千一十石。"

③ （清）崔邑俊修，楊崇、焦懋熙纂（乾隆）《夔州府志》卷二記載，奉節縣監倉有板倉三十五間，土倉六間。（清）恩成修，劉德銓纂（道光）《夔州府志》卷十一："（奉節縣）監倉穀二萬二千九十七石九合二勺。"

④ （清）來保等撰：《欽定平定金川方略》，清文淵閣《四庫全書》本。

⑤ （清）張仲芳纂修：（乾隆）《安縣志》卷三《富徵》，清乾隆五十四年刻本。

⑥ 陳習珊撰：《大足縣志》卷五《人物上・黄玉芳傳》，民國三十四年鉛印本。

⑦ 賀澤修，張趙才等纂：（民國）《滎經縣志》卷九《泛兵》，民國四年刻本。

⑧ 賀澤修，張趙才等纂：（民國）《滎經縣志》卷十四《藝文志・演武場記》，民國四年刻本。

設兵，雍正八年（1703）因西藏達賴喇嘛移駐噶達（今四川道孚縣東南協德鄉）建惠遠廟坐床，曾一度將化林協改設口外噶達地方，改名泰寧營；原化林協改營，留駐兵三百名；并增設三營，分别爲打箭爐（今康定縣）阜和營、中渡（約今道孚縣南仲尼鎮附近）德靖營、靈雀寺（今道孚縣城西北尼措山脚）寧安營。雍正十三年（1735）達賴喇嘛歸西藏後，改設泰寧、寧安、德靖三營，抽調其兵丁七百名，合原化林營兵三百名，共兵一千名駐扎化林，分左、右二營，右營都司領把總一員、兵兩百名分防瀘定橋；外委千總一員，帶兵五十名，駐防泥頭（今漢源縣宜東鎮）。阜和營原有兵二百名，再增撥千總一員、兵一百名，分把總一員、兵三十名駐防惠遠廟。黎雅、峨邊二營仍歸化林副將管轄。可見，清代八旗和緑營兵實際當是遍布各地，尤其是在川藏交界處，形成了嚴密軍事防禦系統，而《四川全圖》遺漏了部分軍隊駐防信息。

四、《四川全圖》之不足

在肯定《四川全圖》具有重要文獻價值和史料價值的同時，我們也要看到《四川全圖》并非軍事地圖，地理信息的完整性和精確性尚有不足，因此不可避免地存在一些問題，主要反映在以下幾個方面：

一是地圖所繪城牆形制和保存情況與實際有出入。如《直隸眉州圖》呈現出完整的眉州城牆，但根據（嘉慶）《眉州屬志》記載，眉州城郭在明末清初因戰亂傾圮過半，康熙二十四年（1685）奉旨捐修，只能略加補葺，未能恢復舊制。到嘉慶時，已歷百餘年，但因民生凋敝，物力艱難，“四圍坍塌殆盡，惟城基略可辨”[①]。另據清方象瑛《使蜀日記》記載，他在康熙二十二年（1683）奉命典試四川時，曾游歷眉州，所見眉州城因戰亂破壞，“城鄉猶多草屋、竹棚、壞垣、破壘，兵火之虐，百年尚不能復故觀也”[②]，可見歷康、雍、乾三朝至嘉慶時，眉州城垣尚未完全修復，這與《四川全圖》所表現的完整城牆狀態并不相符。又如《大足縣圖》所呈現的理應是乾隆八年（1744）知縣李德主持修整後的城牆形狀。按乾隆八年所編《大足縣志》中輿地圖的描繪，在城池西南角應有一水門，且城池形態應該是東西較長，南北略窄，四周呈弧形，但《大足縣圖》中未曾繪製西南門，整個城池也呈方形，與方志記載存在差异[③]。《四川全圖》雅州府滎經縣城牆繪製也與事實不符。乾隆四年（1739）所編《雅州府志》記載，滎經縣城牆爲土城，“明成化中知縣陳經修築。周三里，高一丈，

---

① （清）涂長發修，王昌年纂：（嘉慶）《眉州屬志》卷二《城池》，清嘉慶四年重修本。

② 李勇先、高志剛主編：《巴蜀珍稀交通文獻匯刊》（第三册），成都時代出版社，2018年版，第181頁。

③ （清）李德纂修：（乾隆）《大足縣志》卷二《地理志》“城池”條，清乾隆十五年刻本。

闊八尺，計五百四十丈。東、西、南三門皆有樓，今圮。西北隅開小北門，以便樵汲”①。也就是説，至少在乾隆四年滎經縣仍爲土城，且已傾圮，至《四川全圖》繪製時，極有可能仍未築成石牆。更有《城北鑿河築堤記》記載稱，在乾隆十三、十四年（1748—1749）左右，滎經縣城還遭受過夏秋滎水冲擊，城牆破壞嚴重："滎水源自相嶺，迂回湍疾，走百餘里……每遇夏秋之交，江以北奔濤迅激，駭浪排空，如黄河之來天上，勢不可遏。由上游下趨城隍，潰東北角以出，於是郭以外田園廬墓悉游魚鱉。其患蓋已有年，使弗及時經營，城益壞，而爲藪澤，則害愈大。"② 但《滎經縣圖》所繪城池則完好無損，與實際情况不符。又如《寧越營圖》所繪寧越營城位於境内正南，有完整的磚石城牆。但考諸地方志，寧越營城於明嘉靖四年（1525）由觀察使胡東皋所修，後來坍塌，至雍正八年（1730）越嶲營守備金德昭監築土城，開城門二處，直到道光年間才修繕成磚石城牆。嘉慶十九年（1814）所編《新繁縣志》中的《城池圖》顯示，新繁縣城并非方形，而是明顯朝西北方向傾斜，其東、西兩側城牆也呈彎曲弧形，與《四川全圖》并不相符。可見，《四川全圖》存在城牆與實際不符的現象并非偶然，而是與繪圖者的政治意圖有關，主要爲了讓乾隆皇帝看到四川境内城池堅固，慰安帝心。

二是方位有誤。由於《四川全圖》不太重視地理方位的准確性，在圖中比較普遍地出現方位錯誤的情况。如《郫縣圖》標注何武墓位於縣城西北杜鵑城之西。《西京雜記》載何武死後，初葬於北邙山薄龍阪王家塚東北一里，其子何况遷葬於郫縣城南里許。（嘉靖）《四川總志》云："何武墓，郫縣南三里。宋趙抃爲建祠於墓。"又云："何武祠，郫縣南一里，顯忠觀原建。"③（乾隆）《郫縣志書》云："漢何武墓，在縣南二里。宋趙抃爲建祠，前邑令劉乃大重修。"乾隆縣志《疆域圖》有何公祠，也在城南。（嘉慶）《郫縣志》收有劉乃大《何公墓碑記》云"墓在邑西南隅"，又收録楊長森《續修何公墓記》云"邑城之南爲漢前將軍氾鄉侯何公墓也"④。嘉慶志所繪《疆域全圖》中何公墓也在城南，另有《何公墓圖》標有雙桂橋、岷陽橋，證明何武墓確在城南岷江書院旁，此皆與《四川全圖》中《郫縣圖》所標何武墓在城北杜鵑城西不同。又如郫縣宋公橋爲明蜀府丞宋景修建，長十丈，高一丈，寬一丈四尺，跨沱江河，在西路大道上。而《郫縣圖》却將宋公橋繪製於城郊西南角。考（嘉靖）《四川總志》云："宋公橋，郫縣西門外。"⑤（乾隆）《郫縣志》卷首《城池圖》所標宋公橋在城西門正對，而彩繪《郫縣圖》城西門正對的是送生橋，二者相去甚遠。又如《大足縣圖》文昌宫繪在城外西北地區。（乾隆）《大足縣志》云："文昌祠在邑郊之東，萬曆十四年（1586）始建；有玄天閣，二十五年邑人并建。此祠立有碑，記祠存。"⑥ 明人朱炳然

① （清）曹掄彬修，曹掄翰纂輯：（乾隆）《雅州府志》卷三《城池》，清乾隆四年刊本。
② （清）曹掄彬修，曹掄翰纂輯：（乾隆）《雅州府志》卷三《城池》，清乾隆四年刊本。
③ （明）劉大謨、楊慎纂修：（嘉靖）《四川總志》卷三《郡縣志》，明嘉靖年間刻本。
④ （清）朱鼎臣修，盛大器纂：（嘉慶）《郫縣志》卷三十六《藝文》，清嘉慶十七年刻本。
⑤ （明）劉大謨、楊慎纂修：（嘉靖）《四川總志》卷三《郡縣志》，明嘉靖年間刻本。
⑥ （清）李德纂修：（乾隆）《大足縣志》卷三《建置》"衙署"，清乾隆十五年刻本。

《文昌會記》也記載："邑郊之東舊無文昌祠，有之，自萬曆十四年始。"① 以上文獻都記載文昌宫位於大足城東方位，而《大足縣圖》將其標注在城西北，實屬錯誤。又如（嘉靖）《四川總志》記載流虹橋在"大足治東三十里"②，（雍正）《四川通志》記作三十五里，（乾隆）《大足縣志》中地圖上雖未繪製此處，但也記載了其在治東二十五里，然而《大足縣圖》却因對瀨溪河下游走向繪製有誤而直接將流虹橋置於近城南處。又如《德陽縣圖》中汛塘的位置也有錯誤。據（嘉慶）《四川通志》記載，竹林鋪塘、大漢鎮塘均在城南，并非《德陽縣圖》中的城北方向；而牛耳鋪塘、孟家店塘、林坎鎮塘在城北，也非《德陽縣圖》中所示的城南方向③。又如《閬中縣圖》標繪玉臺山在縣城西北，而（萬曆）《四川總志》記載位於城北七里，有杜甫詩云："閬州城北玉臺碧。"④ 可見，圖上地名與文獻記載存在方位上的不準確性。

三是里程遠近有誤。如《江安縣圖》所標繪的照山與賞静岩雖然位於縣城不同方位，但是其到縣城的距離應該是相近的，連天山應是諸山中距離最遠的。（乾隆）《江安縣志》記載："賞静岩，縣東南七十里。宋乾道間，州人吕伯佑講學處。"⑤ 再看照山與連天山的距離，"南照山，一名鏡子山。《紀勝》云：'鏡子山在縣南五里，又名照山。一峰中峙，兩峰旁翼，二溪交流，庵廬梵室，金碧交輝。……爲一邑勝游之地。'"⑥ "連天山，俗呼量天山，延旋曲折，高聳矗天。《名勝志》云：'在縣南七十里，綿水出焉。'"⑦ 從文獻記載來看，照山與賞静岩的距離一爲五里，一爲七十里，相距甚遠，而連天山到縣城距離與賞静岩到縣城距離相同，但三山的距離遠近在《江安縣圖》中并不能體現出來。又如《閬中縣圖》對山川河流以及關隘繪製大多與方志記載相吻合，但標示的一些地理信息與實際有偏差，如東岩在縣東五里，盤龍山在縣東三里，天柱山在縣東十五里，存在距離上的誤差。

四是地名標注有誤。如《雅州府（附郭雅安縣）圖》標繪有"觀龍山"，據（乾隆）《雅州府志》記載爲"龍觀山"，《雅安縣輿圖》也標明爲"龍觀山"，本圖作"觀龍山"，與志書記載不符。如《閬中縣圖》標注有關隘"居山關"，而方志記載中只有"鋸山關"。（雍正）《四川通志》稱："鋸山關，在閬中縣東五里盤龍山後，爲漢沔要冲之地。"⑧ （道光）《保寧府志》記載："鋸山關在縣東北十二里盤龍山上。"⑨ 又有"盤龍山在縣東三里。唐貞觀中，望氣者言西南千里外有王氣，太宗令人入蜀，次閬中，果見山上王氣葱鬱，因鑿破石脉，水

① （清）李德纂修：（乾隆）《大足縣志》卷十一《藝文志》"文昌會記"，清乾隆十五年刻本。
② （明）劉大謨、楊慎纂修：（嘉靖）《四川總志》卷九《重慶府》，明嘉靖年間刻本。
③ （清）常明等修，楊芳燦、譚光祜纂：（嘉慶）《四川通志》卷八十九《武備志》，清嘉慶二十一年刻本。
④ （明）虞懷忠修，郭棐纂：（萬曆）《四川總志》卷十一《郡縣志》，明萬曆年間刻本。
⑤ （清）雷伊纂修：（乾隆）《江安縣志》卷一《山川》，清乾隆十五年刻本。
⑥ （清）雷伊纂修：（乾隆）《江安縣志》卷一《山川》，清乾隆十五年刻本。
⑦ （清）雷伊纂修：（乾隆）《江安縣志》卷一《山川》，清乾隆十五年刻本。
⑧ （清）黄廷桂等修，張晋生等纂：（雍正）《四川通志》卷四下《關隘》，清文淵閣《四庫全書》本。
⑨ （清）黎學錦修，史觀纂：（道光）《保寧府志》卷六《輿地志 • 山川》，清道光二十三年刻本。

流如血，今名鋸山"[①] 等語。可見"鋸山關"得名應源自"鋸山"，即盤龍山，道光志中關於鋸山關的里數記載有誤，而《四川全圖》中《閬中縣圖》寫作"居山關"，純屬訛誤。

五、《四川全圖》繪製之依據

《四川全圖》反映的地理信息十分豐富，無論地圖四至、倉儲、駐軍、塘汛，還是城池建築、山水橋梁等都非常詳細而具體，如《江安縣圖》標注的五處鋪塘，分別是白廟子塘、方石塔塘、焦家壩塘，還有月池口塘和太山廟塘，與乾隆二十八年（1763）編纂的《江安縣志》有關江安縣塘汛有相同之處："塘凡水塘一塘，旱塘四塘。三上香水塘，在縣城北，管驛門外，下接瀘州大角石水塘四十里。白廟子塘，在縣東二十里。方石塔塘，在縣東三十里。焦家壩塘，在縣東四十里。以上三塘俱縣城至納溪縣旱塘。拖船丫塘，在縣東南一百四十里。縣城至興文九姓旱路。"[②] 其中白廟子塘、方石塔塘、焦家壩塘這些具體的塘汛可與地方志相互印證，從中可以看出《四川全圖》所標注的地理內容都是有所依據。又如《郫縣圖》所標注的地名共有三十餘處，既有城内地名，也有城郊地名。城内外地名除縣治、常平倉、城隍廟、文廟、景德寺以外，還有僅當地才有的地名如郫筒井、鱉靈墓、何武墓、三道堰、犀浦場等，其中郫筒井在郫縣治内。（嘉靖）《四川總志》云："郫筒井，郫縣治内。"[③] 其後諸志均采此説法。（嘉慶）《四川通志》引《名勝志》云："池中土臺突起，方、圓二井，名鴛鴦井。"清陳聶恒《邊州聞見録》云："郫筒池雙井，相距五六尺，汲左則右有微瀾。"[④] 同時（嘉慶）《郫縣志》記載郫筒井在縣署，郫筒池後有考棚，有墨韵堂，在縣府東偏郫筒井北，而縣署居城中迤西。推測可知，郫筒井應在郫縣城中偏西、原縣署内東側。與（民國）《郫縣志》所記今在郫署之東偏恰相符合。《四川全圖》中的《郫縣圖》第一次在圖中標明了郫筒井所在方位。又如《重慶府（附郭巴縣）圖》除標注川東道、重慶府、巴縣、文廟、武廟、城隍廟、教場以外，還標注有五福宫。據（嘉慶）《四川通志》記載，五福宫，屬巴縣，在縣西一里，"乃城中最高處，俯瞰牖圜，坐帶江流"[⑤]。從地圖中可以看出，五福宫地勢確實爲城中最高。又如銅梁縣因特殊原因有兩座城池，《清史稿・地理十六》載："康熙元年，省銅梁、安居入合州。六十年，復置銅梁，以安居并入。"[⑥] 這在《銅梁縣圖》中清晰地描繪了出來。舊安居縣城位於銅梁縣東北，二城隔山阻水相望，控扼一方。《銅梁縣

① （清）黎學錦修，史觀纂：（道光）《保寧府志》卷六《輿地志・山川》，清道光二十三年刻本。
② （清）雷伊纂修：（乾隆）《江安縣志》卷一《山川》，清乾隆十五年刻本。
③ （明）劉大謨、楊慎纂修：（嘉靖）《四川總志》卷三《郡縣志》，明嘉靖年間刻本。
④ （清）常明等修，楊芳燦、譚光祜纂：（嘉慶）《四川通志》卷四十九《古迹》，清嘉慶二十一年刻本。
⑤ （清）常明等修，楊芳燦、譚光祜纂：（嘉慶）《四川通志》卷四十九《古迹》，清嘉慶二十一年刻本。
⑥ 趙爾巽等撰：《清史稿》卷六十九《地理十六・四川》，中華書局，1977 年點校本，第 2211 頁。

圖》不僅標有新城四至："北至遂寧縣界五十里，東至合川縣界八十里，南至永川縣界一百四十里，西至大足縣界一百二十里"，而且還標注從舊安居縣城出發，到達其他各縣之間的距離："安居至合川三十里，安居西北至大足縣界九十里，安居至銅梁縣三十里。"

從上可知，《四川全圖》所標注的地理信息都相當具體。儘管存在因不刻意追求繪圖的準確性而出現城牆形制、地理方位、里程遠近與實際情況不符等問題，但不可否認《四川全圖》所標繪的這些地理信息都是有所依據。董邦達作爲領銜的畫家肯定不可能親自到四川各地進行實地考察，但他們在圖中所標注的如此詳細具體的内容又不可能憑空捏造，肯定有所依據。民國二十年（1931）長寧梁正麟跋《四川全圖》就已提出這個問題，他推測："揣其命筆之前，必先之以調查，申之以討論，乃能若是之詳核無遺。"直到目前，學術界對這一問題的探討還没有多少進展。不過，我們可以通過其他間接材料推知《四川全圖》所依據的史料來源。

一是清代兵部檔案。清代兵部沿襲前代設職方司、武選清吏司、車駕清吏司、武庫清吏司等機構，其中職方司職掌之一就是管理各省輿圖，當然包括四川輿圖。此外，清代兵部武選清吏司負責各地險要、分别建置營汛等事務，車駕清吏司掌管全國馬政及驛傳等事務，武庫清吏司掌管全國兵籍、軍器等事務，清代兵部還專門設有文件房，儲藏檔案資料。這些機構職掌以及所掌管的資料都與《四川全圖》内容密切相關。尤其是清乾隆初平定金川叛亂，清廷一定會加强對四川各府州縣山川險隘、城池官署、鋪遞塘汛、軍隊駐防、糧食儲備等方面的統計和地圖繪製，可以推知《四川全圖》可能會利用到這些内部檔案資料。

二是清代内府政書檔案。主要是清代會典資料，如《清會典》，康熙、雍正、乾隆時都曾編修，乾隆所修《會典》另有"圖説"一百三十二卷。尤其是清代軍政類政書，主要記載有清代軍事機構、軍隊建置、武器裝備、軍馬供給、牧馬驛遞等内容，這些檔案中或許有大量關於四川的重要資料。

三是地方志資料。明清時期所修地方志是除以上檔案資料以外最有可能利用的文獻之一，其中明代現存有三部四川總志和二十餘部府州縣地方志，清乾隆時應該比現在能見到的明代四川方志更多。除山川等自然地理信息以外，其他地理信息過於陳舊，利用明代方志的可能性不大。在清代所修地方志中，最有條件可以利用的是清蔡毓榮等修、錢受祺等纂，康熙十二年（1673）刻《四川總志》和清黄廷桂等修，張晋生等纂、雍正十一年（1733）刻乾隆元年補刻（雍正）《四川通志》，以及清初至乾隆十三年以前所編纂的四川各府州縣地方志。大致統計清乾隆十三年及其以前有五十七種四川各府州縣方志可能會被利用到（一些不能確定具體成書於乾隆何年的地方志不在統計範圍之内）。

清初至乾隆十三年四川各府州縣地方志一覽表。

地名	書名	編纂者	版本	卷數
成都	（康熙）四川成都府志	（清）佟世雍修，何如偉等纂	清康熙二十五年鈔本	三十五卷
	（乾隆）雙流縣志	（清）黄鍔纂修	清乾隆八年刻本、鈔本	七卷
温江	（乾隆）什邡縣志	（清）史進爵修，朱音恬纂	清乾隆十三年刻本	十八卷首一卷
	（乾隆）漢州志	（清）張珽修，侯國棟等纂	清乾隆十一年刻本、清乾隆二十二年李識蒙、吴煌增刻本	十四卷首一卷
	（乾隆）新繁縣志	（清）鄭方城修，朱敦修等纂	清乾隆八年刻本	十四卷首一卷
綿陽	（康熙）龍安府志	（清）佚名纂	清康熙鈔本、民國二十一年鈔本	一卷
	（雍正）江油縣志	（清）彭址纂修	傳鈔清乾隆本	二卷
	（雍正）劍州志	（清）李梅賓修，楊端纂	清雍正五年刻本、鈔本	二十四卷圖一卷
	（康熙）蓬溪縣志	（清）潘之彪纂修	清康熙十一年刻本、康熙五十二年徐纘功增刻本	二卷
	（康熙）中江縣志	（清）李維翰等修，王一貞纂	清康熙五十四年刻本	五卷
	（乾隆）直隸綿州志	（清）屠用謙修，何雄齊等纂	清乾隆元年刻本、鈔本	十九卷
	（乾隆）遂寧縣志	（清）田朝鼎修，周彭年纂	清乾隆十二年刻本	八卷首一卷
	（乾隆）直隸綿州羅江縣志	（清）沈潛、闞昌言纂修	清乾隆十年刻本	十四卷首一卷
内江	（康熙）内江縣志	（清）徐嘉霖修，何思華等纂	清康熙二十五年刻本	二卷
	（雍正）樂至縣志	（清）楊佐龍修，舒華等纂	清雍正六年刻本	不分卷
	（康熙）資縣總志	（清）朴懷德修，周壯雷纂	清康熙二十五年刻本	八卷
宜賓	（康熙）四川叙州府志	（清）平廷鼎修，樊星煒等纂	清康熙二十五年刻本	六卷
	（康熙）富順縣志	（清）錢紹隆修，范澔纂	清康熙二十六年刻本	六卷
	（康熙）隆昌縣志	（清）錢振龍纂修	清康熙二十六年刻本	二卷
	（康熙）南溪縣志	（清）王大騏纂修	清康熙二十五年刻本	二卷
	（康熙）瀘州志	（清）王帝臣纂修	清鈔本	十二卷
	（康熙）叙永廳志	（清）宋敏學修，袁思恭纂	清康熙二十五年刻本、鈔本	二卷
	（康熙）長寧縣志	（清）宗讓修，宋肄樟纂	清康熙二十五年刻本、鈔本	二卷

續表

地名	書名	編纂者	版本	卷數
宜賓	（康熙）興文縣志	（清）宗讓纂修	清康熙二十五年刻本、鈔本	一卷
	（康熙）建武志	（清）張官紀修，劉世禄纂	清康熙二十五年刻本	一卷
	（康熙）珙縣志	（清）莊廷璋等纂修	清康熙二十五年刻本	一卷
	（康熙）高縣志	（清）王廷諆纂修	清康熙二十五年刻本	二卷
	（康熙）四川叙州府志慶符縣志	（清）丁林聲修，王之熊纂	清鈔本	二卷
	（康熙）筠連縣志	（清）丁林聲纂修	清鈔本	不分卷
樂山	（康熙）嘉定州志	（清）張能麟修，彭欽纂	清鈔本	五卷
	（康熙）夾江縣志	（清）李大成修，田樟等纂	清鈔本	六卷
	（乾隆）犍爲縣志	（清）宋錦修，李拔纂	清乾隆十一年刻本	九卷
	（康熙）峨眉縣志	（清）房星著修，楊維孝纂	清康熙二十四年刻本	八卷
	（乾隆）纂集仁壽全志	（清）佚名纂	傳鈔清乾隆四年寫本、民國鈔本	二卷
涪陵	（康熙）重慶府涪州志	（清）董維祺修，馮懋柱纂	清康熙五十三年刻本	四卷
	（乾隆）墊江縣志	（清）丁漣修，楊錫麟等纂	清乾隆十一年刻本、清乾隆二十二年增補本	八卷
	（乾隆）南川縣志書	（清）陸玉琮纂修	傳鈔清乾隆十三年刻本	不分卷
江津	（乾隆）合州志	（清）宋錦、劉桐纂修	清乾隆十三年刻本	八卷
	（乾隆）璧山縣志	（清）黄在中修，夏璲纂	清乾隆元年刻本	二卷
	（乾隆）榮昌縣志	（清）許元基纂修	清乾隆十一年刻本	四卷首一卷
萬縣	（康熙）巫山縣志	（清）佚名纂修	傳鈔清康熙五十四年刻本	不分卷
	（雍正）巫山縣志	（清）佚名纂修	清雍正年間刻本	
	（乾隆）夔州府志	（清）崔邑俊修，楊崇、焦懋熙纂	清乾隆十一年刻本	十卷
	（乾隆）萬縣志	（清）劉高培修，趙志本纂	清乾隆十一年刻本	四卷
	（乾隆）開縣志	（清）胡邦盛纂修	清乾隆十一年刻本	不分卷
	（乾隆）大寧縣志	（清）閻源清修，焦懋熙纂	清乾隆十一年刻本	四卷
	（乾隆）奉節縣志	（清）鄭王選修，王良弼纂	清乾隆十年活字本	四卷
	（乾隆）雲陽縣志	（清）劉士縉、曹源邦修，陳嘉琅纂	清乾隆十一年刻本	四卷

續表

地名	書名	編纂者	版本	卷數
南充	（康熙）順慶府志	（清）李成林修，羅成順等纂	清康熙二十五年刻本、康熙四十六年袁定	十卷
			遠增補刻本、嘉慶十二年黄銑補刻本	四卷
	（乾隆）營山縣志	（清）李榕纂修	清乾隆八年刻本	
達州	（乾隆）直隸達州志	（清）陳慶門纂修，宋名立續纂	清乾隆七年刻十二年增刻本	四卷
	（乾隆）東鄉縣志	（清）孫鑛纂修	傳鈔清乾隆六年刻本	二卷
	（乾隆）渠縣志	（清）李雲驌纂修	清乾隆五年刻本	四卷
雅安	（乾隆）雅州府志	（清）曹掄彬等修，曹掄翰等纂	清乾隆四年刻本、嘉慶十六年補刻本	十六卷
			清光緒補刻本、舊鈔本	
	（康熙）蘆山縣志	（清）楊廷琚、劉時遠修，竹全仁等纂	傳鈔清康熙刻本	二卷
	（康熙）蘆山縣志	（清）楊廷琚、劉時遠修，竹全仁等纂	民國年間鈔本	
	（乾隆）榮經縣志	（清）勞世沅纂修	清乾隆十年刻本	九卷首末各一卷

這些在乾隆初年各地所修方志是否成爲繪圖者參考的依據，可通過兩者之間的地理信息進行對比，方能得出結論。不過，當時能够更爲方便利用的志書是收入《四庫全書》的（雍正）《四川通志》，該書比較全面、集中地反映了四川各地歷史地理情况。我們通過《四川全圖》所標注的地理信息與（雍正）《四川通志》相關部分進行比較，發現在内容上二者之間高度重合。如《直隸眉州圖》將旌嘉院繪於州城西側醴泉山上。在（康熙）《眉州屬志》中，没有旌嘉院，而有旌喜院，而（雍正）《四川通志》未記旌喜院，而記載了旌嘉院[①]，雖然“喜”和“嘉”字形相仿，但《直隸眉州圖》正好與（雍正）《四川通志》相同，可能并不是偶然字形相近所致。又如《叙州府圖》標注有五泉寺和報恩寺，在宜賓城外東邊，與宜賓城隔江相望。（康熙）《四川叙州府志》提到“五泉寺，治東北，今毁”[②]，而（雍正）《四川通志》卷二十八下記載“五泉寺，在縣東北”[③]，并無損毁等語，或已重修，《四川全圖》中所繪與（雍正）《四川通志》相符合。當然，我們在對比中也發現《四川全圖》與（雍正）《四

① （清）黄廷桂等修，張晋生等纂：（雍正）《四川通志》卷二十八下，影印文淵閣《四庫全書》本。
② （清）何源濬修：（康熙）《四川叙州府志》卷一《寺觀》，清康熙年間刻本。
③ （清）黄廷桂等修，張晋生等纂：（雍正）《四川通志》卷二十八下《寺觀》，影印文淵閣《四庫全書》本。

川通志》存在不一致的情况，如《閬中縣圖》標注四至："南至銀井場，交南部縣界三十里；東至孫家洞，交巴州界一百四十里；西北交施店驛界，計程一百四十里；西交羅家坪界。"與（雍正）《四川通志》所記載的四至"（閬中縣附郭）東西距一百二十里，南北距六十里。東至順慶府儀隴縣界六十里，西至潼川府鹽亭縣界六十里，南至南部縣界三十里，北至蒼溪縣界三十里，東南至順慶府儀隴縣界六十里，西南至潼川府鹽亭縣界六十里，東北至巴州界一百八十里，西北至蒼溪縣界三十里"① 有明顯不同。從中可見，繪圖者完全參考方志的可能性也不大。以上關於《四川全圖》史料來源問題只是進行了初步分析和推測，有必要對此作更深入的探討。

《四川全圖》作爲現存四川省孤本彩繪地圖集，自成書之日起至今已有二百七十餘年的歷史。爲了更好地傳承中華優秀傳統文化，加强對傳世典籍的研究和利用，四川大學圖書館再版影印這部珍貴文獻，必將有力地推動相關學術研究工作的深入開展。

（作者單位：四川大學圖書館；四川大學歷史文化學院）

① （清）黄廷桂等修，張晋生等纂：（雍正）《四川通志》卷三上《疆域》，影印文淵閣《四庫全書》本。

蜀學學案之劉光第
——《清儒裴村學案》整理記

鍾永新

内容提要：學案是記述學派源流及其學説内容并加論斷的著作，從此角度研究戊戌六君子之一劉光第的文章并不多見，及後見閱近代蜀籍學者甘蟄仙撰有《清儒裴村學案》。文章通過對蜀學學案關於劉光第的《清儒裴村學案》進行收集整理、録入校訂，正確認識《清儒裴村學案》開創之功，以期裨益蜀學學案研究。

關鍵詞：蜀學；學案；劉光第；《清儒裴村學案》

學案是記述學派源流及其學説内容并加論斷的著作，從此角度研究戊戌六君子之一劉光第的文章并不多見，及後見閱近代蜀籍學者甘蟄仙撰有《清儒裴村學案》，發表於《晨報副刊》1923年第179、180、181期，本文鮮有資料引用提及，當時印行的甘大文《國故思想大略》鉛印本裏面也未收録。

關於甘蟄仙（甘大文）的生平情況，在筆者所作《北京蜀才甘大文學行記》裏有簡略介紹，可參閲。其生命雖短暫，却留下許多較有學術影響的作品。

該學案分爲三部分：一、事迹；二、學説；三、附注。據其自述撰寫緣起於1923年，由於甘大文的老師梁啓超撰寫“清儒學案”時，在《戊戌六君子遺集》裏没有看到劉光第集，故垂詢甘大文有無見閲。而後甘大文還蜀，得到成都昌福公司出版的“蜀藏”系列《劉楊合刊》，收録有劉光第《衷聖齋文集》，甘大文通過手抄得以整理完成劉光第事迹，編成裴村學説，在寄給梁啓超前，他先寄給《晨報》刊布，以供清史研究參考。

第二部分内容豐富，甘大文指出“裴村先生，理學家也，服膺宋儒，而能兼采漢學家之長”，再多以劉光第的書信和文章觀點來論證，見解頻出，如“其社會觀以類化爲要著，故貴轉移風氣，不爲風氣所轉移”“其政治觀以人治爲前提，故不措重於機械的法治論或唯物觀”。

又指出劉光第論列國學重要書籍，“以‘六經’爲‘群書之扃鑰’，‘四子’爲‘六經之權衡’”，評價劉光第可謂方望溪以來第一人。不過甘大文没有見到中華書局 20 世紀 80 年代出版的《劉光第集》收録的《都門偶學記》，該文記録劉光第居京讀書心得，可彌補展示劉光第的學人形象。

附注部分有五，爲甘大文根據《晨報副刊》當時學人文章進行闡發。先評丁在君（丁文江）的《論玄學與科學》，認爲丁氏觀點偏激，因未言及晚清理學，即康、梁、譚、劉等；再評梁漱溟的《東西文化及其哲學》，雖然梁氏頗注意康有爲、梁啓超學説，十分欣賞心齋先生，但梁氏所得出的見識觀點，劉光第早有撰寫論叙；接着又述及梁漱溟觀點，認爲康、梁對東崖、心齋學説的見解遠甚梁漱溟；接着分析張君勱的《再論人生觀與科學》，認爲張氏提倡新宋學較爲剀切，但劉光第對宋學的言論更爲發人深省；最後以甘蟄仙的《唯美的人格主義》來説明學術人物的人格美，進而肯定劉光第服膺宋學，具有新宋學的美善精神。

歸結而言，對於晚清理學，甘大文自稱最尊康、梁、譚、劉四人，認爲“裴村先生在理學史上地位，其重要實等於宋之魏鶴山、明之來瞿唐”。魏、來也是蜀人，鶴山私淑晦庵，瞿唐私淑陽明，在《宋元學案》《明儒學案》分别對兩人都給以相當地位，而梁啓超計劃撰寫的“清儒學案”則擬收劉光第，對此甘大文不禁額手稱慶。

文末提及甘大文自京未回川之際，曾前往劉楊故宅徘徊以臨風致吊，後來其雖然未完成自己的研究著述，如《新修陽明學譜》，却整理完成《清儒裴村學案》，具有一定的開創之功，特録入校訂，以期裨益蜀學學案研究。

2018 年 2 月 27 日

附録：甘蟄仙《清儒裴村學案》（專著）

一、事迹

劉先生，名光第，字裴村。自先人忠於宋，耻仕元，避居長汀，後還武平。入蜀，居富順，遂世爲富順人。

先生之世次學行，具見所著《衷聖齋文集》中。

《文集・先大父家傳》："嗟乎！吾劉氏自先人忠於宋，耻事元。由江西瑞金避地汀州，居長汀者一世，遷武平者十六世。"

《文集・曾大父家傳》："吾武平劉氏，自入蜀來，居富順縣東三十里之盧家辯，百餘年而遷觀音灘，去盧家辯四十里。又二十年而遷趙化鎮，去觀音灘三里。其間居盧家辯者二世，自吾高太祖始。觀音灘一世，自曾大父。趙化鎮今且三世，自吾大父始。"

曾大父祖湖公。

《文集・曾大父家傳》："曾大父諱祖湖，即徙觀音灘者也。"

大父聯桂公。

父贈中憲公。

《文集・贈中憲公家傳》："公諱宗准，號永茂，聯桂公之次子也。配王恭人。……公以光第官，誥贈中憲大夫刑部主事，加四級，王恭人，誥封恭人。"

咸有衝操。

先生五歲解事。

《文集・先大母事略》："光第五歲時，嘗冬夜起溲，立燈檠下，剔殘焰自照，未敢驚大母。大母隨起，光第止之。异日，大母見家人及諸親戚，輒遍告之，稱：'吾孫大解事，昨言：大母請無動，恐招凉致疾。'……"

六歲問天，驚其長老。

《文集・先伯泉溪公家傳》："泉溪公，諱宗匯，光第世父也。……光第方六歲，公偶携以他出，因指視道里之數。光第叩以：'道里何盡?'曰：'盡天邊。'曰：'天邊爲數幾長短?且數亦豈無盡時。今欲究其盡，用何法?'公笑而不答。歸，大呼家人曰：'速將鋤頭來，是兒問人，直須掘得根子去也！'由是酷愛光第，頗購書籍焉。光第得窺陳編，以略識聖賢之意，公實開之。……"

十二歲而書宋人語滿壁，贈公見之大喜。

《贈中憲公家傳》："光第十二歲時，偶書宋人語滿壁。一日，王恭人見誨曰：'汝父見汝壁上書，頗喜動色，以爲汝知好學……汝其勉之。'"

十七歲時，讀書，家窘甚。其母王恭人指"豆花"訓示先生，以堅其所守，且賣屋而買書焉。

《文集・先妣述略》："先妣嘗指謂光第曰：'汝父曾言，後汝須貴。若果然，其無忘今日啖豆花時乎！'豆花者，吾鄉呼菽乳之未壓者也。此時，光第十七歲矣。讀書家益窘……至賣屋而買書焉。"

應童子試，邑侯陳洛君（錫鬯?）奇其才，厚遇之，益得壹志讀書。

《文集・送陳洛君先生序》："光第，先生縣試時拔士。謬蒙期推，以訓以養。"

光緒庚辰，先生入學，充附生，游學成都。

《先妣述略》："歲己卯，光第應督學試，發出復落。……次年，光第得入學，充附生。

先妣即命光第挈弟光筑（?）游學成都。”

壬午，學於鄉。癸未，聯捷成進士，授刑部主事。

《先妣述略》：“……光第舉壬午鄉試，先妣顧心歡，無别離可憐之色。驅光第北上試禮部，而光第蒙先人之澤，遂得登進士，官刑曹。”

《文集・王太恭人家傳》：“子三人：長光第，癸未進士，刑部主事……”

仕優則學，閉户潜修，不與時流所謂名士通。

新會梁任公著《劉光第傳》：“官京師，閉户讀書，不與時流所謂名士通，故人鮮知者。”

乙酉，丁母憂回籍，丁亥十月，與先贈公合葬。讀禮之餘，有問學者，亦裁答焉。

梁著《劉光第傳》：“光緒二十年，以親喪去官，教授鄉里，提倡實學，蜀人化之。”大文謹案：“二十年”宜作“十一年”。是年乙酉三月，王恭人卒，贈公以同治壬申十一年卒。

戊戌二月，康南海開保國會於京師，先生實贊成之。七月，以湘撫陳寶箴薦，德宗召見，加四品卿銜，充軍機章京，參預新政。由是得交瀏陽譚復生，復生以爲京師所見高節篤行之士，罕其匹也。

梁著《楊鋭傳》：“今年（戊戌）二月，康先生倡保國會於京師，君與劉光第皆爲會員。”《劉光第傳》：“……南海先生開保國會，君翩然來爲會員。七月，以陳公寶箴薦，召見加四品卿銜，充軍機章京，參預新政。初君與譚君尚未識面，至是既同官，又同班，則大相契。譚君以爲京師所見高節獨行之士，罕其比也。”

有曾廉者，上書誣告康、梁，深文羅織之。德宗將其摺交裕禄命轉交譚君命按條詳駁。復生駁語云：“臣嗣同以百口保康、梁之忠。若曾廉之言屬實，臣嗣同請先坐罪。”先生與復生同班，乃并署名曰：“臣光第亦請先坐罪。”復生大敬而驚之。先生微笑曰：“僕不讓君獨爲君子也！即微皇上之命，亦當傾身以救之矣。”於是復生益大服先生。

參照《劉光第傳》。

未幾，禍作，四卿同被逮下獄。

蜀人官京曹者，欲聯名具疏訟先生及楊君叔嶠寃——叔嶠名鋭，綿竹人，四卿之一也——會獄急，又刑部未取訊，方奏請重臣會訊，獄詞未具，不得上。

先生在獄，猶誦《朱子全書》及《周易》。自念曰：“吾屬無過，或不難一訊而明?”

八月十三日，詔下。使首提先生等六人自西門出。先生，老於刑部者也。詫曰：“未訊而誅，何哉?”旋太息曰：“吾屬死，正氣盡矣!”

堂上官命跪，先生不可，皂役捺先生，先生崛然。叔嶠：“裴村跪，跪，遵旨而已。”先生乃跪。就西市時，神氣衝夷，澹定如平日，觀者莫不揮涕。

參合梁著《劉光第傳》及高著《劉楊合傳》。

先生氣節峻厲，一介不苟，落落寡交游，而雅好山水。

梁著《本傳》：“禮親王軍機首輔，生日祝壽。同僚皆往拜，君不往。軍機大臣裕禄擢部尚書，同僚皆往賀，君不賀。謂時事艱難，吾輩拜爵於朝，當劬王事，豈有暇奔走媚事權貴者哉！——其氣節嚴厲如此。”

高著《合傳》：“性廉介，非舊交，雖禮饋皆謝絶。既入直樞府，某藩司循例饋諸章京，君獨辭却。或曰：人受而君獨拒，得毋過自高乎？君赧然謝之。尋常燕會酒食，亦多不至。”

《本集 • 南郭看竹記》：“余豈敢游覽自多？但當繁擾場中，抽身片時，亦得清涼不少。”

既浮江漢，登覽西山匡廬諸勝。彌復睠懷鄉關，常思“青鞋布襪，踏嵩高華嶽而歸。戢影邱園，抱經牧犢”以終老。

《劉楊合傳》：“性喜游覽，家居即游峨眉、方山諸勝。既入都，凡西山勝迹，靡不至。又嘗……道出粵東，西浮江漢，登匡廬。獨持雨蓋蠟屐，懷餅餌，往至山巔。見虎食人，血肉狼藉。其夕避雨宿古寺。明日，得一牧竪導之，乃歸。”

《本集 • 上張安圃師書》：“方且徘徊市朝，冀氣機之斡轉。有如大廷盡易賢人君子，穆穆布列，維新守舊，咸得其宜。庶幾西川邊徼，不見奪於外人。然後青鞋布襪，踏嵩高華嶽而歸。戢影邱園，抱經牧犢，長爲聖清太平之民已矣。”

性愛竹，謂“其勁枝媚葉，高情逸致，若偉丈夫掀髯慷慨而論當世之務，若仙女之乘鸞而回翔，若古衣冠大儒正立而不倚，若伯夷陶潛遠舉出世而不可即”——儼然聖之清者焉。

《本集 • 南郭看竹記》：“猶記少時見有竹處，便流連永日。永日不食不饑也。吟嘯不輟，神氣灑然。自謂過魏晋間人，著《愛竹説》一篇以見志。今玆棖觸，舊緒一新。”

“勁枝媚葉”以下數行，泰半根據此記。

先生惡京師塵囂，於近郊僦廢圃，有茅屋數椽，籬落環焉，躬耕課子，怡然其樂。

其夫人志趣亦同，凡炊爨灑掃之役，皆夫人率子女操之。自入都至歸，凡十一年，未嘗一出門與鄉人眷屬答拜。——宅中唯一老僕守門而已。

《本集 • 余淑人壽序》：“末世人心競敝，倫秩乖違。京曹絜家者，往往濡染汙習，崇其口體，縱其嗜欲，驕其心態，以凌轢其儕偶。或則呼朋結會，張華燈，敷綺席，博戲以飲，笑聲達於閫外。爲之夫也者，至有甘爲傭奴，受唾斥。一聞虎婦之聲，輒變色而栗，忍視其搏噬，傷已天親而不敢救。甚者，香車綉軿，奔走權門，結歡要人妻妾，或致孝於其母，盡殷勤，務生其愛。陰藉睹妝炫服，甘言善睞，以當丐攘富貴之具。傳説怪駭，不可究詰。一朝有故，當返鄉里，持淡泊，則涕泣不肯歸去。此其關係豈淺小哉？貨利聲色之故，中於人心者既深。由是風俗之敗，先見閨門。而包羞亡耻，寖以及國，國乃不可問矣。”晚清官場之現狀，於此可見一斑。

《本集 • 王太恭人家傳》：“一日，光第正理書而説之。光第之婦，抱幼女才一歲，侍坐於旁。見恭人（先生之母）泣，則亦泣。幼女亦泣以號。光第乃至廢書，不能竟説哽咽，至今，未能忘此情也！”先生夫人之修養，於此可見一斑。

先生既授命，鄉人某某出巨金斂先生及叔嶠君。寄柩蓮花庵。朝官公車，無一人不來吊。外省來吊，亦百數十人，皆相向痛哭。其夕有人叩門遺百金，夫人力辭之。有遣僕致賻者，自先生寓出，告人曰：“劉夫人如老嫗，帳被貧窶，乃不似一官人。”

參看《劉楊合傳》。

識者謂夫人能安苦節，其於先生，若瞿夫人之於陶靖節，後先相輝映雲。

先生工詩古文辭，所以皆肖其性情以出，痛矯末流虛車之飾。詩宗老杜，文在韓歐之間，清儒惟方望溪堪與抗手，而詩不之逮。

梁著《劉光第傳》："博學能文詩，善書法，詩在韓、杜間，書學魯公，氣骨森竦，嚴整肖其爲人。"

（甘蟄仙著《評五十年來中國文藝》第八章，專評裴村之詩。）

先生理學，以朱子爲入道之基，而欵周程張卲之關，以進窺孔曾思孟之奥。其詳俟後方述之。以身遭大難，故其學不昌於時。

先生見殺之十年，而德宗崩，溥儀立。

又三年宣統辛亥，革命軍起，清帝遜位，民國成立。

民國十二年癸亥（1923）吾師新會梁飲冰先生，方撰《清儒學案》，以坊行《戊戌六君子遺集》中，無《裴村文集》也，就大文而垂詢焉。大文鄉居時，曾得蜀藏《衷聖齋文集》，而手鈔其嘉言。北游來，久欲發潛德之幽光而未能也。今且還蜀矣！乃就見聞所及，倚裝草其"事迹"，并"學説"爲一編，顔曰"裴村學案初稿"。將呈師精削，而先寄《晨報》刊布之，以備海内有志修清史、述清學者覽觀焉。

二、學説

裴村先生，理學家也，服膺宋儒，而能兼采漢學家之長，其論《小學》，於《蒙養》《訓詁》，未嘗有所偏廢。

《衷聖齋文集·與車繼武書》："既由漢之小學通訓詁之微，更以宋之小學補蒙養之缺，通儒純儒，一舉皆得。"雖勉友生，不啻自道。

《文集·宜昌與華弟書》："多讀經書，多講究宋人理學書。"

而提挈"本體"尤力。

《宜昌與華弟書》："志士苦心，所期遠大。讀書明理，徵效治澤，推諸位育，無非本體。但我輩中材以下，欲求復初，不可一日無學耳。"

以爲學也者，所以求明吾心之本體也，故其事止在"體認躬行"，而"聲聞不與"。

前書："學問之事，止在切身。日用倫常，而聲聞不與，惟望吾弟先立大志，聖賢事業，皆已所當爲，已所能爲，非如名位爵禄，憑人予奪，已持權不得也。"

《文集·書贈唐晋淵》："聖賢教人，無非欲其體認躬行，以馴至乎其極而已，曷嘗有他道哉？"

“體認躬行”之道，不外“澄心觀理，主敬存誠”。

《書贈唐晋淵》：“吾人今日爲學，只有閉户讀書，澄心觀理，不奪於邪説，不摇於俗尚。沉潜反復，涵養既深，馴至道明德立，然後徐出所學，以爲海内同志相質證。德必有鄰，朋來自遠，樂何如耶？”又云：“主敬存誠以爲本。”

工夫存乎“自修”，歸宿要於“盡己”，務實修其“天爵”，以兼善群生，毋或役於外物，而奪厥素守。

《書贈唐晋淵》：“獨善兼善，一視窮達，天爵人爵，無貳古今。要在自修以爲己，無流爲小人儒，斯善矣。”

《與車繼武書》：“舜禹之心，天下無與，展氏守介，三公不易。内有足重，外者自輕。吾人爲學，盡己而已。”

《報友人書》：“吾人爲學，凡一切聲色貨利，可以害吾身心者. 譬諸敵國，直須作勁敵當前，逼近臨危，窺探偵伺，我有一毫罅隙，少不提覺，即爲所乘，故既籌備禦之方，尤先資杜遏之力。”

然非“收拾之心”，無以堅其所守，非“徵效治澤”，無以盡其在己。

《文集·與菜根香館同學書》：“日來所作功課，以收拾放心爲第一要著，浮名虚妄，切忌關懷，摩厲品行，涵養道德，總須從謹言慎行起步，最有把握，最易考驗，不可虚混時日，悠忽自將，最爲至望。”

《與王定熙甫書》：“窗下用功，不拘形迹，但求實有心得，卓然爲有用之學，庶非玩物喪志者可比。”

《宜昌與華弟書》：“徵效治澤。”詳前。

其社會觀以類化爲要著，故貴轉移風氣，不爲風氣所轉移。

其政治觀以人治爲前提，故不措重於機械的法治論或唯物觀。

《在京與正之書》：“昔人云，風氣之變，在一二人轉圜之，維持之而已。”

《送陳洛君先生序》：“今日公家之誼，亟在得人而自强，不得其人，則教與養，守與變，皆將有名無實，而國乃愈弱。”

政治改造，社會改造，非可徒諉肉食者謀之也。程子論愛物濟人，植本於一命之微，亭林論天下興亡，遺艱於匹夫之賤，先生嘗曰：“匹夫發憤，精氣動天地。”聞其風者，雖懦夫亦可以有立志矣。

《送陳洛君先生序》：“匹夫發憤，精氣動天地。矧乃負英略，握忠直，自强之士，而苟爲媮苟以圖名位者乎？”

先生以爲欲成此地當時之務，在乎“得人而自强”，欲發揚歷史的民族精神，尤貴“擇術止而知所重”。

《賴義士傳書後》：“明有天下幾三百年，風俗最爲近古，其取士之途甚隘，而士氣之烈，上凌千載，其間屢被暴君、奸相、逆閹、流寇之禍，分裂夷滅之窮慘酷毒，九死而不悔。即我大清入關，於爍神武，薄海咸答。迄於天下大定，而所謂成仁取義之倫，無上下、貴賤、老弱、婦女、傭保、乞丐，十餘年後，猶然自分以必死者，所在相望不絶，爲前世未見，豈天之生是節烈，獨私於一代哉？上專以孔、孟、程、朱之道教人，下之服習者。深而且廣，是以耳目口舌四肢百骸之間，皆被有禮義廉耻之氣，蒸濡浸灌，相習而忘，故能衽席於砧釜，壽考於虀碎，無他，其心之所安一也。”“嘗謂聖人之道，銷毁歇絶，千有餘歲，而大顯於宋，又推衍之數百歲而昌於明，顯於宋而孔、孟之道大著，昌於明而程、朱之道大行。固由運會使然，抑豈非主持世教者，擇術正而知所重，得以大收儒術之效哉？”

既以儒家哲學之眼藏，觀察宋明時代發展之轍迹，復以孔、孟、程朱之學説，爲培養全國人生活力之滋品，卓識慧眼，方望溪以來一人而已。

先生論列國學重要書籍，以《六經》爲“群書之扃鑰”，《四子》爲“六經之權衡”，謂宜先讀《宋五子書》。五子者，濂溪、明道、伊川、橫渠、康節也。（按：原文周、程、張、邵并舉，故不去康節，益晦庵。）而尤要在以晦庵爲第一私淑大師。

《書贈唐晋淵》：“《六經》《四子》尚矣，《六經》，群書之扃鑰。《四子》，六經之權衡也。此外當先讀者，則莫如《宋五子書》，而朱子又集大成者，以朱子爲入道之基，猶以四子爲入德之門，由四子入，而群經有所折衷，由朱子入，不惟可款周、程、張、邵之關。其後之有見於四子也，亦倍親切。”

夫晦庵、陽明，二派分流久矣。然先生服膺晦庵，未嘗攻擊陽明，與飲冰師之尊尚陽明，而兼擅程朱之長，實殊途而同歸焉。

《衷聖齋集·送陳洛君先生序》：“陽明弭道南贛，似亦今所急務。”按：陽明之事功，於此可見一斑。至其“良知”之説，出於孟子。固亦有得於象山，實乃深契於明道。故歲在崇拜“河南程夫子”者，亦不能不瓣香陽明也。

《飲冰室集·中國學術思想變遷之大勢》，最近世之學術：“南海康先生少從學於同縣朱子襄先生（次琦）。朱先生講陸王學於舉世不講之日，而尤好言歷史法制得失，其治經則綜糅漢宋今古，不言家法。”

《飲冰室集·三十自述》，梁任公與陳通甫再謁南海：“請爲學方針，先生乃教以陸王心學，而并及史學、西學之便概，自是决然舍去舊學，自退出學海堂，而間日請業南海之門，生平知有學，自兹始。”

世有欲研究晚清的新宋學之真相者，儻亦有取於斯！

三、附注

附注一：丁在君之《玄學與科學》，其批判中國的“精神文明”，語雖未免偏激，然其謂：“提倡内功的理學家，宋朝不止一個，最明顯的是陸象山一派。……明朝陸象山的嫡派，是王陽明、陳白沙，到了明末，陸王學派，風行天下。……到了今日，宋元明言心言性的餘燼，又有死灰復燃的樣子。……”（今年五月五日，《晨報副刊》）尚與事實相近，而未言及晚清之理學者，獨何歟？

附注二：梁漱溟之《東西文化及其哲學》，謂：“講經家中有所謂今文家者出，到康長素、梁任公益呈特彩。”似頗注意康、梁，漱溟自言：“據我看來……惟晚明泰州王氏父子、心齋先生、東崖先生爲最合我意。心齋先生以樂爲教，而作事出處甚有聖人的樣子，皆可注意處也。”（原書一八一頁）足徵此君得力所在，即余亦嘗有味於心齋之學説。然先輩頗有在二十餘年前，早已見及者，亦不能毫無所述也，裴村先生之治宋學，由朱子入，然於明代王學鉅子心齋。亦嘗稱其“以鹽丁而師事王陽明……能奮起庸未間，親炙大師，成就德業，垂名於身後。”（《衷聖齋文集・彭君子文壽序》。）至謂“將必有觀感而興焉者”，似乎又開漱溟之先矣。

附件三：漱溟有所自得，誠不必援引他家之説。然彼所認爲“益呈特彩”者，似亦未能看出“特彩”之所在，何也？漱溟云：“他們（康、梁）歡迎了反乎孔子的人生態度思想進來。他們把孔子、墨子、釋迦、耶穌、西洋道理，亂講一氣，結果始終没有認清那個是那個。”（《東西文化及其哲學》一九六頁）其是否“始終没有認清”、是否“亂講一氣”姑無論。但既言“特彩”，即宜標舉實例以證明之。大文謹按：康南海十年前所爲“中國顛危誤在全法歐美而盡棄國粹説”，“……心齋主學樂自然……以今觀之，真天人哉，歐美豈聞此。……”新會先生二十年前所撰《德育鑒》，節本《明儒學案》，案語，於泰州王氏父子之學，言之極爲精要。《德育鑒・知本篇》云：“啓超謹案，黄梨洲著《明儒學案》，以心齋一派别爲泰州學案，若外之於姚江者然。心齋實王門龍象也！其學以樂爲本體，《論語》所謂好之不如樂之，《孟子》所謂自得之則左右逢源。故氣象之光明俊偉，王門罕其倫匹。”又云：“啓超謹案：東崖……專挈本體，純任自然。自是心齋衣鉢。”節本《明儒學案・泰州學案》語，云：“明道謂‘邵康節豪傑之士’。若泰州諸賢，皆所謂豪傑之士也，觀心齋父子之所證，何其與康節相肖！”是知康、梁瞭解泰州學説之眼光，遠在後賢之上，以漱溟之聰明，而交臂失之，惜哉！

附注四：張若勱之《再論人生觀與科學》：“兹更舉吾之立脚點……心性之發展，爲形上的真理之啓示，故嘗提倡新宋學。”“……在君知之乎，當此人欲横流之際，號爲服國民之公職者，不復知有主義，不復知有廉恥，不復知有出進退之準則，其以事務爲生者，相率於放棄責任，其以政治爲生者，朝秦暮楚，苟圖飽暖，其且爲一己之私犧牲國家之命脉而不惜？若此人心風俗，又豈碎義逃難之漢學家所得而矯正之乎？誠欲求發聾振聵之藥，惟在新宋學之復活，所謂實際上之必要者此也。”（今年五月十四日，《晨報副刊》。）其言剴切爽朗，吾觀裴村先生之言論，最足發人深省，尤非“碎義逃難之漢學家”可比也。

附注五：甘蟄仙之《唯美的人格主義》：“歷史上偉大人物的行爲，其態度無論積極消極，都是美的人格底表現。……美的表現，不妨析爲壯美與優美兩樣。兩樣析觀，對待平等，可説是相對美，調和二者歸於一致，便可説是絶對美。絶對美的作用，常成相對美。……其在宋明理學界，明道、康節、象山、陽明，比較上壯美的色彩較顯著。伊川、横渠、君實、晦庵，比較上優美的色彩較顯著。清代學者顧亭林、張楊園、陸桴亭篤守程、朱之學，制行亦有幾分類似。而清初‘三大儒’、黄梨洲、孫夏峰、李二曲，皆宗陸、王之學（亦間涉及程、朱），二曲晚節，孫、黄早年的行誼，均壯美可觀。晚清則有譚復生、劉光第，光第服膺朱子，復生篤好横渠。與二十餘年前的康、梁，宗尚陸、王，同具新宋學（王出於陸，亦可説是宋學）的美善精神……各皆有其不朽的人格美，各皆堪受‘爲人格美而愛人格美’者的服膺……”（今年五月四日，《晨報副刊》。）

大文於晚清理學大師，最尊康、梁、譚、劉。

康譚之學，曾詳梁先生《清代學術概論》中。

梁先生此書第二十三、二十四兩章專叙南海之學，第二十七章專叙瀏陽之學，其第二十五、二十六兩章則梁先生自述也。而裴村不與。

梁先生著《劉光第傳》論：“裴村之識余，介□□□先生，□□先生，有道之士也。余以是敬裴村。……與裴村未稔，故不能詳記行誼。”

大文以爲裴村先生在理學史上地位，其重要實等於宋之魏鶴山、明之來瞿唐。

《二曲全集・卷八・讀書次第》（李士瑸手録，二曲先生口授）：“謹案……來，本蜀人，西蜀自楊子雲、薛翁以來，世傳象數之學，來生於其鄉，當隆萬間，絶意軒冕，入求（大文謂：‘求’宜作‘虬’。）溪萬山中，研精覃思，幾三十年，而後有悟於錯綜之旨，勒爲一注，共十六卷。……剖象外之藴，晰卦畫之隱，還當以來注被參考。”

《宋元學案・鶴山學案》（黄宗羲原本，全祖望修訂）：“祖望謹案……梨洲曰：‘鶴山之卓犖，非西山之依門傍户所能及。’余以爲知言……”

鶴山私淑晦庵。

《鶴山學案》：“祖望謹案，嘉定而後，私淑朱張之學者，曰鶴山魏文靖公。”

瞿唐私淑陽明。

《明史》：“知德，字矣鮮，……其學以致知爲本……所著有……《心學晦明解》……”

瞿唐先生著《心學晦明解》：“……若論程朱陽明之品，俱千載豪傑，泰山北斗，皆某之師範也。……陽明在今日之儒，乃聰明之極者，但立論傷於太快，略欠商量。——陽明亦未嘗議朱子之人品也，亦議其理而已。……不得已也，爲世道計也。伊尹之非予覺之而誰，孔子之文不在兹，孟子之舍我其誰，皆不得已也，世莫我知，不得不自任也……”

昔之作《宋元學案》《明儒學案》者，於二公均曾給以相當之地位焉。

《宋元學案·鶴山學案》，詳前注。

《明儒學案》，梨洲先生著，《瞿唐學案》見諸儒學案中。

吾是以於飲冰先生《清儒學案》之作，而竊爲裴村之學，額手稱慶也。

裴村、魏、來，三先生皆爲蜀人。而瞿唐先生之故宅，距大文家僅百六十餘里，早歲嘗往謁墓。

謁來瞿唐墓詩，在大文《庚申日記》中。

近編《瞿唐年譜》，在屬稿中。

前引，瞿唐《心學晦明解》，即明萬曆十年庚寅（1582）先生客虬溪作也，時先生六十六歲。

進而重編《陽明年譜》。

飲冰先生（半年前）《示大文書》：“吾夙有志重撰《陽明年譜》，久未著手，弟盍試爲之?”大文遵焉，在屬稿中。

俾與《朱行年譜》平行。

飲冰先生近著《國學入門書要目及其讀法》：“《朱子年譜（附朱子論學要語）》，王懋竑著。此書叙述朱學全面目，最精要有條理。”

亦所以兼善朱王，而自爲受用也。

大文舊稿《二曲全集跋》：“中孚先生……即體爲用……兼盡晦庵、陽明二派之旨。”現方編《二曲年譜》，籍勘其所自得。

獨念裴村前輩墓木已拱，不及見吾書之成。斯則大文於未歸之前，所爲“徘徊劉楊之故宅”，而“臨風致吊”者爾！

一九二三年六月二二日，午前二時，草於北京

——《晨報副刊》1923年第179、180、181期

（作者單位：北京立身國學網）

一位异鄉人的巴蜀記憶
——論楊道南及其《楊道南文集》

王燕飛　朱麗雯

内容提要：楊道南是清代福建福州人，在四川爲官近二十年。他用詩文記録了在蜀地的生活、交游與爲官事迹，先後著有《芹洲詩鈔》《芹洲古文》等詩文集，後結集爲《楊道南文集》。《楊道南文集》爲我們瞭解楊道南的生平、乾嘉時期四川基層官員的生活等提供了較爲豐富的材料，據此可以考察當時的社會風貌。同時，《楊道南文集》僅見於新都區檔案局，是較爲稀見的文獻，具有很高的價值。

關鍵詞：楊道南；《楊道南文集》；巴蜀記憶

作爲一位在四川爲官近二十年的异鄉人，楊道南用詩文記録了他在巴蜀的生活、交游與爲官事迹，爲後人留下了瞭解詩人情感、歷史和當時生活的寶貴材料。然而，關於楊道南的家世、生平與事迹等情況，正史無載，相關方志記載也較爲散亂，甚至有相互抵牾之處。本文結合楊道南的詩文，勾稽相關方志，對楊道南的家世、生平和事迹等情況試做考證，并對《楊道南文集》的内容與特色試做介紹，以期對其人其文有一個大致的瞭解。

一、楊道南的家世與生平

楊道南，一位名不見經傳的小人物，正史中没有他的傳記，即使是方志中對他的記載也很有限。但是，根據楊道南的詩文及其相關方志，我們大致可以勾勒出他的家世與生平。具體如下：

（一）楊道南的家世

關於楊道南的家世，他在《芹洲六十生辰自序》有所涉及，云：

> 溯世德於芹洲，環江公實爲分支之祖，遭强族之陳厝，澳門橋乃遷宅而居（祖居芹洲，爲陳厝族受逼，遷於澳門橋）。戎伏於莽，月寒藍鋪，碧血猶新，志矢匪他，河泛柏舟，遺孤在抱（南高祖久華公遇倭寇被害於藍鋪，孫孺人撫遺孤，即南之曾祖日昂公也）。聯書香於橋梓，三代恪守箕裘。留馬鼠於陽崎，四尺半搉風雨（陽崎有環江公祖墳在）。先大父守拙公、先君子萃齋公，忠厚待人，信義見推閭里。正直自矢，意氣直逼雲霄。負逋弗償，學馮驩之焚券。見義必往，慕子敬之指囷。先大父六十一而仙逝，先君子四十二而身亡。繈抱靈筵，弗稔含飴之厚澤（先大父殂時，南才周歲）。支離病褥，尚憶治命之遺言（南十三歲而孤）。①

據上文，可以簡單勾勒出楊道南的家世情況如下：

環江公—久華公（配孫孺人）—日昂公—守拙公—萃齋公—楊道南。

楊道南祖上遠居住在芹洲。按，芹洲一名瀛洲，在今福建福州市西南。《讀史方輿紀要》卷九十六“福州府·甘蔗洲”云：芹洲“在府西南，澤苗江西岸。湍流迅急，壅而成洲，周迴二十餘里，居民隱然闤闠，洲多産芹，故名。又名瀛洲，以其四面有水如瀛洲也。”② 後環江公遷居到陳厝，爲當地强族所逼，再遷居到澳門橋。其後楊道南的高祖久華公在藍鋪遇倭寇被害，妻子孫孺人含辛茹苦，撫養遺孤長大，也就是楊道南的曾祖日昂公。

日昂公子守拙公，即楊道南的祖父，享年 61 歲，頗有義氣，享譽鄉里。守拙公去世時，楊道南僅周歲，也就是乾隆二十年（1755）③。據此可知守拙公生於康熙三十四年（1695），即守拙公生卒年爲公元 1695—1755。

楊道南的父親萃齋公在他 13 歲時（乾隆三十一年，1766）去世，享年 42 歲。據此可知其生年爲雍正三年（1725），即萃齋公生卒年爲公元 1725—1766。

（二）楊道南的生平

首先，關於楊道南的生年。據《始康官署次女生志感》“生女重逢甲戌年”句下雙行小注“余前甲戌生”④，可知楊道南生於乾隆十九年（1754）。又據《芹洲六十生辰自序》“後浴佛之釋迦（南誕辰四月初九）”⑤，可知楊道南生於農曆四月初九。

其次，關於楊道南的出生地。《芹洲六十生辰自序》云：“問南初度之鄉，鐵拐仙渡鷄徑去（南生於渡鷄口，有仙迹）。”可知楊道南生於福建福州渡鷄口。

---

① （清）楊道南：《楊道南文集·芹洲古文》卷一，新都區檔案局藏道光十一年（1831）刻本。
② （清）顧祖禹撰，賀次君、施和金點校：《讀史方輿紀要》卷九十六，中華書局，2005 年版，第 4390 頁。
③ 楊道南生於乾隆十九年（1754），具體參看下文有關楊道南生年的考證。
④ （清）楊道南：《楊道南文集·芹洲詩鈔》卷一，新都區檔案局藏道光十一年（1831）刻本。
⑤ （清）楊道南：《楊道南文集·芹洲詩鈔》卷一，新都區檔案局藏道光十一年（1831）刻本。

再次，關於楊道南的字號。《（嘉慶）納溪縣志》卷七云："楊道南，字紹庭，號芹洲。"[①] 張奉書修，張懷洵纂《（道光）新都縣志》卷七云："楊道南，字芹洲。"[②] 二書有所出入，據《芹洲六十生辰自序》"溯世德於芹洲"可知楊道南號當爲"芹洲"，乃是紀念先祖所取。故當以《（嘉慶）納溪縣志》所記爲準。

最後，關於楊道南中舉的時間。據《（嘉慶）彭縣志》卷二十六云："楊道南，福建閩縣人，乾隆癸卯科舉人。"[③] 又《（光緒）重修彭縣志》卷六亦云："楊道南，福建閩縣人，乾隆癸卯舉人。"[④] 乾隆癸卯是乾隆四十八年（1783），可知楊道南中舉時間是乾隆四十八年，楊道南 30 歲時。又《（光緒）鹽亭縣志續編》云："楊道南，福建福州府閩縣，辛卯科舉人。"[⑤] 辛卯年是乾隆三十六年（1771），楊道南時年 18 歲，當不會中舉，故《（光緒）鹽亭縣志續編》記載失誤。

（三）楊道南的著作

據《清人别集總目》著録，楊道南著有《春芥山房詩集》二卷，民國三十年成都刻本，藏於四川省圖書館[⑥]。據"全國古籍普查登記基本資料庫"檢索，《春芥山房詩集》二卷，存一卷，清刻本，重慶師範大學圖書館藏；《蟲吟草》不分卷，1 册，清刻本，六行字數不等，陝西省圖書館藏。

統之可見，楊道南共有三種著作傳世，即《春芥山房詩集》《蟲吟草》《楊道南文集》。《春芥山房詩集》曾兩刻，一爲清刻本，一爲民國刻本。而《楊道南文集》不見於各書著録，或爲孤本，亦未可知。因没見到前兩種，不知是否與二書有重合之處。待考。

（四）楊道南在四川的時間及爲官履歷

《芹洲六十生辰自序》云："數入門之羅漢，應十八載而始得補官（南在川十八年）。駁題大足，君親名義。如日之經（駁大足，以丁憂例扣日期），補准新都。冲劇名區，如蚊之負。回憶十九年中，駒蹄過隙。因思八千里外，鴻爪留痕。一銅梁、一安岳，憂地大才弗能理。兩鹽亭、兩威遠，慚政拙民乞爲留（在鹽亭，兩次民爲之乞留）。"[⑦] 大致介紹了自己在川的履歷和行蹤。根據相關方志的記載，列其履歷如下表所示：

---

① （清）趙炳然修，陳廷鈺纂：《（嘉慶）納溪縣志》卷七，清嘉慶十八年（1813）修，民國二十六年（1937）鉛字重印本。

② （清）張奉書修，張懷洵纂：《（道光）新都縣志》卷七，清道光二十四年（1844）木刻本。

③ （清）王鍾鈁纂修：《（嘉慶）彭縣志》卷二十六，清嘉慶十八年（1813）刻本。

④ （清）張龍甲修，吕調陽纂：《（光緒）重修彭縣志》卷六，清光緒四年（1878）刊本。

⑤ （清）邢錫晉修，趙宗藩纂：《（光緒）鹽亭縣志續編》，清光緒八年（1882）刻本。

⑥ 李靈年、楊忠主編：《清人别集總目》，安徽教育出版社，2008 年版，第 731 頁。

⑦ （清）楊道南：《楊道南文集·芹洲古文》卷一，新都區檔案局藏道光十一年（1831）刻本。

地　區	時　間	出　處
岳池	嘉慶二年署	何其泰修，吴新德纂《（光緒）岳池縣志》卷十，清光緒元年刻本
銅梁		韓清桂修，陳昌纂《（光緒）銅梁縣志》卷之五，清光緒元年刻本
嘉州	嘉慶三年署	文良修，陳堯采纂《（同治）嘉定府志》卷二十三，清同治三年刻本
潼川	嘉慶四年三月任	阿麟修，王龍勛纂《（光緒）新修潼川府志》卷十九，清光緒二十三年刻本
安岳	（知縣）嘉慶五年	濮瑗修，周國頤纂《（道光）安岳縣志》卷八，清道光十六年刻本
瀘州直隸州	嘉慶十二年任	田秀栗修，施澤久纂《（光緒）瀘州直隸州志》，清光緒八年刻本
彭縣	嘉慶六年十一月署任，十七年二月交卸	王鍾鈁纂修《（嘉慶）彭縣志》卷二十六，清嘉慶十八年刻本
新都	嘉慶十七年任	張奉書修，張懷洵纂《（道光）新都縣志》卷七，清道光二十四年木刻本
新都	嘉慶二十二年正月十八日回任	張奉書修，張懷洵纂《（道光）新都縣志》卷七，清道光二十四年木刻本

（五）楊道南的政績

楊道南在四川將近二十年，在多地爲官。《芹洲六十生辰自序》云：“數入門之羅漢，應十八載而始得補官（南在川十八年）。……回憶十九年中，駒蹄過隙。”① 按，《芹洲六十生辰自序》作於楊道南六十歲，即嘉慶二十年（1815），楊道南於嘉慶二年（1797）入川，到嘉慶二十年，剛好十九年，與文中“回憶十九年中”合。在四川各地爲縣令時期，楊道南爲官一地，造福一方，深受當地百姓愛戴，正如他在《芹洲六十生辰自序》所說：“兩鹽亭、兩威遠，慚政拙民乞爲留（在鹽亭，兩次民爲之乞留）。”② 《（道光）新都縣志》卷七云：“楊道南……不事修飾，以誠意導民。嘗捐俸設小義學以教孤寒，整興龍門書院以育英俊，復古桂湖以培風教，親禱白螺泉以祈雨澤，實心實政，至今民猶頌之。”③ 可見楊道南在地方爲父母官期間，做了一些有益於地方的事情，因此當他卸任時，當地老百姓請求他能留

① （清）楊道南：《楊道南文集・芹洲古文》卷一，新都區檔案局藏道光十一年（1831）刻本。
② （清）楊道南：《楊道南文集・芹洲古文》卷一，新都區檔案局藏道光十一年（1831）刻本。
③ （清）張奉書修，張懷洵纂：《（道光）新都縣志》卷七，清道光二十四年（1844）木刻本。

任。楊道南兩次爲新都縣令，在新都修義學（見《設立義學示諭》）、整興龍門書院（見《改修龍門書院序》）、修復桂湖（見《重修桂湖記》）、祈雨（見《祈禱喜晴》《城隍寢宫序》），爲當地百姓做了一些實事，這在他的《楊道南文集》中也有記載。

二、《楊道南文集》的内容

《楊道南文集》，《清人别集叙録》《清人别集總目》《清人詩文集總目提要》《中國古籍總目》等書目均無著録，中華古籍書目資料庫等數據檢索庫也檢索不到，可見該書較爲稀見。《楊道南文集》，新都區檔案局藏，道光辛卯（十一年，1831）序刻本。首爲“題詞”《讀芹洲先生詩文鈔》，末署“道光辛卯仲春上浣樂渠尹肇莘題於東鄉縣”。次爲“題贊”《選校芹洲先生詩文敬題卷末》，末署“道光辛卯正月上浣敬齋楊殿颺題於懋修書屋”。全書存殘存四卷，前三卷爲詩，卷一《芹洲詩鈔》《始康政餘集》，收詩 13 題 20 首；卷二《天彭唱和集》，收詩 15 題 18 首；卷三《蘭譜聯吟集》，收詩 11 題 19 首，共計詩 39 題 57 首。後爲《芹洲古文》卷一（殘），存文 13 篇（含殘 1 篇）。全文共計 70 首（篇）。全書詩歌右側有圈點，有旁批，文末有評點，天頭有一處眉批。

楊道南的部分詩和文之間有一定聯繫，如《芹洲詩鈔》卷一有《乞菊》詩四首，《芹洲古文》卷一有《乞菊小引》。文當爲詩的“引”，結集時歸於文類。又如卷一《送權廣文先生回籍守制》，《芹洲古文》卷一《送權廣文先生回籍守制序》。根據文中内容可知，權廣文回鄉爲母守孝，當地士人寫詩爲其餞行，楊道南爲詩集作序。

根據每卷詩歌卷數下面的小注，可知卷一《始康政餘集》作於新都任上，卷二《天彭唱和集》作於彭州任上，卷三《蘭譜聯吟》是和友人聯吟和詩之作，作詩時間不確定。《芹洲古文》中所收 13 篇古文，部分文章能據文中的信息考出寫作時間，而大部分文章限於資料和學識，其寫作時間暫付闕如。

下面，筆者對楊道南詩文的具體内容和藝術特色試做分析。

首先，來看下楊道南詩歌的内容。作爲一方父母官，楊道南盡職盡責，盡量做好分内的事，如《楊道南集》開篇第一首即是他剛到新都時考校當地士子所作的一首詩《始康校士有懷楊升庵先生》：

> 三月天彭喜賦詩，又從此地作人師。文章未許探三昧，節操還能凛四知。筆掃文壇風去疾，燭殘鎖院月來遲。桂湖猶在人何往（升庵先生有《桂湖曲》，湖淤塞已久，方與諸士議復之），正是秋空牢落時。①

① （清）楊道南：《楊道南文集・芹洲詩鈔》卷一，新都區檔案局藏道光十一年（1831）刻本。

楊道南嘉慶嘉慶十七年二月交卸彭州知縣，六月被任命爲新都知縣。據《大清會典》記載，知縣的職責爲："平賦役，聽治訟，興教化，厲風俗。凡養民、祀神、貢士、讀法，皆躬親闕職而勤理之。"這首七言律詩即楊道南出任新都知縣時爲考評士子而作。詩人離開彭州，赴新都爲知縣，當地友人賦詩送行，詩人滿心歡喜。這年秋季，作爲當地父母官的知縣來考評士子，他想起新都歷史上鼎鼎有名的楊升庵。楊道南告誡考評的士子要作文先做人，文章可以得不到詩歌的奧妙，但是做人一定要有風骨節操，就像後漢的楊震和明代的楊慎。楊慎當年的詩文不隨流俗，迥出復古派，而今在考場參加考評的士子們就像這遲遲未升起的月亮，什麼時候才能"天上一輪才捧出，人間萬姓仰頭看"？博學多才且人格高尚的楊升庵已經隨着歲月的流逝淹没在歷史的塵沙之中，他曾經生活過的桂湖依然留存，在寥落蒼茫的秋日，供後人瞻仰膜拜。

全詩感情由"喜"而"憂"，情感脉絡分明。楊道南入蜀近二十年，在巴蜀各地一直做着知縣的小官，多年并未升遷。雖然新都比彭州在政治、經濟、文化等方面較爲發達，楊道南做"新都知縣"也算是小小的"升遷"，但是想到楊升庵這樣"有明第一"的人尚且如此，内心便有些許的失落與惆悵。詩人只能望着曾經的桂湖遺迹，對空長嘆，徒發憂愁。該詩層次分明，對仗工整，尤其是用典貼切。"節操還能凛四知"，用後漢楊震的典故，其實也暗含詩人對楊慎平行節操的贊美。二人同姓楊，故典故運用自然妥帖。

又如《校士偶作》云："扃門考校不辭勞，裁剪先防代促刀。白戰文章同禁體，藏鬮韵事已分曹。冠軍自昔邀雙眼（余童試時，蒙焦夫子擢爲冠軍），奪幟於今愧二毛。此道惟君堪領取，徐聽夜静更焚膏。"① 據詩題，此詩當與上一首作於同一時期，即嘉慶十七年（1818）秋。和上一首不同，這一首主要寫考校士子的工作以及對他們的殷切希望。

除了例行工作，楊道南還時時刻刻關心民生疾苦，如《憫天寒路斃者多因成長句勸邑民》云：

> 連朝聞報暗傷神，盡是翳桑舊餓人。冷炙殘羹無處覓，鳩形鵠面有誰親？蓬蒿雪滿魂猶凍，紙陌錢空鬼亦貧。願爾勿爲游惰輩，耕田鑿井沐皇仁。②

詩人有感於天寒地凍的天氣導致路邊凍死之人甚多，於是産生憐憫之心，因作此詩，勸導州縣的百姓努力從事農業生産。作爲封建社會官員的一份子，詩人能看到農民生活的悲慘，并寫詩記録，這值得肯定，但詩歌結尾"願爾勿爲游惰輩，耕田鑿井沐皇仁"，對百姓諄諄教導，寄希望於"皇恩"，表現出詩人時代的局限性。

又如《祈禱喜晴》云："穡稼三秋始告成，農家刈獲趁天晴。無如淫雨連宵重，幾致黄雲委地平。一瓣香烟空際嫋，萬家鐮影隴頭明。從兹報賽田歌起，立馬來聽三兩聲。"③ 全

① （清）楊道南：《楊道南文集·芹洲詩鈔》卷一，新都區檔案局藏道光十一年（1831）刻本。
② （清）楊道南：《楊道南文集·芹洲詩鈔》卷二，新都區檔案局藏道光十一年（1831）刻本。
③ （清）楊道南：《楊道南文集·芹洲詩鈔》卷一，新都區檔案局藏道光十一年（1831）刻本。

詩洋溢着歡快的氣氛，也將一位關心農事的縣令形象展現出來。

楊道南的咏物詩也較有特色，如《咒竹行》《新正到高静一先生家觀梅》《和廣文權聘三先生咏梅原韵》《乞菊》（四首）等，可見作者對梅、菊、竹這樣的植物的特殊愛好，如《新正到高静一先生家觀梅》云：

> 春風已到街之西，高家梅花與檐齊。三株五株取次放，紅白相間眼光迷。中有老人醉顔酡，酌酒看花樂如何？折柬邀予談花譜，此花獨美理則那。余曰：此花品格雖清高，因人位置似分曹。君不見孤山之梅冷，隴頭之梅勞，玉照之梅侈，羅浮之梅豪。不若此花最有情，生在君家更非輕。君家之梅老且光，能使雙目瞽復明。君家之梅老且媚，能使耄年少子生。君家之梅似美女，林下專寵佐巨觥。君家之梅結好子，移植東閣佐調羹。梅兮梅兮，衆人望爾而止渴。梅兮梅兮，古人煮爾而啖英。梅兮爾既馳名於天下，須學風流之孟氏。梅兮爾既蜚聲於文苑，須學鐵石之廣平。梅兮爾宜培爾根，閑時放影弄黄昏。梅兮爾須收爾實，貧來散給各鄉村。先生既余好，余敢以實告。主人瞿然立，良久笑絶倒。松以大夫封，竹以平安報。未聞此梅花，亦有義奇奥。呼童浮我三太白，答我善頌而善禱。①

元旦這天，詩人楊道南到友人高静一家裏觀賞梅花，有感而發，借梅花而咏主人有梅一樣的品行。全詩關於梅花的典故信手拈來，且用得貼切自然，像“君不見孤山之梅冷，隴頭之梅勞，玉照之梅侈，羅浮之梅豪”，寫出了不同地區梅花的特色。同時，排比的運用也很有特色：“君家之梅老且光，能使雙目瞽復明。君家之梅老且媚，能使耄年少子生。君家之梅似美女，林下專寵佐巨觥。君家之梅結好子，移植東閣佐調羹。梅兮梅兮，衆人望爾而止渴。梅兮梅兮，古人煮爾而啖英。梅兮爾既馳名於天下，須學風流之孟氏。梅兮爾既蜚聲於文苑，須學鐵石之廣平。梅兮爾宜培爾根，閑時放影弄黄昏。梅兮爾須收爾實，貧來散給各鄉村。”前面八句排列“君家之梅”的特點，後面寫歷史上各種和“梅”有關的故事或者典故，前後銜接自然，不着痕迹。因此，放在歷代咏梅詩中也毫不遜色。

再如《慈鴉吟》云：

> 園中古柏樹杈枒，呼群結隊有慈鴉。鴉歸天將暮，屋前屋後聲啞啞。鴉出天將明，朝曦漏影射窗紗。共説此中風景好，惜我來此鬢先華。鴉兮爾能反哺我何有，鴉兮爾當夜啼我興嗟。問爾夜啼爲何事？載飛載止時無差。豈若我當此大道，紛紛冠蓋鬧吾衙。我本山林性，不願作老爺。不過如汝求飲啄，向來志願未曾奢。出門定更不放炮，放衙堂鼓輕些撾。我無機心汝勿怕，鴉兮鴉兮我與汝共一家。②

---

① （清）楊道南：《楊道南文集·芹洲詩鈔》卷一，新都區檔案局藏道光十一年（1831）刻本。

② （清）楊道南：《楊道南文集·芹洲詩鈔》卷一，新都區檔案局藏道光十一年（1831）刻本。

這是一首新題樂府詩。詩人由縣衙内古柏上聚集的一群烏鴉有感而發，提出“禽鳥與人异類同情，人無機心，鳥自悦性”的觀點，表達出詩人對弱小者的同情和憐憫，同時也展現出楊道南追求自由性情、嚮往自在隱居生活的願望。

雖然四川地處西南邊陲，但是我們在楊道南的詩中看不到太多關心民生疾苦的内容，這并不是説他不關心百姓生活，主要原因可能是和他生活的“乾嘉盛世”有一定關係。作爲當地的縣令，楊道南和當時士人詩酒唱和，風雅吟唱。這些内容在《楊道南文集》中占了很大一部分，如《芹洲詩鈔》卷三《蘭譜聯吟》即是他們的聯吟之作。《和謝畹滋、陳碧溪、葉得嚴重集披雲樓韵》《偕謝畹滋、陳碧溪、葉得嚴集飲紫藤書室》是楊道南和三位朋友在披雲樓、紫藤書室的唱和之作。《和諸同年集飲陳碧溪西峰草堂韵》《陳碧溪冒雨招諸同年燕集戲柬此作》是楊道南和同年燕集的作品。《陳碧溪，達士也，戲命預作挽詩。謝春蘭同年用陶韵作〈挽歌詞三首〉，而碧溪欲以“黄泉”二字分押見長，爰呈二律》是朋友間模擬陶淵明《擬挽歌辭三首》的詩作。卷二《天彭唱和集》亦多爲楊道南在彭州任縣令時和當地士人、其他縣縣令互相酬唱的詩歌。

楊道南的詩歌還有一些贈友詩、送别詩、游覽詩等，内容較爲豐富，具有一定的價值和意義，這裏不再贅述。

《楊道南文集》收録文 13 篇（含殘 1 篇），有記 2 篇、序 7 篇、諭 1 篇、祭文 1 篇、引 2 篇。這些文章記録了楊道南在新都的一些政事，如《重修桂湖記》寫詩人來到新都爲官，經過考察發現曾經的桂湖被填爲田地，於是在當地士人的幫助下，掘田爲湖，又經過整修，使其成爲新都一帶著名的游覽風景區。詩人認爲桂湖的重修，可以幫助當地培植地脉、振興人文，具有深遠的意義。在重修了桂湖之後，楊道南開始設立義學，《設立義學示諭》就是他設立義學發布的文告。在文中，他告誡兒童要蒙以養正，端正習氣，勤學苦讀，成爲國家棟梁之才。又如《奉上憲募修府學序》寫楊道南接到上級募修府學的任務，於是寫了這篇序文，鼓勵當地人踴躍捐款，共襄盛舉。

詩人任職新都，發現此地城隍廟中缺少寢宫，没有供奉城隍夫人的香火，於是建議全縣公捐，重新修整城隍廟，最終城隍有正殿，夫人有寢宫，善男信女得以焚香祭拜，全縣風俗醇美。詩人有感於此，作《城隍寢宫序》。《重修天后宫序》是楊道南發現城南街有天后廟，年久失修，殘敗不堪，於是他召集在此地的福建同鄉，共同集資，整修廟宇，使其成爲風俗醇美之地。

楊道南兩任新都知縣，所以詩文中提及新都的政績也較多，正如《（道光）新都縣志》卷七所云：“楊道南……不事修飾，以誠意導民。嘗捐俸設小義學以教孤寒，整興龍門書院以育英俊，復古桂湖以培風教，親禱白螺泉以祈雨澤，實心實政，至今民猶頌之。”[①] 楊道南修建桂湖的事迹，意在培養民風、教化風俗，所以在歷代編纂的《新都縣志》中都有記

① （清）張奉書修、張懷泗纂：《（道光）新都縣志》卷七，清道光二十四年（1844）木刻本。

載，而且後任的縣令都在楊道南重修桂湖的基礎上有所完善，可見在後世影響很大，直到現在，新都的桂湖還是一處風景幽美的人文名勝之地。而他對於龍門書院的改修，對當時文教事業的發展也有一定的積極意義（見《改修龍門書院序》[①]）。

綜上可見，楊道南現存的詩文雖然不多，但主題相對比較集中，主要記録他在四川，尤其是新都、彭州爲官期間的交游、政事等，可以説是清朝嘉慶時期一位外鄉人的“巴蜀記憶”。這對我們瞭解當時的巴蜀基層社會提供了一定的歷史資料。

三、楊道南詩文的特色

《楊道南文集》中雖然收録的詩文不多，但也有一定的特色。具體如下：

第一，在詩歌體式上，以七言律詩爲主。《楊道南文集》收録詩歌 57 首，其中五言古詩 4 首，七言古詩 4 首，七言律詩 38 首，七言絶句 11 首。五言詩只有 4 首，其他均是七言詩，而七言律詩占到了 66.7%的比例，可見楊道南擅長七言詩，尤其是七言律詩的創作。本書附録輯佚的 7 首詩中，1 首七古，6 首七律，與《楊道南文集》比較相似，於此可見楊道南擅長七言律詩的創作。

第二，善於用典。楊道南多次用典《莊子·逍遥游》中“鷦鷯”的典故。如《偕謝畹滋、陳碧溪、葉得嚴集飲紫藤書室》云“同是鷦鷯借一枝，羡君池館最清奇”[②]，《天彭留别》中“枝棲若肯勞青鳥，只在巢痕咫尺中”[③]，《和謝畹滋、陳碧溪、葉得嚴重集披雲樓韵》其四中“老驥長鳴思遠道，鷦鷯寄迹向深叢”[④]。另外，楊道南的咏菊詩也常用陶淵明的典故，如《乞菊》其一云：“忝居此地已多年，久别家庭志枉然。老圃歸來無一物，也思采菊學前賢。”[⑤] 其四云：“清風誰敢擬柴桑？聊借黄花殿晚凉。乞得一籬顔色好，與君相約過重陽。”[⑥] 又如《陳碧溪，達士也，戲命預作挽詩。謝春蘭同年用陶韵作〈挽歌詞三首〉，而碧溪欲以“黄泉”二字分押見長，爰呈二律》乃是模仿陶淵明的《擬挽歌辭三首》。

作爲一個封建知識分子，楊道南熟讀“四書五經”等儒家經典，所以這些儒家經典的句子已經完美地融進他的詩文中，如《設立義學示諭》云：

> 竊聞成人有德，固貴栽培。孺子何知，尤宜啓迪。蒙以養正，《易》垂作聖之基。

---

① 筆者按：《改修龍門書院序》收録於張奉書修，張懷泗纂《（道光）新都縣志》卷十四，清道光二十四年（1844）木刻本。

② （清）楊道南：《楊道南文集·芹洲詩鈔》卷三，新都區檔案局藏道光十一年（1831）刻本。

③ （清）楊道南：《楊道南文集·芹洲詩鈔》卷二，新都區檔案局藏道光十一年（1831）刻本。

④ （清）楊道南：《楊道南文集·芹洲詩鈔》卷三，新都區檔案局藏道光十一年（1831）刻本。

⑤ （清）楊道南：《楊道南文集·芹洲詩鈔》卷一，新都區檔案局藏道光十一年（1831）刻本。

⑥ （清）楊道南：《楊道南文集·芹洲詩鈔》卷一，新都區檔案局藏道光十一年（1831）刻本。

習與性成，《詩》重有造之選。黨庠術序，氣習端自髫齡。……惟是家傳詩禮，人固樂有賢父兄。①

按，“成人有德”，出自《詩經·大雅·思齊》：“肆成人有德，小子有造。”“蒙以養正”，出自《易·蒙》：“蒙以養正，聖功也。”“習與性成”，出自《尚書·太甲上》：“茲乃不義，習與性成。”“黨庠術序”，《禮記·學記第十八》云：“古之教者，家有塾，黨有庠，術有序，國有學。”“人固樂有賢父兄”，出自《孟子·離婁下》：“孟子曰：‘中也養不中，才也養不才，故人樂有賢父兄也。’”可見《設立義學示諭》化用了《詩經》《尚書》《禮記》《易經》《孟子》等諸多儒家經典。

第三，詩歌内容上亦莊亦諧。作爲一位地方官員，楊道南在詩文中展現的是他莊重、穩重的一面，他的詩歌《始康校士有懷楊升庵先生》《校士偶作》，文章《設立義學示諭》《奉上憲募修府學序》等寫得莊重典雅，充滿了對士子、鄉民的諄諄教導。面對兒孫輩，他也是耳提面命，如《初學歌課孫作》是一首勸學詩，告誡孫兒們應該刻苦讀書，顯親揚名，告慰翁媼。全詩不是高高在上的教導，而是列舉了歷史上有名的如白居易、朱熹、楊時等人幼時勤學苦讀的事件，進行引導教育，有理有據。

然而，當他和朋友在一起時，就喜歡和他們開玩笑，展現出詩人的個性特點。如王明府在楊道南的詩中多次出現，他應該是一個尚未娶妻的縣令，與楊道南交情頗深，所以楊道南在詩中經常和他開玩笑。如《謝王明府饋饌》云：

青松私鑽膏，緑竹私瀝汁。主人一出門，園林遭偷襲。感君意灑然，不與我争執。黔陽遠道歸，隨軍雨猶濕。饋我好盤飧，鶏鴨烹分給。我見將拜登，索債聲孔急。索債爾勿嘩，老夫爲爾揖。人生天地間，不過求口吸。富者粟萬鐘，貧者囊羞澀。及到蓋棺時，古今同一泣。速來嘗异味，樽罍如林立。爾去勿多言，我向醉鄉入。②

這是一首充滿戲謔的詩。詩人趁着王明府不在家的空檔，到他的園林鑽松膏，濾竹汁，進行“偷襲”。王明府回來之後，還給詩人送來食物，同時也向他“索債”。由此，詩人又闡發了一通“人生天地間，不過求口吸”的人生哲理。全詩詼諧幽默，可見詩人和王明府之間的真摯友誼。

又如《余嗜飲，向四鄰索佳醖未得，王明府歸携旨酒，且飲我巨觥，再疊前韵以謝》云：

有客酒如澠，我欲乞殘汁。忽聞鄰家香，持瓢思盜襲。誰知醉夢中，竟被主人執。糟醨滿髭鬚，衣袖鵝黄濕。盜飲有明條，榎楚各分給。自稱吏部官，詬厲聲孔急。感君

① （清）楊道南：《楊道南文集·芹洲古文》卷一，新都區檔案局藏道光十一年（1831）刻本。
② （清）楊道南：《楊道南文集·芹洲詩鈔》卷二，新都區檔案局藏道光十一年（1831）刻本。

釋我縛，上座延一揖。饞口久垂涎，長鯨恣大吸。貪饕固所嫌，憐我囊中澀。飲罷仰天嗟，掩袂數行泣。君子貴固窮，丈夫當自立。幸逢觴政寬，醉鄉勿妄入。[①]

這首詩寫楊道南嗜酒，於是偷飲鄰居家的佳釀，竟被拘捕。王明府將其解救出來，并贈與美酒。詩人一飲而盡，寫詩贊美，并警告世人"醉鄉勿妄入"。和《謝王明府饋饌》這首詩一樣，這首詩也寫得幽默詼諧。偷飲鄰家酒，夢中被拘捕，完全是詩人的想象之詞，這顯然是化用王績《醉鄉記》。

第四，楊道南的古文亦駢亦散。《芹洲古文》收録的主要是古文，但是古文中也有駢儷的句子，如《陳羹堂先生六十壽序》云："吾鄉晋安之有漯洲，離城三十里，四面環大江，烟波浩淼，洋洋萬頃，上納衆流之水，下與海門潮汐相通。登高而望，沙汀浦溆，蠏舍漁村，瞭若指掌。其中萬瓦沉鬱，參差高閭，連第而居者，儼有十洲三島瓊樓瑶室之觀，真一方之巨勝也。"[②] 句式整齊錯落，文末評點道："前如高浪駕天，後如大海回風生紫瀾。鴻篇巨制，非第一等世家，不能當此第一等手筆。"《設立義學示諭》是一篇文告，文曰：

爰立義學，以教童蒙。……先教以孝悌，解釋須要精詳。後教以《詩》《書》，功課最防作輟。衣衫雖破，須示以促襟見肘之賢。肚腹雖饑，須告以蒙袂嗟來之士。言語必慎，勿學齊東之野人。舉止當端，勿效闕黨之童子。寫字雖不必臨池，亦戒其塗鴉亂掃。讀書雖不能破卷，總期其磨鐵成穿。如此燈明深巷，朗朗者俱是書聲。人過敝廬，濟濟者皆成國器。成童舞勺，氣質先端。小子學詩，聰明漸啓。野中推秀，菁莪預養，以應朝廷。山下求材，根本先培，以遵憲令。[③]

全文句式整齊，使事用典貼切，文末評點道："是宋人四六，不是六朝駢麗。"指出了該文的文體特徵。

再如《清明祭狀元楊升庵文》是一篇用駢文寫成的祭文。文中列舉楊慎的生平事迹："先生學冠古今，才高宇宙，鎔經鑄史，地負海涵。窺秘閣而挹群言，搜百家而標新議。著作四百餘種，無體不賅。歷數三百餘年，誰人敢伍？慟哭闕廷，攖龍鱗而遭貶謫。流離黔省，值蠖屈而放嘯歌。簪花唱曲，雖自晦不失風流。修史箋經，即負罪依然儒雅。忠心既白，死後猶留官階。"[④] 對楊慎一生的遭遇進行了叙寫，尤其對其歷史功績進行了客觀的評價。文末評點道："祭升庵先生文，而無升庵手筆，弗稱也，此文可附入《丹鉛録》。"

① （清）楊道南：《楊道南文集·芹洲詩鈔》卷二，新都區檔案局藏道光十一年（1831）刻本。
② （清）楊道南：《楊道南文集·芹洲古文》卷一，新都區檔案局藏道光十一年（1831）刻本。
③ （清）楊道南：《楊道南文集·芹洲古文》卷一，新都區檔案局藏道光十一年（1831）刻本。
④ （清）楊道南：《楊道南文集·芹洲古文》卷一，新都區檔案局藏道光十一年（1831）刻本。

四、結語

作爲一位地方官員，楊道南的生平雖不見於正史，但是通過對其詩文及相關方志的勾稽考證，我們還是能大體還原其生平事迹、爲官經歷。其詩歌創作内容豐富，各體皆有；文章大體圍繞爲官經歷展開，喜用典故，具有一定的特色和成就。統而觀之，楊道南的詩文大體反映了他在四川，尤其是在新都、彭州等地的生活與思想，可以説是一位异鄉人的巴蜀記憶。我們據此也可瞭解楊道南生活的乾嘉時期，他作爲一位地方基層官員的所思所想和爲官經歷。

（作者單位：西華大學文學與新聞傳播學院）

蜀文化史論

揚雄"蜀人左言"一語長期被誤讀

祁和暉

内容提要：揚雄《蜀王本紀》"蜀人左言"記載出自《文選》初審李善所引晋劉淵林注文，这一語長期存在被誤讀的现象。实际上，揚雄《蜀王本紀》關於蜀人風俗有"左言""左衽"兩個傳本，"蜀人左言"較"蜀人左衽"更接近真實。通过考证发现，"蜀人左言"屬於華夏雅言通語中一種語音略有差异的方言，不是外語，現當代語言學家據揚雄《方言》材料無人不將蜀人語言歸入漢語重要方言。

關鍵詞：揚雄；《蜀王本紀》；蜀人左言；蜀人左衽；雅言通語；方言

一、揚雄《蜀王本紀》關於蜀人風俗有"左言""左衽"兩個傳本

（一）揚雄《蜀王本紀》"蜀人左言"記載出自《文選》初審李善所引晋劉淵林注文（以下簡稱"劉注"）。兹引《昭明文選》中左思《三都賦·蜀都賦》相關賦文與注文如下：

> 有西蜀公子者，言於東吴王孫曰："……吾子豈亦曾聞蜀都之事與？請爲左右揚摧而陳之：'夫蜀都者，蓋兆基於上世，開國於中古，廓靈關以爲門，包玉壘而爲宇；帶二江之雙流，抗峨眉之重阻。'"

賦文涉及巴蜀"兆基""開國"史源，李善注文引前代晋人劉淵林之《文選》此處注文爲釋。劉注文爲："揚雄《蜀王本紀》曰：'蜀王之先名蠶叢、柏濩、魚鳬、蒲澤、開明。是

時，人萌、椎髻、左言，不曉文字，未有禮樂。從開明尚到蠶叢，積三萬四千歲。’故曰：‘兆基於上世也。’”

後世學者對劉注古蜀歷史“三萬四千歲”及揚雄之後，唐李白《蜀道難》所寫蜀史“爾來四萬八千歲”一直持懷疑態度。（祁按：其實這種紀年，只是一種口傳式浪漫歷史記憶。其内核史實爲真，其具體紀年當別論。）但“蜀人椎髻左言”應爲史實。由於《昭明文選》爲中國讀書人的必讀書，劉注《蜀王本紀》文字傳本流播天下，影響至深，乃至現代學者，據“蜀人左言”而引申去尋找前後蜀人講華夏雅言通語以外的另一種語言的痕迹，進而在考古上尋找距今 4000 年前後古蜀人的“表意文字”“拼音文字”。然而，至今，除了巴蜀圖畫符號（即“巴蜀圖語”），未發現巴蜀有自創獨自使用的語言文字，距今 6000 年以上的茂縣營盤山大型聚落遺址中未發現，距今 4000 年上下的廣漢三星堆輝煌遺存中亦未發現。

其實，揚雄《蜀王本紀》關於蜀人風俗記述還有另一種傳本，如北宋《太平御覽・蜀王本紀》（以下簡稱“宋本”）。

（二）宋本《蜀王本紀》所載蜀人風俗是“揚雄《蜀王本紀》：蜀王之先稱王者，有蠶叢、折權、魚鳧、開明。是時，椎髻、左衽，不曉文字，未有禮樂。從開明已上至蠶叢，凡四千歲”（見《太平御覽》卷一六六）。近人嚴可均《全上古三代秦漢三國六朝文・全漢文》之揚雄《蜀王本紀》以宋本爲底本輯録：今人鄭文先生《揚雄文集箋注》① 亦采用“左衽”，而棄用“左言”。

二、“蜀人左言”較“蜀人左衽”更接近真實

（一）華夏衣式特點爲“右衽”，荒甸或荒服以外區域多“左衽”。從三星堆遺址青銅人衣式看，并非“左衽”。蜀人“椎髻”“垂髻”，皆記蜀人髮型非“編髮”“披髮”，而是椎束成髻。

“椎髻、左言”符合距今 4000 年左右的蜀人歷史狀况——其時，生於西蜀羌的大禹，協合萬邦一起疏江導河，治理大洪水，人得陸處。大禹着裝樣式應即是蜀人的基本着裝樣式。未聞大禹“左衽”而協合萬邦。彼時，蜀鄉是華夏文脉之鄉，上距皇帝嫘祖降封其長子玄囂於“江源”（岷江源），降封其次子昌意於若水（雅礱江匯入金沙江處），娶蜀山氏之女昌僕爲妻，誕生顓頊高陽氏已有千年多的歷史。大禹是中華禮樂文明的人文先祖，大禹故鄉已知禮樂。

（二）晉人所記古蜀人風俗大體相同，據高步瀛《文選李注義疏・蜀都賦》考辨，晉人常璩《華陽國志》，晉人酈道元《水經注》所記蜀人習俗大體與劉注相似。

① 鄭文：《揚雄文集箋注》，巴蜀書社，2000 年版，第 331—332 頁。

三、“蜀人左言”屬於華夏雅言通語中一種語音略有差异的方言

（一）揚雄《方言》記寫研究了古九州、十二州至西漢，華夏雅言通語“在空間或時間上的運動形式”[①]。揚雄《方言》，以雅言通語爲正語、爲標準、爲叙述立場，調研了西漢帝國疆域内的方域語言狀況，由西漢上溯比較了六經所記的語言方域特點，在調查研究方國語言狀況中，自然而然創造出一批語言學術語，比如：通語、雅言、轉語、方言、殊語、异言、别語、古今語、古雅别語體等等。

揚雄《方言》中之“方言”，指“五服”政區内方國方域之語言。故“方言”也者，乃是指“全民語言的變體。不同地域語言變體的界限具有相對性和模糊性，變體的共同特徵與個體特徵之間，各個變體之間形成了縱横交錯的聯繫。”[②]

方言之間有全民通語，方言是相對統一的從“通語”而言，通語在各地方域中流别而形成的語音詞彙，修辭上有一些差别，而出現方言中的“殊語”“异言”“别語”“轉語”，這些殊、异、别、轉語是同一種通語下屬各種分支方言的一些特徵，而絶不是通語以外的另一種語言。

“蜀人左言”之“左言”，比殊語、异言、别語與通語的距離更近，近似於“轉語”，强調其僅在語音上不够純正。以雅言爲準純，蜀人語言發音有些“左”而走調。“通語”在明清及現代漢語中被稱爲“官話”。至今四川話與普通話的關係仍然是揚雄《方言》中反映的，雅言與左言的關係，只是術語現代化了。四川官話是北方官話的一個支系。四川官話（俗稱四川話）的“陰陽上去”四聲中，陰、上兩聲發音與普通話陰聲、上聲完全相同，只在陽聲、去聲發音上與普通話有所差别。四川人説普通話，易形成“川普”。“川普”當然較正宗普通話而言，顯得不標準，走調走音了，人們稱之爲“左調”“左言”。

誰也不會將今日四川話看成漢語以外的外語。爲什麽偏將古蜀人的“左言”理解成華夏通語系統外的他種語言呢？

（二）揚雄《方言》中從頭到尾都將巴蜀、梁益地區的習俗語言作爲通語下屬方言的一種。《方言》中按 21 個方言區作地理劃分。其方言地理的古國地名爲：秦、蜀、晋、魏、趙、韓、周、燕、朝鮮、代、鄭、齊、魯、宋、衛、陳、楚、吴、越、甌、東越。

（三）《方言》中“蜀”地單獨出現三次，梁益出現多次。在“秦”地 109 次中，除 7 次以外，有 102 次皆屬秦與梁益并稱。漢高祖即位第五年將戰國時代的宋國改名爲梁國，而將

---

① 劉君惠、李恕豪等著：《揚雄方言研究》，巴蜀書社，1992 年版，第 8 頁。
② 劉君惠、李恕豪等著：《揚雄方言研究·序》，巴蜀書社，1992 年版，第 8 頁。

《尚書・禹貢》九州之梁州更名爲益州。《方言》中涉及巴蜀的地名不下 20 次。如“梁益”“梁益之間”“西南梁益之間”“西南蜀漢”“西南蜀漢之間”。兹舉《方言》涉蜀一例以證：《方言》：“俎，幾也。西南蜀漢之郊曰杫。榻前几。江沔之間（祁注：漢水中下游四川話區。）曰桯。趙魏之間謂之椸。幾，其高者謂之虡。”

巴蜀在五帝時代已屬炎黄華夏疆域，爲什麽硬要説蜀人左言是講華言以外的他種語言？

趙匡胤（宋太祖）將大渡河以外華夏疆土棄之不統，秦漢南中郡地區全靠歷史綿長的中華文明認同、通語認同，才使中華在文化上仍然凝聚。南詔大理政權甚至秘密立了一塊德化碑作證，表明他們心向中原，心同祖國，認同中華文化根脉。

四、現當代語言學家據揚雄《方言》材料無人不將蜀人語言歸入漢語重要方言

（一）林語堂據《方言》分西漢通語下爲十四個方言區，梁益蜀語爲其十四方言區之第二方言區，即“梁及楚之西部方言區（亦稱西南蜀漢益）”。

（二）羅常培、周祖琪據《方言》分西漢通語爲七個方言區，其第一大方言區爲“秦晋隴冀梁益”，顯然這與後世北方官方區一致。

（三）趙元任學生美國語言學家司禮義據《方言》分西漢通語爲六大方言區，其第一方言區爲“西部諸方言——秦和秦晋、梁益、西南、關西”。

（四）劉君惠等據《方言》分西漢通語爲十二大方言區，其第一大方言區爲“秦晋方言區——秦晋梁益”。

西漢之蜀語、梁益語，西南梁益之蜀語，西南蜀漢語，西南蜀漢之間語，等等，皆屬華夏雅言通語系統的方言。這種方言，在華夏通語中由來悠久，它一邊匯通，一邊流別，基本上保持相通而顯“左”的狀態。

“蜀人左言”係華夏語言的方言，不是外語。

（作者單位：西南民族大學文學與新聞學院）

常璩與揚雄對古蜀的不同叙述

黄劍華

内容提要：揚雄《蜀王本紀》記述古蜀歷史與文化，對常璩産生了深刻的影響。常璩後來撰寫《華陽國志》，對古蜀歷史的追述，就采用了揚雄《蜀王本紀》中的許多説法。但對有些記述也做了不同的叙述，譬如揚雄説古蜀“不曉文字”，常璩説“彭祖本生蜀，爲殷太史”，還有蜀人萇弘做過周室的史官，連孔子都要向博學多才的萇弘請教，説明當時蜀地的文化并不落後。彭祖與萇弘都做過史官，當然是要精通史料與各種書籍的，也説明蜀人應該有文字。但四川考古迄今尚未發現古蜀文字材料，這確實令人困惑和費解。只有期待以後的考古發現來揭示古蜀文字的真相了。

關鍵詞：古蜀文化；《蜀王本紀》；《華陽國志》；老彭仕商；萇弘故事

一、常璩著述參考了揚雄與司馬遷的説法

常璩應該是熟讀過揚雄《蜀王本紀》的，其中的很多記述對常璩産生了深刻的影響。常璩後來撰寫《華陽國志》，對古蜀歷史的追述，就采用了揚雄《蜀王本紀》中的許多説法。

常璩也熟讀過司馬遷撰寫的《史記·五帝本紀》等著述，對黄帝與蜀山氏的聯姻記載深表贊同。《史記·五帝本紀》説：“黄帝居軒轅之丘，而娶於西陵之女，是爲嫘祖。嫘祖爲黄帝正妃，生二子，其後皆有天下：其一曰玄囂，是爲青陽，青陽降居江水；其二曰昌意，降居若水。昌意娶蜀山氏女，曰昌僕，生高陽，高陽有聖德焉。黄帝崩，葬橋山。其孫昌意之

子高陽立，是爲帝顓頊也。”[①] 這段記載中提到了黄帝與古蜀的兩次聯姻，先娶西陵之女爲正妃，又爲其子娶了蜀山氏女。在其他古籍中，也有類似記載，《山海經・海内經》就有“黄帝妻嫘祖，生昌意，昌意降處若水”的傳説。《帝王世紀》《世本》《大戴禮・帝繫篇》等也有“黄帝娶於西陵氏之子，謂之嫘祖，産青陽及昌意”“顓頊母濁山氏之子，名昌僕”“昌意娶於蜀山氏之子，謂之昌僕氏，産顓頊”的記述。袁珂先生考證説，“蜀”，古字通濁，《世本》説的“濁山氏”也就是蜀山氏[②]。與黄帝同時期的蜀山氏，很可能是岷江上游最早養蠶的部族。有學者認爲，蜀山氏因爲長期養蠶和紡織絲綢，後來便以蠶爲族名，稱爲蠶叢氏。蠶和蜀，其實都是和養蠶密切聯繫在一起的。漢代許慎《説文》解釋蜀字，就是“蜀，葵（桑）中蠶也”的意思[③]。任乃强先生認爲，蜀山氏是最早“拾野蠶繭製綿與抽絲”的部族，到了“西陵氏女嫘祖爲黄帝妃，始傳蠶絲業於華夏”[④]。正是因爲這個原因，所以蜀山氏又被稱爲蠶叢氏。

常璩在後來撰著的《華陽國志・蜀志》中，在叙述古蜀歷史時便充分參考了司馬遷與揚雄的著作，并將兩者結合起來，力圖將古蜀傳説與華夏歷史相銜接。司馬遷的著述，代表了漢代正統史家的觀點，而揚雄的記載則偏重於地方史。常璩覺得，古蜀的歷史很悠久，應該是和中原華夏歷史同步發展的。常璩《華陽國志・蜀志》是這樣寫的：“蜀之爲國，肇於人皇，與巴同囿。至黄帝，爲其子昌意娶蜀山氏之女，生子高陽，是爲帝（嚳）〔顓頊〕；封其支庶於蜀，世爲侯伯。歷夏、商、周，武王伐紂，蜀與焉。”[⑤] 這説明了常璩的史家眼光，認爲古蜀與華夏從上古以來就有交流往來，有着非常密切的親緣關係，充分顯示了他視野的開闊。

常璩不僅注意到了古蜀與華夏在歷史發展進程中的關係，而且也注意到了古蜀獨特的地理環境，對蜀與巴的關係、蜀與西南夷的關係給予了特别的關注，對此有着比較全面而深入的瞭解。衆所周知，先秦時期的西南地區自古以來就小邦林立、部族衆多，文獻記載透露大大小小的部落至少有數百個，是世界東方典型的多民族地區。漢代司馬遷對西南地區部族衆多的情形曾做了真實的記述：“西南夷君長以什數，其西其北又以什數。”[⑥] 漢代班固在《漢書》中也對此做了同樣的記載[⑦]。這是漢代的情况，上溯至商周時期，西南地區大大小小的部族數目可能更多。史料中稱這些部落首領爲“戎伯”，或稱爲“諸侯”與“邑君”。《尚書・牧誓》記述協助周武王伐紂的有“庸、蜀、羌、髳、微、盧、彭、濮人”[⑧]，這些都是比較大的部族，才有實力出兵參與伐紂。其中的蜀當然是勢力最强的，《戰國策・秦策一》

① （漢）司馬遷：《史記》第一册，中華書局，1959 年版，第 10 頁。
② 袁珂校注：《山海經校注》（增補修訂本），巴蜀書社，1993 年版，第 391、503—504 頁。
③ （漢）許慎撰，（清）段玉裁注：《説文解字注》，上海古籍出版社，1988 年版，第 665 頁。
④ 任乃强：《四川上古史新探》，四川人民出版社，1986 年版，第 44—48 頁。
⑤ （晋）常璩撰，劉琳校注：《華陽國志校注》，巴蜀書社，1984 年版，第 175 頁。
⑥ （漢）司馬遷：《史記》卷一百一十六《西南夷列傳》，中華書局，1959 年版，第 2991 頁。
⑦ （東漢）班固：《漢書》卷九十五《西南夷兩粤朝鮮傳》，中華書局，1962 年版，第 3837 頁。
⑧ （清）阮元：《十三經注疏》上册，《尚書正義・周書・牧誓》，中華書局，1980 年版，第 183 頁。

就説“夫蜀，西僻之國，而戎狄之長也”[①]。巴與蜀相鄰，也是相當强大的部族。常璩後來撰寫《華陽國志》時説，巴也和蜀一起參加了周武王伐紂的軍事行動。常璩這樣説，應該是有史料依據的。

從文獻記載看，巴、蜀的崛起與興盛，成爲西南地區兩個强大的宗主國，都是具有天時、地理、人和的原因。其中一個很重要的原因，便是部族與氐族之間的相互聯姻，或者結成聯盟，從而形成了聯盟式的政權。蒙文通先生曾精辟地指出：“蜀就是這些戎伯之雄長。古時的巴蜀，應該只是一種聯盟，巴、蜀不過是兩個霸君，是這些諸侯中的雄長。”“可見巴、蜀發展到强大的時候，也不過是兩個聯盟的盟主。”[②] 這種多部族聯盟的形式，正是古蜀王國與中原和其他地區在社會結構方面的不同之處。蜀國部族多，結構比較松散，内部常發生矛盾，影響了政權的穩定和鞏固。到了開明王朝末代蜀王之時，由於蜀王腐化享樂，社會矛盾加劇，已趨於衰敗。秦惠王準備伐蜀的時候，司馬錯就分析了蜀國的情形，將蜀國的衆多部族比喻爲群羊，説：“以秦攻之，譬如使豺狼逐群羊也。取其地足以廣國也，得其財足以富民，繕兵不傷衆而彼已服矣。”認爲蜀國具有地廣財多、容易攻取的特點[③]。常璩後來在《華陽國志》中，對此亦做了客觀而翔實的記述[④]。

秦并巴蜀，是中國歷史發展進程中的重大事件，其意義極其深遠。産生的重大影響主要體現在兩個方面，首先是秦國獲得了擴展疆域的戰略性重大勝利，爲秦國帶來了巨大的好處；秦并巴蜀之後，由於巴、蜀地區物産豐富，從而爲秦朝進一步統一天下提供了充裕的人力資源與物質基礎。其次是對蜀地的發展，也産生了積極而重要的影響；秦朝統一巴、蜀後，將北方和中原的很多東西輸入了巴、蜀地區，促使并加快了巴蜀區域文明與華夏文明的融合。社會與歷史都是由不同的發展階段組成的，古蜀國的歷史也正是這樣，從傳説的蠶叢、柏濩、魚鳧，到杜宇與開明王朝，这期间經歷了漫長的、由多個王朝更替組成的發展歷程，然後被秦統一，進入了秦漢時期。傳承了十二代的開明王朝雖然被秦滅了，傳説色彩很濃的古蜀歷史也由此畫上了句號，但却爲巴蜀地區開啓了新的發展篇章。

秦朝統一巴蜀之後，采取了很多措施來加强對巴蜀地區的統治和管理。其中最重要的是實行郡縣制、移民入蜀、修築城市、興修水利、大力發展農業和商貿，使蜀地的經濟面貌大爲改觀，變得更爲興旺發達了。秦朝任命的幾位蜀郡守都很有作爲，司馬錯在軍事方面建立了巨大的功勞；張若修建了成都城、郫城與臨邛城，促進了手工業與商業貿易的發展，爲蜀地經濟帶來了繁榮；李冰修建了都江堰，從此水旱從人，使成都平原成了真正的天府之國。從文化方面看，秦人的文字也傳入了蜀地，四川青川等地考古發現出土了大量秦簡，这便是物证。從春秋戰國以來，齊魯的儒家文化與中原的諸子百家一直很活躍，很可能早就對蜀地

---

① 繆文遠：《戰國策新校注》（修訂本），巴蜀書社，1998年版，第91頁。

② 蒙文通：《巴蜀古史論述》，四川人民出版社，1981年版，第30—31頁。又見《蒙文通文集》第二卷《古族甄微》，巴蜀書社，1993年版，第199—200頁。

③ 繆文遠：《戰國策新校注》（修訂本），巴蜀書社，1998年版，第91頁。

④ （晋）常璩撰，劉琳校注：《華陽國志校注》，巴蜀書社，1984年版，第191—192頁。

有所影響，秦并巴蜀之後文化的傳播自然是更爲暢通了，這對蜀地的文化發展，很顯然起到了積極的推动作用。

二、關於古蜀文化，常璩與揚雄的不同叙述

我們知道，古蜀歷史悠久，在社會結構、禮儀制度與精神崇尚諸多方面都獨具特色，自上古以來便與黄河流域的中原王朝處於同步發展的狀態之中，商周時期已形成燦爛的古蜀文明。三星堆與金沙遺址等重大考古發現揭示，古蜀先民擅長形象思維和圖像表達，出土的青銅雕像群就顯示了濃郁的古蜀特色，這與商周王朝以青銅禮器爲代表的青銅文化有着明顯的不同。古蜀圖像發達，但文字却相對滯後，揚雄《蜀王本紀》所説“是時人萌椎髻左衽，不曉文字，未有禮樂”①，説的就是古蜀没有中原王朝那樣的文字與禮樂，這似乎是古蜀較長時期的一種實際情況。也就是説，因爲文字是文化的重要載體，而古蜀没有文字流行，所以古蜀在文化上比中原王朝還是要相對落後一些。

其實对於揚雄的這個説法還是存在一些問題。孔子《論語・述而篇》有關於彭祖的記述，子曰：“述而不作，信而好古，竊比於我老彭。”老彭是個人名，歷來有不同説法，有認爲是指老子與彭祖兩人，有認爲是殷商時的賢大夫彭祖，孔子以其自比，稱“我老彭”，充分表示了孔子對這個人的親切感②。關於彭祖，《世本》中有“在商爲守藏史，在周爲柱下史，壽八百歲”之説③。司馬遷撰《史記・五帝本紀》也提到了“彭祖”，與大禹、後稷等人“自堯時而皆舉用”，《索隱》與《正義》曰彭祖自堯時舉用，歷夏、殷封於大彭；《史記・楚世家》也記述了彭祖④。《大戴禮記》卷九亦有“商老彭”之稱，認爲是殷朝的賢大夫⑤。常璩讀書很多，對這些史料記載應該是非常熟悉的，《華陽國志》卷十二也記述説：“孔子‘述而不作，信而好古，竊比於我老彭’。則彭祖本生蜀，爲殷太史。”⑥ 在近代研究古蜀與殷商歷史的著名學者中，顧頡剛先生對此做了精辟的分析，認爲：“老彭是蜀人而仕於商，可以推想蜀人在商朝做官的一定不止他一個。古代的史官是知識的總匯，不論自然科學和社會科學他應當都懂。蜀人而做王朝的史官，可見蜀中文化的高超。”⑦ 在《尚書・牧

① （清）嚴可均校輯：《全上古三代秦漢三國六朝文》第1册，《全漢文》卷五十三，中華書局，1958年版，第414頁。
② 劉俊田等譯注：《四書全譯》，貴州人民出版社，1988年版，第158頁。
③ 《世本》，載《帝王世紀・世本・逸周書・古本竹書紀年》，齊魯書社，2010年版，第3頁。
④ （漢）司馬遷：《史記》，中華書局，1959年版，第1册第38頁、第39頁注二；第5册第1690頁、第1691頁注四。
⑤ （清）王聘珍撰，（民国）王文錦點校：《大戴禮記解詁》，中華書局，1983年版，第178頁。
⑥ （晋）常璩撰，劉琳校注：《華陽國志校注》，巴蜀書社，1984年版，第897頁。
⑦ 顧頡剛：《論巴蜀與中原的關係》，四川人民出版社，1981年版，第19、31頁。

誓》與《古本竹書紀年》中都有蜀與彭參加武王伐紂的記載[①]，學者們大都認爲，這應該是魚鳧時代的事情，魚鳧王朝與西周王朝是同時期的友好鄰邦，彭也是當時的大部族，所以蜀國和彭族才參與了周武王的軍事行動。由此可見古蜀與中原的關係與交流往來一直是比較密切的，這也説明了古蜀的文化并不落後。常璩在《華陽國志・蜀志》中說，岷山之地不僅物産豐富，而且“其卦值坤，故多斑采文章”“與秦同分，故多悍勇。在《詩》，文王之化，被乎江漢之地，秦豳同咏，故有夏聲也”[②]。這是説古蜀國很早就接受了文王之化，古代蜀人擅長寫斑采文章，而且擅長音樂。既然能寫很多斑采文章，當然是有文字的。關於音樂，開明王朝末代蜀王就擅長譜寫歌曲，曾爲愛妃創作了《臾邪歌》與《龍歸之曲》，據説還爲秦國美女創作了《幽魄之曲》[③]。這説明常璩的記述表達了與揚雄不同的看法，通過宏觀概述肯定了古蜀文化絢麗多彩的特點。

春秋時期有一位名叫萇弘的蜀人，擔任過周室的史官，博學多才，也很有名。諸多傳世文獻對萇弘的事迹都有記載，譬如《左傳》從昭公十一年到哀公三年就有很多關於萇弘爲周大夫的記述。劉安《淮南子・汜論訓》説：“昔者萇弘，周室之執數者也。天地之氣，日月之行，風雨之變，律曆之數，無所不通。”[④] 由此可知，萇弘是個才能超群的人，其主要職責是觀測天象、推演曆法、占卜凶吉，對周王室的出行起居、祭祀與戰事等做出預測，并對天象變化、自然變遷等進行預報和解釋。據《國語・周語》記述，周敬王遷都成周時，萇弘曾到晋國游説，促成了晋國率諸侯擴建成周：“敬王十年，劉文公與萇弘欲城周，爲之告晋。魏獻子爲政，説萇弘而與之，將合諸侯。”[⑤] 這也説明了萇弘的能幹，以及對周室的效忠。這時發生了一件很重要的事情，孔子於周敬王二年（前 518）來到成周，恭敬地拜訪了萇弘，向萇弘求教韶樂與武樂之异同，以及其他不解之處。萇弘精通樂理，對孔子給予了指教。對於這段史實，《史記》和《孔子家語》等皆有提及。司馬遷《史記・樂書》記載孔子曾與賓牟賈討論《武》樂，“子曰：唯丘之聞諸萇弘，亦若吾子之言是也。”唐代司馬貞《索隱》説：“《大戴禮》云孔子適周，訪禮於老聃，學樂於萇弘是也。”[⑥]《孔子家語・觀周》亦載：孔子“至周，問禮於老聃，訪樂於萇弘”[⑦]。韓愈《師説》中曾説：“聖人無常師，孔子師郯子、萇弘、師襄、老聃。”[⑧] 可見萇弘爲孔子之師，已成爲後來文人們津津樂道的一個典故。萇弘忠於周室，却遭讒言與離間而被殺害。《韓非子・内儲説下六微》就有“叔向之

---

① （清）阮元校刻：《十三經注疏》上册，中華書局，1980 年版，第 183 頁；《古本竹書紀年》，載《帝王世紀・世本・逸周書・古本竹書紀年》，齊魯書社，2010 年版，第 79 頁。

② （晋）常璩撰，劉琳校注：《華陽國志校注》，巴蜀書社，1984 年版，第 175－176 頁。

③ （晋）常璩撰，劉琳校注：《華陽國志校注》，巴蜀書社，1984 年版，第 188－190 頁。

④ 《二十二子》，上海古籍出版社，1986 年版，第 1267 頁。

⑤ （東周）左丘明，上海師範學院古籍整理組校點：《國語》，上海古籍出版社，1978 年版，第 144 頁。

⑥ （漢）司馬遷：《史記》第四册，中華書局，1959 年版，第 1228 頁。

⑦ 《百子全書》上册，浙江古籍出版社，1998 年版，第 7 頁。

⑧ 《全唐文》第三册，上海古籍出版社，1990 年版，第 2500 頁。

讒萇弘也……因佯遺其書周君之庭而急去行。周以萇弘爲賣周也，乃誅萇弘而殺之”的記述[①]。《左傳 • 哀公三年》也有“周人殺萇弘”的記載[②]。《莊子 • 雜篇 • 外物》説：“人主莫不欲其臣之忠，而忠未必信，故伍員流於江，萇弘死於蜀，藏其血，三年而化爲碧。”[③] 疏云：“萇弘遭譖，被放歸蜀，自恨忠而遭譖，遂刳腸而死，蜀人感之，以匱盛其血，三年而化爲碧玉，乃精誠之至也。”[④] 晋人干寶《搜神記》亦説：“周靈王時，萇弘見殺，蜀人因藏其血，三年乃化而爲碧。”[⑤] 成語“碧血化珠”“碧血丹心”即由此而來，這個典故曾被後人廣泛引用，然後便成了耳熟能詳的成語。

關於萇弘爲蜀人之説，也主要是由《莊子》的記載而來的，學者大都贊同此説，認爲萇弘是“周靈王的賢臣，被放歸蜀，刳腸而死”[⑥]。或認爲萇弘是“周王朝的賢大夫，相傳流放巴蜀後被剖腹而死”[⑦]。但也有認爲《莊子 • 雜篇 • 外物》中説的“蜀，周時一個小邑。在今河南禹縣西北。傳説萇弘死後，血凝成塊，狀似碧玉”[⑧]。這個説法比較獨特，與衆不同，爲一家之言。在史籍的相關注引中，也有人指認萇弘死後葬於洛陽，譬如《史記 • 封禪書》集解引《皇覽》曰：“萇弘塚在河南洛陽東北山上。”[⑨] 《後漢書 • 郡國志》説洛陽周時號成周，注引《皇覽》也説：“縣東北山萇弘塚。”[⑩] 雖然關於萇弘之死與墓塚有不同説法，但萇弘是蜀人仍是公認的看法。

常璩對萇弘的故事也是熟悉的，在《華陽國志》卷十二有“周萇弘之血變成碧珠，杜宇之魄化爲子鵑”的記述與質疑。蒙文通先生認爲，可“知舊傳蜀事，也就可能是《蜀王本紀》原有萇弘化碧於蜀之説”；又説“萇弘是曆法家，他死於蜀，蜀地應該有他的學術傳於後代”[⑪]。劉琳先生認爲，萇弘是春秋末周大夫，“關於萇弘的傳説很多，大抵説他是蜀人，因忠於周室，爲晋所不容，迫周殺之”[⑫]。任乃强先生《華陽國志校補圖注》對有關萇弘的各種傳説也做了梳理與分析，表示贊同《莊子 • 雜篇 • 外物》的説法，在前言中很明確地稱萇弘爲“蜀士”[⑬]。在後來的一些地理志書中，都有關於萇弘爲蜀人的記述。譬如《大明一統志 • 成都府 • 人物志》卷六十七就説：“萇弘，資中人，敬王時爲大夫，孔子嘗從之問樂。死而血碧，蜀人祀之。”[⑭] 曹學佺《蜀中人物記》也做了相同記述：“萇弘，資中人。事劉文

① 《二十二子》，上海古籍出版社，1986 年版，第 1154—1155 頁。
② 王守謙等譯注：《左傳全譯》下册，貴州人民出版社，1990 年版，第 1500 頁。
③ 《二十二子》，上海古籍出版社，1986 年版，第 73 頁。
④ 郭慶藩輯，王孝魚整理：《莊子集釋》第四册，中華書局，1961 年版，第 921 頁注三。
⑤ （晋）干寶撰，汪紹楹校注：《搜神記》，中華書局，1979 年版，第 130 頁。
⑥ 陳鼓應注譯：《莊子今注今譯》，中華書局，1983 年版，第 702 頁。
⑦ 張耿光譯注：《莊子全譯》，貴州人民出版社，1991 年版，第 484 頁。
⑧ 曹礎基：《莊子淺注》，中華書局，1982 年版，第 407 頁。
⑨ （漢）司馬遷撰《史記》第四册，中華書局，1959 年版，第 1364 頁。
⑩ （南朝宋）范曄撰：《後漢書》第十二册，中華書局，1965 年版，第 3390 頁。
⑪ 蒙文通：《巴蜀史的問題》，《古族甄微》，巴蜀書社，1993 年版，第 266—267 頁。
⑫ （晋）常璩撰，劉琳校注：《華陽國志校注》，巴蜀書社，1984 年版，第 896 頁、第 899 頁注七。
⑬ （晋）常璩撰，任乃强校注：《華陽國志校補圖注》，上海古籍出版社，1987 年版，第 6 頁、第 729 頁注文。
⑭ （明）李賢等：《大明一統志》下册，三秦出版社，1990 年版，第 1048 頁。

公，爲其屬，大夫孔子嘗問樂焉。”[①]《漢書・藝文志》中有“《萇弘》十五篇，周史”的記載[②]，可惜早已散佚。總之，萇弘在春秋時期做周朝的史官，連孔子都要向博學多才的萇弘請教，這也説明當時蜀地的文化并不落後，才能涌現萇弘這樣的人物。

到了戰國時代，開明王朝末代蜀王據有褒、漢之地，在褒谷狩獵時與秦惠王相遇，曾互贈禮品。之後，秦惠王相繼贈送五頭石牛、五位秦國美女給蜀王，蜀王派五丁力士去迎接，又派使者去秦朝致謝，揚雄《蜀王本紀》與常璩《華陽國志》對此都有記述。這裏很自然涉及一個問題：蜀王與秦惠王互派使者的時候是否有書信交往？按常理推測，秦人有篆書，蜀人不僅有圖語，很可能也是有文字的。彭祖與萇弘都做過史官，當然是要精通史料與各種書籍的，也説明蜀人應該有文字。

但四川考古迄今尚未發現古蜀文字材料，因爲缺少出土實證，古蜀時代究竟有没有文字，就成了一個令人疑惑的古蜀之謎。這確實令人困惑和費解，只有期待以後的考古發現，來揭示古蜀文字真相了。儘管有許多未解之謎，自從秦并巴蜀之後，蜀人便開始使用統一的文字，接受了來自黄河流域的諸子百家與儒家文化，并與古蜀的傳統文化習俗相互融合，則是肯定的。這對蜀地文化的發展，以及秦漢之際蜀中文人的大量涌現，很顯然是起到了很重要的作用。

總之，燦爛的古蜀文化是一個很重要的歷史背景，秦并巴蜀爲蜀地帶來了新的發展機遇，這兩者對漢晋時期蜀地的文人學者都具有深遠的影響。

（作者單位：四川省文物考古研究院、四川省人民政府文史研究館）

① （明）曹學佺撰，楊世文校點：《蜀中廣記》上册，上海古籍出版社，2021年版，第405頁。
② （東漢）班固：《漢書》第六册，中華書局，1962年版，第1760頁。

古蜀先王“柏灌”的名號及其行迹考辨

潘殊閑

内容提要：古蜀先王“柏灌”，在已知的相關歷史文獻中有拍濩、柏濩、栢濩、折灌、柏灌、栢灌、伯雍等七種寫法。這當中，第一個字不同的寫法有共同的基點，就是對“柏”字的變异寫法。而第二個字都共同帶有“氵”，都與水有某種關係。稽考古蜀五祖的名字可以發現，柏灌氏是蜀祖從山地進入平原的一支過渡族群，也是蜀祖告别岷山高地，遷徙至成都平原的分水嶺。他們既有山地高臺喬木叢林的生活經歷，又有平原水澤灌木叢林的生活體驗，最爲重要的是，他們已經開啓了蜀中先民治理成都平原水患的先河。後世的杜宇、開明接續這種水患治理，至李冰時期而最後大功告成，成都平原從此進入“水旱從人，不知饑饉”的“天府之國”時代。由於柏灌氏是一支遷徙過渡的族群，所以，歷史文獻關於他的行迹記載非常少，與古蜀其他先王形成明顯的反差。其真實的歷史行迹只有留待新的考古發現和文獻揭秘。

關鍵詞：古蜀先王；柏灌；名號；行迹；考辨

揚雄《蜀王本紀》云：“蜀之先，稱王者有蠶叢、柏濩、魚鳧、開明。”[①] 又説：“蜀王之先，名蠶叢，後代名曰柏濩，後者名魚鳧。”[②] 明人鄭樸編的《揚子雲集》在搜録的《蜀王本紀》中，又云：“蜀之先，稱王者有蠶叢、折灌、魚易、俾明。”[③] 而《華陽國志》則這樣寫道：“周失綱紀，蜀先稱王。有蜀侯蠶叢……次王曰柏灌，次王曰魚鳧。”[④] 僅以上述文獻所記，古蜀先王的第二代名號就有柏濩、折灌、柏灌等寫法。那究竟哪一種寫法更符合歷史本源？其留下的行迹究竟有哪些？相比於古蜀其他先王的事迹，有關柏灌的文獻記載是最

---

① （漢）揚雄著，張震澤校注：《揚雄集校注》，上海古籍出版社，1993 年版，第 243 頁。
② （漢）揚雄著，張震澤校注：《揚雄集校注》，上海古籍出版社，1993 年版，第 244 頁。
③ （漢）揚雄撰，（明）鄭樸編：《揚子雲集》卷六，文淵閣《四庫全書》本。
④ （晋）常璩著，任乃强校注：《華陽國志校補圖注》卷三，上海古籍出版社，1987 年版，第 118 頁。

少的，後世相關的研究也多有含糊或省略，馮廣宏、何崝、李勝銓、劉興詩等先生有過一些探討，但仍有一些問題值得進一步辨析。基於此，本文試圖通過文獻梳理和辨析，探尋其中的一些内在邏輯，希望能進一步推動古蜀先王的研究。

一、柏灌的寫法鈎沉

從目前所知的文獻來看，最早出現“柏灌”二字的當是《蜀王本紀》。但由於包括《蜀王本紀》在内的多種記述古蜀歷史的文獻已經散佚，後世所引《蜀王本紀》時，异文衆多，導致人們的認識含混不清。

下面，簡要梳理一下各類文獻中有關古蜀先王“柏灌”的多種寫法。

柏灌的不同寫法	具體文獻出處
拍濩	《路史》卷四；《古微書》卷十三；《玉海》卷十六
柏濩、栢濩	《六臣注文選》卷四十六注；《太平御覽》卷八百八十八；《蜀中廣記》卷一
折灌	《揚子雲集》卷六；《太平御覽》卷一百六十六引揚雄《蜀王本紀》
柏灌、栢灌	《華陽國志》卷三；《古今事文類聚》後集卷四十四；《詩林廣記》卷二；《山堂肆考》卷二百十四；《蜀中廣記》卷一和卷七十一；《全蜀藝文志》卷四十八；《古今合璧事類備要》卷六十八“飛禽門”注；《四六標準》卷二十一注；《春秋戰國异辭》卷五十四；《御定駢字類編》卷二百二十一“魚鳧”條注；《御定佩文韵府》卷七之四“魚鳧”條注；《御定歷代賦匯》補遺卷五
伯雍	《揚子雲集》卷六；《藝文類聚》卷六；《通典》卷一百七十五“古梁州”注；《文獻通考》卷三百二十一“古梁州”注；《太平御覽》卷一百六十六；《輿地廣記》卷二十九；《類説》卷三十六；《山堂肆考》卷三十二；《錦綉萬花谷後集》卷六；《御定淵鑒類函》卷三百三十四

從上述七種寫法可以看到，有四組寫法第一個字是基本相同的，這就是：柏濩、栢濩、柏灌、栢灌。而栢與柏本身就是相通的，都是指的柏樹，常緑喬木。另外三個寫法的首字：拍、折、伯，與柏字的字形十分相近，尤其是拍和伯，應該是抄寫翻刻之筆誤。折與柏，應是漫漶缺筆之誤。如此來看，歷史上有關“柏灌”的“柏”字的多種寫法，其實都是有共同基點的，也就是對“柏”字的變异寫法。

上述寫法真正的差异在後面的一個，也就是濩、灌與雍字。濩與灌字，字形相近。濩，有兩種讀音。一是讀 huo，四聲。有如下義項：

（1）雨水從屋檐流下的樣子。

（2）形容水流自上而下洶涌澎湃的樣子。

（3）煮。

(4) 浸漚。

二是讀 hu，四聲。有如下義項：

(1) 散布，流散。

(2) 通“頀”，指商湯時的樂名。

灌，也有兩種讀音。一是讀 guan，四聲。有如下義項：

(1) 注入，流入。

(2) 灌溉。

(3) 淹没。

(4) 飲，飲酒。

(5) 强迫使飲。

(6) 澆鑄。

(7) 叢生的矮小樹木。

(8) 姓。

(9) 情意懇切貌。

(10) 祭祀名，斟酒澆地以迎神。

(11) 通“盥”，洗滌。

二是讀 huan，四聲，指水盛貌。

雍，只有一種讀音，即 yong，一聲。但義項比較多：

(1) 和諧，和睦。

(2) 水澤。

(3) 黄河溢出形成的支流。

(4) 天子食畢所奏的樂歌。

(5) 通“饔”，指熟食。

(6) 姓。

(7) 古州名，九州之一。

(8) 周代諸侯國名。

(9) 古縣名。春秋時爲秦國都城，在今陝西鳳翔西南。

(10) 保佑。

(11) 通“壅”，遮蔽、阻塞。

(12) 通“擁”，擁有、擁抱。

濩、灌、雍三個字，都共同帶有“隹”；而濩、灌還共同帶有“氵”。《説文解字》解釋“隹”爲“鳥之短尾總名也”[①]。而“氵”則爲水。説明，這三個字都與短尾鳥有關。“雍”有“水澤”的含義，那這三個字事實上都與水有某種關係。

---

① （漢）許慎撰，陶生魁點校：《説文解字》，中華書局，2020 年版，第 115 頁。

二、柏灌的含義解讀

通過上述文獻鈎沉可知，拍、折、伯都是對“柏”字的變异寫法，而濩、灌、雍三字，也都有某些共同的含義。那古蜀第二位先王究竟該如何稱呼，又代表什麽意思？要厘清這一問題，不得不從蜀地的自然地理條件説起。

四川盆地在數億年以前曾是一片海洋，後來由於地殼變化，海水退去，變成内陸盆地。這是大家所熟知的地理知識。

歷史上最早的蜀族并非蜀地的土著，而是有一個不斷遷徙的過程。從已有的研究來看，大家比較傾向於曾活動於黄河上游的氐羌民族。遠在傳説中的三皇五帝時期，“他們就不斷沿着青藏高原的横斷山脉向南遷徙”①。《後漢書・西羌傳》這樣描述他們的遷徙特色：“子孫分别，各自爲種，任隨所之。”② 其生産生活方式則是：“所居無常，依隨水草。地少五穀，以産牧爲業。”③ 這支氐羌族遷徙到今天的川西北高原的岷山與岷江河谷，逐漸定居下來。他們先是居住在石穴中，後來累石爲室，這種習俗甚至一直沿襲到後代。《後漢書・南蠻西南夷傳》曾這樣叙述這一帶居民的生活方式：“皆依山居止，累石爲室，高者至十餘丈，爲邛籠。”其注釋云：“按今彼土夷人呼爲‘雕’也。”④ 這種“邛籠”，人們習稱爲“雕樓”。章樵注揚雄的《蜀都賦》時曾引《先蜀記》云：“蠶叢始居岷山石室中。”⑤ 則古蜀最早的先王蠶叢氏因居石室，“巉棱如簇蠶”⑥ 而得名。也就是，蠶叢之名，并非因爲養蠶而得名，而是所居石室的牆體累積石塊（石片）如叢集的蠶繭，這些石塊大多爲白灰色，遠遠望去，確實很像蠶繭之叢集，由此形象化地稱呼爲“蠶叢”。古蜀人有濃郁的大石（特别是白石）崇拜情結，這與蠶叢氏先祖的“雕樓”文化基因是有很大關係的。

蠶叢氏一族通過多年的觀察，發現沿着岷江河谷南下，在今天的彭州市、都江堰市的東南方向，就是一大片水草豐美的平地。相比崇山峻嶺的山谷，這裏應該是最適宜生産與生活的膏腴之地。但是，由於這片土地地勢低窪，與西北方向的岷山垂直落差有數千公尺，所以，每到春末雪山融化和夏秋洪水，這片低窪的土地就變成一片汪洋。這片土地要適宜居住，必須進行治理。

於是，蠶叢氏中的一支就遷徙到平原上方的高臺上，這裏既有梓、柏等喬木，稍往下

① 童恩正著：《古代的四川》，四川人民出版社，1979 年版，第 56 頁。
② （南朝宋）范曄撰，（唐）李賢等注：《後漢書》卷八十七，中華書局，1999 年版，第 1943 頁。
③ （南朝宋）范曄撰，（唐）李賢等注：《後漢書》卷八十七，中華書局，1999 年版，第 1939 頁。
④ （南朝宋）范曄撰，（唐）李賢等注：《後漢書》卷八十六，中華書局，1999 年版，第 1931 頁。
⑤ （宋）章樵注：《古文苑》卷四，文淵閣《四庫全書》本。
⑥ （明）曹學佺撰，楊世文校點：《蜀中廣記》卷六，上海古籍出版社，2020 年版，第 70 頁。

走，就是水澤邊的灌木林。《華陽國志・蜀志》在談到李冰治水之後，還說“岷山多梓、柏、大竹，頹隨水流，坐致材木，功省用饒”[1]，由此可以反證。“灌”字，還有一層含義，就是流入、注入。由於成都平原地勢低窪，長期浸泡，潴留的水需要有河道引流，這樣才能形成可供生産與生活的適宜土地。所以，柏灌氏一族，暫時居住在平原上方的高臺喬木林中，白天則下到平地疏浚河道，讓平原形成水陸兩種形狀。露出水面的平地可以嘗試耕種，水面則爲漁業。而上述“柏灌”异寫中的“伯雍”的“雍”字，就有一層含義是通“壅”，即遮蔽、阻塞。要疏浚河道，自然是要壘土作壩，讓潴留的水能順暢地排泄而出。古蜀人的這種治水智慧，可以在《華陽國志》記述李冰治水的特色中窺見一二：“冰乃壅江作堋……”[2] 壅，即堵塞、遮蔽；堋，即分水堤。原來，柏灌氏一族就已開始蜀地的水患治理。至魚鳧氏，蜀地已是漁業爲主、農業爲輔的初級農業經濟時代。

而到了杜宇時代，則是處於較爲發達的農業時代。從“杜宇”之名，可以看出這個時代的特色。“杜”，有堵塞、阻止之義，宇，則有疆土之義。杜宇，合起來就有整固疆土，拓邊、固邊之義。對此，《華陽國志・蜀志》給我們提供了非常有意義的信息：“後有王曰杜宇，教民務農。一號杜主……乃以褒斜爲前門，熊耳、靈關爲後户，玉壘、峨眉爲城郭，江、潛、綿、洛爲池澤；以汶山爲畜牧，南中爲園苑。”[3] 這裏所謂的“前門”“後户”“池澤”“畜牧”“園苑”等概念，則是指的疆域、邊境和勢力範圍。

古蜀先王的最後一位開明，則是進入了空前繁榮的城市經濟時代和城市文明。“開明”，就是開辟了一片光明的前景。《華陽國志・蜀志》這樣叙述道：“九世有開明帝，始立宗廟。以酒曰醴，樂曰荆。人尚赤。帝稱王。”[4] 顯然，這已經是禮樂文明高度發達的時代，是一方帝國開放文明的景象。

如此説來，柏灌氏是蜀祖從山地進入平原的一支過渡族群，也是蜀祖告别岷山高地，遷徙至成都平原的分水嶺。他們既有山地高臺喬木叢林的生活經歷，又有平原水澤灌木叢林的生活體驗，最爲重要的是，他們已經開啓了蜀中先民治理成都平原水患的先河。後世的杜宇、開明接續這種水患治理，至李冰時期而最後大功告成，成都平原從此進入“水旱從人，不知饑饉”的“天府之國”[5] 時代。這種推理應該是合乎歷史邏輯的，也有相應的歷史文獻支撑。

① （晋）常璩著，任乃强校注：《華陽國志校補圖注》卷三，上海古籍出版社，1987 年版，第 133 頁。
② （晋）常璩著，任乃强校注：《華陽國志校補圖注》卷三，上海古籍出版社，1987 年版，第 133 頁。
③ （晋）常璩著，任乃强校注：《華陽國志校補圖注》卷三，上海古籍出版社，1987 年版，第 118 頁。
④ （晋）常璩著，任乃强校注：《華陽國志校補圖注》卷三，上海古籍出版社，1987 年版，第 122 頁。
⑤ （晋）常璩著，任乃强校注：《華陽國志校補圖注》卷三，上海古籍出版社，1987 年版，第 133 頁。

三、柏灌的行迹考辨

《蜀王本紀》云："蜀王之先，名蠶叢，後代名曰柏濩，後者名魚鳧。此三代各數百歲，皆神化不死。其民亦頗隨王化去。"① 這是蜀王的前三世。相關記録很簡單。"此三代各數百歲"，并非是指蠶叢、柏濩、魚鳧作爲個體的生命長達數百歲，而是作爲一個朝代，綿延了數百年。"皆神化不死"，也是指的其精神與形象不朽，長久地被蜀人崇敬、神聖化。這種神聖化就是一種仙化。宋人章樵在注揚雄《蜀都賦》時曾引《蜀記》云："上古時，蜀之君長，治國久長，後皆仙去。"② 這可以與《蜀王本紀》相印證。仙字，其義項有：(1) 仙人；(2) 非凡的；(3) 美女；(4) 輕盈的樣子；(5) 婉稱死去的人；(6) 姓。從"仙"的字形來看，山中之人就是"仙"。繁體字"神仙"之"仙"，就寫作"仙"，而"僊"是异體字（其字形意義是人的遷徙，實際上是縹緲無蹤的比喻）。如果説"山中之人"顯得太平淡了，那就再加一個限制，那就是"山中的非凡之人"就是"仙"。"仙"還有一種含義是指"婉稱死去的人"，如"仙去""仙化"。所以，《蜀王本紀》這段話透露出的重要信息就是，包括柏灌在内的古蜀前三代，各自統治的時間持續了數百年，他們都信奉一種原始的"仙教"（或巫術），渴望長生不死，即使肉體的生命終結了，但他們相信自己是往生到了仙國去，這種信仰深深地影響了古蜀先民，所以，"其民亦頗隨王化去"。對此，馮廣宏先生所説的"大概那時的蜀王，本身就是大巫師、總祭酒，故以特殊的巫教方式來統治蜀民"③，是有一定道理的。

當然，學界也有不同的理解。如任乃强先生就認爲"蓋羌俗火葬，無墳塋。漢儒不解其王無墓之故，妄從羌人自解之語，以爲'仙去'。至於其蠢皆無墓，亦謬謂其'隨王化去'"④。但是，《華陽國志・蜀志》却有這樣的記載："周失綱紀，蜀先稱王。有蜀侯蠶叢，其目縱，始稱王。死，作石棺、石槨。國人從之。故俗以石棺槨爲縱目人塚也。"⑤ 任乃强先生無墳塋之説，似乎與歷史文獻記載相抵觸。

何以古蜀五王（或五朝），唯柏灌歷史文獻記録最少？任乃强先生有自己的解釋，他説："竊認爲他（指柏灌）是一個蠶叢支族的領袖，并且亦自成立爲一個獨立的氏族。還可能就是進入北川盆地的一個氏族首領。由於它未發展成爲國家，華夏族之史家（如揚雄、常璩）知其名而不詳其事，所以只作了這樣的安排。"⑥

---

① （漢）揚雄著，張震澤校注：《揚雄集校注》，上海古籍出版社，1993 年版，第 244 頁。

② （宋）章樵注：《古文苑》卷四，文淵閣《四庫全書》本。

③ 馮廣宏：《柏灌考》，《文史雜志》2008 年第 2 期，第 46 頁。

④ 任乃强著：《四川上古史新探》，四川人民出版社，2019 年版，第 71 頁。

⑤ （晋）常璩著，任乃强校注：《華陽國志校補圖注》卷三，上海古籍出版社，1987 年版，第 118 頁。

⑥ 任乃强著：《四川上古史新探》，四川人民出版社，2019 年版，第 70 頁。

柏灌行迹缺乏史料文獻，有學者從讀音上解讀，認爲“‘柏灌’很可能就是‘伯鯀’的隱音”，而“‘伯鯀’即以白馬爲族徽的母系氏族領袖”“伯鯀或柏灌氏乃母系制”“早蜀中期柏濩—柏灌—伯鯀氏族屬母系制，而伯鯀則是一位偉大的母親”①。此説甚爲大膽。馮廣宏先生則極力反對此説，認爲“柏灌絶非伯鯀，上古時代這兩位傳説人物，不容混淆或融合”，因爲柏灌“起碼要比鯀早千餘年”，“柏灌與鯀的活動地域并不相同。他們一爲古蜀先王，一爲中原頭領，空間也有很大暌隔”②。

還有一種觀點認爲，柏灌就是斟灌氏，被夏征服後，變成夏的同盟部族，一直隨夏東遷，率領族人跟隨大禹治水，本來應該是有輝煌事迹的，現在却找不到它的史迹③。應該説這是一種很有新意的觀點。但是，隨之而來也有這樣的問題需要回答：（1）爲什麽柏灌要跟隨大禹遠離故土，放棄權位去治水？（2）有關大禹治水的文字記載、文物遺迹遺址很多，但似乎還没有發現柏灌的蹤影。是柏灌的名字另有寫法，還是柏灌在隨從大禹治水的行程事迹中無足掛齒？（3）爲何《蜀王本紀》和《華陽國志》等有關古蜀歷史的文獻對柏灌的這一重大選擇集體失語？這些問題，也許要等到有關新的文獻發現或新的出土文物發掘之後，才能有明確的答案。

古蜀歷史的鎖鑰在哪裏？有學者認爲應該是古蜀前三王中的柏灌時期。因爲，蠶叢氏主要活動在岷江河谷，魚鳧氏主要活動在成都平原。唯獨中間柏灌這一段難見文獻的蹤影，給古蜀文明留下了空白。在他們看來，“從蠶叢時期向魚鳧時期的轉化，即由新石器文明向青銅文明的躍進，關鍵就在這一空白的柏灌時期。這是一個承上啓下、非常重要的環節，如果没有柏灌時期的豐富知識積累，以及對諸多器物的物質來源的發現，哪有後來燦爛的三星堆文明和金沙文明？”④ 他們認爲，“柏灌時期的主要活動過程就是古蜀族出山的過程”，也就是從岷江河谷遷往成都平原。爲什麽要遷移？作者認爲其根本原因“在於古氣候的劇烈變化，其具體時間，大概在距今 4500 年前，其遷出河谷的行爲就是由地質時代的性質所决定的”⑤。换言之，柏灌遷移屬於“氣候移民”，也就是柏灌時期屬於動態的遷移，而非如營盤山遺址、三星堆遺址、金沙遺址屬於静態的定居。而柏灌族遷移走的不是岷江河谷，而是翻越龍門山，處於動態式的斷續前進，居無定所，所以難以留下文物。柏灌一族翻山到達龍門山鎮一帶，沿途發現了大量的礦産，這就爲三星堆和金沙遺址提供了充分的物質基礎，并使其順利地進入青銅時代。對此，作者建議今後要進一步發掘柏灌遺址、龍門山鎮冶煉遺址、

---

① 李勝銓：《早蜀柏灌及其文化》，《文史雜志》1998 年第 2 期。

② 馮廣宏：《柏灌决非伯鯀》，《文史雜志》1998 年第 6 期。

③ 譚繼和：《禹文化西興東漸簡論》，《四川文物》1998 年第 6 期。

④ 劉興詩、羅建群、楊永富、闞瓔珂、閔剛：《柏灌遷移路綫及其影響研究》，《成都理工大學學報》（社會科學版）2007 年第 4 期。

⑤ 劉興詩、羅建群、楊永富、闞瓔珂、閔剛：《柏灌遷移路綫及其影響研究》，《成都理工大學學報》（社會科學版）2007 年第 4 期。

通濟魚鳧田於湔山遺址，以豐富古蜀文明研究的資料[①]。此説甚爲大膽，也多有道理。也許，有一天我們在龍門山一帶有了豐富的考古發現之後，柏灌氏一族的歷史真相就會大白於天下。我們期待着那一天的到來。

綜上，古蜀先王“柏灌”，在已知的相關歷史文獻中有拍濩、柏濩、栢濩、折灌、柏灌、栢灌、伯雍等七種寫法。這當中，第一個字不同的寫法有共同的基點，就是對“柏”字的變异寫法。而第二個字都共同帶有“氵”，都與水有某種關係。稽考古蜀五祖的名字可以發現，柏灌氏是蜀祖從山地進入平原的一支過渡族群，也是蜀祖告别岷山高地，遷徙至成都平原的分水嶺。他們既有山地高臺喬木叢林的生活經歷，又有平原水澤灌木叢林的生活體驗，最爲重要的是，他們已經開啓了蜀中先民治理成都平原水患的先河。後世的杜宇、開明接續這種水患治理，至李冰時期而最後大功告成，成都平原從此進入“水旱從人，不知饑饉”的“天府之國”時代。由於柏灌氏是一支遷徙過渡的族群，所以，歷史文獻關於他的行迹記載非常少，與古蜀其他先王形成明顯的反差。其真實的歷史行迹只有留待新的考古發現和文獻揭秘。

（作者單位：西華大學文學與新聞傳播學院）

① 劉興詩、羅建群、楊永富、闞瑷珂、閔剛：《柏灌遷移路綫及其影響研究》，《成都理工大學學報》（社會科學版）2007年第4期。

論古蜀社會的超穩定結構

——以金沙遺址爲例①

周志清

内容提要：金沙遺址祭祀區商周時期考古學文化體系和年代序列研究揭示，基於陶器類型學研究的古蜀文化歷時性變化發展特徵顯著，其商周時期遺存歷經三星堆、十二橋、新一村文化三個不同階段的歷時性變化，且不同時段的祭祀對象和祭祀方式及禮儀器物因時而變，但作爲金沙遺址聚落群的祭祀中心，祭祀區却一直未發生變化或位移，反映出金沙古蜀人穩定的信仰認同特徵。考古學文面貌“精進”式歷時性變化和穩定的信仰認同傳統及特定的祭祀地點，一方面彰顯出古蜀文化的精進性特徵和古蜀社會發達的神權體系，强化了古蜀人對其所代表神權象徵意義强烈的信仰認同；另一方面凸顯出古蜀社會的超穩定性結構，爲認識古蜀文明的發展範式、文明特徵、結構體系等有着重要的啓示意義。

關鍵詞：超穩定結構；信仰認同；古蜀社會；金沙遺址；祭祀區

金沙遺址是成都平原古蜀文化商周時期重要的中心聚落，普遍觀點認爲該遺址是在三星堆遺址衰落後在成都西郊發展起來的古蜀文明都邑中心，商周時期文化遺存文化性質局限於

① 本文係國家社科基金重大項目“古蜀地區文明化華夏化進程研究”（項目編號：21&ZD223）、國家文物局“考古中國”重大項目“川渝地區巴蜀文明進程研究”的階段性成果。

十二橋文化認識成爲主流[①]，近年金沙遺址祭祀區进行了系統而全面的整理研究，完整建構了該遺址距今 4000 至 2500 年先秦時期考古學文化序列與年代框架，研究表明該聚落自新石器晚期就有人群在此活動，商周時期最初祭祀活動的發生不晚於距今 3500 年，距今 3200－2900 年是祭祀區最爲繁盛的時期，祭祀區在春秋中期開始衰落，距今 2500 年左右被廢棄[②]。這一認識突破了以往金沙遺址年代框架和文化内涵的認知局限，商周時期遺存中三星堆文化遺存和新一村文化遺存的辨識，凸顯金沙遺址聚落長時段延續性與統一性的底層圖景，各階段文化遺存儘管歷時性特徵突出，且經歷了考古學文化的“中期質變[③]”，但文化内涵承襲性或精進性特徵亦非常突出，需要重新審慎認識金沙遺址商周時期的文化内涵與時代特徵及社會結構或發展範式等信息，并由此帶來了新的問題與挑戰。金沙遺址祭祀區最爲繁盛時期與三星堆遺址目前發現的祭祀坑的埋藏幾乎共時，由此，三星堆遺址与金沙遺址之間的關係需要重新建構。金沙遺址商周時期遺存呈現出一個動態發展的過程，長時段歷時性的視域思考是一個重要的觀察維度。

目前對於金沙遺址商周時期遺存的考古學文化分析是基於陶器類型學進行的，本文所建立的金沙遺址祭祀區考古學文化序列與年代框架亦是基於陶器類型學。但在陶器類型學考察上，同時關注了各階段祭祀遺存和遺物的歷時性變化與空間分布，以及透過物象表層而反映精神信仰系統。基於陶器進行的類型學建立的考古學文化“小傳統”往往不能同步投射以宗教信仰、主觀認同、血緣等維度依托的信仰認同大傳統，討論古代文化變化可能更多需要考

---

① 目前金沙遺址商周時期考古學文化認識以屬於十二橋文化爲主流，但亦有個别有歧義，如郎家村精品房地點的商周遺存發掘者認爲其應屬於三星堆文化。成都文物考古研究所：《成都市金沙遺址郎家村“精品房”地點發掘簡報》，《成都考古發現（2004）》，科學出版社，2006 年版，第 176－215 頁。江章華認爲精品房地點各地層單位出土的陶器特徵比較接近，將其整體歸入金沙遺址商周時期遺存分期的第一期，年代與十二橋遺址的 13、12 層相近，爲商代晚期，文化性質屬於十二橋文化。江章華：《金沙遺址的初步分析》，《文物》2010 年第 2 期。馬蘭將精品房地點的商周時期遺存分爲 2 期 3 段，認爲精品房發現的早期文化遺存中雖有一定的三星堆文化因素，但該地點的的主體年代已處於三星堆文化向十二橋文化的過渡階段，其文化面貌與十二橋文化相似之處更多，應歸入十二橋文化。馬蘭：《金沙遺址郎家村“精品房”地點文化遺存初步研究》，《四川文物》2011 年第 3 期。于孟洲等認爲精品房地點的陶器組合不見三星堆文化的較多器類，且與三星堆文化相關的較多器類在形制上也出現了差异，相反却與十二橋文化的早期在陶器組合上更爲接近，將其歸入十二橋文化較爲妥帖。于孟洲、夏微：《三星堆文化向十二橋文化變遷的相關問題——從金沙遺址蘭苑地點談起》，《南方民族考古（第七輯）》，科學出版社，2011 年版，第 165－184 頁。施勁松認爲金沙遺址祭祀區大量出土的遺物大多與三星堆遺址兩個祭祀坑出土的祭祀用器相同或相近，表明金沙遺物所代表的文化延續三星堆文化的傳統。施勁松：《金沙遺址祭祀區出土遺物研究》，《考古學報》2011 年第 2 期。十二橋文化和三星堆文化并無太多實質性差异，若考慮到金沙遺址祭祀區和三星堆遺址祭祀坑出土遺物的共性，以及它們所反映的相同的價值體系等，不妨將這兩種文化視理解爲同一個文化傳統早晚兩個不同發展階段。同時其認爲十二橋文化與東周時期巴蜀文化的面貌與内涵差别很大，二者之間存在“斷裂”現象。施勁松：《十二橋遺址與十二橋文化》，《考古》2015 年第 2 期。其最新觀點認爲“金沙遺址出土了大量青銅器、金器、玉器、石器、象牙等，它們不僅風格同三星堆同類遺物相同，而且表明該文化與三星堆文化具有相同的知識系統和價值系統。從這個角度看，二者或許同爲三星堆文化”。施勁松：《三星堆文化的再思考》，《四川文物》2017 年第 3 期。

② 成都文物考古研究院、金沙遺址博物館：《金沙遺址祭祀區出土文物精粹》，文物出版社，2018 年版，第 12 頁、第 15 頁、第 38－39 頁。

③ 青銅器的中期質變是指某一時期的青銅器在類别、形制、紋飾等方面發生顯著變化。受到商周時期政治系統、社會系統、意識系統、技術系統作用，造成商周青銅器在各朝代中期發生更迭，其既是文化漂變的影響，亦是文化選擇的結果。商周青銅器的中期質變，緣於青銅器具有漸變性特點，不會隨着王朝更替而驟然發生更替。畢經偉：《試論商周青銅器的中期質變》，《考古》2019 年第 9 期。

慮文化中的“大傳統”因素。以陶器爲標準所劃分的考古學文化所反映的歷史意義、所藴含的文化意義，与以祭祀維繫的信仰文化傳統所反映的歷史文化意義是有很大差异的，它與宗教信仰、主觀認同等很難直接聯繫或等同，彼此之間有着很大的差异。因此基於陶器建立的文化“小傳統”需要加强與宗教信仰、主觀文化認同等維度所依托的信仰認同大傳統的耦合關聯研究。

一、金沙遺址祭祀區商周時期考古學遺存的“小傳統”與“大傳統”

最新研究認爲金沙遺址祭祀區商周時期遺存歷經三個連續發展的文化時期，即三星堆文化、十二橋文化、新一村文化，各文化類型具有鮮明的文化内涵與時代特徵。該認識突破以往將金沙遺址僅視爲十二橋文化認識的桎梏，三星堆文化和新一村文化遺存的辨識延伸了金沙遺址古蜀文化的内涵與外延；同時拓展了其時間與文化内涵深度，將金沙遺址商周時期考古學文化年代的上限追溯至商代早期（距今3600—3400年），下限延續至春秋晚期（距今2500年）[①]。三星堆文化、十二橋文化、新一村文化都是在前一個文化内部衍生發展起來，承襲發展而來後續文化脱胎於前一個文化，前者成爲後者母體，其分娩而來後生文化既有前者明顯的烙印，如三星堆與十二橋文化中小平底罐、高柄豆、繩紋束頸罐等；十二橋文化與新一村文化中尖底杯、尖底盞、簋形器等共存現象的發生。但同時亦發生明顯的變化，出現新的文化元素，如三星堆與十二橋文化中尖底器出現，圈足器發達；十二橋與新一村文化中的寰底器出現，尖底器衰落，其文化發展呈現出明顯的“斷裂”式特徵，而非呈綫性連續發展，當用連續發展不同考古學文化表述。金沙遺址祭祀區基於陶器類型學建立的商周時期三個考古學文化遺存之間文化内涵的延續性呈現“精進”傳統，每一個文化都是在前一個文化基礎上的繼承與發展，其并不是异質文化之間的直接替代，體現出古蜀文化發展演變的遞進綫性[②]和斷裂式承襲發展特徵，其中經歷了文化選擇[③]和文化漂變[④]後形成各個階段的考古學文化。同樣祭祀區的祭祀遺存亦具有明顯綫性發展的烙印。

金沙遺址三星堆文化時期祭祀方式有“浮沉”，亦有“瘞埋”，商代中期以前以“浮沉”

① 成都文物考古研究院、成都金沙遺址博物館：《金沙遺址——祭祀區考古發掘報告》，文物出版社，2022年版，第1281－1351頁。

② 王奇、施勁松：《三星堆啓示録》，《南方民族考古（第八輯）》，科學出版社，2011年版，第137－144頁。

③ 是指民衆普遍接受和保存那些對本社會有益的文化特徵，而抛棄、抗拒那些無用的甚至有害的部分。參見Wendy Ashome，Robert J. Sharer，*A Brief Introduction to Archaeology*，p. 214，New York：Mc Graw Hill Press，2009.

④ 是指通過文化學習代代相傳，但没有人能接受别人的所有信息，因而傳承通常是不完整的、有偏差的，隨着時間的流逝，這些微小差异不斷積累就能形成明顯變化。參見Wendy Ashome，Robert J. Sharer，*A Brief Introduction to Archaeology*，pp. 213－218，New York：Mc Graw Hill Press，2009.

爲主，禮儀性遺物有石器、玉器、象牙、竹木器等，以石器爲主，石器以石璧半成品和石璧坯料占據絶對優勢，另有少量璋、琮和杵、斧、芯、矛、璧等；玉器和象牙非常少見。稍晚階段以“瘞埋”爲主，其堆積遺物僅見石璧半成品和石璧坯料以及石璋半成品，不見石琮、象牙、玉器等其他器物，石璋半成品較之前數量增加。商代中期，“瘞埋”形式增多，祭祀堆積組合以象牙器和象牙爲主，另有少量的漆木器、石器；開始出現少量銅器、玉器、金器、磨石、骨器等。這個時期禮儀性遺存中遺物最突出一個特點是出現大量的象牙和象牙器，這些遺物較爲單純，幾乎全部爲象牙製品和象牙，不見其他遺物伴出。這個時期祭祀活動主要發生於西區與中區。

十二橋文化遺存是金沙遺址商周時期的主體遺存，延續時間較長，可分早、晚兩個階段，早段年代距今3400—3100年，晚段年代距今3100—2800年。商代中晚期出土禮儀遺物豐富，有玉、石、銅、金、骨、角器等，其中玉器種類和器形較爲豐富，以金器、玉器、緑松石、銅器常見；象牙器和石器相對較少。小牙璋多見，象牙器上有塗朱現象；祭祀活動中心呈現東移態勢，祭祀内容和方式也逐漸發生改變，除了“瘞埋”外，“燎祭”出現，禮儀性遺物中除了傳統的玉、石器外，金、銅等貴金屬開始占據祭祀舞臺的中央。商代晚期禮儀性遺物中有大量玉、石、銅、金器，銅器和金器相較此前數量劇增，新出現銅鈴，戈類器較多見；石器驟減，美石大量出現。新出現以完整陶器爲主要遺物組合的坑。

西周早期祭祀方式以禮儀“瘞埋”爲主，禮儀性器物仍然以玉、石、銅、金器爲主，骨器和石器及金器相對而言較少，玉器和銅器的形制和數量較爲豐富。此外，骨角器計有少量大象臼齒、獠牙、象牙片及大量象牙骨渣。石製仿生式動物較前期多見，出現遺物分層撒有大量朱砂的現象；西周中期禮儀性遺存中一個最大特點是堆積中集中堆置有大量完整陶器或陶片，另有少量玉、石、銅、金器及動物骨頭伴隨其中。堆積物發生巨大變化，以陶器爲大宗，其他質料的器物少見；磨石或美石也呈現井噴之態勢。以陶片爲主要遺物的組合出現，動物牙齒開始扮演重要角色，大量野猪獠牙和鹿角及大量陶器集中埋藏爲特徵。

新一村文化時期，時代距今2800—2500年。西周晚期祭祀方式仍然以“瘞埋”爲主，美石以及大量陶片、動物牙齒和獸骨以及陶片是該段禮儀性遺存最典型的堆積和組合形式。玉、石、銅器的數量和種類呈現明顯的衰落之勢，美石和磨石數量和形制更加豐富。春秋早期新出現卜甲堆積。明顯的禮儀性遺存和禮儀性遺物少見，不見金器和骨、角器，玉、石、銅器的種類和形制及數量非常少見。美石和磨石數量明顯鋭減。春秋中期，僅見平地“瘞埋”的方式，以獠牙和鹿角爲主的堆積消失。禮儀性遺物不見黄金製品，美石和磨石更是少見。以玉、銅、金等貴重資源爲主禮儀性器物明顯衰減。春秋晚期，禮儀性遺物質地劇減，銅器和美石則完全消失，石器的數量和形制較少，磨石僅見個别遺留。漢代以前古河道曾對祭祀區西部發生過大規模的侵蝕事件，表明春秋晚期古河道已經向東南改道，該信息説明至少在春秋晚期後“祭祀區”已經被廢棄[①]。

金沙遺址“祭祀區”祭祀活動不晚於距今 3500 年就已經發生，春秋中期衰落，春秋晚期後淹没於漫漫塵埃之下。儘管千年之間金沙聚落發生了三次大的文化轉型，在這三次轉型中，其祭祀方式和内容隨着時間變化而有着不同的祭祀形式和禮儀器物組合，但不同時期祭祀方式和禮儀性遺物組合都是繼承式發展，未有戛然中斷的情形發生，每一個文化期中祭祀方式與内容都是在上一期的基礎上發展與延續，經歷中期質變後，形成各期自身風格。其中瘞埋一直是祭祀區主要的祭祀方式，延續始終；浮現僅見於商代，以商代前期盛行，西周以降不見。禮儀性遺物儘管不同時期亦有不同的組合差异，但這些禮儀性遺物的變化往往都是與其有着共同社會認同社會結構的變化發生的相應變异，該社會一直維繫着祭祀區傳統的神聖地位，這也體現出金沙古蜀人社會信仰傳統的穩定。如此綿長而連續的祭祀活動匯聚於同一地點，從一個側面反映出古蜀文化祭祀傳統的連續性，金沙遺址祭祀傳統的連續性則體現出古蜀人信仰認同系統的超穩定性[②]。古蜀社會信仰認同的超穩定性特徵，對於討論以“三星堆遺址”和“金沙遺址”爲代表的古蜀文明社會形態、結構以及成都平原青銅文明發展演變模式、動力等方面有着積極的意義，體現出早期古蜀文明的開放性和包容性特徵，以及其不同於中原及周邊的地區文明發展範式。

二、超穩定結構的古蜀社會

金沙先民無疑有着狂熱的自然崇拜情節，其對山川河流土地及太陽等自然神祇崇拜尤其推崇有加，自然崇拜是其信仰系統的主要組成部分。隨着社會結構的複雜化和階層社會分化的發展，山川、河流等自然景觀被賦予了國家統治力量的象徵和顯示自身權威的符號，并進而成爲統治階層與民間及國家的聖地[③]。商周時期古蜀人的祭祀方式常見有“浮沉”“瘞埋”“燎祭”“血祭”等，且在舉行上述祭祀形式前，當時的古蜀人往往還伴隨有“毁器”“剮玉”習俗。祭祀區祭祀活動的範圍呈現由西向東發展的態勢，祭祀内容和方式也隨空間和時間的變化而呈歷時性變化。金沙遺址祭祀區的發現與研究揭示，古蜀人祭祀文化有着悠久的歷史傳統和豐富的文化内涵，對於認識商周時期古蜀社會的祭祀傳統提供了重要的實物資料。商

① 成都文物考古研究院、成都金沙遺址博物館：《金沙遺址——祭祀區發掘報告》，文物出版社，2022 年版，第 1352－1418 頁。

② 與物質資料的生産活動相比，人類的信仰和觀念具有相對的穩定的特點，一經形成，便不易改變，如祭祀形式、埋葬習俗等。王巍：《考古學文化及其相關問題探討》，《考古》2014 年第 12 期。［法］皮埃爾・布迪厄、華康德著，李猛、李康譯：《實踐與反思：反思社會學導論》，中央編譯出版社，1998 年版，第 171 頁。

③ 王銘銘：《超社會體系——文明與中國》，生活・讀書・新知三聯書店，2015 年版，第 240 頁。

周時期蜀人的信仰系統認知，隨着20世紀羊子山土臺[①]和三星堆遺址祭祀坑[②]的發掘而有所拓展，揭示出古蜀人的祭祀傳統多樣而復雜，其既有别於中原地區商周時期的信仰傳統，同時二者之間亦有着復雜而密切的關聯。

儘管金沙遺址商周時期文化遺存歷經三次大的文化轉型，在三星堆、十二橋、新一村三個文化階段，祭祀傳統雖有延續亦有發展，祭祀方式和儀式用品也隨着時間的變化而變化，但穩定的祭祀中心和强烈延續的祭祀傳統凸顯了古蜀社會發達穩定的神權體系，延續千年祭祀中心的固化，强化了古蜀人對神權體系的合法性認同，二者相輔相成，共同維繫古蜀社會發展的命脉。金沙聚落群三次文化大轉型均呈現出金沙社會“小傳統”變化與穩定信仰認同的“大傳統”現象的和諧共存，反映出金沙古蜀社會發展没有發生明顯的文化傳統斷裂或中斷現象，金沙古蜀社會文化傳統呈現出强烈的繼承與發展或延續與斷裂并存的特徵。祭祀區成爲金沙聚落群共同的中心聖地，體現出金沙聚落群内古蜀居民共同的文化和信仰認同。文化和信仰的雙重認同是維繫金沙古蜀社會超穩定發展的重要基礎，使得金沙古蜀社會具有明顯的超穩定結構特徵[③]。無論是三星堆亦或是金沙遺址，均有着延續性强烈的祭祀文化傳統特徵，“祭祀區”與“祭祀坑”於中心都邑的發現，正是古蜀文明發達神權政治的集中體現，神權是古蜀社會發展維繫的基礎。古蜀社會的超穩定結構特徵是基於發達神權體系建立的，它深刻影響了古蜀社會文明與社會發展形態。

古蜀社會穩定的信仰與文化認同體現出古蜀社會超穩定性特徵和神權體系的合法性認同[④]，并成爲維繫古蜀文明發展命脉。穩定而發達的神權體系與强烈的薩滿特徵[⑤]是酋邦和早期國家處於群體宗教階段的特徵，酋邦普遍表現爲神權的性質[⑥]。古蜀社會發達的神權體系和社會結構中無强制性質的“權力”的存在[⑦]，加之體現社會分層重要標志的高等級墓地的缺失，技術精英而非政治精英可能占據古蜀社會上層[⑧]，這些現象揭示早期古蜀社會可能

---

① 四川省文物管理委員會：《成都羊子山土臺遺址清理報告》，《考古學報》1957年4期。

② 四川省文物考古研究所：《三星堆祭祀坑》，文物出版社，1999年版，第12—477頁。

③ 所謂超穩定結構，是指中國社會特有的意識形態與政治結構一體化。其政治組織方式依賴於意識形態的合法性，意識形態需要得到社會各個階層的認同，那麽其組織方式便具有較强的動員能力，其社會經濟、政治、文化具有較好的耦合性，於是呈現出穩定的結構。如果意識形態與政治結構不能較好耦合，在政治組織的某一層面出現意識形態認同危機，社會便會發生某種變化。金觀濤、劉青峰：《興盛與危機：論中國社會超穩定結構》，法律出版社，2011年版，第1—17頁。

④ 在社會複雜化的過程中，當思想和信仰的交流和一體化超出個人和社群的範圍，變成酋邦或早期國家全體民衆的身份認同時，統治者必須采用文化手段和政治策略來做到，這就是將意識形態加以物化，使之成爲具體而有形表現，可以用來反復教育和團結其臣民。於是，考古學家便能從各種物化手段來解讀古代的意識形態。陳淳：《探究早期文明社會的世界觀》，《考古學前沿研究“理論與問題”》，北京師範大學出版社，2016年版，第529頁。

⑤ 陳淳、韓佳瑶：《從青銅器看三星堆的巫與殷商的禮》，《中國文物報》2004年2月13日。

⑥ Earle, T., *Chiefdoms in archaeological and ethnohistorical perspectives*. Annual Review of Anthropology, 1987, 16: 279—308.

⑦ 在酋邦社會中只有非强制性質的“權威”，而無强制性質的“權力”；後者是國家社會的産物。E. R. Service, *PrimitiveSocial Organization: An Evolutionary Perspective*, pp. 150—151; E. R. Service, *Origins of the State and Civilization: The Process of Cultural Evolution*, pp. 12, 16, 86, 285.

⑧ 周志清：《古蜀文化玉匠墓管窺》，《江漢考古》2021年第6期。

處於“酋邦”[①]或神權“國家”而非王權“國家”[②]階段，古蜀國家内涵的厘定當有邊界，對其認識提煉目前仍然任重而道遠。春秋以降，隨着古蜀神權體系的崩塌，古蜀王權國家因應而生，古蜀社會意識形態與政治結構的一體化進程被打破，二者之間合法性不能有效耦合，出現了意識形態認同危機，超穩定的社會結構體系被打破，具有强烈國家特徵社會結構出現，首先表現戰國時期古蜀社會政治與社會分層分化明顯，社會上層合法壟斷强制性權力或武力等，這是國家與酋邦社會的重要區隔標志，具體在考古遺存中是墓地和墓主之間的明顯分化，高等級墓地的出現是聚落形態層級變化重要指標，成都商業街船棺或新都馬家大墓和蒲江及滎經船棺葬墓地，分别代表不同層級或身份墓主或墓地分層，商業街船棺葬無疑處於金字塔的頂端，蒲江次之，滎經最低。戰國時期古蜀社會上層社會政治精英明顯受到楚系禮制的强烈影響，并以此作爲凸顯其身份與地位的表示，墓室出現大量顯現墓主身份外來青銅禮器或顯赫用品及兵器；同時大量兵器在不同層級墓葬的普遍出現，職業化軍人或武力盛行，掌握合法使用武力階層的出現，這體現了國家常備的武裝力量和分層的管理機制或官僚體制的成熟。距今 2500 年前，隨着高等級墓葬和墓地分層現象加劇，加之分層官僚體制和常備武裝力量的出現，高度集中的社會權力和强制性合法權力的存在，預示古蜀社會形態進入王權國家階段，這與船棺葬爲代表群體在成都平原崛起并最終成爲古蜀統治階層有着密切的關聯[③]。

三、小結

繁盛的祭祀儀式活動和穩定的祭祀中心的存在，凸顯出以金沙遺址和三星堆遺址爲代表古蜀文明發達而穩定的神權體系，超穩定結構的社會特質構成古蜀文明的底色與特質，其與

① 1、酋邦是新進化論構建社會演進一般性趨勢的一個階段，就像生物進化論的魚類、兩栖類、爬行類和哺乳類一樣，是一個抽象的分類學術語，代表了介於平等部落社會與國家之間的一個進化階段，涵蓋了古今中外所有前國家的不平等社會。2、游群、部落、酋邦和國家是與時空無涉的社會類型，因此不能以直綫和定向演進的思路來看待它們之間的關係。就像生物物種一樣，處於各發展階段的社會因自身與環境條件不同，各自經歷分异、特化或輪回等發展軌迹，其中只有少數社會才會突破發展的瓶頸而進入更高的發展階段。3、作爲社會演進的一個階段，酋邦涵蓋了形態差异和社會複雜化層次極大的等級社會。［美］埃爾曼・塞維斯著，龔辛、郭璐莎、陳力子譯，陳淳審校：《中文版序》，《國家與文明的起源——文化演進的過程》，上海古籍出版社，2019 年版，第 6 頁。酋邦只是一個分析工具，并不代表具體的歷時歸宿或發展方向，代表的只是前國家不平等社會的一種類型。［美］埃爾曼・塞維斯著，龔辛、郭璐莎、陳力子譯，陳淳審校：《中文版序》，《國家與文明的起源——文化演進的過程》，上海古籍出版社，2019 年版，第 11 頁。

② 國家是一種在一個給定範圍領土内（成功地）壟斷了武力（“Physischer Gewaltsamkeit”，或可譯作“暴力”）合法使用權的人類共同體。Heute dagegen werden wir sagen müssen：Staat ist diejenige menschliche Gemeinschaft，welche innerhalb eines bestimmten Gebietes-dies：das »Gebiet« geh? rt zum Merkmal-das Monopol legitimer physischer Gewaltsamkeit für sich（mit Erfolg）beansprucht. M. Weber，Politik als Beruf，p. 4. 易建平：《文明起源研究中的“國家”與“社會”》，《歷史研究》2012 年第 3 期。

③ 周志清：《成都金沙遺址磨石隨葬習俗研究》，《中原文物》2021 年第 4 期。

同時期中原地區發達權威體系形成鮮明的對比，凸顯出神權體系在古蜀文明社會結構中扮演着極爲重要的角色，祭祀不僅是社會的主要貢獻活動，亦是經濟的再分配行爲，更是維繫古蜀社會信仰認同的基礎，它們是構成古蜀社會獨特發展範式路徑的底層基因。

以三星堆和金沙遺址爲代表的古蜀文化是以成都平原爲核心的商周時期一支極具地域特徵的考古學文化，觀察金沙遺址祭祀區商周時期遺存歷時性變化，需要反思基於以陶器爲代表的考古學文化是否與技術、經濟、社會結構等變化具有一致的同步性，即基於陶器建立的考古學文化只是一個文化系統的部分，需要關注社會其他方面諸如經濟形態、社會結構、技術系統、文化内核等參數。“認爲社會各種特徵會隨着整個社會發展而變化的基本原則是不對的，社會結構各部分的發展速率并不同步，而有的部分則顯得滯後。”[①] 以三星堆和金沙遺址爲代表的古蜀文化與社會的超穩定結構特徵，極大地豐富了中國古代青銅文化的内涵與外延，凸顯古蜀文化的獨特魅力，爲世界青銅文明貢獻了中國青銅文明的多元融合與互鑒模式。

（作者單位：成都文物考古研究院）

① ①Cordy，R. H.，*A Study of Prehistoric Social Change*：the Development of Complex Societies in the Hawaiian Islands，New York：Academic Press，1981. pages：xii，275.

楊貴妃與蜀州的生死緣考述

張天健

内容提要：楊貴妃的生死謎疑向來是中國文化探求的熱點，她的生死關聯在蜀西崇州，但至今尚無定論，本文從生與死兩個要點上着力論證，對於發揚傳承西蜀歷史文化必有意義。

關鍵詞：楊貴妃；出生地；歸葬所；蜀州；考述

楊貴妃的一生，是真實而傳奇的一生。由於她與大唐歷史的盛衰轉折聯繫在一起，千百年來，成了無數人研究追逐的對象，或褒或貶，在歷史長河裏浮沉，文化上演繹，或詩或文或劇，絢麗奪目，成就了文化上朵朵奇葩。楊貴妃的一生充滿了謎疑，留下了想象的空間，單單就她出生於何地、死後又歸葬於何所，學者們便窮幽擇微采擷資料，各陳己説，因之歧義紛陳，莫衷一是，筆者曾就她的生死場所廣作研究，特别作爲蜀州本土學人，亦曾發表論文多篇，粗陳陋見。

與楊貴妃相關聯的蜀州（今四川崇州），始稱於武則天垂拱二年（686），下轄晋原、青城、唐隆、新津四縣，因爲這層關係，唐玄宗在天寶年間將蜀州改爲唐安郡。從唐安到長安，寓意玄宗對楊妃的眷愛。至唐肅宗又改回蜀州。

唐代蜀州物華天寶，人傑地靈，許多政治人物曾與蜀州發生過不解之緣，張柬之、鍾紹京、李峴、王縉、高適都在蜀州爲官。張柬之初爲蜀州刺史，後入朝爲相，神龍政變推翻武則天。書法家鍾紹京助李隆基政變推翻韋后，官拜中書令，後出爲蜀州刺史。唐宗室李峴肅宗乾元二年（759）官居宰相，直諫罷相貶蜀州刺史。王縉因削官救胞兄王維，出爲蜀州刺史。許多唐代詩人都與蜀州發生過密切關係，著名的有高適、杜甫、裴迪、賈島、李洞、段文昌等人，也催生了詩歌史上不少的名篇佳作，如王勃《送杜少府之任蜀州》、杜甫《送韓十四江東覲省》，其中高適在蜀州寄成都的《人日寄杜二拾遺》，不僅感動了杜甫，千百年來還感動了千千萬萬的人。王縉與詩人裴迪在蜀州東閣吟紅梅的詩《登蜀州東亭送客逢早梅》（已佚），激起杜甫共鳴，吟出被明人王世貞推爲“古今咏梅第一”的《和裴迪登蜀州東亭送客逢早梅相憶見寄》，杜詩云：“東閣官梅動詩興，還如何遜在揚州。此時對雪遥相憶，送客逢春可自由？幸不折來傷歲暮，若爲看去亂鄉愁。江邊一樹垂垂髮，朝夕催人自白頭。”①而與蜀州“生死關聯”的楊貴妃，她的愛情艷事及令人唏嘘的人生結局，還催生了李白的《清平調》、白居易的《長恨歌》及洪昇的《長生殿》等華章麗彩。

歷史上像楊貴妃這樣廣爲世人所知曉和争議不休的后妃并不多，除了她的美麗及其愛情艷事外，她還是一位才藝女子。她能詩善舞，説她是女詩人和宮廷舞蹈家，一點不過分。《全唐詩》收録了她一首七言絶句詩，詩云：

羅袖動香香不已，紅蕖嫋嫋秋烟裏。
輕雲嶺上乍摇風，嫩柳池邊初拂水。

詩題爲《贈張雲容舞》，張雲容是楊貴妃的侍兒，“善爲霓裳舞”，她這次在綉嶺宮獻舞，楊貴妃見她動人的舞姿很美，羅袖舞動散發出幽香，舞態如秋烟裏一朵紅荷，又如經風輕摇臨水的嫩柳。史書載楊貴妃“善歌舞，通曉音律”，只有對音樂舞蹈内行才能作這樣生動的描繪。同樣，没有詩才，也難於用詩的形式寫出自己的感受。

二

楊貴妃生於何處？有四説，依史籍記載，《舊唐書》：“高祖令本，金州刺史。”《新唐書》：“玄宗貴妃楊氏，隋梁郡通守汪四世孫。徙籍蒲州，遂爲永樂人。”《楊太真外傳》：“弘農華陰人也。後徙居蒲州永樂之獨頭村。”元人白樸《梧桐雨》：“妾身楊氏，弘農人也。”清人洪昇《長生殿》：“奴家楊氏，弘農人也。”《長恨（歌）傳》：“得弘農楊玄琰女於壽邸。”下注云：“楊玄琰，虢州閿鄉人。”②

綜合上述，楊貴妃的祖籍不是一個十分確切的地方，始祖從居鎬京（今西安一帶），後居華陰、永濟、靈寶一帶，即今之山西永濟、陝西華陰、河南靈寶，遠幾百里範圍内，即古之弘農區域内，楊氏祖在此區域内“徙遷”，所以，定其祖籍，那就是地跨陝、豫、晋交界的弘農郡，恰當無誤。

至於楊貴妃的出生，《新唐書・后妃上》除説她“徙籍蒲州（山西永濟）”外，還説她

① 此詩據清嘉慶《崇慶州志》記述：“東閣，在州署内迤東，前牧吴昌蔭建，閣前紅梅、古楠各一株，蓋千歲物也。唐杜甫與裴迪唱和東亭即此。”

② 張天健：《唐詩答疑録》，中國文聯出版社，2004 年版，第 97 頁。

"幼孤，養叔父家，始爲壽王妃，開元二十四年，武惠妃薨，後廷無當帝意者，或言妃姿質天挺，宜充掖廷，遂召爲禁中。"[①]《全唐詩》小傳也從是説。照此説她籍貫应是山西。

廣西大學教授秦似，生前著文説，《永樂大典》有一段記述："楊妃，容州楊冲人也，離城一十里。小名玉娘。"它出自《永樂大典》卷 2344 梧字的《梧州府志》引《元一統志》記録的一個碑文《容州普寧縣楊妃碑記》，後被清嘉慶董誥等編纂的《全唐文》録入卷 403。又據清版《容縣志》記載："世傳唐太真故里，有井曰楊妃井，久已湮塞，鄉人爲立楊妃廟焉。"秦似去了廣西容縣十里鄉楊冲村，果然村中立有楊妃廟，鄉里仍傳楊妃之事。秦似感其事，便作一首七絶詩《過楊妃村》："千古馬嵬遺恨長，嶺南一角問家鄉。荔枝此處多佳樹，村落於今有姓楊。"[②] 楊貴妃難怪喜食荔枝，原來是家鄉的水果。依此説，她是生於廣西容縣了。

然而，我見《歷代女詩人詩詞》（李晏平、郭美德選注）又有一説：

> 楊玉環，四川青城人，父玄琰，曾爲蜀州司户，玉環生自任所。開元二十二年（734），嫁與壽王瑁爲妃……[③]

這裹里確切地説她生於蜀州。

依上列數説，第一，祖籍的徙居，山西斷爲她的出生地，并無説服力；第二，廣西之説實無足據，《全唐文》收録的《容州普寧縣楊妃碑記》略爲考辨便知其爲宋元時人僞托；第三，弘農出生，并不可信，因元琰歷州刺史，在張柬之執政時，引爲右羽林將軍，相與定計誅張易之，昌宗，以功封弘農郡公，敬暉等爲武三思所構。元琰知禍未已，曾跪請祝髮，唐中宗不許，暉等死。元琰獨得保全，到睿宗時官終刑部尚書，這就是説，楊貴妃若生於弘農，必爲武周末元琰封弘農郡公至中宗時期出生，時間約爲公元 700—705 年，至開元二十二年（734）嫁與壽王，其時已三十歲，殊不相合，據此，她的出生地并非弘農，而時間也必須下移才是；第四，生於蜀州之説，《歷代女詩人詩詞》只作"四川青城人"，十分突兀，我對此進行考察，原來此説乃采自《楊太真外傳》。此書爲宋撫州樂史子正撰，據稱此書采《明皇雜録》《開天傳信記》《安禄山事迹》《酉陽雜俎》、陳鴻《長恨歌傳》等排比潤飾而成。且看《楊太真外傳》傳云：

> 楊貴妃，小字玉環，弘農華陰人也，後徙居蒲州永樂之獨頭村。高祖令本，金州刺史，父玄琰，蜀州司户，貴妃生於蜀嘗誤墜池中，後人呼爲"落妃池"，池在導江縣城。她早孤，養於叔父河南府士曹玄璬家。開元二十二年十一月，歸於壽王邸。二十八年十月，使高力士取於壽邸。[④]

---

① （宋）歐陽修、宋祁：《新唐書》，中華書局，1975 年版，第 3493 頁。

② 張天健：《唐詩答疑録》，中國文聯出版社，2004 年版，第 97 頁。

③ 李晏平、郭美德注釋：《歷代女詩人詩詞》，貴州人民出版社，1988 年版，第 90 頁。

④ （清）洪昇：《長生殿》（附白居易《長恨歌》、樂史《楊太真外傳》），商務印書館"國學基本叢書"，1939 年版。

相信樂史撰作據有充分的資料分析，好在我多方做了考察，覓迹尋蹤，蛛絲馬迹，又得到一些材料。據載楊元琰曾爲蜀州司户參軍，這是個低品秩的官，或是他中宗朝獨得保全後由弘農郡公左遷之職。這裏需要補充一下神龍政變後朝廷鬥争形勢：

神龍二年（706）武三思以“五王”誣陷韋后爲由，通過中宗，將他們流放邊疆。“五王”指神龍之變的五位功臣張柬之、敬暉、崔玄暐、桓彦範、袁恕己，他們是政變主要策劃者和實施者，中宗登基後五人封郡王。但不久就先後貶爲邊遠荒州刺史、司馬，張柬之、崔玄暐在貶途中病死，敬暉、桓彦範、袁恕己在路上被周利貞虐殺。我以爲，作爲神龍政變的重要參與者，楊元琰必然受到處理，畢竟參與了對皇家内部的革命，再怎麽説，在李家人眼裏都非正當性，他們就是被利用的工具，用完則已。楊元琰出貶蜀州司户或就是參與神龍政變之故。所幸他比“五王”幸運，没有遇害，一直在蜀州任上，時間上從神龍二年（706）可滯留至睿宗朝太極（712），楊貴妃若生於蜀，在元琰司户參軍任上，那麽，至開元二十二年（734）爲壽王妃時，芳年爲二十二三歲，大體符合。若是元琰又滯留蜀地幾年，至開元七年（719）生楊妃，則嫁爲壽王妃時，芳齡在十五歲，更是符合。另我查看乾隆《崇慶州志》，明確載有楊元琰，下注蜀州司户參軍。雖再無其餘文字，但翔實可信，乾隆《州志》所據，乃何光遠撰的《江源文獻》。其時蜀州經張獻忠兵燹後，志籍無存，何光遠的救焚溺之功，摭采博收成《江源文獻》，雖未付梓，却爲乾隆修志采選，那時還得知南宋即已有蜀州志籍。

關於蜀州，唐垂拱二年（686），分益州四縣置。天寶元年（742）改爲唐安郡，乾元元年（758），復爲蜀州也。領縣四。其中青城，漢時爲江源縣地，南齊置齊基縣，後周改爲青城，山在西北三十二里，舊“青”字加“氵”，開元十八年（731），去“氵”爲“青”。《新唐書·卷四十二·志第三十二·地理六》載，唐代蜀州唐安郡，轄四縣：晋原、青城、唐安、新津，并特别注明：“‘青’故作‘清’，開元十八年更，有青城山。”據此，楊貴妃的出生地，很有可能在青城山附近。

在崇州市雙河鄉，有“甿城址”古城，鄰近的和平鄉（三郎鎮），更有楊貴妃的傳説流傳，此地唐時爲青城縣，爲蜀州管領。與之緊鄰的都江堰市聚源鄉（唐時屬導江縣），有人盡皆知的“落妃池”，流傳楊玉環幼年曾墜落於此池。

我爲此專訪過都江堰市文化人李士廉先生，又得市圖書館參看原《灌縣志》，得以引録《灌縣志·文徵卷三·碑志上》[①] 如下：

迎祥寺碑明嘉靖戊午年　陳節

灌志稱邑東南二十里，有寺曰迎祥隸導江廢縣，考寺斷碑所載，大唐麟德元年（664）勾刻，惜不見其文，則知寺創於唐久矣，其東三百步有楊妃池，志引《太真外傳》，妃父玄琰爲蜀州司户，妃生於蜀，誤墜其中，因名。後一高阜，乃妃梳洗樓遺址，

① 葉大鏘、羅駿聲修編：《民國灌縣志》，巴蜀書社，2018年版。

一寺兩院，左曰金祥，右曰銀祥，後合名爲迎祥。周圍延袤凡四里，甚爽塏，當時遭兵燹之厄，其没地石礎器玩謂皆妃所遺，容或有之……

貴妃池在今都江堰市聚源鄉

在明代，著名詩人、學者楊升庵博學多識，任翰林院經筵講官、修撰，他來此留詩《玉環池》[①]：

妃子池連玉女房，温柔原近白雲鄉。
光涵色界三千頃，潤接華清第一湯。
沃雪已消驪嶺火，凝脂應化馬嵬香。
不知見月行宫夜，曾夢芳魂此水旁。

綜合上述，楊貴妃的出生地蜀州，在轄領的青城，是頗具説服力的，那麽楊貴妃的出生時日如何？馬嵬事變，乃天寶十五載六月丙申（756），兩《唐書》俱載，時年三十八歲。逆推過去，她的出生年應爲開元七年（719），這也符合她“初長成”及笄之年入選壽王瑁爲妃。她的出生日期，史籍中未及明言，如《新唐書·卷二十二》載：“帝幸驪山，楊貴妃生日，命小部張樂長生殿，因奏新曲，未有名，今南方進荔枝，因命曰《荔枝香》。”證明楊玉環生日是在荔枝成熟的季節。爲《長生殿》作注的學者徐朔方，經他考證，説楊貴妃生日當是農曆六月初一[②]。

楊貴妃的出生地，係蜀州青城，即今崇州市三郎鎮風景絶佳的翠圍山一帶，此説較爲可信。楊氏家族，有可能有的散居於緊鄰的聚源（都江堰市）迎祥寺一帶，史籍説她“早孤”，故在彼地有“墜池”之虞，後來，又有養於叔父河南府士曹玄璬家的時日，但時間不會很久。

① 張天健：《唐詩答疑録》，中國文聯出版社，2004年版，第99頁。
② （清）洪昇著，徐朔方校注：《長生殿》，人民文學出版社，1988年版。

二

馬嵬事變，楊貴妃的死亡及墓地更成了衆多學者研究的要點，特别白居易一首《長恨歌》的傳述，千餘年來成了衆多文人演繹的題材，是一朵長盛不衰的文化奇葩。我從她的墓地考索，試圖解開一些死亡的谜疑。

關於楊貴妃的墓地究竟在何處，目前學界有四種説法：

一、咸陽楊貴妃墓：墓在陝西興平縣馬嵬鎮西，墓地已辟爲陵園，有7000餘平方米，林木青翠，環境清雅，大門題“唐楊氏貴妃之墓”，門聯：“妃子魂銷猶如梨花春帶雨，馬嵬玉殞幸留古韵塚携香。”乃國民黨元老邵力子題寫。園中有楊貴妃漢白玉雕像，并有歷代文人詩碑。

楊貴妃之墓

二、日本的楊貴妃墓：经學者高士華先生考證，楊貴妃逃亡到日本的地方，爲今山口縣大津郡油谷町久津村。久津的二尊院（原天請寺）有一座漢白玉楊貴妃雕像，與馬嵬坡楊貴妃像相同，近處緊挨的五輪塔就是貴妃墓，現已是山口縣重要的文化遺産。

三、四川營山縣營山鄉貴妃墓：墓位于營山鄉境内太蓬山上，這一説影響較小，鮮爲世人知。四川大學著名史學家馮漢驥教授曾率隊考察，他説，臨邛道士找到貴妃，帶回信物來看，表明馬嵬事變後，貴妃仍然活在人間。《長恨歌》中所指的“蓬萊”，應是四川營山的太蓬山。

太蓬山在營山東北百里許，風景壯美，地貌獨特，古迹神奇，狀若蓬萊飛渡，這裏有周朝葛由飛升的“飛仙橋”，有晋代李特幼時讀兵書的“天子讀書臺”，有石刻《安禄山題龕》，還在晋初，此山已是道教聖地之一，香火鼎盛，山的諸峰成蓮蓬狀，故名太蓬山。

當地傳説，馬嵬事變，貴妃喬装，翻秦嶺、過巴中，潜身終於來到太蓬山避難，得到道士們的同情和保護，又因楊貴妃早年與的道教關係密切，對太蓬山早有向往。馮漢驥説，天上地下都找不到，結果在蓬山找到她，道教中這個蓬萊，唐人詩裏都説它是蓬瀛、蓬島，很少説它是蓬山的。那麽楊貴妃爲何知道蓬山，因爲它是一條進送荔枝的路綫。貴妃喜食荔枝，一條從四川進送的路，就要經過太蓬山，此山地勢偏僻，少有人知，山上有道觀，楊貴妃信奉道教，知道此處居留甚好，玄宗派去的道士是在此山找到楊貴妃，并且帶回了髮簪。楊貴妃避難於此，度過了凄苦的晚年，死後葬於山下村子裏，那兒有一座古墳，青苔滿目，墓上只刻“楊氏之墓”四字，而村裏鮮有姓楊的人家。傳説云，三個女的出來逃難，兩個是陪同，楊貴妃死後被悄悄埋葬於此，村裏人也隱瞞了消息。楊貴妃真的終老太蓬山嗎？史料裏没有任何記載，就算埋葬於此，也會有許多蛛絲馬迹。故此説難以成立。

四、崇州市（蜀州）三郎鎮：近年，蔡正邦和馮裕松兩位學者提出，楊貴妃本是四川人，後來被玄宗歸葬於崇州市三郎鎮，二學者稱，安史之亂時，唐玄宗無力挽救局勢，不得不在馬嵬坡縊殺楊貴妃，但後來却悄然將尸體移葬三郎鎮。史載，楊貴妃生於蜀州，此爲崇州市古稱，楊貴妃的父親在蜀中有産業，并且死後家人留於蜀中。日本學者井上靖作《楊貴妃傳》載：“（玄宗）即派敕使祭祀貴妃，……悄命宦官將貴妃遺體移葬别處。”白居易《長恨歌》故有“馬嵬坡下泥土中，不見玉顔空死處”，唐朝已开始有人懷疑楊貴妃没有葬在馬嵬坡。《馬嵬方志》載，妃生前，入宫後常念故鄉蜀州佳山佳水，唐玄宗記住了愛妃的心願，而且馬嵬兵變後玄宗避難蜀中，蜀中又是當時最安全太平之地，理所當然要將楊貴妃遺體遷往蜀地。蜀州三郎鎮翠圍山，其地緊鄰青城山，鎮東有漢明帝建的天國寺，鎮東南有隋楊廣匾額題“化成院”，歸葬蜀州，是貴妃的心願，當爲首選。關於三郎鎮，張邦伸《雲棧紀程》載：“明皇入蜀，雨中於此（梓潼上亭鋪）聞鈴聲，問黄幡綽曰：‘鈴語云何？’（黄）對曰：‘似謂三郎郎當。’”他故意將風鈴（俗稱吊兒）聲説爲“吊兒郎當”，以此譏嘲明皇。所以清人王士禎題詩云：“金鷄賜帳事披猖，河朔從兹不屬唐。却使青騾行萬里，三郎當日太郎當。”唐玄宗排行三，小名三郎，也是貴妃對他的昵稱。

三郎鎮在崇州翠圍山中，是楊貴妃的故鄉，也是唐玄宗寄托對楊貴妃懷念最好的地方。《資治通鑒》記載，楊貴妃幼時常隨父輩游宴於蜀州西北三郎鎮一帶，聯繫《馬嵬方志》所載，她入宫後常懷念蜀州山水，求死後歸葬於翠圍山中。那麽，玄宗入蜀後將貴妃遺體葬於翠圍山，山旁小鎮因貴妃常呼其“三郎”而更鎮名爲三郎鎮，以伴妃，也在情理之中。過去，三郎鎮稱“毛郎鎮”，這“毛”字一般辭書是查不到的，只有《康熙字典》收了它，音同字异，證明有避諱之嫌，從反面證明玄宗失勢後的處境，證明易葬楊妃，又不敢公開的心理。成都市有關專家認爲，從人文地理來看，貴妃墓葬應在三郎鎮南，以三郎鎮翠圍山爲中心，周邊的人文地理，富含大量的鳳文化，翠圍山後有鳳鳴山，北面爲鳳棲山，山中有鳳林寺，這些都不是偶然的。

清雍正五年（1727）胡蛟齡重修《興平縣志》這樣説：“帝自蜀道過其所，將改葬恐人反，側自疑密遣中使具棺槨他葬，而卒隱其地，莫可考，以是塚當之。”學者姚大亮先生著文談及墓葬相关情況：馬嵬驛事迹，楊貴妃受牽連，“……遂縊死於佛堂，時年三十八，瘞於驛道西側”（《舊唐書·楊貴妃傳》）。這是初葬情况。唐玄宗自蜀還，想改葬故妃，爲禮部侍郎李揆阻止。（《舊唐書·楊貴妃傳》）。又載“上皇密令中使改葬於他所。初瘞時以紫褥裹之，肌膚已壞，而香囊仍在。内宫以獻，上皇視之凄惋，乃令圖其形於别殿，朝夕視之。”可見玄宗追思貴妃心切。至於改葬他所的情况，主要史籍均語焉不詳。就是馬嵬驛所在之興平縣，其縣志記載也没有一個明確説法①。

馬嵬驛

1993年秋，我曾去川陝蜀道，有幸尋訪唐明皇與楊貴妃遺迹，在古柏蒼森的梓潼縣七曲山大廟，有“應夢仙臺”遺迹，那是古柏密林深處的一座小土屋，約十平方米，土屋唯有石床一張，傳爲唐明皇回鑾午息於此，我曾寫七律詩一首記述：

蘭因絮果遠紅裙，廄馬驚塵走六軍。
應夢有床期蜀地，仙臺無路伴郎君。
青山感悟聞鈴雨，驛道還歸劍北雲。
回首傷情思馬嵬，焚香幾度撲空墳。

蜀道行訪，川陝道又有上亭鋪，唐明皇回鑾曾歇宿於此，那是一個寒秋冷雨之夜，那屬於塘報驛站之地，唐明皇夜晚聞檐牙鐵馬風吹鈴響，禁不住觸景傷情，聞鈴腸斷便譜了一曲“雨淋鈴”。我有感於此，便又撰七律詩一首：

流離天子醉還醒，首鼠終羞到上亭。
一夜徊徨風動戟，十首悔悟水寒汀。
心驚絶塹秦雲路，夢墜仙臺蜀道扃。
行旅我來頻駐馬，不堪愁聽雨淋鈴。

① 張起、張天健：《唐詩解密》，文匯出版社，2018年版，第181頁。

川陝公路旁上亭鋪“唐明皇幸蜀聞鈴處”石碑

川陝公路上的上亭鋪

上亭鋪本無名稱，“上停”，正是唐玄宗駐蹕停留之地。

從匯集的上述資料对比来看，改葬他所的最大可能性就是楊貴妃故鄉蜀州。安史之亂明皇去向在蜀，沿途追思想念，所以三郎鎮是比較可靠的葬所。

但是疑點并未全除，論證歸葬之疑應滿足三個條件：一、興平馬嵬坡之墓是空棺，以證改葬他所；二、楊貴妃必生於蜀州，如同落葉歸根方有改葬可能；三、地下必有遺物發掘佐證，這是最有力的。關於第一個條件，興平方志已有説法，第二個條件我前面已談到楊貴妃生籍地在蜀州。只有第三個條件，崇州三郎鎮確實流傳着許多楊貴妃葬地的神秘傳説，崇州市文管所也進行過考察，但結果令人遺憾，只發現了一些唐代寺廟遺迹，不足以證明與楊貴妃密切相關。

自然，也不能就此否定改葬三郎鎮之説。四川大學著名唐史專家王炎平教授認爲，馬嵬之變表面上對楊國忠不滿，其實乃一場宮廷政變，是太子一派壓倒了唐玄宗一派，楊家是太子李亨的死敵，在李亨做皇帝後自然不許爲楊國忠兄妹平反。所以玄宗要從馬嵬坡挖出貴妃尸體改葬，如此大的難度，只能悄悄進行，此時玄宗已失勢，更不敢用棺木裝之，堂皇地從陝西千里迢迢送達蜀州。何况當時貴妃已死年餘，尸體早已朽壞，根本無法裝殮，加之交通不便，從各種因素判斷都不可能將尸體改葬蜀州。但并不排除一種可能，就是玄宗曾在成都避禍，極有可能在蜀州三郎鎮爲貴妃悄悄建了一座衣冠塚。王炎平教授此説雖頗近情理，但他忽略了《舊唐書》“上皇密令中使改葬於他所”一句。改葬地史無記載，無法確知葬地，故也不可武斷說死。我以爲，馬嵬之變，玄宗身邊必存楊貴妃許多信物，成都避禍，距楊貴妃故里不遠，以信物魂歸故里墓葬，了却李、楊的生死情緣，也是在情理之中的。

（作者單位：成都大學文學與新聞傳播學院）

張獻忠戰殁地考

馮凌雲

内容提要：張獻忠戰殁之地有鹽亭、西充兩説，歷來聚訟不斷。時至今日，“西充説”雖已得到多數學者的認同，但并非没有可考之處。加之近來有人發現鹽亭境内與西充交界處確有一座鳳凰山，給“西充説”帶來一定挑戰。本文依托史籍記載對“鹽亭説”和“西充説”形成源流進行全面分析，對戰場地理開展深入考察，以期進一步正本清源，强化“西充説”的證據力度。

關鍵詞：張獻忠；《明史》；鹽亭；西充；鳳凰山

順治元年十一月（1644），張獻忠在成都建號稱帝。由於始終未能在四川地區建立起穩固的統治秩序，迫於清軍、南明軍、“摇黄”和地方武裝的壓力，張獻忠於順治三年秋（1646）率大西軍向川北轉移，途中與清軍遭遇。關於張獻忠的最終結局，雖没有像同時代農民起義首領李自成那樣衆説紛紜，但也存在不少争議，其戰殁地點就是其中的核心問題。20 世紀 80 年代以來，先後有王綱、袁庭棟、阮明道、劉德鴻等學者對此問題進行了考證，一致認爲張獻忠在西充縣鳳凰山一帶與清軍交戰時陣亡①。然以往學者未詳細辨明各方史料的來源和價值，對以《明史》《綏寇紀略》爲代表的諸史料關於張獻忠死於鹽亭縣的説法没有加以正面審視，戰場地理研究亦尚付闕如，“西充説”雖基本成爲共識，但仍有需要繼續考證之處。因此，有必要擴大研究對象範圍，對張獻忠戰殁地問題重新進行梳理考察。

① 王綱：《張獻忠大西軍史》，湖南人民出版社，1987 年版，第 286—289 頁；王綱：《張獻忠犧牲的地點》，《社會科學研究》1980 年第 1 期；袁庭棟：《張獻忠傳論》，四川人民出版社，1981 年版，第 108 頁；阮明道：《張獻忠及其大西軍在川北活動的幾個問題》，《南充師院學報》（哲學社會科學版）1988 年第 3 期；劉德鴻：《張獻忠之死》，《延安大學學報》（社會科學版）1986 年第 4 期。

一、“鹽亭説”有關史料考述

涉及鹽亭的文獻[①]，大略有《明史》《綏寇紀略》《懷陵流寇始終録》《見聞隨筆》《擬明史樂府》《後鑒録》《廿一史弹詞注》《南疆逸史》《劫灰録》《粤滇紀略》《寄園寄所寄》《續表忠記》《南山集》《皇明末造録》《三藩紀事本末》《爝火録》《前明忠義別傳》《平寇志》《御批歷代通鑒輯覽》《御定資治通鑒綱目三編》《方輿考證》《明紀》《小腆紀年附考》《明通鑒》《清史纪事本末》以及乾隆二十八年《鹽亭縣志》、乾隆五十一年《鹽亭縣志》、嘉慶《漢州志》、嘉慶《什邡縣志》、嘉慶《重修延安府志》、同治《增修施南府志》、光緒《新修潼川府志》、民國《簡陽縣志》、民國《華陽縣志》等。

（一）《明史·張獻忠傳》“鹽亭説”的來源

《張獻忠傳》的史料來源前人有所論及，但無進一步研究[②]，要厘清“鹽亭説”是怎樣産生的，則需要搞清楚本傳的形成過程。

康熙十八年（1679）明史館重新開局時，毛奇齡舉“博學鴻儒”入館修史，負責主修《盜賊傳》[③]。清廷曾下令各地廣搜野史雜記上呈史館以資參考，毛奇齡在當時史館所存馮甦《見聞隨筆》和吴偉業《綏寇紀略》基礎上，考訂史事、增删修改，擬成《盜賊傳》。《見聞隨筆》爲《明史》纂修提供素材，在馮甦《〈明末兩渠賊傳〉序》中有明確記録：

> 甦生長東南，聞流賊之爲禍，思得觀其事實，游迹所至，每與楚豫秦蜀士大夫游，悉心咨訪，記之篋笥。他及郡志野史、坊歌巷説，咸爲辨其真僞，核其先後，稍加詮次，爲自成、獻忠傳二篇。……今我皇上心存鑒古，辟召宇内詞臣發秘笈、搜遺聞，記載討論，昭垂法戒。……然而兵燹之餘，載筆者寡，傳聞异詞，甦之此《傳》非敢希藏之名山，聊以備作者之采擇云爾。[④]

毛奇齡在《〈見聞隨筆〉叙》中更是直接表明擬《盜賊傳》時參考了該書：

> 《見聞隨筆》者，司寇馮先生所著書也。其一卷爲“兩渠傳”，所紀闖、獻始末自起迄敗，以爲凡有國者所鑒戒。而兩賊分列，較尤詳於獻賊入蜀暨夔東割據以後。蓋是時神州陸沉，天下之能言其事者寡矣。會天子開館修前代史書，詔徵獻賢所記識者，在京

① 爲便於討論，本文將與鹽亭有關的史料均視爲“鹽亭説”，單記順慶、西充或兼而有之者，視爲“西充説”。本文所引文獻在張獻忠戰死的時間和經過上頗有异同，因前人已有較爲完備的考證，本文不予討論。

② 孫次舟：《張獻忠在蜀事迹考察》，《社會科學研究叢刊》編輯部：《張獻忠在四川》，1981年版，第11—17頁。

③ 《盜賊傳》即《流賊傳》，分爲李自成、張獻忠兩傳。

④ 馮甦：《見聞隨筆》，《四庫全書存目叢書》史部第56册，齊魯書社，1996年版，第4—5頁。

> 朝大小了無一應，獨先生所著裒然捆載，爲一時所未有。……故先生之書其爲前史所取資者叢沓無算，而是書其一也。予承乏史職，鬮題給札，適得土司、盜賊諸傳，因獲盡讀先生所著書，……①

馮甦曾於順治十八年（1661）赴雲南爲官，對南明永曆政權和大西軍相關情況留心搜集，頗有所得。返京任殿試讀卷官期間，在時任《明史》總裁葉方藹和王士禛、毛奇齡等纂修官建議下，於康熙十八年參考《蜀記》等野史筆記寫成《見聞隨筆》一書上呈史館②。清初官方缺乏關於張獻忠事迹的史料，《見聞隨筆》因記載張獻忠割據之事非常詳細而被毛奇齡大量采用，寫入四百十六卷本《明史稿·盜賊傳》擬稿中。毛氏稱病歸里後將此稿編入《後鑒録》，該稿又經過萬斯同、錢名世審核修訂，成爲王鴻緒《明史稿·流賊傳》底本③。

將國家圖書館藏四百十六卷本《明史稿》《後鑒録》與《見聞隨筆》内容相比對，不難發現毛氏擬稿中關於張獻忠最後一戰的記載，基本上是按照《見聞隨筆》進行的改寫。（表1）《見聞隨筆》史源《蜀記》所稱“清肅王領大隊人馬掩至西充”被馮甦改爲“南行遇獻忠西充鹽亭界上”，從整段内容上看明顯是雜糅進了《綏寇紀略》的情節。頗爲奇特的是，毛奇齡又將其修改爲“南行遇獻忠於鹽亭界上”，直接將“西充”删除，這一增一減完成了用“鹽亭”置換“西充”的過程。就現存記録來看，毛奇齡并非只接觸過《見聞隨筆》一種記録張獻忠戰歿地的材料，據其《史館札子》一文所記，在考證崇禎末年郫縣主簿趙嘉煒殉節一事時，毛氏曾“見四川所解新修《通志》”④“因復查新修《成都府志》”⑤。這兩部康熙早期方志均記載張獻忠死前營於順慶府金山鋪鳳凰山間⑥。毛奇齡最終保留“鹽亭”而删除“西充”，應是受吴偉業《綏寇紀略》影響，采納了該書卷十標題《鹽亭誅》的觀點。馮、毛二人均參考《綏寇紀略》修改各自所著《張獻忠傳》，可見吴氏影響力之大。

《綏寇紀略》一書的情況，見朱彝尊《跋綏寇紀略》：

> 梅村吴先生以順治九年壬辰舍館嘉興之萬壽宫，方輯《綏寇紀略》。……明史開局，求天下野史，有旨勿論忌諱，盡上史館，於是先生足本出……。綏寇之本末，言人人

---

① 馮甦：《見聞隨筆》，《四庫全書存目叢書》史部第56册，齊魯書社，1996年版，第3頁。

② 《見聞隨筆》所記張獻忠入蜀後事迹基本襲自無名氏《蜀記》，偶有襲自《綏寇紀略》的内容，甦僅在字詞上略有潤色改動，而《蜀記》顯然襲改自《紀事略》。

③ 王鴻緒任《明史》總裁後將萬斯同、錢名世請到家中繼續修訂史稿。楊椿《再上明鑒綱目館總裁書》：“椿時年二十餘，嘗褰至其館中，見萬君作一傳，集書盈尺者四五或八九不止。與錢君商榷孰爲是、孰爲非，孰宜從、孰不宜從，孰可取一二、孰概不足取。商既定，錢君以文筆出之。故其辭達、其事明，有遠出唐宋二史上者，而熊廷弼、袁崇焕、李自成、張獻忠諸傳尤善。”見楊椿《孟鄰堂文抄》，《清代詩文集彙編》第238册，上海古籍出版社，2010年版，第26頁。

④ 毛奇齡：《西河文集》，《清代詩文集彙編》第87册，上海古籍出版社，2010年版，第93頁。

⑤ 毛奇齡：《西河文集》，《清代詩文集彙編》第87册，上海古籍出版社，2010年版，第94頁。

⑥ 見康熙《四川總志》卷二十六《僭據》第25頁，康熙十二年（1673）刻本；康熙《成都府志》卷二十六《盜賊》，四川大學歷史地理研究所、成都市地方志編纂委員會整理：《成都舊志》第9册，成都時代出版社，2007年版，第159頁。

殊，先生聞之於朝，雖不比見者之親切，終勝草野傳聞，庶幾可資國史之采擇者與。[①]

此書關於張獻忠之死的史料來源尚不明確。從吴偉業其他作品，如《閬州行》《志衍傳》[②] 等來看，其與蜀地人士有所交往，且親族有宦蜀經歷，相關信息或出自這些從蜀地逃難之人。

表 1 《明史》"鹽亭説"版本流变过程

文獻出處	張獻忠戰歿經過
吴偉業《綏寇紀略》卷十《鹽亭誅》	會本朝大兵至漢中，進忠因而歸命。王問以獻忠所在，進忠曰："在順慶之金山鋪，爲西充鹽亭之交境，去此千四百里，疾馳五晝夜可及。"獻忠以進忠守朝天關，殊不意有大兵，前驅至而未信。進忠已入營中，與善射者俱而指示之曰："此獻忠也。"發一矢中額，訝曰："果然!"逃伏積薪之下，執近侍詢之而得，乃曳出斬之。[③]
戴笠、吴殳《懷陵流寇始終録·甲申剩事》	進忠降肅王於漢中。王問："獻賊何在?"進忠曰："在金山鋪，當西充鹽亭二縣之間，去此千四百里，騎兵疾馳五晝夜可至。"獻忠以廣元有守，初不意兵至。冬十月癸酉朔戊寅，進忠以兵入賊營，指示善射者曰："此獻忠也。"矢中額，走伏薪積下，執斬之。[④]
佚名《紀事略》	逾月至川北順慶府屬西充地方……及至（十一月）十七日天明，寒冰凛冽，朔風刮面，平地霧起，目不見形。獻忠甫出帳前，忽有登高賊兵來報云："此山下有人馬甲胄聲，霧大不辨多寡。"忠大怒云："我老爺統天兵在此，誰敢來捋虎鬚耶？爾何妄言惑我軍心，於法當斬。"言未已而報者又至，一時三處報者皆同。忠方命釋先報之卒。復佯言曰："八大王威震天下，名播四海，誰人敢來？吾自當之。"於是執一弓，挾三矢，策馬獨出。諸從者皆備馬不及，未得跟上。獻忠飛騎先奔至鳳凰山下，霧散日出，見來兵漫山遍野，勢若涌潮。獻忠張弓便射，矢未發而胸膈前已中二矢。忠方勒馬回走，背上又中二矢。復馳丈餘方氣絶墜馬。從者繼至，拔箭觀之，方知爲大清兵也。衆欲扛尸回營，只見清兵大隊衝突而前，人强馬壯，恍若天神，知不能敵，方弃却忠尸，望風披靡。[⑤]
佚名《蜀記》	剛至十一月十六日，清肅王領大隊人馬掩至西充。是日，天昏地暗，霧氣迷空，彼此對面不見，咫尺聞聲。瞭哨兵士喊叫後營路有盔甲聲，馬嘶人嚷；獻忠將瞭哨兵立拏數人斬首，謂其煽惑軍心。不逾時，大兵已到，離營不遠；獻忠自謂天下無敵，誰敢到此送死，遂跨馬挾弓矢，獨騎前往。至地名鳳凰坡，即遇正黄旗大隊，獻忠方欲張弓，左脅已中一矢；剛勒轉馬首，背上連中二矢，即墜馬下。後有僞提督王尚禮、僞指揮竇民望、僞千户胡守貴急馳至，獻忠氣已絶矣。三賊猶將獻忠尸背駝一箭地，因大兵跟追甚緊，方弃去。[⑥]
馮甦《見聞隨筆》卷上《張獻忠傳》	遇我大清王師至，進忠迎降，爲鄉導。南行遇獻忠西充鹽亭界上，是日大霧彌空，咫尺不相見。群賊方朝行營，忽聞甲馬聲，殊不意兵至。獻忠自介胄彎弓上馬出視，至鳳凰坡，正值進忠指示大兵曰："此逆獻也。"群射之，獻忠甫引弓，左脅已中矢，急回馬走，矢交集於背，遂墜。僞提督王尚禮、指揮竇名望、僞千户胡守貴等馳至，氣已絶矣。尚禮負其尸走，騎追之急，乃弃之。[⑦]

① （清）朱彝尊：《曝書亭集》，《清代詩文集彙編》第 116 册，上海古籍出版社，2010 年版，第 365 頁。

② 吴繼善，字志衍，係吴偉業族兄，張獻忠破成都，時任明成都知縣的吴繼善投降，後被處死。

③ （清）吴偉業：《綏寇紀略》，《中國野史集成》第 29 册，巴蜀書社，1993 年版，第 165—166 頁。

④ （清）戴笠、吴殳：《懷陵流寇始終録》下册，《玄覽堂叢書續集》本，"國立中央圖書館"，1985 年版，第 372 頁。

⑤ （清）佚名：《紀事略》，《晚明史料叢書》本，中華書局，1959 年版，第 59—60 頁。

⑥ （清）佚名：《蜀記》，《痛史》第 15 種，商務印書館，1911 年版，第 14 頁上。

⑦ （清）馮甦：《見聞隨筆》，《四庫全書存目叢書》史部第 56 册，齊魯書社，1996 年版，第 42 頁。

續表

文獻出處	張獻忠戰歿經過
毛奇齡《後鑒録》卷六《張獻忠傳》	會大清師至漢中，進忠迎降，爲鄉導。南行遇獻忠於鹽亭界上，是日大霧，前不見馬領。獻忠方曉行，聞介馬聲，彎弓前至鳳凰坡，進忠認之曰："此獻賊也。"發一矢洞脅，急回走，而矢叢於背，大呼墜地。賊將王尚禮尚負其尸走，既而弃去，支離之。①
四百十六卷本《明史稿》卷四百八《張獻忠傳》	會大清兵至漢中，進忠迎降，爲鄉導。南行遇獻忠於鹽亭界上，是日大霧，咫尺不相見。獻忠方曉行，聞介馬聲，彎弓前至鳳凰坡。進忠認之曰："此獻賊也。"發一矢洞脅，急回走，而矢叢於背，大呼墜地。賊將王尚禮尚負其尸走，既而弃去，支離之。②
王鴻緒《明史稿》列傳一百八十三《張獻忠傳》	會我大清兵至漢中，進忠遂乞降，爲鄉導。至鹽亭界，是日大霧。獻忠曉行至鳳凰陂，大兵射之，墜馬遂死。③
張廷玉《明史》卷三百九《張獻忠傳》	會我大清兵至漢中，進忠來奔，乞爲鄉導。至鹽亭界，大霧。獻忠曉行，猝遇我兵於鳳凰坡，中矢墜馬，蒲伏積薪下。於是我兵擒獻忠出，斬之。④

朱彝尊、毛奇齡、吴偉業同爲清初江南名士，平日素有交往，朱、毛二人更是同中康熙十八年博學鴻儒科入史館⑤。《綏寇紀略》上呈史館後，即使毛奇齡本人没有接觸，朱彝尊亦必推薦此書供其參考。事實上，毛奇齡擬稿也確有分别出自《見聞隨筆》和《綏寇紀略》之材料，文字承襲明顯。由於兩書中均出現了西充鹽亭并存的説法，而《綏寇紀略》與康熙《四川總志》《成都府志》所稱張獻忠營於順慶金山鋪的記載在字面上并無矛盾，毛奇齡在取捨之後，采納了吴偉業"鹽亭誅"的觀點，這種觀點也被《明史》後續纂修者繼承。《綏寇紀略》一書在官方修史中有很大影響，乾隆年間對殿本《明史》修訂時，還以其爲依據對《流賊傳》進行了重新考訂，附在四庫本該傳之末。

（二）其他"鹽亭説"材料舉要

《懷陵流寇始終録》又稱《寇事編年》，作者爲戴笠（字耘野）。潘耒《寇事編年·序》："亡兄（潘檉章）有意編纂明代之書，先師戴耘野先生爲之分任寇事。……凡十八卷。"⑥ 此書廣采邸報、奏章與私人記載，大略始輯於順治末年，草就於康熙十年左右，又經時人吴殳删改而成。該《序》又稱："吴梅村先生作《綏寇紀略》，既刻成，有以先師之書告者，購得數卷，嘆曰：'志寇事，自當以編年爲正。'恨見此書晚耳。"⑦ 吴殳在《懷陵流寇始終録·自序》中提到在接觸戴笠原稿前，曾"又得吴氏《綏寇紀聞》，讀之一月，茫如望洋"⑧，批

① （清）毛奇齡：《西河文集》，《清代詩文集彙編》第 88 册，上海古籍出版社，2010 年版，第 460 頁。
② （清）萬斯同：《明史》，《續修四庫全書》史部别史類第 331 册，上海古籍出版社，1996 年版，第 470—471 頁。
③ （清）王鴻緒：《明史列傳稿》，《明代傳記叢刊》第 97 册，綜録類 9，明文書局，1991 年版，第 664 頁。
④ （清）張廷玉：《明史》，中華書局，1974 年版，第 7977 頁。
⑤ 胡春麗：《朱彝尊與毛奇齡交游考論》，《嘉興學院學報》2018 年第 2 期。
⑥ （清）戴笠、吴殳：《懷陵流寇始終録》上册，《玄覽堂叢書續集》本，"國立中央圖書館"，1985 年版，第 3 頁。
⑦ （清）戴笠、吴殳：《懷陵流寇始終録》上册，《玄覽堂叢書續集》本，"國立中央圖書館"，1985 年版，第 3 頁。
⑧ （清）戴笠、吴殳：《懷陵流寇始終録》上册，《玄覽堂叢書續集》本，"國立中央圖書館"，1985 年版，第 5 頁。

評吴偉業著書不以編年爲體，使讀者難以厘清事情先後經過。這兩篇序文表明清初江南文人之間往來密切，學術交流之風盛行。考戴笠、吴殳、吴偉業均爲今蘇州市人，此書關於張獻忠死事之記載亦與《綏寇紀略》基本相同，信息應出自同源。

《廿一史彈詞注》由張三异、張仲璜父子於康熙十三年（1674）前後在楊慎《廿一史彈詞》基礎上補注而成。唱詞中有“黄虎賊鹽亭界一矢銷魂”[①]一句，其對應的注出自毛奇齡《後鑒録》，當爲是書在康熙四十九年（1710）刊行前由張仲璜重注。

《擬明史樂府》爲尤侗所作。尤氏亦舉康熙十八年“博學鴻儒”入館修《明史》，在與同僚討論交流之餘，“間采其遺事可備鑒戒者，斷爲韵語”[②]。該作《張家長》自注中稱：“王師至，斬（獻忠）於鹽亭。”[③]考該注釋全文内容，均出自《綏寇紀略》和《見聞隨筆》。

《南疆逸史》乃萬斯同好友温睿臨所輯。温氏在該書《凡例》中指出，明史開局後，清廷大量網羅各地野史，自己從中收録數十種，又參核萬斯同《明史列傳》遺稿和徐秉義《明末忠烈紀實》，删繁就簡、增補闕失而成。該書《曾英傳》記載張獻忠死前“方營於西充鹽亭”[④]。

《劫灰録》内容取馮甦《見聞隨筆》下卷及其他資料輯成[⑤]，其“大臨始末”條稱：“先是順治丙戌歲，肅王襲殺流寇張獻忠於鹽亭。”[⑥]國家圖書館藏計六奇《粤滇紀略》抄本之“鹽亭説”内容與《見聞隨筆》基本一致[⑦]。《三藩紀事本末》主記南明弘光、隆武、永曆三朝事，兼及張獻忠。此書編輯過程中參考了康熙朝所存包括《劫灰録》在内的衆多野史，但在材料取捨時“一以王大司農（王鴻緒）奉旨分編之史傳爲正”[⑧]。其卷四“蜀亂”條載：“（順治三年）十二月，王師殺獻忠於鹽亭。”[⑨]

另外，戴名世《南山集·薛大觀傳》：“已而大兵討張獻忠，破殺之於鹽亭。”[⑩]管葛山人《平寇志》：“遇獻忠於鹽亭界上……”[⑪]汪有典《前明忠義别傳·楊畏知傳》：“順治三年，王師殺獻忠於蜀之鹽亭。”[⑫]以上三書相關記載亦取之於成説。

其餘“鹽亭説”相關記載多出自《明史》或係轉襲《綏寇紀略》，兹不作贅述。

---

① （明）楊慎撰，（清）張三异補，（清）張仲璜注：《廿一史彈詞注》卷十一下，乾隆五十一年（1786）覆刻本，七十七頁下。

② （清）尤侗：《擬明史樂府》，《續修四庫全書》集部别集類第1407册，上海古籍出版社，2002年版，第76頁。

③ （清）尤侗：《擬明史樂府》，《續修四庫全書》集部别集類第1407册，上海古籍出版社，2002年版，第98頁。

④ （清）温睿臨：《南疆逸史》，中華書局，1959年版，第397頁。

⑤ 參見朱希祖《明季史料題跋·劫灰録跋》，中華書局，1961年版，第66—68頁；謝國楨《增訂晚明史籍考》卷十一《見聞隨筆》，北京出版社，2014年版，第592—594頁。

⑥ （清）珠江寓舫偶記：《劫灰録》，《中國野史集成》第34册，巴蜀書社，1993年版，第340頁。

⑦ 《清代邊疆史料抄稿本彙編》第35册，綫裝書局，2003年版，第55頁。哈佛漢和圖書館所藏同名抄本與之頗有异同，無“鹽亭説”記載。

⑧ （清）楊陸榮：《三藩紀事本末》，《中國野史集成續編》第25册，巴蜀書社，2000年版，第579頁。

⑨ （清）楊陸榮：《三藩紀事本末》，《中國野史集成續編》第25册，巴蜀書社，2000年版，第624頁。

⑩ （清）戴名世：《南山集》，《續修四庫全書》集部别集類第1419册，上海古籍出版社，2001年版，第141頁。

⑪ （清）管葛山人：《平寇志》，上海古籍出版社，1984年版，第279頁。

⑫ （清）汪有典：《前明忠義别傳》卷二十七，道光二十五年（1845）墨花齋聚珍版，十二頁下。

二、“西充説”有關史料考述

“西充説”史料主要分爲四類。

（一）事件親歷者記録

事件親歷者指參加過本次戰役和當時身處交戰雙方陣營的人員[①]。此類資料傳世稀少，以往研究僅提及一例，即《世祖章皇帝實録》記載的肅王豪格奏報，“次日黎明抵西充，……斬獻忠於陣”[②] 成爲“西充説”的主要支撑材料。蔣良騏《東華録》中收録的内容與上書基本一致[③]。上述兩書記載的原始材料在順治四年（1647）豪格奏報票簽檔可見：

> 我等率兵於十一月初七日自漢中啓程，二十六日抵南部。訊問生擒之賊稱，張獻忠等現在西充縣境。……臣統滿、蒙驍騎星夜兼程繼進。次日黎明抵西充，獻忠親率馬步兵出營迎戰。大章京鄂博巴圖魯率蒙古固山額真准塔巴圖魯及前鋒八旗護軍奮擊，大破之，擊斃獻忠於陣。[④]

在“中央研究院”歷史語言研究所《明清檔案》甲編第四本中，收録有一件順治十二年（1655）佚名殘缺奏稿，内有“蓋自張逆西充授首之後，餘黨敗遯鼠竄滇南緣”[⑤] 等語。經與《皇清奏議》比對，該殘缺奏稿爲清初四川巡撫李國英所上《敬陳定蜀之策疏》[⑥]。李國英原爲明將，降清後隨肅王豪格入川征戰，授成都總兵，後繼任四川巡撫。清軍與張獻忠大戰之時，李國英正在軍中，這是第二例親歷者證言。

除此以外，《明史》纂修人員汪琬、張玉書、王士禛等人的私人著述中亦有綫索。

汪琬是康熙十八年“鴻博”之一，在館修《明史》僅兩月。汪氏在順治十二年（1655）即中進士，其早年所著《書張獻忠兵敗始末》載：“當是時，獻忠營於西充，不設備。王師

---

① 本次戰鬥重要親歷者劉進忠之生平見《清故鎮守益陽等處總兵官都督同知一等阿思哈哈番劉公神道碑》，拓片存國家圖書館。碑文中“親藩吊民討逆，公□□□□束身□□蜀道□□……”的記載印證了劉進忠投順清軍的史實。由於碑文漫漶嚴重，無法從該碑中識讀出張獻忠戰歿地點。費密《荒書》稱張獻忠爲清將雅布蘭射殺，其人仕至翰林院掌院學士。筆者未從順治、康熙年間翰林院掌院學士名録中有所發現，《八旗通志》等文獻記載的雅布蘭與《荒書》所記射殺張獻忠的雅布蘭生平亦不相符。

② 《世祖章皇帝實録》，《清實録》第 3 册，中華書局，1985 年版，第 242 頁。

③ 《東華録》卷五：“（順治三年）十二月，肅親王奏：‘我軍抵西充，……斬張獻忠於陣。’”中華書局，1980 年版，第 86 頁。

④ 中國人民大學歷史系、中國第一歷史檔案館：《清代農民戰爭史資料選編》第一册上，中國人民大學出版社，1984 年版，第 216 頁。

⑤ “中央研究院”歷史語言研究所：《明清檔案》甲編第四本，商務印書館，1930 年版，第 356 頁。

⑥ （清）琴川居士輯：《皇清奏議》卷九，日本國立公文書館藏清刊本，第 44－45 頁。

奄至西充之鳳凰觀。……王師追射獻忠，貫其胸。"[①]《明史》監修張玉書《紀滅闖、獻二賊事》因襲之："黎明抵西充之鳳凰觀。……有裨將某馳射之，貫其胸，獻忠負創還營。"[②] 汪琬所著的特殊之處在於該文最後提到了信息來源：

> 獻忠又有養子鄭國者，偕（孫）可望來，授一等阿思哈哈番。予嘗識其人，其言獻忠事甚具。兹不暇書，姑略其兵敗始末如此。[③]

據《世祖章皇帝實録》："授義王孫可望屬下……鄭國……一等阿思哈哈番。"[④] 另外，康熙帝曾與諸大臣言："張獻忠有養子三人，耳鼻皆被割去，朕曾見之。"[⑤] 由此可見，隨孫可望降清的張獻忠舊部多被召往北京居住，汪琬早年留京期間能與鄭國等人來往當是事實。

另一條親歷者記録出自隨豪格出征四川的將領柯爾昆（科爾昆）。張玉書《誥授光禄大夫護軍統領兼佐領世襲拖沙喇哈番柯公神道碑》、王士禛《誥授光禄大夫護軍統領兼佐領世襲拖沙喇哈番柯公神道碑銘》均有其生平事迹。這兩通碑文内容基本一致，只是行文略有不同。

張文記載：

> 未幾，（柯爾昆）從肅親王入漢中，與賀珍兵數萬遇。公同覺羅巴公哈納超乘而入，大破珍。漢中既平，從入川擊獻賊。至西充之鳳皇坡，與獻忠兵遇，同巴公及阿公爾真（阿爾津）、蘇公拜擊殺獻忠，殲其餘黨，全蜀底定。[⑥]

王文記載：

> 無何，（柯爾昆）從肅親王取漢中，與巴哈納破賊賀珍兵數萬，遂定漢中。進擊賊渠張獻忠於四川，戰西充之鳳皇山，獻忠中流矢死，餘黨列柵逆戰，公從護國公岳洛、尚書巴哈納奮擊，大破之。[⑦]

這兩通碑文的資料來源是明確的。王士禛提到，柯爾昆長子、盛京刑部侍郎巢可托"手狀公（柯爾昆）行事戰功之詳，以授士禛。謂其言可以徵信，宜書神道之碑。"[⑧] 這表明張玉書和王士禛撰寫的碑文均出自柯爾昆家人提供的材料，内容較爲可靠[⑨]。

王士禛曾於康熙十一年六月（1677）奉命典四川鄉試，在經陝西寧强入蜀途中，遇見一

① （清）汪琬：《鈍翁前後類稿》，《清代詩文集彙編》第94册，上海古籍出版社，2010年版，第272頁。
② （清）張玉書：《張文貞公集》，《清代詩文集彙編》第159册，上海古籍出版社，2010年版，第485—486頁。
③ （清）汪琬：《鈍翁前後類稿》，《清代詩文集彙編》第94册，上海古籍出版社，2010年版，第273頁。
④ 《世祖章皇帝實録》，《清實録》第3册，中華書局，1985年版，第938頁。
⑤ 《聖祖仁皇帝實録》，《清實録》第6册，中華書局，1985年版，第518頁。
⑥ （清）張玉書：《張文貞公集》，《清代詩文集彙編》第159册，上海古籍出版社，2010年版，第530頁。
⑦ （清）王士禛：《帶經堂集》，《清代詩文集彙編》第134册，上海古籍出版社，2010年版，第806頁。
⑧ （清）王士禛：《帶經堂集》，《清代詩文集彙編》第134册，上海古籍出版社，2010年版，第805頁。
⑨ 巢可托於康熙四十年（1701）至四十四年（1705）任盛京刑部侍郎，張、王二人所書時間當在此之間。

名原係大西軍士兵的農民。談話中，這位農民向王士禛回憶了大西軍往事，其中提到了張獻忠之死。由於當事人大西軍士兵的身份，王士禛將此路野閑談鄭重寫入《蜀道驛程記》：

（閏七月）十四日，冒雨發寧羌。行十里，河水大上，不得渡，解鞍待渡。道旁田家，其人張姓，自言荆州人，幼爲張獻忠掠入蜀，屬其僞前軍。……獻忠自統大軍駐順慶之西充，謀走湖廣。時肅王大兵已入蜀，偵者以報，賊輒殺之，凡殺數人，無敢復言者。已而天兵奄至，其部下劉進忠先降，爲鄉導，遂射殺獻忠云。①

（二）張獻忠據蜀親歷者敘述

這一類資料主要有歐陽直《蜀警録》、費密《荒書》、沈荀蔚《蜀難叙略》、韓國相《流離傳》《流離外傳》、楊鴻基《蜀難紀實》、張烺《燼餘録》。歐陽直曾在大西軍中任職，又輾轉經歷“摇黄”、楊展、南明朝廷等勢力；費密參加過對抗張獻忠的地方武裝，後投楊展；沈荀蔚之父華陽令沈雲祚被大西軍殺死，自己避難蜀中十餘載②；富順人楊鴻基幼丁蜀亂，寓居貴州，回鄉後對四川遭受兵燹的景象耳聞目睹③。他們未直接見證張獻忠之死，但有較之他人爲近的消息來源。

韓國相，順慶府南充縣人。順治三年九月大西軍攻陷順慶府城時，韓氏因事出城而幸免。關於張獻忠隨後的動向，其在《流離傳》中説道：

賊兵屯都尉壩，歷二十四日移金山堡，日以殺人爲事，備治舟楫，聲言取南京。幸劉進忠遣吴之茂投誠，迎肅王入川，誅獻賊於西充鳳凰山。④

《流離外傳》亦有“困於燕子嶺，死於鳳凰窩”⑤ 之讖語。

張烺，潼川府遂寧縣人，康熙朝名臣張鵬翮的父親，其所著《燼餘録》是近年來新發現的史料，部分内容與張獻忠有關。1713 年康熙帝六十大壽期間，張烺進京朝賀。康熙帝以張獻忠據蜀時張烺年已十七八歲，記憶應較爲確切，要求張鵬翮將張獻忠在四川的事迹“問明繕摺進呈”⑥。張烺的回復在《燼餘録》中有詳細記載：

四月，詔問流賊張獻忠入川始末，命長子具疏奏聞。既奉詔，即語長子曰：“余年老耄，事經久遠，歲月先後未能詳記。第憶其大略云爾。……尋獻忠部下都督劉進忠，又奔陝，歸命天朝。獻忠勢孤，乃棄成都，走西充縣之金山鋪，開河造舟，爲走楚計。

---

① （清）王士禛：《蜀道驛程記》，《四庫全書存目叢書》史部第 128 册，齊魯書社，1996 年版，第 315 頁。

② 參見胡昭曦《“張獻忠與四川”史籍鑒析》，《地域文化研究》2018 年第 1 期。

③ （清）段玉裁：乾隆四十二年《富順縣志》卷五《鄉賢下・楊鴻基》，光緒八年（1882）重刻本。

④ （民国）李良俊、王荃善：《新修南充縣志》，《中國地方志集成》四川府縣志輯第 55 册，巴蜀書社，1992 年版，第 660 頁。

⑤ （民国）李良俊、王荃善：《新修南充縣志》，《中國地方志集成》四川府縣志輯第 55 册，巴蜀書社，1992 年版，第 662 頁。

⑥ 《聖祖仁皇帝實録》，《清實録》第 6 册，中華書局，1985 年版，第 517 頁。

幸我朝大兵適至，誅滅獻賊。[①]

考張烺於順治五年（1648）“遷居順慶”[②]，順治八年（1651）又“遷居於西充槐樹場之大堰溝”[③]，兩地均與戰事發生地鄰近，且時間相去不遠，當地土著對於張獻忠之死必有耳聞，張烺因而得知。

（三）其他别史雜著

在清廷官方，有《八旗通志初集》《欽定八旗通志》《大清一統志》《欽定宗室王公功績表傳》《清史列傳》《滿漢名臣傳》等。其中隨豪格征四川的將領，如鰲拜、遜塔、滿達海、阿爾津、蘇拜、希爾根、巴特瑪等人的《傳》均記録交戰地在西充。野史筆記方面的記載更多，據不完全統計，有馬玉《征行紀略》[④]、彭而述《讀史亭文集》[⑤]、查繼佐《罪惟録》《東山國語》、計六奇《明季南略》、朱溶《忠義録》、徐秉義《明末忠烈紀實》、顧山貞《客滇述》、屈大均《安龍逸史》（《殘明紀事》）《皇明四朝成仁録》、邵廷采《西南紀事》、彭孫貽《流寇志》、葉夢珠《續編綏寇紀略》、劉健《庭聞録》、鹿樵《滇寇紀略》（《明末滇南紀略》）、南沙三余氏《南明野史》、西亭凌雪《南天痕》、婁東梅村野史《鹿樵紀聞》、李調元《井蛙雜記》、李馥榮《灩滪囊》、彭遵泗《蜀碧》、張邦伸《錦里新編》、陶澍《蜀輶日記》、孫錤《蜀破鏡》、劉景伯《蜀龜鑒》、抱陽生《甲申朝事小紀》、魏源《聖武記》、李元度《國朝先正事略選》、柴小梵《梵天廬叢録》等。這些材料以康熙朝之前成書的價值較高，多有采自故老遺民或出自史家名士之手，其餘多爲參閲已成之書編輯抄掇而成，價值相對不大。

（四）四川地方志記載

對四川地區清代以來各府、州、縣地方志開展文本考察（見表2），不難發現采信“西充説”的地方志可分爲三類：第一類由方志編寫者自撰或收録本地人士相關作品。這類方志數量最多，除被較多收録的《蜀難紀實》《蜀碧》《蜀龜鑒》外，以康熙《四川總志》卷二十六《盜賊·張獻忠》、康熙《成都府志》卷三十五《藝文·蜀難紀略》、康熙《西充縣志》卷十《藝文志上·西充鳳凰山誅張獻忠記》、康熙《安岳縣志》卷三《藝文·聞見紀略》、乾隆五十二年《遂寧縣志》卷十二《雜記上·明蜀王殉難四近侍李麗華、許若瓊、嚴蘭珍、齊飛

① （清）張烺撰，胡傳淮注：《燼餘録》，中國文史出版社，2010年版，第92頁。

② （清）張烺撰，胡傳淮注：《燼餘録》，中國文史出版社，2010年版，第29頁。

③ （清）張烺撰，胡傳淮注：《燼餘録》，中國文史出版社，2010年版，第41頁。

④ 謝國楨考《征行紀略》“唯記至順治十七年而止，末署名記於昆明池館”一語與《明季南略·續孫可望踞雲貴事》“順治庚子初夏，著於昆明池館。馬玉爲平西記室，故結語如此”相合，則《續孫可望踞雲貴事》應取自《征行紀略》。前者稱：“清朝肅王統兵至蜀，殺獻忠於西充縣之鳳凰山。”馬玉隨吴三桂自陝川入黔滇曾經過西充。參見謝國楨《增訂晚明史籍考》卷七《征行紀略》，北京出版社，2014年版，第340頁；計六奇《明季南略》卷十四，中華書局，1984年版，第469，474—475頁。

⑤ 馮甦曾爲彭而述下屬，參與校閲彭氏《讀史亭文集》并作序。該集卷十《一字孔至滇南日記》載“張獻忠西充授首”，另馬玉《征行紀略》序文即彭而述所作，從此點亦可看出馮甦《見聞隨筆》“鹽亭説”在清初西南官宦中非通行説法。參見彭而述《讀史亭文集》，康熙四十八年（1708）刻本；謝國楨《增訂晚明史籍考》卷七《征行紀略》，北京出版社，2014年版，第340頁。

鸞合傳》、乾隆五十四年《合州志》卷十四《藝文·秦良玉傳》價值較高。第二類爲直接引用上級官方説法，府（直隸州）志引用的文獻，縣（散州）志往往亦沿用。其中引用清朝歷代四川通（總）志者較多。第三類爲套用範本，此類僅見於乾隆年間潼川府，該府府志及所屬遂寧、蓬溪、樂至三縣縣志相關記載均套用康熙《遂寧縣志》“王師入川，射殪獻賊於西充，土寇漸平，遂寧土著不滿百家”① 的統一模板，除將地點名稱寫爲本地外，其餘内容基本一致。

表2　四川方志“西充説”統計

地區	志名
省	康熙《四川總志》、雍正《四川通志》、嘉慶《四川通志》
成都	康熙《成都府志》、同治《成都縣志》、乾隆《大邑縣志》、光緒《彭縣志》、民國《温江縣志》
重慶	道光《重慶府志》、乾隆《江津縣志》、民國《江津縣志》、乾隆五十四年《合州志》、光緒《合州志》、道光《綦江縣志》、同治《綦江縣志》、民國《巴縣志》
順慶	康熙《順慶府志》、康熙《西充縣志》、光緒《西充縣志》、宣統西充《縣鄉土志》、嘉慶《南充縣志》、民國《南充縣志》、同治《營山縣志》、光緒《廣安州志》、宣統《廣安州新志》、道光《鄰水縣志》
保寧	道光《保寧府志》、道光《通江縣志》、光緒《南部縣鄉土志》
潼川	乾隆《潼川府志》、康熙《遂寧縣志》、乾隆《遂寧縣志》、光緒《遂寧縣志》、民國《遂寧縣志》、乾隆《蓬溪縣志》、乾隆《樂至縣志》、康熙《安岳縣志》、乾隆《安岳縣志》、道光《安岳縣志》、光緒《續修安岳縣志》、光緒《鹽亭縣志》、民國《潼南縣志》
敘州	光緒《敘州府志》、乾隆二十五年《富順縣志》、乾隆四十二年《富順縣志》、道光《富順縣志》、同治《富順縣志》、民國《富順縣志》、嘉慶《宜賓縣志》、乾隆《珙縣志》、同治《珙縣志》、光緒《珙縣志》
嘉定	康熙《峨眉縣志》、嘉慶《峨眉縣志》
夔州	道光《夔州府志》、咸豐《雲陽縣志》
龍安	同治《彰明縣志》
雅州	嘉慶《清溪縣志》
資州	光緒《井研縣志》
瀘州	乾隆《直隸瀘州志》、光緒《直隸瀘州志》、《續修敘永永寧廳縣合志》、嘉慶《納溪縣志》、民國《瀘縣志》
綿州	同治《直隸綿州志》、民國《綿陽縣志》
遵義	道光《遵義府志》

注：本表爲不完全統計，以嘉慶二十五年四川省府、州轄地爲準，另含遵義及廢州、縣。

① （清）張鵬翮纂，楊世洪、宋國祥校注：（康熙）《遂寧縣志》，巴蜀書社，2017年版，第135頁。

三、張獻忠戰歿地考述

從各種史料以及方位地理、戰場地形等因素綜合考察，張獻忠戰歿地應在西充，理由有五：

（一）“鹽亭説”史料來源相對單薄

就現有材料而言，支撑“鹽亭説”的所有記録均非第一手資料，張獻忠據蜀親歷者的材料亦鳳毛麟角[①]，大多數記録的源頭均可追溯到吴偉業《綏寇紀略》，而後者史料來源不明晰，結論并不可靠。方志方面，即使鹽亭縣本地的志書，亦僅有兩版乾隆年間縣志在《寇變》《雜記》等小門類中沿襲《明史》的記載，鹽亭現存清代各版縣志中的《山川》《藝文》等目均没有“鹽亭誅”的記録，民間也未見相關傳説，缺乏旁證。與之成鮮明對比的是，“西充説”不但有前述豪格、李國英等親歷者佐證，又有清廷官方、《明史》纂修人員、蜀人、南明官員和明遺民的記録。同時，清代歷任西充官員和本地文人留下了大量相關詩文，民間關於張獻忠戰死當地的傳説也流傳至今[②]。地利之便莫如土著，著名者如作《西充鳳凰山誅張獻忠記》的儀徵令李昭治（字虞臣），其與費密之子錫琮、錫璜兄弟往來密切，還互贈與張獻忠有關的詩文（見下文）[③]。實際上，李昭治的祖父輩，明御史李完、户部右侍郎李兆在家鄉西充曾組織地方武裝抵抗張獻忠；其外祖父吕大器乃是南明永曆朝少傅、兵部尚書，1648年前後督西南諸軍[④]。李昭治所作，必由家族所傳，非道聽途説。

（二）“鹽亭説”文獻自身説法不一

在本文第一部分列舉的書目中，有不少在同一書中關於張獻忠死亡地點的記載也不一致。《見聞隨筆·王祥傳》稱：“丙戌十一月既望，大兵至西充，誅獻忠。”[⑤]《劫灰録·王祥傳》同。《綏寇紀略》卷十首題“鹽亭誅”，正文又説張獻忠駐扎的金山鋪在順慶府。吴偉業認爲金山鋪在西充、鹽亭邊界上，却没有給出張獻忠死在潼川府鹽亭縣的詳情。《明史·樊一蘅傳》：“（獻忠）又聞大清兵入蜀境，劉進忠降，大懼。七月，棄成都走順慶，尋入西充

---

① 儲大文《兵馬司指揮使贈翰林院檢討洛山朱公墓表》所記墓主、四川嘉定州人朱軫裔曾親歷張獻忠據蜀，《墓表》中有“獻忠伏誅鹽亭”字句，根據内容推斷，其創作時間上限在雍正九年（1731），距張獻忠入蜀已近90年。見儲大文《存硯樓二集》，《四庫未收書輯刊》9輯19册，北京出版社，2000年版，第642—644頁。

② 參閲李俊甲《民間傳説體現出的明末清初的四川社會和張獻忠——以歷史學的觀點考察傳説》，《明史研究論叢》第十輯，2012年，第262—282頁。相關詩文見於康熙《西充縣志》、光緒《西充縣志·藝文志》，乾隆間縣令常紀作《鳳凰山張獻忠伏誅處》，見常紀《愛吟草》，金毓紱輯《遼海叢書》第三十四册，遼海書社，1934年版，第9頁。

③ 《西充鳳凰山誅張獻忠記》與《荒書》關係密切，但均有獨立信息來源，非相互抄襲。

④ 見康熙《西充縣志》卷七《人物·李完·李兆》、卷八《節婦·吕氏》，綫裝書局，2017年版，第128—130頁、第177—178頁。

⑤ （清）馮甦：《見聞隨筆》，《四庫全書存目叢書》史部第56册，齊魯書社，1996年版，第69頁。

之鳳凰山。至十二月，大清兵奄至，射殺獻忠，賊降及敗死者二三十萬。”[①]《南疆逸史·樊一蘅傳》與前者所記同。《三藩紀事本末·孫李構隙》載：“順治三年丙戌，我肅王西征，殺獻忠於西充縣之鳳凰坡。”[②]《平寇志》亦載：“肅王大破張獻忠於西充鳳凰嶺……”[③]《小腆紀年附考》則是各種説法的“集大成”者，其第十三卷所載的“在順慶之金山鋪，爲西充鹽亭之交境”[④] 來源於《綏寇紀略》，緊接着“至西充之鳳凰山”[⑤] 以後一段文字又來自於《蜀碧》。存在類似問題的還有《寄園寄所寄》《明通鑒》等。這些情況揭示出《明史》這樣的正史在撰修過程中由於時間跨度太長、資料來源渠道複雜以及總裁官、撰修官分任其事、缺乏統籌，很容易導致同一事件出現矛盾記載。汪琬、張玉書、王士禛等《明史》纂修參與者的私人記載與《明史·張獻忠傳》之差异亦表明了清廷官方史書纂修的局限性。而私家著書者，面對不同資料或没有條件考辨驗證，或因信息繁蕪而未發現其中的錯誤，導致前後不一、自相矛盾。這也進一步反映了“鹽亭説”的不可靠。

（三）古人否定“鹽亭説”者衆多

以《明史》和《綏寇紀略》爲代表的“鹽亭説”在清代即受到了大量質疑和否定。前人評論此事多引用李昭治《西充鳳凰山誅張獻忠記》。昭治以土著身份指出《綏寇紀略》記載失實：

> 《紀事本末》謂逆獻病死蜀中，《綏寇紀略》謂誅於鹽亭者，失實。余西充人，少聞里中父老言當年手割獻忠事，猶有憾極稱快者。迄於今，過其結營故處，春冬後枕骸遍地，不可勝瘞。[⑥]

除李昭治外，費密對“鹽亭説”也持否定態度，費錫琮曾提到：

> 錫琮考谷公應泰《紀事本末》謂獻忠病死，未載其屠蜀後事；《綏寇紀略》謂誅於鹽亭；傅公維鱗《明書》并缺其名；故裁成獻逆之傳必取事《荒書》。不孝兄弟嘗請之先君，但笑而不答。……先君性恬退，故不樂與人争也。[⑦]

費錫琮本人也不贊同“鹽亭説”，甚至作了嚴厲的批判，認爲這種説法會影響歷史記載的真實性。他在看了《西充鳳凰山誅張獻忠記》後，寫下《書李虞臣記誅張獻忠事後》，表達了這種不滿：

---

① （清）張廷玉：《明史》，中華書局，1974年版，第7147頁。
② （清）楊陸榮：《三藩紀事本末》，《中國野史集成續編》第25册，巴蜀書社，2000年版，第616頁。
③ （清）管葛山人：《平寇志》，上海古籍出版社，1984年版，第275頁。
④ （清）徐鼒：《小腆紀年附考》，《中國野史集成續編》第24册，巴蜀書社，2000年版，第746頁。
⑤ （清）徐鼒：《小腆紀年附考》，《中國野史集成續編》第24册，巴蜀書社，2000年版，第746頁。
⑥ （清）李棠、李昭治：（康熙）《西充縣志》，綫裝書局，2017年版，第224頁。
⑦ （清）費密：《荒書》，《明末清初史料選刊》本，浙江古籍出版社，1985年版，第178頁。

太陽溪隔飛長矢，鳳凰山下鼓聲死。何年青犢走人間，血濺刀鐶流不止。喪後猶聞毒草生，刺傷肌肉沉難起。噬人猛獸黑斑斕，金山埠冷愁行旅。吁嗟乎！西土瘡痍困賊氛，黄巢白波今已矣。彤管誰將往事書，不成信案成疑似。家山留得楚三户，亂後相逢話鄉里。縱然海寓劫灰深，自有孑遺親見此。父老欷歔泪慟流，异辭流播訛青史。[①]

另一個否定意見令人意想不到地出現在堅决主張“鹽亭説”的乾隆二十八年版《鹽亭縣志》中，這是以前的研究者都没有注意到的。該版《鹽亭縣志》爲支持“鹽亭説”，沿襲了《明史·張獻忠傳》的説法：

順治三年，獻賊謀竄西安，乃盡焚成都宫殿廬舍，夷其城，率衆出川北。至鹽亭界，大霧曉行，猝遇我大清兵於鳳皇坡，中矢墜馬，蒲伏積薪下，擒出斬之。[②]

此段文字後附有小字注釋，考證稱雖然以前傳説張獻忠死於鄰縣西充，但按《明史》的説法，張獻忠出成都往川北走的路綫上不會經過西充：

録（自）《明史》。舊傳獻賊死於西充境上。按：自成都出川北不出西充，當以《明史》爲是。[③]

該版縣志付梓前，時任鹽亭令董夢曾請川北道道員劉益作序，然而劉益在序文中直接指出毛奇齡《後鑒録》所載張獻忠死於鹽亭的説法錯誤：

迨順治乙酉、丙戌，獻賊兩至鹽亭，尋走西充之鳳凰山，爲劉進忠一矢所殪。而毛西河《後鑒録》謂就戮於鹽亭之鳳凰坡者，譌也。[④]

也許受了此序的影響，後續新修的《鹽亭縣志》出現了自我否定趨勢。乾隆五十一年版《鹽亭縣志》同樣引用了《明史》的説法，但是其後的注釋變成了：

按：（録自）《明史》。舊傳獻賊死於西充境上，舊邑志載此，似未確，姑存以備考。[⑤]

此時的縣志編撰者對“鹽亭説”産生了懷疑，存而不論。到了光緒年間的《鹽亭縣志續編》中，已找不到“鹽亭説”的記載，反而在卷二《人物·王養臣》中出現了“三年，適肅

① （清）李棠、李昭治：（康熙）《西充縣志》，綫裝書局，2017年版，第271頁。
② （清）董夢曾：（乾隆二十八年）《鹽亭縣志》，《故宫珍本叢刊》第206册，海南出版社，2001年版，第215頁。
③ （清）董夢曾：（乾隆二十八年）《鹽亭縣志》，《故宫珍本叢刊》第206册，海南出版社，2001年版，第215頁。
④ （清）董夢曾：（乾隆二十八年）《鹽亭縣志》，《故宫珍本叢刊》第206册，海南出版社，2001年版，第167頁。
⑤ （清）雷懋德：（乾隆五十一年）《鹽亭縣志》，《中國地方志集成·四川府縣志輯》第20册，巴蜀書社，1992年版，第367頁。

王入蜀，殲賊於西充鳳凰坡"[①] 的說法。自乾隆二十八年以降，各版本的《鹽亭縣志》自身也逐漸站到了否定"鹽亭説"的陣營，還從側面佐證了"西充説"至少在乾隆年間就已經是通行的説法了。

這樣的例子比比皆是：《續編綏寇紀略》作者葉夢珠雖表示希望自己的作品"竊附於《綏寇紀略》之後可也"[②]，但其卷一《蜀川沸》、卷二《滇黔竄》都記載了張獻忠死於西充；雍正《四川通志》卷十二《武功》相關内容大體上與《綏寇紀略》一致，但在金山鋪所處地點問題上并未采用後者"西充鹽亭之交境"的説法，而是直指"西充縣之金山鋪"[③]；《蜀碧》則稱"南充西充交界金山鋪"[④]。否定《明史》的亦不乏其例：乾隆五十二年版《遂寧縣志》在提及張獻忠於甲申年後據蜀情況時，幾乎全文引用了《明史・張獻忠傳》的文字，却單單在張獻忠之死事件上，把"至鹽亭界"改爲了"至西充金山鋪"[⑤]。這個例子的意義是很大的：殿本《明史》自乾隆四年正式頒行天下，屬於普及的欽定史書，爲士人所熟知[⑥]。《遂寧縣志》的編纂者們明確指出編寫的相關内容是"（據）《明史》載"[⑦]，他們是在完全知道所引用的《明史》實際上主張"鹽亭説"的情況下將其改爲西充金山鋪的，説明編纂者有充足的證據對《明史》的説法表示否定，而不是隨意更改。

（四）地理位置考察不支持"鹽亭説"

各種史料記載的遭遇戰地點，主要有鹽亭鳳凰坡（《明史》等）、西充鹽亭交界金山鋪（《綏寇紀略》等）、西充金山鋪（雍正《四川通志》等）、順慶金山鋪鳳凰山間（康熙《四川總志》等）、西充鳳凰山（《荒書》等）、西充鳳凰坡（《三藩紀事本末》等）、西充鳳凰觀（《書張獻忠兵敗始末》等）諸説。首先，金山鋪位置不在西充鹽亭交界處，而是如《蜀碧》所説，在西充與南充（今順慶區）交界處，即现在的西充縣多扶鎮金山村。金山鋪與西充鳳凰山直綫距離僅五千米，屬同一戰場空間。（圖 1）因此，涉及金山鋪的記載并不支持"鹽亭説"。其次，鳳凰坡、鳳凰觀等地名古今不存，應爲鳳凰山之异名[⑧]。學者袁庭棟認爲《綏寇紀略》《懷陵流寇始終録》主張張獻忠死在"西充與鹽亭之交的鳳凰山"[⑨]，進而指出後者無鳳凰山，於是否定"鹽亭説"。然而《綏寇紀略》《懷陵流寇始終録》并没有記載"鳳凰山"這個地名，鹽亭縣確有鳳凰山，與《見聞隨筆》《明史》等史料巧合。袁庭棟的考證結論雖正確，但依據出現雙重錯誤。鹽亭縣兩座鳳凰山，其一在縣城，其二位於金孔鎮鳳凰

① （清）邢錫晋：（光緒）《鹽亭縣志續編》，《中國地方志集成・四川府縣志輯》第 20 册，巴蜀書社，1992 年版，第 429 頁。

② （清）葉夢珠：《續編綏寇紀略》，《中國野史集成續編》第 26 册，巴蜀書社，2000 年版，第 47 頁。

③ （清）黄廷桂：（雍正）《四川通志》，《景印文淵閣四庫全書》第 559 册，臺灣商務印書館，1986 年版，第 542 頁。

④ （清）彭遵泗：《蜀碧》，《中國野史集成》第 29 册，巴蜀書社，1993 年版，第 546 頁。

⑤ （清）寇賚言：（乾隆五十二年）《遂寧縣志》，乾隆五十二年（1787）刻本，卷十二《雜記》上，十五頁上。

⑥ 乾隆二十五年版《富順縣志》卷二《學校・頒行書籍》提到當時的學校有"《明史》一部，共一百零五本"。

⑦ （清）寇賚言：（乾隆五十二年）《遂寧縣志》，乾隆五十二年（1787）刻本，卷十二《雜記》上，十三頁上。

⑧ 張玉書、王士禛所撰科爾昆神道碑文已有鳳凰坡、鳳凰山之差异，見本文第二部分第一小節。本文除引用文獻出现的"鳳皇"外，統一使用"鳳凰"一詞。

⑨ 袁庭棟：《張獻忠傳論》，四川人民出版社，1981 年版，第 108 頁。

山村[①]，（图 2）距離西充縣西北邊界直綫距離不過數千米，可以認爲其位於西、鹽交界。清人許鴻磐在《方輿考證》中爲調和《明史》之《張獻忠傳》《樊一蘅傳》的矛盾，認爲西充鳳凰山就是鹽亭界的鳳凰坡，并稱："鳳皇山，在西充縣西北，……《綏寇紀略》謂'鹽亭誅'，也蓋山在西充鹽亭之界。"[②] 考慮到兩縣邊界可能存在的歷史變動，這個結論恰巧與今金孔鎮境内的鳳凰山位置相合。然而，許鴻磐的考證在表面上就站不住脚：一是其以《綏寇紀略》爲依據，但却對金山鋪這一地名不加分析，直接忽略，用根本未出現在《綏寇紀略》中的鳳凰山替代金山鋪；二是其在同書"潼川府"條下又説《明史》所載鳳凰坡"在鹽亭縣北"[③]，即使考慮邊界變動，"鹽亭縣北"也根本不可能與西充縣西北方向接壤，其考證陷入自相矛盾，也反映出許鴻磐不熟悉川北行政區劃。

圖 1　從金山鋪眺望鳳凰山（遠景中偏右）

圖 2　鹽亭金孔鳳凰山

由此看來，要從紛繁的地名中搞清楚張獻忠大營是在鹽亭還是在西充，還得綜合史料、時局和地理進行考察。本文認爲張獻忠大營必定在西充且不是與鹽亭縣交界處，其理由有三：

第一，張獻忠在西充扎營符合時勢。張獻忠率軍於順治三年秋離開成都，九月抵達順慶府，順慶"固守三日而城陷"[④]。關於張獻忠離開成都後的動向，歷來有北上陝西和東走湖

① 原屬洸澤鄉，2019 年 12 月該鄉并入金孔鎮。

② （清）許鴻磐：《方輿考證》，民國濟寧潘氏華鑒閣刻本，卷六十七《順慶府·山川·鳳皇山》。

③ （清）許鴻磐：《方輿考證》，民國濟寧潘氏華鑒閣刻本，卷七十《潼川府·山川·鳳皇坡》。

④ （清）顧山貞：《客滇述》，《明清史料叢書八種》第八册，北京圖書館出版社，2005 年版，第 287 頁。

廣兩説。張獻忠攻占順慶後，川北門户朝天關一綫爲劉進忠部所據，清軍不能猝至，時人韓國相聽聞大西軍“備治舟楫，聲言取南京”，欲效崇禎十四年（1641）出川突襲襄陽故事。由於清軍“在秦日久，絶口不言下四川事”[①]“故逗留不進，以示賊無西意”[②]，大西軍主力并未立即北上或東走，而在順慶駐扎了兩三個月。種種迹象表明張獻忠到達順慶後做好了兩手準備，根據形勢北上陝西或順江而下，再入湖廣。嘉陵江從北至南穿順慶、重慶匯於長江，是張獻忠入湖廣的捷徑。大西軍駐扎在嘉陵江邊的順慶府城本是最佳選擇，但城垣、房屋在攻城時已被毁，無法駐扎，因而移駐至北邊距離不遠，地勢相對險峻，山頂有平地便於守備的西充金山鋪、鳳凰山一帶。金山鋪、鳳凰山間的地帶現在仍有與大西軍駐扎有關的地名，如打船壩、馬槽溝、統糧溝等。特别是打船壩的位置距離嘉陵江 20 千米左右，更與《見聞隨筆》所記載的大西軍在西充的造船地點“距河四十里”[③] 相合。張獻忠主力如果扎營於鹽亭，雖能控制保寧經潼川到成都的要道，但大西軍是全軍撤離，并無保守成都之意，駐扎鹽亭反徒增水路出川路程，也無法對嘉陵江沿綫進行有效控制，將会使部隊陷入進退無據的危險境地。退一步説，鹽亭即使有駐軍，也應該是保障側翼的偏師，不會是張獻忠親自率領的主力。這一點從閬中人劉沛先爲順治十一年（1654）同榜西充舉人斯舉斯母親所撰《李太母傳》中可以得到印證：

> 丙戌之秋，獻寇屠邑，母携子若孫，避難於郪江之界。懼賊勢鋭甚，恐孤稚不得脱，計必遠遁山谷，旋奔鹽亭之高峰山澗中，凡三閲月。……迨王師入蜀，長鯨授首，始舉家反諸邑。[④]

這説明當時西充駐扎的是大西軍主力，而鹽亭一帶至少兵力不多，相對安全，否則時人不可能往鹽亭避難。

第二，西充鳳凰山一帶地理符合史籍記載。對戰場地形描述最詳細的是《荒書》和《聖教入川記》[⑤]。《荒書》載：

---

① （清）張玉書：《張文貞公集》，《清代詩文集彙編》第 159 册，上海古籍出版社，2010 年版，第 485 頁。

② （清）汪琬：《鈍翁前後類稿》，《清代詩文集彙編》第 94 册，上海古籍出版社，2010 年版，第 272 頁。

③ （清）馮甦：《見聞隨筆》，《四庫全書存目叢書》史部第 56 册，齊魯書社，1996 年版，第 42 頁。

④ （清）高培谷纂：（光緒）《西充縣志》，綫裝書局，2017 年版，第 452 頁。

⑤ 本處僅引其關於戰場環境的描述。古洛東《聖教入川記》原注釋稱張獻忠死於漢中，其史源爲利類思、安文思神父事迹抄本。安文思於 1651 年將在四川傳教和被大西軍俘虜的經歷寫成報告寄往歐洲，現存於羅馬耶穌會檔案館（ARSI）。作爲事件親歷者，安文思的報告僅提到張獻忠於西曆 1647 年 1 月 3 日被清軍射殺，并未記載詳細過程和地點。利類思《安文思神父傳略》亦未提及張獻忠戰殁地點，而衛匡國《韃靼戰紀》稱張獻忠死於陝西省界。“陝西（漢中）説”與中國絶大多數史料記載相异（僅《明亡述略》稱張獻忠死於西安），亦非出自利、安二人之手，殊不可信。參見古洛東《聖教入川記》，四川人民出版社，1981 年版，第 43—44 頁；許理和《在黄虎穴中——利類思和安文思在張獻忠朝廷（1644—1647）》，《國際漢學》2015 年第 4 期，第 51—61 頁；浅見雅一《教會史料を通してみた張獻忠の四川支配》，三田史學會，《史學》1990 年第五十九卷第二・三合并號，第 79（249）頁；利類思《安文思神父傳略》，《中國新史》附録，大象出版社，2004 年版，第 181—187 頁；衛匡國《韃靼戰紀》，《中國新史》附録，第 237、242—243 頁；鎖緑山人《明亡述略》，《中國野史集成》第 33 册，巴蜀書社，1993 年版，第 595 頁。

肅王至保寧，遣騎同進忠往探獻賊。時獻賊……，未遣游兵，不知大清往誅之。賊兵有言大清兵至，獻忠怒曰："摇黄賊耳。"即殺言者。大清兵近，賊兵又言，獻忠又殺之。大清兵近至賊營，隔太陽溪，獻忠衣飛蟒半臂，率其賊夥出視。……大清將亂箭射之，雅布蘭者，射中獻賊左乳，遂仆下馬。在西充縣鳳凰山下多寶寺，寺前即太陽溪。①

《聖教入川記》載：

……突有偵探隊某兵飛奔入營，向長官報告，謂在營前高山上，見有滿洲兵四五人，各騎駿馬由山谷中迎面而來。……獻忠未能深信滿兵竟敢至此，殊知滿兵大隊已匿營前大山反面矣。

……又有探兵入營告急，謂滿兵馬隊五人已到營外對面高山矣。獻忠聞警，……至一小崗上，正探看之際，突然一箭飛來，正中獻忠肩下……②

從兩書記載綜合來看，清軍前鋒是從張獻忠大營對面的大山中而來，張獻忠在探哨再三報告下從大營趕到一處小崗上觀察敵情，與清軍隔溪相遇，中箭而亡。考西充鳳凰山麓之地形，主峰東面確有多個小山崗，其對面不到一百米處即有一條寬十米左右的溪流横亘在鳳凰山和其對面平行而列的山峰之間，溪邊就是西充縣多扶鎮，當地在 1939 年仍叫多寶寺③，地名與《荒書》的記載一致。

第三，清軍出現在鳳凰山對面與其最可能的進攻路綫相契合。大西軍對清軍突然入川疏於防範，即所謂"賊無游兵，又無塘拔"④，劉進忠降清時"備言其可取狀"⑤，清軍進至南部縣時亦"訊問生擒之賊稱，張獻忠等現在西充縣境"。清軍已獲得大西軍毫無防備的情報，又有嚮導帶路，星夜突襲張獻忠大營，必然選擇容易通行的大路。保寧府到順慶府的大路在唐代是著名的嘉陵驛道，到明末清初時仍然是川東北地區北出陝西的重要陸路通道。而南部經西充到順慶府城的道路在宋代以後乃至清末基本只承擔縣際交通功能，"保順道"路况遠比此路好⑥。爲達成戰役的突然性，清軍最優的選擇就是沿"保順道"南下到達南充永豐鋪附近後脱離大路，從間道向西南方向進擊。這條綫路必然經過鳳凰山對面的高山，與《荒書》和《聖教入川記》描述相合。（圖 3、4）

① （清）費密：《荒書》，《明末清初史料選刊》，浙江古籍出版社，1985 年版，第 163—164 頁。

② ［法］古洛東：《聖教入川記》，四川人民出版社，1981 年版，第 51 頁。

③ 多寶寺於 1939 年設多寶聯保辦事處，1940 年改爲多寶鄉，1950 年改爲多扶鄉，今爲多扶鎮。參見四川省西充縣地名領導小組《四川省西充縣地名録》，1986 年版，第 147 頁。

④ （清）黄廷桂：（雍正）《四川通志》，《景印文淵閣四庫全書》第 559 册，臺灣商務印書館，1986 年版，第 542 頁。

⑤ （清）汪琬：《鈍翁前後類稿》，《清代詩文集彙編》第 94 册，上海古籍出版社，2010 年版，第 272 頁。

⑥ 李良俊、王荃善：《新修南充縣志》，《中國地方志集成·四川府縣志輯》第 55 册，巴蜀書社，1992 年版，第 100 頁。

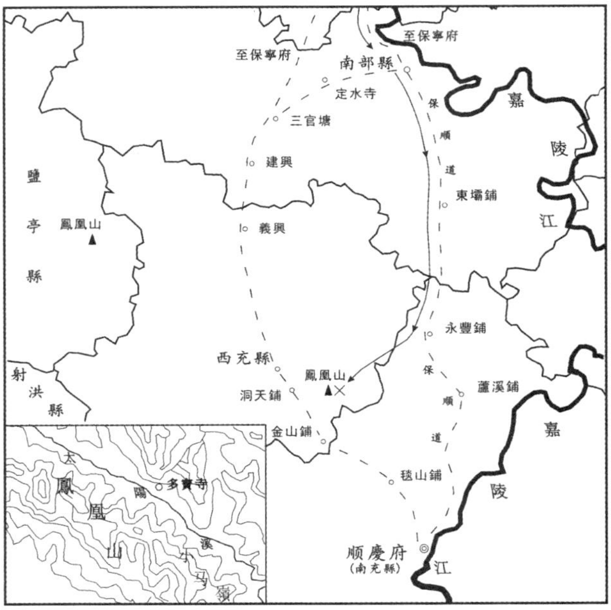

圖 3

本圖以 2004 年南充市行政區劃圖爲底本，參考正德《四川總志》、民國《南充縣志》、宣統《西充縣鄉土志》、光緒《南部縣鄉土志》繪製。主要急遞鋪鋪名采用正德《四川總志》名稱（方珂：《明代四川省急遞鋪的地理研究》，西南大學 2008 年碩士學位論文，第 22、26 頁）。鳳凰山地形由於城鎮開發已改變，現據臺灣“中央研究院”近代史研究所檔案館藏民國二十三年（1934）參謀本部陸地測量總局 1∶100000《四川省地圖·永豐鋪幅》復原繪製。

圖 4　從對面高山眺望鳳凰山（中偏左）

（五）清朝皇室確認“西充説”

金山鋪—鳳凰山之戰後，西充當地曾在鳳凰山麓修建肅王祠，後毀於白蓮教起義。光緒五年（1879），紳民莊聯英等向時任縣令李蔚霖建議呈請修建肅親王豪格專祠，後者將此事上報四川布政使轉呈四川總督丁寶楨，丁寶楨核實相關情況後具摺上奏，請求清廷“准於該縣地方由士民建立專祠”①。光緒皇帝的批復内容被時任成都將軍、豪格後人恒訓所上《奏准建專祠祀武肅親王摺》全文抄録：

> 上諭：……（武肅親王）順治三年率師西征，剿平蜀寇。西充一役斬張獻忠於陣，尤爲奇功卓著，該處士民至今感慕不忘。著准其於四川西充縣地方建立專祠，列入祀典，由地方官春秋致祭，以順輿情。②

此諭内容與《德宗景皇帝實録》光緒五年十月壬戌的記載可相互印證，是清朝皇室對“西充説”的直接確認。武肅親王祠於光緒六年建成，據光緒《大清會典》載，此祠是全國唯一一處專門祭祀肅王豪格的場所。祠堂現稱肅王廟，主體建築尚存，位於西充縣城西肅王街。（圖 5、6）

圖 5　肅王廟脊檩題記圖

图 6　肅王廟（遠）

四、總結

對於一個有争議的歷史事件，研究者既要依靠史料、盡可能多地搜集史料，又要結合史料著者活動背景和田野調查辯證史料的來源和可靠性。綜合前述，“鹽亭説”的主要依據《明史・張獻忠傳》從根本上來説脱胎於《綏寇紀略》之“鹽亭誅”，這種觀點與諸多親歷者

① （清）丁寶楨：《丁文誠公奏稿》，《續修四庫全書》史部詔令奏議類第 509 册，上海古籍出版社，1996 年版，第 508 頁。

② “國立故宫博物院”故宫文獻編輯委員會：《宫中檔光緒朝奏摺》第二輯，1973 年版，第 215 頁。

的記録不符，從康熙年間起即遭到了大量的質疑和反對。“西充説”既是大多數早期史料的共識，其金山鋪—鳳凰山一帶地形地理也符合記載，張獻忠選擇在當地駐扎更是基於當時大西軍、清軍雙方態勢的必然選擇。

（作者單位：南充市公安局）

子雲書院文化建設的三大向度

劉平中　鄒曉烜

内容提要：揚雄是巴蜀哲學、思想與文化史上的重要代表人物。子雲書院作爲傳承發展揚雄思想、學術與精神的時代載體，在繼承書院優良傳統的基礎上，立足當下，着眼未來：構建揚雄與巴蜀天數曆算思想學術譜系；建構揚雄與巴蜀經解融通詮釋與研究譜系；打造巴蜀文旅走廊揚雄體驗游金字名片。推進子雲書院當下的文化建设，使其再上新一个臺階。

關鍵詞：揚雄；書院；向度

書院是我國獨特的思想、學術與人才培養機構，在我國思想史、學術史和教育史上占有重要地位，做出了不可磨滅的重要歷史貢獻，積累了豐富實用的人才培養經驗與智慧，是新時代中華優秀傳統文化發展傳承不可或缺的重要研究對象。

我國的書院之名，始於唐代。唐代是我國經濟、思想與文化發展繁榮的重要歷史時期，特别是隨着雕版印刷術的發明與推廣應用，刻書、藏書之風，在官府與民間悄然興起。唐朝廷專門設置“麗正書院”（後改稱“集賢殿書院”），從事刻書、藏書之業。刻書與藏書作爲書院的三大主要功能之一，實始於唐代。到了宋代，隨着程朱理學、陸王心學的不斷發展，講學（教學）、傳播思想以及培養門人弟子之風大盛，涌現了名傳後世的白鹿洞、應天、岳麓、石鼓（一説崇陽）“四大書院”，書院獨特的祭祀、會講與藏書三大功能至此最終定性，這時的書院主要以自由講論的私學形式在民間四處開花，官學的性質與意味較淡。明代不斷强化中央集權，大辦各類學校，主張教與學均在官府，民間自由講學之風受到很大限制，特别是明中後期，書院及書院講學更是一度成爲朝廷文化專制打擊的重點對象。清代雖然提倡以程朱理學立政，但并没繼承程朱自由講學傳播思想的文化傳統，反而大興文字獄，加强對漢族知識分子的鉗制，康熙、雍正、乾隆雖然并不完全反對書院的傳統功能，但出於維護專制統治需要，不斷强化書院的官辦、官管性質，詔令所謂“書院與學校相表裏”，明確了書院作爲官辦學校的配角地位或是書院乃輔助科舉考試的輔導機構。書院自由講學、傳播學術思想的功能大爲蜕化，不過作爲藏書、祭祀的功能或者道德傳播高地的地位倒是得以保留，并在清末得到了進一步的發展。從書院性質、功能的歷史演進來看，祭祀儒家先賢，傳承鄉邦學術，獎掖同鄉後進，培養各種時代所需的人才等傳統，一直爲歷代書院所堅持，這在地處西南墺壤，風習往往落後於中原、京畿等人文學術發達之地的巴蜀而言，表現得更加突出。被稱爲“西道孔子”的巴蜀思想、文化與學術大師揚雄（前 53—18，字子雲，蜀郡郫縣人），成爲巴蜀後學敬仰崇拜的重要對象，所謂“西蜀子雲亭”成爲古今皆知的揚雄紀念名勝，揚雄故里郫縣（今郫都區）的揚雄墓、子雲亭等揚雄遺迹遺址，成爲歷代巴蜀文人墨客吊唁祭拜的重要場所。明成化年間，宋景爲傳播揚雄思想學術，改“子愚書院”爲“子雲書院”以專門祭祀鄉賢揚雄；清道光時期，四川學政聶銑敏捐俸金，在成都青龍街道興建專門紀念揚雄的墨池書院（今成都七中前身）。揚雄作爲巴蜀哲學史、思想史和文化史上的著名代表性人物，於 2017 年入選四川首批十大歷史名人之列。郫都區緊扣新時代四川歷史名人文化發展建設主題，於 2019 年 11 月 5 日在郫都區子雲書院舊址重建“子雲書院”，正式啓動揚雄文化“活態傳承”、創造性轉化與創新性利用的“六個一批”工程，努力打造巴蜀文明聚集區、天府文化性標地，助推成都世界歷史文化名城工程建設。作爲新時代揚雄思想文化的主要載體，子雲書院必須在主動傳承書院主要功能基礎上，立足揚雄思想學術研究這一根本，不斷拓展，走經世致用的創新之路，進而提升揚雄思想、文化的傳承與創新發展水平，不僅要厘清揚雄博大思想的根脉體系、傳承體系與闡釋、解釋體系，而且展示揚雄之學的演進、轉型的特質、影響，努力做大做强做精揚雄文化研究，争當引領巴蜀文化再上新臺階的頭雁。筆者以爲，可從構建揚雄譜系發展賡續的向度，緊扣活態傳承、活在當下的現實需要，堅持理論與實踐相結合的研治與傳承原則，推進子雲書院文化的建設高質量發展。

一、揚雄與巴蜀天數曆算思想學術譜系構建

巴蜀文化源遠流長，天算曆數一直是巴蜀人文的重要歷史傳統與顯著特徵，不僅人才輩出，成果豐碩，而且一度領先世界，素有“仙源在蜀”“道源在蜀”“天數在蜀”“易學在蜀”[①] 的美譽。揚雄師承巴蜀天數曆算大師嚴遵，仿《周易》創作《太玄》，在對周易思想、哲理的探求與闡釋中引入巴蜀自古傳承的天文、曆算等科學思維，實現了科學、哲學與易學的首次融通，大膽建構了包攬宇宙、時空，立足天、地、人終極關懷的宇宙模式、認知模式和社會模式，對人爲天地之心做出了哲理與形象兩方面的解釋，爲儒家哲學注入了以天文曆

① 譚繼和：《蜀學作出過開源性和奠基性貢獻》，《中國社會科學網·中國社會科學報》2016 年 8 月。

算爲代表的自然科學思想屬性，賦予了巴蜀哲學、經學獨特的天數曆算特性，促進了巴蜀易學的科學化、哲理化發展，厚植了巴蜀天數曆算的歷史根基，成爲巴蜀天數曆算發達的源頭活水。可以説，揚雄不僅是巴蜀天數曆算的集大成者，也是承前啓後的核心中樞。他的太玄思想，既有巴蜀古老天文曆算主要代表萇弘的思想文化基因，也有其師嚴君平的易學、道學與天文之學的强大學術根基，更對後世巴蜀天數曆算名家如譙周、袁天罡、李鼎祚、秦九韶、來知德等産生了重大影響，據此建構以揚雄爲核心的巴蜀天數曆算繼往開來的思想學術傳承譜系、研究體系與傳播體系。

萇弘（約前565—前492），字叔，又稱萇叔，古蜀地資州人。萇弘博學多才，知天文地理，精星象音律，爲周景王、敬王的大臣劉文公所屬大夫，是“以方術事周王”[①] 之賢士。《淮南子·氾論》載：“萇弘，周室之執數者也。”[②] 即萇弘通過觀測天象、推演曆法、占卜凶吉，對周王室的出行起居、祭禮戰事等做預測。孔子在齊國久仰其名其才，於周敬王二年（前518）前往周造訪萇弘，求教韶樂與武樂之异同和不解之處。《禮記·樂記》載：“丘之聞諸萇弘，亦若吾子之言是也。”[③] 《莊子·外物》載：“萇弘死於蜀，藏其血三年而化爲碧。”[④] 後人以“萇弘化碧”形容一個人精誠忠正。萇弘作爲故巴蜀天文曆算的著名代表，對嚴君平、揚雄師徒的天數曆算産生了較大影響，無疑是揚雄所著《太玄》的重要思想來源與顯著文化基因。

嚴遵（前87—約6），字君平，西漢時蜀郡郫縣人，亦有臨邛人之説。他終身不仕，以卜筮和講授《易經》及老子之學爲生，是漢代著名思想家揚雄之師。著有《老子注》二卷、《老子指歸》十四卷，其道論與哲學思想爲揚雄、王弼、成玄英等人所繼承，成爲魏晋玄學所提出的“貴無”“自然爲本”的本體論與重玄學的萌芽。《蜀中廣記》稱他“知天文，認星象，善占卜，通玄學”[⑤]，可見其博學多才，無所不通。嚴遵也是一名有爲的教育家，《漢書》記載：“與人子言依於孝，與人弟言依於順，與人臣言於忠，各因勢導之以善，從吾言者，已過半矣。”[⑥] 表明他治學從者衆，以育人爲旨趣，德行才學令後人景仰，《漢書》贊他“蜀人愛敬，至今稱焉”[⑦]。揚雄作爲嚴君平門下高足，對傳承發展嚴遵之學具有重大作用，爲巴蜀古老天數曆算的哲理化與學術化發展做出了重要貢獻。

落下閎（前156—前87），字長公，巴郡閬中（今四川閬中）人，西漢天文學家，漢武帝時任待詔太史。曾製造觀測星象的渾天儀，創制“太初曆”，又稱“八十一分律曆”，在天文學上有較大的影響。其在家鄉閬中蟠龍山建立了我國最早的民間觀星臺，改制了觀測儀器

① 金生楊：《落下閎學術中的易學因素》，《西華師範大學學報（哲學社會科學版）》2018年第6期。
② 金生楊：《落下閎學術中的易學因素》，《西華師範大學學報（哲學社會科學版）》2018年第6期。
③ 《禮記·樂記》，中華書局，1980年版，第1542頁。
④ （先秦）莊子著，（清）郭慶蕃集釋，王孝魚點校注：《莊子·雜篇·外物》，中華書局，1961年版，第920頁。
⑤ （明）曹學佺：《蜀中廣記》，上海古籍出版社，2020年版。
⑥ （漢）班固：《漢書》卷七十二，《王貢兩龔鮑傳》第四十二，中華書局，1962年版，第3056頁。
⑦ （漢）班固：《漢書》卷七十二，《王貢兩龔鮑傳》第四十二，中華書局，1962年版，第3057頁。

渾儀，後來的天文曆法家如賈逵、張衡、祖冲之等人，則是在落下閎的基礎上加以改進和發展的。落下閎完善了古代天文學説渾天説，奠定了我國古代先進的宇宙結構理論基礎。他在天文學上的貢獻，承前啓後，代表了巴蜀在天文學上的重要成就，對於推動中國天文學的發展起到了重要作用。

譙周（201—270），字允南，巴西郡西充國縣（今四川閬中西南）人，歷任蜀漢中散大夫、光禄大夫、陽城亭侯，三國時蜀漢經學家。他幼年喪父，少讀典籍，研精六經，尤善書札，頗曉天文。著作頗豐，計百餘篇，多散佚，現存《古史考》（二十五卷）、《五經然否論》（五卷）等清代輯本。《晋書 • 司馬彪傳》載："初，譙周以司馬遷《史記》一書，周秦以上，或采俗語百家之言，不專據正經，周於是作《古史考》25 篇，皆憑舊典，以糾遷之謬誤。"表明其書多補正舊説，校以他家之書，且藴涵古史發展之深層意藴。門下有陳壽、羅憲等人，陳壽在《三國志》中著有《譙周傳》。譙周的天文之學以及糾正司馬遷之"謬誤"，對傳承發展揚雄《太玄學》《法言》思想，具有一定的影響。

袁天綱（生卒年不詳），又作袁天罡，益州成都人，隋末唐初玄學家、天文學家。少孤貧，好修煉長生之術，精於相術，與西漢嚴君平齊名。在隋朝曾爲資官令，入唐任火井令。著有《五行相書》《易鏡玄要》等相書、天文書、風水書，多亡佚。傳説與李淳風合推《推背圖》，共撰《晋書》中的《天文志》《律曆志》和《五行志》。

李淳風（602—670），岐州雍縣人，唐代天文學家、數學家、易學家。自幼聰慧好學，博覽群書，尤其精通天文、曆法、陰陽、道家之説等。授將仕郎，入太史局，卒後追"太史令"。著有世界氣象史上最早的專著《乙巳占》，編定和注釋著名的十部算經，《皇極曆》一卷、《懸鏡》十卷、《文史博要》等史學、數學、天文學著作，并傳説與袁天罡合推《推背圖》。李淳風是世界上第一個給風定級的人，他編制新的曆法"麟德曆"，製造按黄道觀測日月五星運行的渾儀，在氣象學、天文算曆等方面建樹頗豐。

袁、李兩位唐代著名的天數曆算大師，將巴蜀天文曆算之學推向了歷史的高峰，尤其在天文和曆法上面的成就，可謂對嚴君平、揚雄以來巴蜀天數曆算的突破性發展，并産生了舉世矚目的重要影響。

李鼎祚（約 710—780），唐朝中後期資州盤石（今屬四川資中）人，以經術稱於時，尤通象數易學，擅筮占，官至左拾遺、秘書省著作郎、殿中侍御史。撰有《平胡論》，在唐代宗登基後，將撰成的《周易集解》獻於朝。此書經集前人成果爲主，每節集解後常附有"案語"，對前人未盡之意作以補充。從這個意義上説，《集解》是一部資料性的著作。同時，他曾推演六壬五行，撰成《連珠明鏡式經》十卷，説明他對象數易學及術數理論頗有研究。據《蜀故》記載，他"預察胡人判亡之日期無爽毫髮，象數精深，蓋如此然"[①]。《通義堂文集 • 周易集解跋》稱他："唐代儒林之内不愧爲第一流人物，非獨《集解》之書有功於易學

① 林忠軍：《象數易學發展史》第二卷，齊魯書社，1998 年版，第 103 頁。

已也。"[1] 李鼎祚代表了巴蜀易學在揚雄之後的又一高峰，彰顯了巴蜀易學淵源有自，承前啓後的歷史特徵。

秦九韶（1208—1268），字道古，祖籍魯郡（今河南省范縣）。南宋著名數學家，宋元數學四大家之一。他聰敏勤學，宋紹定四年（1231）考中進士，歷任縣尉、通判、參議官、州守、同農、寺丞等職，後遭貶，卒於梅州任所。秦九韶精研星象、音律、算術、詩詞、弓、劍、營造之學，1247年完成著作《數書九章》，其中的大衍求一術（被稱爲"中國剩餘定理"）、三斜求積術和秦九韶算法（高次方程正根的數值求法）是有世界意義的重要貢獻，表述了一種求解一元高次多項式方程的數值解的算法——正負開方術，代表了同時代世界數學的最高水平。從巴蜀天數曆算的歷史與文化發展的脉絡考察，秦九韶在數學上的重要成就與貢獻，代表了巴蜀學人在世界數學史上的顯著地位，彰顯了巴蜀天數曆算在數學上的最高成就。

二、揚雄與巴蜀經解融通詮釋與研究譜系建構

西漢文翁以儒化蜀，蜀學比於齊魯，巴蜀經學得以逐步發展。揚雄仿孔子《論語》著《法言》，儘管有批評先秦諸子的意味，但重點還是在於維護孔子及其所代表的儒家的正統地位，闡發孔子及其所代表的儒學的思想意涵，傳播孔子及其所代表的儒家的政治、人倫和道德價值理念。揚雄也因此得到了司馬遷、韓愈、柳開、石介、孫復的高度稱贊，并被列入孔孟儒學道統的正宗譜系。隨着程朱理學的興起，特別是二程、朱熹站在道學家的評判立場，以"新大夫"蔑其氣節之後，揚雄的歷史地位被理學家們所遮蔽，但是揚雄勇於創新開拓，重建儒家學術思想理論體系的創舉，成爲後世蜀中學人所追慕的重要對象，從"三蘇"經解、魏了翁《九經要義》、楊慎《經説》、劉沅《十三經恒解》、廖平"經學六變"的經學思維模式與經學立場而言，無疑繼承并創新了揚雄的《法言》思維特質，催生了巴蜀經學重宏觀、重統體，兼容包并，圓融通達以及勇於创新的獨特價值與經解個性。從巴蜀文化史與經學史的角度，不難看出巴蜀經學所受揚雄經學道統思想、解經範式影響的根脉與基因，據此可以構建巴蜀具有揚雄創新、圓融的經解融通詮釋與研究譜系。

蘇洵（1009—1066），字明允，一説自號老泉，眉州眉山（今四川眉山）人，北宋文學家，歷任秘書省試校書郎、霸州文安縣主簿等，與陳州（今河南）項城縣令姚辟一同修撰禮書《太常因革禮》。蘇洵與其子蘇軾、蘇轍并以文學著稱於世，世稱"三蘇"，均被列入"唐宋八大家"。

---

① 林忠軍：《象數易學發展史》第二卷，齊魯書社，1998年版，第103頁。

蘇軾（1037—1101），字子瞻，一字和仲，號鐵冠道人、東坡居士，世稱蘇東坡，北宋文學家、書法家、歷史治水名人。嘉祐二年（1057）中進士及第。宋哲宗即位後任翰林學士、侍讀學士、禮部尚書等職，并出知杭州、潁州、揚州、定州等地，晚年因新黨執政被貶惠州、儋州，病逝後宋高宗時追贈太師，宋孝宗時追謚“文忠”。著有《東坡七集》《東坡易傳》《東坡樂府》等。

蘇轍（1039—1112），字子由，一字同叔，晚號潁濱遺老，北宋文學家。嘉祐二年（1057）登進士第，歷官右司諫、御史中丞、尚書右丞、門下侍郎等職，後因上書諫事而被貶知汝州，連謫數處。病逝後追復端明殿學士、宣奉大夫。宋高宗時累贈太師、魏國公，宋孝宗時追謚“文定”。有《欒城集》等行於世。

“三蘇”除了傑出的文學成就外，他們父子在經學研究方面也取得了很高的成就。他們的經學著作共十一類六十四種，自成體系，卓然一派，父子三人在對六經的解讀上既各具特色又相互影響，合力推動了儒家經典闡釋的不斷深入。“三蘇解經”具有以權變入經，以人情爲據，以儒爲主，兼采佛、道的圓融特徵，同時不囿成見，經史結合，勇於創新而又考證嚴謹。“三蘇”闡發經學不在於尋求章句的訓詁，而在於發掘其中義理來達到治心和治世的目的，這是與揚雄《法言》經解思想一脉相承。“三蘇”經學的完備體系與思想精華是“蘇氏蜀學”的内核和主體，也是巴蜀經學詮釋的獨特價值與個性，成爲北宋初期經學的重要學術流派之一。

魏了翁（1178—1237），字華父，號鶴山，邛州蒲江縣（今屬四川）人，南宋理學家。慶元五年（1199）進士，累遷秘書監、起居舍人，封臨邛郡開國侯，去世後獲贈太師、秦國公，謚號“文靖”。著有《鶴山全集》《九經要義》《古今考》《經史雜鈔》《師友雅言》等。魏了翁師承朱熹學派的學術思想，又受陸九淵派學説影響，終至“折衷朱陸”，并將兩派學説融會貫通，轉到以心學爲主的立場，成一家之言，反對佛、老“無欲”之説，提出“心者人之太極，而人心已又爲天地之太極”[①]，强調“心”的作用，認爲“心”與“理”處於同等地位。此外，魏了翁所著《九經要義》，正是對揚雄《法言》學術思維的創新性發展傳承，旨在建構新的經學體系。

楊慎（1488—1559），字用修，初號月溪、升庵，又號逸史氏、博南山人等，四川新都（今成都市新都區）人，東閣大學士楊廷和之子。楊慎於明武宗正德六年（1511）狀元及第，授官翰林院修撰，參與編修《武宗實録》。楊慎全面否定當世流行的“道學”（即理學）和“心學”，認爲儒學本是“明明白白，平平正正”[②]“内外一者也”[③]。他揭示理學和心學弊端，批判陽明心學和程朱理學，并指出心學、理學是同禪學相聯繫的。楊慎一生刻苦學習，勤於

① 尹波、郭齊：《文追古雅 學承漢風——從〈鶴山集〉异文看魏了翁的學術特色》，《四川大學學報》（哲學社會科學版）2019 年第 2 期。

② 趙永康：《楊慎的學術思想與文章》，《巴蜀史志》2020 年第 5 期。

③ 趙永康：《楊慎的學術思想與文章》，《巴蜀史志》2020 年第 5 期。

著述，是著名的博學家，對文學、天文、地理、生物、醫學等也有很深的造詣。楊慎綜博而犀利的解經、説經方式，成爲繼揚雄之後巴蜀經學史上的又一亮麗風景，對彰顯巴蜀經學風采做出了重要貢獻。

來知德（1525—1604），字矣鮮，别號瞿塘，明夔州府梁山縣（今重慶市梁平區）人。明代理學家、易學家，著名詩人。嘉靖三十一年（1552）舉人，屢上公車不第，隱居求志，著述爲樂，萬曆三十年，被特授翰林院侍讀。著有《周易集注》《來瞿唐先生日録》，分别收入《四庫全書》和《續修四庫全書》。精研《易》學，《易經集注》側重取《系辭》“錯綜其數”以論象，撰易學圖式、太極圖解釋晝夜交替與四季更迭模式，瞭解宇宙陰陽消長與陰陽循環的規律，成就獨樹一幟，時稱“絶學”，“孔子以來未曾有”，對後世影響至深，尊其爲“一代大儒”“崛起真儒”。來知德取數論象成就獨特，爲易學在巴蜀的發展做出了重要貢獻，值得巴蜀後進深入研究。

劉沅（1767—1855），字止唐，一字訥如，亦號青陽子，雙流縣雲棲里（今成都市雙流區彭鎮柑梓社區）人，清代四川著名國學大師，時人稱之“川西夫子”，一生教書育人、著書立説，未曾做官。他師承徐十樵、静一道人、野雲老人等，治學嚴謹，經史功底深厚。創立槐軒學派，以儒學精神爲根本，融道入儒，會通禪佛，成爲集古今大成的一代通儒。他精通詩書，曾多次前往成都武侯祠、望江樓、簇橋等地，留下了許多詩詞墨迹。他精研醫學，是中醫火神派的開派祖師。劉沅一生著作甚豐，現存著作逾200卷，《槐軒全書》收録了《大學恒解》《中庸恒解》《論語恒解》《孟子恒解》《周易恒解》等。劉沅通過以訓詁求解放的解經方式，重構儒學元典，重建儒學道統譜系，這正是對揚雄在經解上勇於創新、自成一體解經思想的繼承與發揚，在巴蜀經學上占有突出地位。

廖平（1852—1932），四川井研縣青陽鄉鹽井灣（今四川井研縣研經鎮）人。光緒十五年進士，後歷署射洪縣訓導，綏定府（治今達縣）教授，尊經書院襄校和嘉定九峰書院、資州藝風書院、安岳鳳山書院院長，四川國學學校校長等職。一生勤於著述，成果斐然，有著作140餘種，先後輯爲《四益館叢書》《六譯館叢書》，内容涉及經史、小學、醫藥等領域，是公認的晚清著名經學大師。廖平經學思想一生凡六變，曾自説：“爲學須善變，十年一大變，三年一小變……若三年不變已屬庸才，十年不變斯爲棄才矣！”[①] 其以禮制判分今古文經，并倡“托古改制”之説，其鈎深探隱，窮辯僞古文經學，開啓學術界厚今疑古之風，對歷史學方面的影響甚大。張之洞曾致書廖平，謂康有爲是其嫡傳弟子，梁啓超爲再傳弟子。廖平經學“六變”，致力於通過經解闡發革新思想，對以康有爲爲代表的維新思想産生了重要影響，體現巴蜀經學家經世致用、關注現實的解經傳統，而廖平曾經提倡的重構“十八經典”主張，則是對揚雄《法言》經學思想的進一步發揮。

---

① 廖平：《經話甲編》，李耀仙主編《廖平選集（上）》，巴蜀書社，1998年版，第412頁。

三、打造巴蜀文旅走廊揚雄體驗游金字名片

巴蜀文旅走廊的建設，是與以揚雄爲代表的巴蜀十大歷史名人文化資源的活態保護與創新性發展利用密不可分的。在巴蜀文旅走廊建設中注入揚雄文化的根脉、精神與基因，是建設巴蜀文旅走廊不可或缺的重要一環。據此，可以整合巴蜀揚雄文旅資源，創新打造揚雄文旅體驗金字名片。

揚雄曾仿照《周易》著《太玄》，將周易思想推升到了新的高度。《周易》以陰陽二爻詮釋天地萬物，《太玄》以天地人三爻，正反合詮釋天地萬物。《太玄》在二進制基礎上發展出三進制，將《周易》六十四卦演變爲《太玄》八十一卦，在易學史、中國哲學史上占有顯著地位，開創了巴蜀哲學的歷史最高峰。千里嘉陵，武勝最長。嘉陵江水在武勝縣禮安鎮左環右繞，受獨特地質構造影響，形成了“亞洲第一，世界第三”的河流曲度，造就了絶無僅有的三個相互環繞的河曲自然奇觀。每一個河曲雙島對峙，江水左環右繞，神似負陰抱陽的“太極圖”。今人稱此生態奇觀時説：“天生太極東西關，一覽三圖互入環。天下奇觀奇若此，陰陽魚躍波浪翻。”因此，從文化創意的角度，可以將太極湖從上而下“太極”三連環，分别視作天（——）地（－－）人（－－－）三爻，借此打造武勝“太玄”天然之象的景觀，以與成都城市地標天府廣場人造“太玄”城市景觀遥相呼應，建構一城一野巴蜀文旅走廊雙“太玄”奇觀。太極三連環自然景觀，爲人們窺見揚雄“太玄”思想奥秘提供了直觀視角，是當之無愧的“太玄”天眼。此外，還可以借助東西關形似陰魚、西關形似陽魚的天然結構，整合烈面鎮專門供奉唐太史令李淳風的淳風寺、禮安鎮新修建的太極廣場景區，建成巴蜀文化十二大體系之一的“天數在蜀”天數曆法文化景區，爲武勝增添太極文化景點。

揚雄先祖在楚漢相争之時落户巴郡江州（今重慶市），在太玄意象景觀基礎上打造揚雄故里文化新景觀，將其與劉禹錫所云“西蜀子雲亭”、郫都區揚雄墓文化景區、成都天府廣場，一并整合成立“巴蜀文旅景觀揚雄體驗游聯盟”，拓展揚雄文化歷史旅游的範圍，提升揚雄文化的影響力。

揚雄《太玄》除受其師嚴君平思想影響外，還受到同居於嘉陵江中游的閬中人落下閎“渾天説”思想的啓發，并在辭賦創作上受蓬安人司馬相如的影響，據此可從四川歷史名人文化的角度，建構四川歷史名人文化揚雄文化體驗長廊，爲打造巴蜀文旅走廊注入“新鮮血液”。

（作者單位：成都師範學院馬克思主義學院；成都師範學院文學與新聞傳播學院）

海外蜀學

西方學者對揚雄辭賦的研究

蘇瑞隆　崔尚同

内容提要：西方目前研究揚雄最透徹的首推康達維先生，其《漢代吟誦史詩：揚雄賦研究（前53—18）》是一部對揚雄辭賦全面的研究，他还曾发表《揚雄〈羽獵賦〉的叙事、描寫與修辭：漢賦的形式與功能研究》和《逐貧賦》英譯本；竇瑞格博士《揚雄及其古典主義之形成》專注於揚雄的生平和思想方面，旨在通過追溯揚子的個人經歷，用以分析其古典主義在其個人發展及歷史背景下的形成與發展；考蒲斯基教授发表《揚雄〈甘泉賦〉與〈河東賦〉中的祭祀研究》，將《甘泉賦》和《河東賦》譯成英文，并詳加注釋。通过梳理西方學者對揚雄辭賦的研究，借以瞭解揚雄辭賦在海外的研究现状。

關鍵詞：揚雄；辭賦；康達維；考蒲斯基；竇瑞格

《漢代吟誦史詩：揚雄賦研究（前53—18）》

西方目前研究揚雄最透徹的首推康達維先生在1976年由英國劍橋大學出版的《漢代吟誦史詩：揚雄賦研究（前53—18）》[*The Han Rhapsody，A Study of the Fu of Yang Hsiung*（*53 B.C. —A.D.18*）][①]。這是一部對揚雄辭賦全面的研究，此書原是康達維先生1968年於美國西雅圖華盛頓大學完成的博士論文，經過數年修改而成。博士論文的題目原爲《揚雄：其辭賦與漢代修辭》(*Yang Shyong，the Fuh，and Hann Rhetoric*)[②]。全書内容包括：

① Knechtges，David R. *The Han Rhapsody A Study of the Fu of Yang Hsiung*，*53 B.c. —A.d.18*. Cambridge：Cambridge University Press，1976.

② Knechtges，David R. *Yang Shyong*，*the Fuh*，*and Hann Rhet*. Unpublished Ph. D. Diss. University of Washington，1968.

第一章是導言；第二章介紹了揚雄之前的辭賦傳統；第三章——《甘泉賦》和《河東賦》；第四章——《校獵賦》和《長楊賦》；第五章是賦之批評分析與改革；第六章——結語。另載三個不可或缺的附録：（一）揚雄皇家大賦作年考辨；（二）揚雄賦真僞考辨；（三）揚雄生平年表。

該書前言部分係作者介紹其成書及自己的研究背景，而後分別感謝幾位對其研究幫助匪淺的老師和同行。康先生的賦學研究始於1963年秋在西雅圖華盛頓大學攻讀本科學位時。在衛德明教授（Hellmut Wilhelm，1905—1990）的指導下，他接觸了德國漢學家贊克（Erwin von Zach，1872—1942）對揚雄主要文學作品的德文譯本，并且嘗試了自己對揚雄文學作品的翻譯。同時，隨着對揚雄作品的研讀深入，他認識到，理解賦這種複雜文學樣式的關鍵在於對中國早期修辭傳統（rhetorical tradition）的檢視，他曾在哈佛大學海陶瑋教授的修辭學指導下受益匪淺。當他1965年夏再回西雅圖繼續漢代文學的深造時，兩部非常重要的賦學專著的出現對其産生了很大影響。其一是法國漢學家吴德明先生（Yves Hervouet，1921—1999）的《漢代宫廷詩人：司馬相如研究》（Un Poète de cour sous les Han：Sseu-ma Siang-jou.）①，另一部則是日本漢學家中島千秋先生（Nakajima Chiaki）的《賦の成立と展開》②。尤其是中島先生的著作中大量篇幅關於賦與游説傳統的論述印證并啓發了他的想法。在以上的背景下，他完成了以揚雄賦爲代表的漢賦的修辭學特徵和傳統的全面檢視，在這部博士論文的基礎上加以潤飾，於1976年冠名《漢代狂想曲：揚雄賦的研究》（*The Han Rhapsody，A study of the Fu of Yang Hsiung*），由劍橋大學出版社出版發行，2009年再版③。

緊隨前言之後的是耶魯大學教授傅漢斯（Hans H. Frankel，1917—2003）爲本書撰寫的序言。該序言除了高度贊揚康先生不畏漢賦這門中國文學樣式中艱澀高深的學問而戮力治學并創獲頗豐外，還特别道出了康先生在其研究中的一個貢獻——那就是康先生采用了一個特殊角度來討論辭賦。他指出辭賦從戰國時期的縱横家們的激辯游説逐漸衍化爲一種華美的書面文學樣式，同時也將辭賦與古希臘、古羅馬的辯論術和議會庭辯的這個法制傳統作比較研究，并以此分析原本作口頭用語的辯論藝術在中西的不同。

全書的第一章爲導言，着重介紹揚雄久負盛名的哲學著作，如《太玄》（The Great Dark Classic）、《法言》（Model Sayings）等，除此之外，還有一批不可忽略的文學作品，這些作品足以讓他名垂青史，甚至可以達到在辭賦發展史上與公推爲漢賦定制第一人司馬相如（約前179—前118）比肩的高度。康先生接着指出，在西漢這個賦傳統漸次趨穩、固定的時間脉絡裏，揚雄的生活年代居於這個脉絡的後端，而正是因爲揚雄的貢獻，西漢末年賦的基本

---

① Hervouet，Yves. Sseu－Ma Siang-Jou；Un poe te De Cour Sous Les Han，Paris，Presses Universitaires de France，1964.

② 中島千秋（Nakajima Chiaki）：《賦の成立と展開》，大阪：關洋紙店印刷所，1963年版。

③ David R. Knechtges，*The Han Rhapsody*，*A study of the Fu of Yang Hsiung*. Cambridge University Press，1976.

形制才最終得以明朗可識。揚雄是一個極富傳統自覺，也是第一個將自己的理論運用於辭賦中的詩人，而這點恰是司馬相如所未曾做的。在揚雄看來，所有文學都應具備提倡道德教化之功能，而辭賦更當爲諷諫之事業，而非專事誇耀頌揚宫廷之奢靡。他的這一訴求却事與願違，這直接導致了他最終棄絶作辭賦。揚雄對賦的貢獻還在於他既爲辭賦批評理論家，又能將其理論滲透於他的創作中，把道德説教的嘗試貫穿賦作中。難能可貴的是，他并非只是模擬文學前輩，而是始終在創作生涯中尋求變革，這點可從其前後期的作品風格對比差异中明顯看出。揚雄因在西漢末歸附王莽政權而導致中國歷史上的長期貶低，康先生認爲不應囿於人格的偏見而否定其文學造詣與貢獻。他指出，大部分有關揚雄的學術研究重心主要放在了除賦以外的方向上，如年譜、與王莽之間的關係等，其中較有争議的作品就是《法言》，此作作於王莽期間，因此許多學者在分析時與王莽相連。康先生在撇除這些政治因素之後，發現在《法言》中，揚雄非常希望回歸聖人之教，他亦感覺到當時人們對此缺乏興趣，强烈反對人們追求永生，反對當時流行對命理、占星等的追求。同時他對賦亦發表了一系列批評，揚雄拒絶以此文體爲流行文體，并給出了自己的理由，亦説明了他所設想的賦體模式以及其正確的功能。之後康先生又指出反映揚雄思想的另一篇重要作品——《太玄》，作於王莽時期前，其體裁仿《周易》，一直被公認爲是一部十分複雜的作品，體現着揚雄宇宙生成模式的基本過程。其中同樣的原則亦適用於揚雄的賦作，但其哲學作品因太過詩化，而不被現代哲學家所認可。康先生指出，儘管這本書將揚雄的身份僅限於賦作家中，但其實揚雄不僅僅是一位好的作家，更是一位知識淵博的哲學思想家。導言的末尾簡要列舉了研究揚雄所需的或載有揚雄生平傳記的史籍及輯録其辭賦作品的文學總集，并分述其可靠程度。

全書第二章主要梳理揚雄之前的賦之發展概況。首先康先生欲爲"賦"正名。"賦"曾被譯爲"rhyme prose"("韵文")，"prose poetry"("散文詩")，"poetical description"("詩意描寫")，"verse essay"("詩文")。他提出在英語語境中以"rhapsody"這個詞來對應"賦"，"rhapsode"這個字原指古希臘的吟游詩人，這些詩人常常必須即席唱史詩。當然賦不是史詩，但史詩的恢宏壯闊，吟游詩人即席吟唱，這些都和賦的風格和動詞的意義類似。因此應用"rhapsody"來翻譯"賦"。當然多年之後，康先生已拋棄了這種看法，直接把賦翻譯成"fu"。就中國文學史中的"賦"而言，他列舉了高本漢（Bernhard Karlgren，1889—1978）、中島千秋等幾位漢學家對中國典籍既有的研究，列出其初有賦税、賦予、鋪陳等涵義。在"表現"的這一意義上，又有着誦讀《詩經》中的詩作的通常意義，也可以指自己創作詩篇。"賦"以術語形式首次正式的使用出現在《漢書·藝文志·詩賦略》中。由此再推出日本鈴木虎雄先生（Suzuki Torao，1878—1963）關於賦源於"不歌而誦"的這麼一個政治工具的傳統。基於此舉證漢之前賦在宫廷之上以"不歌而頌"的形式作政教的史實。他所以選用"rhapsody"這個詞來對應"賦"，也正是爲了彰顯辭賦由這一傳統衍生爲一種華美細致的文學樣式之發展軌迹，至少在許多方面，這兩個名詞所代表的内涵之間是最有相似性的。不過由於賦本身在形式上的複雜性，要用一個明確的定義來界定這種文樣式是頗有難度的。故此作者全面回顧檢討了在揚雄之前的賦的發展史，以期在這個歷史語境下，定位揚雄的辭賦作品。接下來作者依時間順序，從《離騷》《九章》等楚辭作品中分析其作爲賦發展源頭的意義和特徵，如通過分析《離騷》的句式、非重讀音節或停頓等，再次證實其“不歌而頌”的特徵。《離騷》在賦體的發展上非常重要，康先生提出在漢代之前或許被視爲“賦”體，是一種政治批評的文體的觀點。而後從荀子（約前 316—約前 237）的五章“賦篇”以及佹詩及小歌進行分析，他强調了《荀子・賦篇》的題目是劉向所加，這五篇韵文的謎語部分没有題目，文中也没有提到“賦”字。在佹詩及小歌中，因爲它們與賦的傳統非常接近，所以確實包含着以後在賦中出現的種種特徵。其次，康先生再從政治游説等説辭的傳統來論述賦的另一個源流，這段時期口述游説仍是最常見的外交手段。其中《戰國策》是主要的參考文獻。《戰國策》一直是游説之術的典範，其中很多例子被漢代前及漢代的文獻所使用。在當時，對游説者而言最困難的地方就是一邊要用華麗的文辭描述引起聽者的興趣，同時亦要在叙述中向聽者傳遞出自己的觀點。在這種從説辭傳統下，發展出來的人物辯論游説的模式也變成了賦的其中一個重要特徵。到了漢代初期時，則有劉邦（前 247—前 195）、陸賈（前 240—前 170）、賈誼（前 200—前 168）等一些重要賦家。陸賈的作品中襲承了不少戰國的游説之術，而賈誼則在此基礎上對賦體的發展做出了貢獻。《弔屈原賦》一作主要延續了賦的傳統，同時在其文體技巧上作出了改動。《鵩鳥賦》則代表着賦體較大的進步。從此再過渡到司馬相如和他同時代如枚乘（約前 210—約前 138）等作家，在結束了長期的政治動蕩後，國家漸趨穩定，此時期文學作品的創作迅速增長。枚乘，以游説之士而爲的文學家，其作品對賦的發展産生了很大的影響，其賦作中的人物辯論模式則直接襲自戰國的政治游説。枚乘亦十分注重對賦體的鋪采摛文，這也使文采華茂成爲賦體的特徵之一。而司馬相如雖想使其作品具有更多的勸導作用，以影響皇帝的舉止，但他似乎却對鋪采摛文的興趣更大，因此當時詩人的寫作風格也變得更加講究鋪張揚厲、言貴浮詭。到了武帝時期，則出現了供宫廷娱樂游戲而創作的枚皋（約前 153—?）、東方朔（約前 161—約前 93）等人。這種誇耀的辭賦創作風氣一直到成帝時期依然存在，這個時期的劉向（前 77—前 6）也作有此類作品。而揚雄正是在這種辭賦浮誇風氣達到頂峰的年代下誕生的，但揚雄并不僅僅只是一個此類作品的模仿者，亦非文綉鞶帨之徒。

本書的第三章對揚雄的《甘泉賦》和《河東賦》兩篇賦作詳細分析。皇家祭祀在漢代社會中具有重要意義，也經常被作爲文學創作的對象。而賦在漢代趨向於華美鋪張，正好是用來描摹這種浩大場面的理想媒介。康先生首先從《甘泉賦》這篇揚雄賦作中最著名的作品入手，引入這篇賦所寫的場合、祭祀對象和淵源。《甘泉賦》的場合就是在甘泉宫祭祀天神太一。張譚（生卒年不詳）、匡衡（生卒年不詳）奏議甘泉宫的泰畤和河東的后土祭祀應該遷到長安，而汾陰的后土祭祀應該遷到北郊，成帝聽從其建議。在此背景下，揚雄寫下了這篇賦。關於甘泉祭祀的題材，前人已有賦作，只不過現今只存斷簡殘篇。接着作者按照《漢書・揚雄傳》和《文選》中的記載，用英文全譯了這篇賦的序言、正文及結語。然後對比司馬相如的《大人賦》，詳細闡述文本中的神話幻想、誇張想象等文學藝術手法。康先生指出這種誇張的想象藝術手法并非爲反映現實而作，而是爲了將人帶入想象，美化皇權而設計的。同時康先生分析，儘管在此盛揚此情此景之貌下，揚雄的主要目的却非表現口才，而是有着曲筆諷諫君主的真實用心。揚雄的諷諫之詞在整個作品中的襯托下顯得較爲無力，因此如果從整體來看，此作仍屬於鋪張描寫之賦作，而此賦亦是揚雄的賦作中最講究鋪排之作。除此之外，康先生指出，揚雄在此作中，特别是語言方面更表現出自己的獨創性，如擅長用隱喻以比較。揚雄對語言的費心建設亦説明了當時鋪采摛文之賦作仍十分流行。該章第二部分《河東賦》的分析篇幅明顯要小於《甘泉賦》，而《河東賦》本來的文本篇幅就比後者短很多。作者依然按照《漢書・揚雄傳》將該賦的序言、正文及結語全部英譯，隨後和《甘泉賦》對比，認爲此賦的重點是放在以成帝爲首的祭祀大部隊在祭祀發生之後的行旅過程。與《甘泉賦》着重諷諫祭祀所費奢靡相對應的，此賦主要借行程追懷唐虞之風、殷周之世的古迹，最後一部分由對皇帝及漢朝的贊美而組成，揚雄將這首賦的目的描述爲“勸”，顯然希望進諫成帝當見賢思齊，再現治世。和《甘泉賦》相比，《河東賦》的文辭較爲簡樸，亦没有用很多的鋪陳手法。

全書的第四章爲《校獵賦》和《長楊賦》之分析。該章開頭作者就揚雄在中國文學批評史上被普遍定認爲是司馬相如忠實模仿者的觀點進行了反駁，把這二人之間的一些大賦作品進行了比較。但他也認爲，司馬相如的《上林賦》可能是對揚雄影響最大的一篇賦作。皇室田獵的這個大賦主題已被司馬相如發揮到極致，在揚雄《校獵賦》中則可看出對其的許多借鑒。接着作者將《校獵賦》全部英譯，并仔細分析了《上林賦》《校獵賦》在寫作手法和藝術特色上的异同之處，并着重舉證二賦在相似膚表下的文學描寫差异。《上林賦》中最顯著的特徵即其富於想象力的描述，而同樣的元素亦在《甘泉賦》中體現，但在《校獵賦》中，却没有太多這方面的描寫。與司馬相如的賦作不同，揚雄在《校獵賦》中甚至都没有多少關於狩獵環境的描寫，揚雄將整個作品的重點放在了狩獵活動的進行上。康先生在末尾又點到揚雄在此賦的結語中借鑒《上林賦》，其旨在對君主進行諷勸，可見揚雄的作品是有意識地恢復賦體諷勸之功用。這樣就引出了本章的第二部分，一篇幾乎是純粹意義上的諷諫賦——《長楊賦》。作者循例依然是參照《漢書・揚雄傳》和《文選》，對這篇賦的序言、正文及結語進行了全部英譯，爾後對比《校獵賦》，并分析該賦的寫作和思想特色，認爲它除了賦題之外，其實不是對一次田獵過程的描述，而實質上是通過虛構人物的辯論來自覺地達到諷諭之旨。在《長楊賦》中，揚雄有效利用諷刺的手法，表明其反對狩獵，同時勸導皇帝。在這篇賦中，揚雄的勸誡變得比之前更加直接，與其他賦作相比，此作的文辭則更趨簡樸、直白，其措詞用語的風格盡顯其對戰國游説勸諫傳統的恢復和借鑒。

本書的第五章“賦之批評與改革”論述揚雄晚年時雖把注意力從文學轉移到哲學領域，但是對於賦體文學，他并没有停止思考。作者指出，在漢代文學被視作一種内在的修習，不能用現代純文學（belles lettres）的觀念來涵蓋漢代文學的範圍。漢代所謂“文學”其實統攝了所有的學術、學識和教育，因此學習文學包括了對經學和禮學的掌握和以口頭或書面形式創作的能力。武帝時甚至以此作爲録用官員的主要標準之一。接着作者又講到“辭”在漢代文學中的指涉和範疇，漢代人用“辭”或者“文辭”來指純文學，或任何使用藝術、想象和裝飾性文字寫成的文學。接著再介紹中國上古文學理論中的“文”和“質”的概念淵源。揚雄在其哲學著作《太玄》中就孔子關於這二者的理論作了細致的延伸，并且聯繫到了文學理論中。首先，揚雄提出形式要服從内容，他借用道家的自然觀念指出鋪張揚厲、太過華麗的文辭，是柔弱雜亂的。因此語言是强有力情感及思想的載體。在《法言》中，揚雄的語言觀念則更趨現代化，他認爲語言的象徵力量可以表達終極的現實。寫作是對文辭的特殊表現，每個人的表達都具有清晰的範圍。語言則包含着各種感情與情緒，當語言灌注於神而創作時，這使得人們的感情可以不受時間與空間的限制而傳遞出去，語言和文字是心靈表達的代表，亦是區分人與人的重要手段。這個觀點直接影響了揚雄對賦的觀點。賦作爲一種重視文字和形式表現的書寫體裁，假如作者集中使用雕琢華麗的文字，則將扭曲對真實情況的描狀，亦無法傳達其道德教化之理。揚雄作爲漢代出色的賦作家之一，清楚地認識到賦體中諷諫與文采兩種形式之間所存在的冲突，一種用於規諷正道，另一種則是用於奢靡享受。爲此他認爲應肯定賦的合法作用——諷諭，主張“詩人之賦”的樸直，而摒棄壯美精妙有餘而説教功能缺乏的那種賦。此章第二部分題爲“失志之賦”，描寫揚雄在正式摒棄賦作爲一種有效的諷諭工具之後，并没有全然停止創作。作者在此列舉并英譯了其《解嘲》與《逐貧賦》二賦。雖然《解嘲》一篇并未冠之以賦名，但仍然反映了許多賦的寫作、形式和語言特點。此賦雖不如揚雄的其他作品華麗，但其表達却更爲直率，代表了揚雄的個人表達。該賦作爲其“詩人之賦”理念下的一個作品，被他用來作爲申訴其忿怨不平的文學樣式。而最能反映其“詩人之賦”理念的則是《逐貧賦》，雖然這篇賦於今僅見存於《古文苑》，因此其真僞受到懷疑。其最大的特點是完全采用了《詩經》四言體式，尤以其中的“頌”爲標本。其作以對話辯論形式而作，没有隱晦的諷諫或含蓄的游説，其所含的論點直接明瞭，旨在爲道德教化而作。由此看出，揚雄至此已把其“詩人之賦”的文學理念徹底具體地實踐到創作中了。揚雄在決定棄絶作賦時，很有可能只是棄作辭藻華麗、無道德教化之賦。自此，他的賦作與其理論漸趨吻合。在《甘泉賦》《校獵賦》中可見揚雄仍試圖以藻飾爲名用以勸誡，但到了《長楊賦》時，儘管揚雄没有直接陳述，但其所用的結構及修辭等則讓人聯想起戰國的游説之術。之後當揚雄的興趣轉到哲學後，他的賦作語言更趨簡樸，道德教化之意味更濃。《逐貧賦》，不論此作是否於揚子名下仍有存疑，但此作確是將揚子之理論實踐於作品中的嘗試，文辭直白、莊諧相生，又含理其中。

全書的第六章也即最後一章節，爲一則簡要的結論，回顧了從西漢桓譚開始，下至東漢、六朝、唐代的一些文學家、文學評論家對揚雄在賦的語言藝術與題材、理念的成就上的贊美，然後和民國初年學界對其貶低的情況作對比，重申了揚雄賦作前後風格的多變。這本身就反映了賦這種文學樣式的内在複雜和多樣性，而揚雄心目中理想的賦的風格、樣式和功能，也導致了其後來逐漸擯棄以純粹審美爲目的或缺乏諷諭功能的賦。最後列舉了揚雄賦作中的説辭表達和曲筆諷諫的技藝對西方學者的吸引和啓發。揚子對其先賢所實行的慣例予以尊重，但與此同時，又對其自己想達到的目標亦有清晰的認識，揚子從未忘記自己的宗旨。

全書對揚雄生平、著述、思想均有全面之考證，其通過直接、間接地引薦西方及日本學者對揚雄乃至漢賦的研究情況，增廣了中國學者之見聞。作爲美國漢學界較早的一部研究漢賦專題的賦學專著，它集中體現了華盛頓學派之漢學治學理念對中國傳統學術研究方式的冲擊以及吸收，對西方乃至東方漢學界的賦學研究都起到了開創新氣象和啓發後學的深遠意義。

另外，康達維教授也在1982年特别在亞利桑那州立大學出版社出版了一本小書題爲《揚雄的〈漢書〉本傳》[*The Han shu Biography of Yang Xiong*（*53 B. C. - A. D. 18*）][①]，重新把揚雄的賦翻譯了一遍，增加了許多注脚。他在介紹中説明，這次翻譯的目的在於精準地反映出揚雄辭賦的文字詞匯。這種準確的翻譯以及豐富的注釋使得對揚雄文學的研究又前進了一大步。

《揚雄及其古典主義之形成》

竇瑞格博士（Franklin N. Doeringer）《揚雄及其古典主義之形成》（*Yang Hsiung and His Formulation of a Classicism*）[②] 是哥倫比亞大學博士論文。他主要研究揚雄如何發展自己儒家文化，專注於揚雄的生平和思想方面，旨在通過追溯揚子的個人經歷，用以分析其古典主義在其個人發展及歷史背景下的形成與發展。竇瑞格博士在文中也翻譯了《羽獵賦》《甘泉賦》《長楊賦》《解嘲》和《漢書》的揚雄本傳等等，是一篇值得參考的論文。

竇瑞格博士認爲揚雄的古典主義最終成爲大多數正統儒家文學理論的基礎，對中國的思想發展史做出了重大貢獻。在開始之前，先對“古典主義”之概念進行初步地探討及定義，隨後從《漢書》及《左傳》中開始正式回顧楊雄的早年生活，包括其家庭、交友等，發現揚子在早年時期就非常喜歡儒家、道家的哲學作品，揚子的哲學思辨根源在此階段也逐漸發展成熟，這也爲他後來在文學作品中展現出强烈的道德意識而打下基礎，導致其拒絶作單純以娱樂爲主的辭賦。揚雄早期時曾學習過司馬相如的賦作，同時亦愛好屈原之作。竇瑞格博士提出，雖然這時期的揚雄仍遵循着賦的傳統模式，但其却透漏出反對傳統的想法，如在《反離騷》中，揚子問屈原：“何文肆而質？”竇瑞格博士將此翻譯成，“爲何圖案這麽亂，而使織物狹窄？”認爲揚雄在此對屈原用如此華麗的文辭來傳達自己的抱怨存有疑問。或許是要考慮到道德説教的原因，揚雄相比起其他同時期的作家，在早期就没有大肆用極其奢華的文

① Knechtges，David R. *The Han shu Biography of Yang Xiong*（*53 B. C. - A. D. 18*）. Occasional Paper No. 14. Center for Asian Studies Arizona State University. Tempe，Arizona：Center for Asian Studies，1982.

② Doeringer，Franklin Melvin. *Yang Hsiung and His Formulation of a Classicism*. Unpublished Ph. D. Diss. Columbia，1971.

辭。因此，竇瑞格博士猜測，揚雄此刻已經埋下了日後悔作辭賦的道德觀念。

不管怎樣這些早期創作爲他贏得了皇帝的青睞，竇瑞格博士在第二章開始繼續叙述揚雄在宮廷中與皇帝之間的經歷。竇瑞格博士提出，揚雄在入宮之後增加了對賦的興趣，又在其早期所形成道德教化觀的影響下，決定將其全部精力投入到諷諫之作中去。直到成帝邀請揚雄陪同去甘泉祠，竇瑞格博士推測，成帝在此是希望讓揚雄作賦以增强自己的地位，增加聲望。而揚雄也并不負成帝之望，對皇權大肆誇耀，《甘泉賦》享譽朝中内外，盡得成帝喜愛。但之後，在陪伴成帝去汾陰縣時，或許是因爲當地歷史背景的感觸，《漢書・揚雄傳》："雄以爲臨川羡魚不如歸而結罔。"這讓《河東賦》顯示出與之前不同的風格，與其説這是一篇誇耀皇庭之作，不如説是一篇提醒人們注意先賢們道德行爲之作，旨在暗示批評那些只會贊美古代聖賢而不會模仿他們行爲之徒。此賦相比起《甘泉賦》可以説勸誡之意漸濃，而最後一句"既發軔於平盈兮，誰謂路遠而不能從?"更能體現出揚雄勸勉之心。但成帝却并未發覺這其中的意味，仍視此爲一般辭賦，更無改進之意。再之後成帝再邀揚雄一同校獵，揚雄作《校獵賦》用以諷刺這一場過於奢華的狩獵，誇耀鋪排之辭更淡，道德説教之味更濃，但成帝對其勸誡依舊未予重視，隨後更封其爲黄門郎。這在揚雄看來，以爲成帝的册封之舉，實是對其勸誡之接受，更加强了揚雄的信念，即他可以通過諷諫皇帝以達到勸誡之效，爲皇帝服務。之後揚雄又同去長楊之獵，作《長楊賦》，此作更進一步地諷諫了這次狩獵，而勸誡之意也變得更加明顯、直接。隨後成帝終於意識到了其諷諫之意，此後再不邀揚雄。揚雄與皇帝的這幾次經歷使他相信，精致的文辭與意向常常會掩蓋了他認爲應該呈現的道德信息，他開始尋找其他風格以傳達諷諫之意，《酒箴》便是其之後的嘗試。公元前七年，成帝的死迎來了政治動蕩的時代，揚雄也似乎也准備好了放棄他宮廷詩人的身份，開始尋求其古典主義的哲學事業。

第三章則主要在歷史背景的追溯下，重點分析揚雄《太玄》中宇宙觀的形成及其道家哲學思想。前半部分重點講述當時漢朝的政治背景，包括成帝時期外戚擅政、哀帝早亡、皇權旁落等；同時亦兼叙當時的哲學背景，包括古今文經之争、真經僞經之辯等。在如此複雜的歷史背景之下，揚雄開始對宇宙形成之哲學感興趣。竇瑞格博士將揚雄對此的興趣歸因於他對科學的好奇，認爲揚子作《太玄經》，一方面希望逃避錯綜複雜的政治；另一方面則是希望嘗試進行古代聖賢之工作，將世間之變化理論化。竇瑞格博士在此指出，揚雄是在有意識地想爲其同時代的人們提供哲學思辨觀點。隨後開始對此作的體例作簡介，發現揚雄在此作中試圖將占卜作爲宇宙的抽象模型，用以解釋自然順序及變化的循環觀念。竇瑞格博士將其理論概括爲，世界的明顯轉變只不過是規則周期的反復出現，并表明此時揚雄的哲學觀念中主要以道家爲主，隨後開始分析揚雄儒家、道家之哲學理論的接受過程，側面反映出當時的漢人有試圖將道家和儒學哲學理論融合之傾向。最後講到哀帝去世，王莽奪權開始，揚雄開始更加致力於用儒家闡述正統的古典主義思想。

第四章承接第三章而來，竇瑞格博士開篇表明真正讓揚雄成爲古典主義者的并非只有道家觀念，揚雄將他的宇宙學思想與儒家倫理相結合，尤其是對儒家古代經典的堅持，才成就了他後來成熟的古典主義。揚雄自哀帝去世以後對儒家思想的重視，亦使他變得積極參與政事。在此章竇瑞格博士首先回顧了當時的歷史背景，王莽復古改制，公元5年王莽網羅天下賢士，大肆宣揚禮樂教化，復古之風更盛，在此背景下揚雄作《法言》，旨在從非正統中解救真正的儒家思想，捍衛正統儒學，此章的中心是分析揚雄如何調節其早期的道家宇宙觀與儒家倫理思想，才能得出只有聖人才可領悟最終的真理，并將其提供給後人的結論。這個結論使揚雄認爲，將聖人的古典主義傳承予後人，才是探索終極真理的唯一手段。這樣的儒家哲學理念亦影響了揚雄對文學作品的看法，更加堅定了其認爲作品中的道德價值决定了作品的價值的觀念，提倡簡潔樸實的文學風格，同時視古代聖人之作爲文學作品的衡量標準。竇瑞格博士最後將揚雄對古典主義的追求總結爲，這是一個基於時代流行，以儒家爲基礎而建設的古典主義。

最後一章首先叙述王莽篡權、改制建新的歷史背景，講述了揚雄此時爲建設古典主義而做出的努力。最後一部分側重分析揚雄古典主義在後世的影響力，回顧後世文人對揚雄的批評及其地位以作結。

《揚雄〈羽獵賦〉的叙事、描寫與修辭：漢賦的形式與功能研究》

康達維教授在1972年發表了《揚雄〈羽獵賦〉的叙事、描寫與修辭：漢賦的形式與功能研究》（*Narration，Description，and Rhetoric in Yang Shyong's Yeu-lieh fuh：An Essay in Form and Function in the Hann Fuh*. In Transition and Permanence：Chinese History and Culture，A Festschrift in Honor of Dr. Hsiao Kung-ch'üan.）①，這篇文章刊於《轉變與恒久：中國歷史與文化——蕭公權先生紀念論文集》中。在此文中，他指出賦的叙事順序基本依照狩獵活動本身的次序。賦開始於狩獵地的准備，中間描繪了狩獵隊伍的集結、皇帝行列的出現、動物的捕殺、水上表演、文人的參與，最後以皇帝態度的轉變結束。康先生認爲，只有最後兩項似乎與狩獵活動的次序不符，不然的話，整個叙事結構將更爲緊湊。這篇對於《羽獵賦》的分析，試圖呈現以單一方法界定賦的不足。由此我們看到，這篇賦是叙事、描寫與修辭的結合，另帶有一些魔幻與奇妙的色彩。不過，如果有人概括這篇賦的特點，那他得將它歸類於修辭性詩歌。揚雄巧妙地創作了這篇賦，將勸説的意圖隱藏於叙述和描寫之後。這麼一來，賦所具有的修辭性效果大大削弱了。正因爲如此，揚雄到了晚年否定賦是一種有效的道德勸誡方法，而在此之前他曾經是推崇賦之修辭性的主要倡導者。不過，揚雄對賦的否定態度不應阻止我們欣賞他的賦作。

---

① Knechtges，David R. *Narration，Description，and Rhetoric in Yang Shyong's Yeu-lieh fuh：An Essay in Form and Function in the Hann Fuh*. In Transition and Permanence：Chinese History and Culture，A Festschrift in Honor of Dr. Hsiao Kung-ch'üan. David Buxbaum and Frederick W. Mote，eds. Hong Kong：Cathay Press，1972. Pp. 359—77.

《逐貧賦》英譯本

康達維教授曾將《逐貧賦》的英譯本發表在北京出版的英文刊物《中國文學》上。

《揚雄〈甘泉賦〉與〈河東賦〉中的祭祀研究》[①]

考蒲斯基教授（Elma E. Kopetsky），《揚雄甘泉賦與河東賦中的祭祀研究》（*Two Fu on Sacrifices by Yang Hsiung*），發表於香港大學《東方研究》期刊[②]。

揚雄的《甘泉賦》《河東賦》收録於《漢書》，《甘泉賦》同時亦收録於後世的《昭明文選》之中，兩篇賦的寫作時間大約都在漢成帝（前23年—前3）。漢成帝於公元前13年在甘泉宫祭祀泰一、在汾陰祭祀后土。此二祠建於漢武帝在位時期，其後帝王均定期親身祭拜，直到漢成帝登基之際，便將神祠移至長安郊區，成爲郊祀。但隨後的二十年中，成帝一直膝下無子，於是他决定將此二祠重歸原址，并親身祭拜，以求除去降在自己身上與朝代的厄運。考蒲斯基教授指出將二祠復歸於原址，正説明了漢成帝承認了自己的錯誤决定，希望借由這個動作祈求神明的原諒與賜福。於是祭祀禮儀一切按照漢武帝故事進行，而成帝也按照武帝讓司馬相如作賦慶祝的模式，要求揚雄作賦來紀念這一重大事件。揚雄《甘泉賦》載：

> 孝成帝時，客有薦雄文似相如者，上方郊祀甘泉泰畤、汾陰后土，以求繼嗣，召雄待詔承明之庭。正月，從上甘泉還，奏《甘泉賦》以風。

考蒲斯基教授指出《管子·卷十四·四時》：

> 是故聖王務時而寄政焉，作教而寄武，作祀而寄德焉。此三者聖王所以合於天地之行也。

這段話在西漢成爲一個重要的政治指導原則，其中包含三個概念："時""武""祀"。這三者在武帝時尤爲重要，武帝爲其賦予了更多新的意義[③]。

首先是"時"，考蒲斯基教授指出"務時而寄政"是道法家"無爲"概念的延伸，并不等同於儒家的社會等級關係劃分。統治者雖没有直接施政，但所有事情已經被自覺有序地完成，達到"無爲"。在西漢時期，這樣一套的儒家社會等級關係還未被完全接受，直到漢成帝晚期時，其所接受的仍是道法家所提倡的概念，但此概念之後又被漢武帝修改。道法家所謂的"無爲"即以法爲本、公平對待。根據韓非子的論述，統治者平等對待所有人，不能感情用事，就像天地一樣，不考慮與人的親疏。整個社會可以通過建設"法"，而達到"無

---

① Knechtges, David R. "Early Chinese Rhapsodies on Poverty and Pasta." Chinese Literature (Summer 1999): 103 - 113.)

② 考蒲斯基：《揚雄〈甘泉賦〉與〈河東賦〉中的祭祀研究》，《東方研究》（香港大學）1972年第10期；Kopetsky, Elma E. *Two Fu on Sacrifices by Yang Hsiung*. Journal of Oriental Studies 10 (1972): 104—14.

③ 考蒲斯基：《揚雄〈甘泉賦〉與〈河東賦〉中的祭祀研究》，《東方研究》（香港大學）1972年第10期。

爲”，依靠法律自然地運作。韓非子的天地運行概念仍是客觀概念，這個概念在漢武帝時期被進一步延伸，將天地的運行模式與統治者直接相連，統治者的責任就是維持天地的正常運行①。

隨後董仲舒在陰陽、五行等學説的影響下，對有關統治者責任的問題重新解釋，提出“天人感應説”。董仲舒直接加强了統治者與整個宇宙自然之間的關係，認爲統治者是天與人之間的重要樞紐，如果施政失當，不僅僅會影響百姓，更會收到天象的警示，引發不正常的灾難，如乾旱、饑荒等。與此同時，五行的概念也被進一步延伸，“金木水火土”不僅僅代表着一年“時”的更替，更與統治者的行爲相連，統治者在適當的時節做適當的活動，才能使“陰陽”在整個宇宙中和諧運行。那麽這就會牽扯到有關“時”的重新定義。考蒲斯基教授發現，“時”的定義在漢朝不斷地受到儒家的關注，而其中一個原因便是有關新曆的推行。公元前一零四年前，漢朝均采用舊秦曆，秦曆以每年十月爲元旦；當新漢曆推行後，便修訂爲每年一月爲元旦。因此一些處於冬春兩季之間所發生的祭祀、天象等活動均需要請漢儒再重新定義，直到漢元帝前，仍有專門設立的儒學部門用以一一對應解釋“四時”與“四政”之概念。漢武帝時期對統治者責任的重新定義不僅僅建立了依時爲政的概念，更使“武”與“祀”的概念得以興起。

考蒲斯基在鋪陳了揚雄賦的政治與哲學背景之後，指出“武”的概念反映在兵法上，即“校獵”，將士們在君主的指令下向全世界展示其軍事力量的强大，班固《兩都賦》載：

> 因兹以威戎誇狄，耀威靈而講武事。……種别群分，部曲有署。

一方面用以維持社會和諧，教導百姓這就是君主對他們的期望；更重要的則是向神靈展現自己的美德，同時尋求神靈的幫助，以共同維護世界的正常運轉②。

西漢的祭祀并非以古代制度爲典範，因爲這些上古的祀典并不爲西漢人所知曉。漢代繼承的祭祀主要來自秦朝。祭祀的概念牽涉的主要問題是神明與先皇之間的地位的轉换，《封禪書》就曾提及過神明與先皇：

> 周公既相成王，郊祭后稷以配天，宗祀文王於明堂以配上帝。

西漢時期，古代的祭祀儀式已經不能被當時的漢儒所知，但在這樣的叙述中可見，神明與先皇的祭祀確實是分開的。在西漢時期，顯然前者比後者更重要，到了東漢時期，兩者才視爲同等重要，甚至後者比前者更重要。

漢武帝時期，武帝繼承了許多先人所造的祀典，經常親自祭祀，其中最重要的三種祀典分别爲雍臺、泰一與后土祀典以及封禪大典，三種祀典彼此代表着不同的學説，并隨着時間

---

① 考蒲斯基：《揚雄〈甘泉賦〉與〈河東賦〉中的祭祀研究》，《東方研究》（香港大學）1972年第10期。

② 考蒲斯基：《揚雄〈甘泉賦〉與〈河東賦〉中的祭祀研究》，《東方研究》（香港大學）1972年第10期。

的推移，漸漸被賦予新的意義①。

首先是五帝的祭祀，雍臺（即辟雍，古代天子設立的太學）是最早的神祠。在西漢時期，五帝這一概念被所有學派所接受，又與五行相配，同時又與四時相連。祭祀儀式如祭司、用具等，會按照四時及五帝進行區分。主神壇在雍（壅）縣，武帝會定期至雍縣親身祭拜。其次是泰一、后土之祭祀，代表道家學説，泰一祭天，后土祭地，乃武帝依司馬談的建議所設。公元前114年，河東汾陰地區發現了帶有神秘銘文的大鼎，於是武帝便在此地建神祠，用以祭地。其後的公元前113年武帝又相繼於甘泉祠建泰一神祠，用以祭天。公元前112年南越叛亂，西南疆域發生戰争，武帝在建兩祠後大獲全勝，這讓當時的人們更加信奉這兩座神祠，更多的祭祀活動也得以展開。最後是封禪大典，爲儒家所倡導。《史記·封禪書》中有許多關於封禪祭拜的記載，但是這些記載都缺乏一致性。例如：齊桓公在成爲霸主後想要行封禪大典，管仲便勸阻他，指出古代以來雖有七十二位君主封禪，但只有十二位載於史册，因爲他們都得到了天命。考蒲斯基教授指出這個記載的出現時期較晚，且封禪大典中的兩個理念到東漢才得以進一步融合，因此認爲這類記載前後矛盾。又如漢成帝在重建泰一、后土祠時，受到了大臣的嚴重批評，有的大臣建議他不如舉行封禪大典。揚雄在《羽獵賦》中對這個建議提出了回應：

> 或稱羲農，豈或帝王之彌文哉？論者云否，各以并時而得宜，奚必同條而共貫？則泰山之封，焉得七十而有二儀？是以創業垂統者，俱不見其爽，遐邇五三，孰知其是非？

考蒲斯基把這段話翻譯成：“爲什麽在泰山上的封禮被七十二位君王所行？因爲建立朝代者與傳承封禮者無异。”這段的翻譯明顯有誤，揚雄的意思是封禪大典隨着時代的改變而改變。這段話的正確意思應該是：“假如後人必須因襲前人的所作所爲，那麽泰山之封又怎麽會有七十二種不同的儀式呢？因爲自古以來創業垂統之帝王也看不出這些儀式的區别，他們都是各自隨時宜而創立制度。”在此考蒲斯基教授也指出，揚雄的回答顯示了公元前一世紀時最重要的問題不是有多少君主做了封禪大典，而是他們這麽做是否恰當②。

考蒲斯基接着指出，在漢武帝時期，封禪這一概念還并未與“天命”的統治權相連③。武帝時期，封禪僅作爲一種郊祀存在。值得注意的是，雖然當時用“郊祀”這一詞概括，但郊祀却包含兩個概念，一是所謂“王畿之祀”，而另一種是京都“近郊之祀”。封禪大典與泰一、后土不同的是，這兩個祀典是爲了尋求神靈的幫助，但封禪却是統治者將自己的功績告

---

① 考蒲斯基：《揚雄〈甘泉賦〉與〈河東賦〉中的祭祀研究》，《東方研究》（香港大學）1972年第10期。

② 考蒲斯基：《揚雄〈甘泉賦〉與〈河東賦〉中的祭祀研究》，《東方研究》（香港大學）1972年第10期。

③ 考蒲斯基指出，封禪本爲王畿的祭祀，而關於“王畿”的定義在武帝時期儒士們仍難以定義，在儒家的解釋中“普天之下莫非王土”，但實際上的邊界却爲其學説帶來解釋上的困難。首先如果要進行封禪，便需要將泰山涵蓋於自己的統治領土下，這在當時并不是一件容易的事。

知於天。隨後有不少記載都講述統治者因爲太急於告知於天，而導致失敗，例如公元前二一九年，秦始皇在建立秦朝兩年後就去泰山封禪，結果十二年内秦朝滅亡。基於此，漢朝的皇帝們在没有明確的功績之前，并不願意去封禪①。又如漢文帝爲封禪做了充足的準備，但後來因爲發生饑荒，與此同時叛亂四起及匈奴入侵，讓他不得不放棄封禪的想法。到了漢武帝時，其十五歲即位時便想去封禪，却被太后竇氏所阻止，三十年後（公元前110年）武帝最終得以成功封禪，其後每五年一次行封禪大典，祭拜天地，直到其去世之後，封禪祭祀便就此停止。西漢時期，人們對神明的態度有了重要的改變。在武帝對祭祀熱誠的推動下，人們認爲神在地上有固定的居所，神靈會用一些神秘的現象以告知其存在，如祭祀時發出奇怪的信號或聲音等②。與此同時，人們相信，尋找神靈并在其居所祭祀是君主的其中一個重要的職責。對此，方士公孫卿解釋道，神靈不需要求助於人，但君主必須求助於神靈。

漢宣帝時期，有關神靈的觀念先開始轉變。神靈的住所由地改爲天，其在地的住所僅有代表性意義，自此，天上逐漸充滿着神靈，而神靈也漸漸遠離現實生活的人們，而這一變化在漢成帝時期更爲明顯。漢成帝時期，輕神靈而重皇室先祖的觀念轉變得更加急速。首先是輕神靈的觀念，遷泰一、后土祠可以説是一個很好的例子。武帝時，人們相信神靈有固定的住所，而皇帝的責任是到他們的住所去祈求賜福。而成帝却被指導爲皇帝有自己固定的居所，神靈將在此賜福於他。成帝即位的第一年，匡衡便建議將泰一、后土遷至長安附近，因爲長安爲皇帝所在。隨後成帝便將兩祠遷至長安的南端及北端③。其次，隨着對神靈的興趣衰頽，皇室先祖的地位漸漸强化。西漢時期皇室先祖的地位并没有神靈那麽重要，這主要基於三個原因：一是皇室先祖之祭祀由朝廷辦理，但是這種祀典爲皇家私事，所祭祀的對象是皇室先祖而非先皇；二是皇室先祖之祭祀散落在帝國不同的地方。如漢高祖、文帝和武帝死後，他們生前去過的地方都有祭祀他們的祖廟，這使得漢代很難將注意力放在其他皇室先祖之祭祀；第三，皇室先祖的祭祀在西漢時期被輕視最重要的原因是因爲人們重視的是統治者現在的作爲，而非統治者的祖先。而這一現象漸漸在漢宣帝時期改變，這位非傳位所致的皇帝，他在即位後，爲其父秦與祖父補修了皇陵。漢元帝時期，漢朝已經有超過兩百座祖廟，到宣帝時期，不少祖廟已經失修，考慮到經濟因素，宣帝廢除了多餘的祖廟，只留下了高祖、文帝及武帝的祖廟，這讓祖廟更加集中祭祀這三位皇帝④。

其次是對皇室先祖的注重的轉變，這一現象可以説在成帝一直膝下無子的情况下急劇加速轉變。有關成帝膝下無子的補救方法中，最具有代表性的可以説是當時宫中祥瑞權威劉向

---

① 考蒲斯基對漢臣舉出的漢朝第一個君主封禪的記録存有懷疑，當第一個君主封禪時，下山時曾遇到暴風雨，但這一事却被漢臣改編爲其在上山時曾遇到暴風雨，因此被阻止封禪。考蒲斯基教授指出，第一位君主或許并没有行過封禪大典，只是被大臣們捏造出來作爲封禪大典的例子而使用。

② 第一次祭祀泰一時，夜晚出現了美麗的光，且祭壇中間出現了黄色的烟霧。公元前110年，武帝在封禪時，隱約聽到"祝壽"之聲傳來。

③ 考蒲斯基：《揚雄〈甘泉賦〉與〈河東賦〉中的祭祀研究》，《東方研究》（香港大學）1972年第10期。

④ 考蒲斯基：《揚雄〈甘泉賦〉與〈河東賦〉中的祭祀研究》，《東方研究》（香港大學）1972年第10期。

的解釋。公元前 18 年劉向將成帝無子歸咎於後宫之亂，他的説法引起宫中的恐慌。有些宫人轉向巫術求子，但只帶來灾害，許多人因此遭到處决。後來劉向便提出了向神靈求助的方法，提出神祠對朝代而言十分重要。然而在成帝第一年即位，將泰一、后土及五帝祠移至郊區，并廢除一些微小祀典的時候，并没有人反對。最後成帝接受了劉向的建議，將這些重大的祀典恢復至其原址，公元前 13 年的冬天及春天，成帝去泰一及后土祠做第一次的拜祭。隨後或許在劉向的建議下，成帝更效仿武帝恢復了“校獵”。

成帝在恢復這些儀式時，遭到了强烈的反對，有一些大臣希望成帝進行封禪，以證明其受命於天。揚雄在《羽獵賦》中提到這些批評者的意見和官方的見解：

> 或稱羲農，豈或帝王之彌文哉？論者云否，各亦并時而得宜，奚必同條而共貫？則泰山之封，烏得七十而有二儀？是以創業垂統者俱不見其爽，遐邇五三孰知其是非？

考蒲斯基發現，這段叙述主要包含了兩個問題：首先，是有關王朝及統治者，批評者關注點在整個王朝而非統治者個人，他們并不會區分王朝的創始人以及後來的統治者，因爲他們都受天命維持整個國家，因此不同的統治者可以選擇適合自己的制度。而官方的觀點則是建立一個朝代的建立者與後世的統治者不同，一個創立朝代的皇帝，他所立下的制度，不能被後世統治者改變，只能傳承下去。其次，對儀式本身的争論。持反對意見的批評者認爲成帝要將這些繁複的儀式恢復起來，并不合乎古代皇帝的作爲。他們認爲皇帝應該追隨古代七十二位舉行過封禪大典的皇帝，用這些儀式來展示自己的美德，而自身則應致力於打獵、農業、漁業等民生活動。最後，是有關儀式本身的争議，古老的儀式或許不符合當時的實際情况，應該根據時代的需要來調整，每個時期都有適應當時需求的制度，誰又能來决定這些制度的對或錯呢？

考蒲斯基指出，揚雄這段叙述包含了兩個理論。封禪在武帝去世後便不再舉行，而當時武帝所設的封禪大典與所謂“受天命”無關，僅僅是用來定期祭拜天地的手段。但一個世紀之後，武帝曾數次封禪的事實已經被忽略，焦點聚集在“天命”上。對此，大臣（批評者）與皇帝有不同的解釋。大臣們認爲皇帝既然得到了統治權，收到天命之後，才能行封禪去證明其合法性；但皇帝却認爲天命落在施行封禪的朝代建立者身上，而且當時有一個新的理論認爲一個朝代是有三代皇帝所建立，也就是説漢朝由高祖、文帝、武帝所建，最終武帝行封禪，就是爲了證明朝代的建立。甘忠可在公元前 13 年前曾嘗試調和這兩種觀點，他聲稱通過赤帝的啓示，認爲漢代可以再次受命，用以確認統治者所做的改變是基於第二次受天命。但漢成帝徵詢劉向的意見，劉向認爲甘忠可的書是僞造的，因此甘忠可被下獄折磨，最終被殺。甘忠可死後不久，他的一些觀點却被成帝所接受，雖然成帝没有行封禪，但却仍做出了許多制度上的改變，如公元前 13 年至前 11 年間，成帝恢復了大量已被取消了的武帝時期的儀式，并親自效仿武帝拜祭泰一、后土祠，舉行校獵等。

公元前 13 年到前 11 年間大臣對成帝的批評逐漸加强，主要認爲這些祀典的地點距離京城太遠，揚雄在其賦中表現了他對此事的態度，公元前11年他在《河東賦》中寫道："既發軔於平盈兮，誰謂路遠而不能從?"他支持成帝的做法，爲他辯護。

揚雄的《長楊賦》中提到有大臣批評皇帝讓外國諸侯參加校獵，并將其士兵獲得的獵物據爲己有，他們認爲這簡直是史無前例，等於皇帝偏愛外國諸侯勝於自己的子民。揚雄在《長楊賦》中反駁道：

> 且盲不見咫尺，而離婁燭千里之隅；客徒愛胡人之獲我禽獸，曾不知我亦已獲其王侯。

批評了大臣的目光短淺，不知漢朝已經虜獲其王侯。這説明成帝在公元前13年至前11年之間，受到了大量尖鋭的批評，也能説明成帝在幾個制度上所做的改變①。

考蒲斯基接着指出："賦代表了漢代音樂的一個改變，賦是一種歌曲，配樂以便在典禮中由樂府官署人員來呈現。對這些歌曲的批評就是他們總是只對當朝皇帝的某些行爲歌頌。這些詩歌并未贊美皇家的先祖。"② 筆者按：這種觀念其實是完全錯誤的，賦是不歌而誦的文體，和樂府詩是截然不同的，雖然賦有歌頌贊美的作用，却不一定專門贊美當朝皇帝。她指出揚雄《甘泉賦》和《長楊賦》贊美了皇家祖先和漢成帝的作爲，後者更記録了高祖、文帝和武帝的偉大成就，以及歌頌了成帝在公元前12年到11年之間冬季舉辦的校獵，她認爲成帝維繫了三祖建立的偉大傳統③。

《長楊賦》的叙述一方面揭示了當時對成帝尖鋭的批評不斷上升，同時也證實了成帝確實同意重構漢代的歷史，以提高漢高祖的聲望。與此同時，考蒲斯基在對比兩賦後得出，《長楊賦》中更體現了重視先皇的觀念，尤其是高祖。在此之前，高祖作爲開國君主，并没有非常高的評價，提及高祖處僅有與項羽作戰的叙述，如揚雄在《河東賦》中提到"行睨垓下與彭城"，但其後的《長楊賦》中不提高祖戰勝項羽，却重點講述高祖受天命打敗秦朝的過程：

> 主人曰：昔有强秦，封豕其士，窫窳其民，鑿齒之徒相與摩牙而争之。豪俊麋沸雲擾，群黎爲之不康。於是上帝眷顧高祖，高祖奉命，順斗極，運天關，横巨海，漂昆侖，提劍而叱之。所過麾撕邑，下將降旗，一日之戰，不可殫記。當此之勤，頭蓬不暇梳，饑不及餐，鞮鍪生蟣虱，介胄被沾汗，以爲萬姓請命乎皇天。乃展人之所詘，振人之所乏，規億載，恢帝業，七年之間而天下密如也。

此賦是第一篇贊頌漢代先皇事迹的賦（考蒲斯基認爲是最早一首贊頌漢代皇室先祖的"新歌"，前文已提過將不歌而誦的"賦"稱爲"歌"是不恰當），從此以後，就可以理解，

---

① 考蒲斯基：《揚雄〈甘泉賦〉與〈河東賦〉中的祭祀研究》，《東方研究》（香港大學）1972年第10期

② 考蒲斯基：《揚雄〈甘泉賦〉與〈河東賦〉中的祭祀研究》，《東方研究》（香港大學）1972年第10期。

③ 考蒲斯基：《揚雄〈甘泉賦〉與〈河東賦〉中的祭祀研究》，《東方研究》（香港大學）1972年第10期。

漢朝乃天命及君主之德行所命定，而由高祖建立。成帝在去世前，仍繼續重建更多的古代儀式，如設置辟雍、重建明堂以敬先祖等。

考蒲斯基更注意到《甘泉賦》《河東賦》兩者的目的不同，前者揚雄用“風”（to chant, to recite），即用來影響人們的意見，讓他們可以接受統治者重建的決定以及其重要性。她也引用了《漢書·武帝紀》“蓋聞導民以禮，風之以樂……”來説明“風”作爲“影響”的遺憾。又引《甘泉賦序》載：

> 孝成帝時，客有薦雄文似相如者，上方郊祠甘泉泰畤、汾陰后土，以求繼嗣，召雄待詔承明之庭。正月，從上甘泉，還奏甘泉賦以風。

因此她認爲，《甘泉賦》是一首“紀念歌”（commemorating song），目的是在勸説人們認可與接受漢成帝將泰一祭祀重新放置回原址的行動。而《河東賦》則用“勸”（simply to make known），她把“勸”翻譯成“使人知曉”，這是不正確的。“風”（諷）和“勸”在漢賦的詩學中其實是同義詞。《河東賦》和《甘泉賦》的目的類似，基本上也是贊頌成帝之祭祀及其豐功偉業①。

祭祀在西漢時期是重要的特徵之一，在成帝即位前，經過不斷地演變，祭祀已經失去了很多原先的意義，漸漸淡化。隨着成帝的即位，由於其膝下無子，他想透過恢復舊制繁複的儀式，并在原址祭祀泰一和后土，以求神靈的眷顧。爲了獲得人們的認可與服從，便讓揚雄作賦，以宣傳其合理性。所以揚雄的賦不僅僅是記録事情，更重要的是展示了漢武帝對祭祀的熱衷，包括定期舉行祭拜，以求神對人的庇佑及渴望神的幫助等，祭祀活動更是成爲統治者的重要責任。

最後，考蒲斯基將《甘泉賦》和《河東賦》譯成英文，并詳加注釋。

（作者單位：新加坡國立大學中文系雲茂潮中華文化研究中心；哈佛大學東亞系）

---

① 考蒲斯基：《揚雄〈甘泉賦〉與〈河東賦〉中的祭祀研究》，《東方研究》（香港大學）1972年第10期。

國學叢談

清代遂宁張氏家族的家訓文化及其對家族文學的影響

鄧珍珍

内容提要：張問陶爲清代性靈派詩人，强調詩歌要表現真情實感，其文學成就也向來備受贊譽。而這與其家族——遂宁張氏的家訓文化有着密切聯繫。清代遂宁張氏家族的家訓文化創立於張家第九代人張鵬翮，他編撰家規，注重親情與法規的統一，對張氏家族文學產生了深遠影響。

關鍵詞：遂宁張家；家訓文化；家族文學

兩千多年來蜀中先後出現了三家望族，即宋代眉州蘇氏家族、明代新都楊氏家族和清代遂宁張氏家族。張氏家族不僅世代爲官，而且有詩文傳世者，如張鵬翮、張問安和陳慧殊等，男男女女達五十多人。張家更誕生了被譽爲“清代蜀中詩人之冠”的張問陶。這些成就與其家訓文化不無關係。

一、張氏家族家訓文化的產生

張鵬翮（1649—1725），字運青，號寬宇，爲遂宁張氏家族第九代人。康熙九年（1670）考中進士，歷任清王朝地方、中央要職，最終官至文華殿大學士兼吏部尚書。而集中承載張家家訓文化的家規正是出自張鵬翮之手。

張鵬翮參照明學者曹端的《家規輯略》編撰《家規輯要十條》，其内容與歷代家規中敬宗祠、孝父母、敦手足、勸勤學和崇節儉等内容無异。但首先，兩部家規的寫作初衷却大不相同。曹氏在《家規輯略・序》中開篇即云："且國有國法，家有家法，人事之常也。治國無法，則不能治其國；治家無法，則不能治其家。譬則爲方圓者，不可無規矩；爲平直者，不可以無準繩。是故善治國、善治家者，必先立法，以垂其後。"① 所以其《家規輯略》突出的是家規的準法律性。而張鵬翮在《家規輯要・序》中寫道："《記》曰：'門内之事，恩掩義。'言乎家道之必以恩勝也。然《易》於風火家人則曰：'威如，吉。'而嗃嗃猶愈於嘻嘻，則恩之不逾乎法矣。是以《大學》於國曰治於天下，曰平而於家。獨曰齊。齊之爲言整也。整而飭之，法也。齊之爲言，一也。一而洽之，恩也。法與恩兼家乃齊矣。"② 鵬翮重情，希望家規既能合人情，又能合法理，達到法與情的平衡。

其次，兩部家規在對待女性的態度上也大不相同。曹氏《家規輯略》專辟"諸婦"一章，其中充斥男尊女卑的不平等條文，如"一諸婦夫死，有能持節守義而終身不願再嫁者，主父、主母當厚恤養，以全其志，毋使失所。違者，必受天殃"③，又如"一諸婦夫死，有願與夫同歸而自死者，當聞於官而厚葬之，所有遺嗣，主父、主母亦厚恤養，毋使失所。否者，必受天殃"④ 等。這些内容鼓勵婦女守寡、婦爲夫死，但并不要求夫爲妻持志。更有甚者，曹氏家規允許對犯淫狎的婦女使用私刑⑤。張家没有單設"諸子""諸婦"，而是合寫"男女"一章，并且在規範男女行爲時相對平等，如要求張家男女不供乘凉，不互勸酒，不相授受；女子六歲不出中門，不舉止輕佻；男子過十歲不近婢幼，不藏美女圖等⑥。

二、家訓文化對張氏家族文學的影響

"家規，是指將家族成員所應遵守的諸如爲人處世及護家保族之類的事項以規條的形式列出，它對家族成員具有極强的强制性。"⑦ 但《家規輯要十條》在規範族人行爲的同時也崇尚真情，還能相對平等地對待女性，這對張氏家族文學影響深遠。

（一）張鵬翮的親情詩

和所有家族對子孫的要求一樣，張家也是秉持孝居百行之首的理念。而在這方面，最感

---

① （明）曹端：《曹端集》，中華書局，2003 年版，第 181 頁。
② （清）張鵬翮：《遂宁張文端公全集》卷四，《清代詩文集彙編》第 176 册，上海古籍出版社，2010 年版，第 351 頁。
③ （明）曹端：《曹端集》，中華書局，2003 年版，第 193 頁。
④ （明）曹端：《曹端集》，中華書局，2003 年版，第 193 頁。
⑤ （明）曹端：《曹端集》，中華書局，2003 年版，第 193 頁。
⑥ 遂宁張氏族譜編輯委員會：《遂宁張氏族譜》（續修），中國文化出版社，2017 年版，第 13 頁。
⑦ 朱明勛：《中國家訓史論稿》，巴蜀書社，2008 年版，第 12 頁。

人的當屬張鵬翮。張鵬翮常年居官在外，故有不少表現思念雙親的詩歌。其中，最令人感動的是其有關父親的紀夢詩。正所謂“日有所思，夜有所夢”。父親在世時，張鵬翮就有近十首詩寫夢見父親，如《夢大人》[①]《紀夢》[②]《駐節蘇台夢見大人》[③]和《蘇州行台夢見大人》[④]。父親過世後，張鵬翮無法回籍守制。《二月三十夜，夢乘馬上破，馬戀枯草不進。聞大人先駐坡下村舍，遂憩息坡間。見螽斯繫彩綫，放之，咏“螽斯羽”之什而覺。二月二十九日得家信，知二弟將扶櫬歸遂卜葬。予以君命暫留銓部，不得回籍躬襄葬事，不勝涕泪交流》云：

> 君命留京不得還，思親惟在夢魂間。肌膚銷盡形容槁，縞素凝成血泪斑。萬里神馳丹旐轉，一江風送白雲寒。牛眠馬鬛時人眼，嘉福何如雙相山。[⑤]

從詩中可體會奪情給張鵬翮帶來的沉重打擊。另外，《抵巫山》中有詩句“夜入思親夢”，詩中自注：“夢雙親宛然平日。”[⑥]《己亥八月二十八日夜夢見大人》云：“極目雲山枉斷腸，夜深魂夢到江鄉。依稀猶似趨庭日，爛縵春光晝錦堂。”[⑦] 再如，《閏三月初八日夢中仿佛南屏山下，大人衣冠如平日，安步前行，中間一使者，五叔隨其後。予訝使者何僭也。旁一人云：“乃叔精靈。聞有諭祭來同享，非在世凡體。”使者未之見也，覺而凄然賦此》其二云：“寂寞殘更燭影紅，天親相見樂無窮。銅臺漏盡天將曙，覺後方知是夢中。”[⑧] 夢裏春光明媚，慈父健在，其樂融融。天亮醒來，詩人才知全家團圓不過是一場空。張鵬翮常年不在蜀中，與父親團聚的時間少之又少。所以，嚴格地説來，張鵬翮有孝心，却難以實現孝行。這種忠孝難兩全的悲劇在中國歷史上比比皆是。當事人備受“子欲養而親不待”的煎熬，而文學則給他們提供了一個發泄的出口。所以，這些飽含真情的詩每每讀來都令人凄入肝脾，唏噓不已。

（二）張問安的愛情詩

張問安（1757－1815），字悦祖，號亥白，張家第十三代人。乾隆五十三年（1788）舉人，晚年回川奉母并主講書院。著有《亥白詩草》八卷，詩才超逸，與弟張問陶有二難之目。張問安先後娶過四任妻子，一生備受斷弦之痛的折磨，其中最讓他刻骨銘心的當屬第一任妻子陳慧殊。

陳慧殊出身浙江海寧陳家。在外人眼中，陳氏是孝、賢、才的化身。但在亥白心中，陳

① （清）張鵬翮：《遂宁張文端公全集》卷四，《清代詩文集彙編》第176册，上海古籍出版社，2010年版，第396頁。
② （清）張鵬翮：《遂宁張文端公全集》卷四，《清代詩文集彙編》第176册，上海古籍出版社，2010年版，第397頁。
③ （清）張鵬翮：《遂宁張文端公全集》卷四，《清代詩文集彙編》第176册，上海古籍出版社，2010年版，第417頁。
④ （清）張鵬翮：《遂宁張文端公全集》卷四，《清代詩文集彙編》第176册，上海古籍出版社，2010年版，第419頁。
⑤ （清）張鵬翮：《遂宁張文端公全集》卷四，《清代詩文集彙編》第176册，上海古籍出版社，2010年版，第388頁。
⑥ （清）張鵬翮：《遂宁張文端公全集》卷四，《清代詩文集彙編》第176册，上海古籍出版社，2010年版，第398頁。
⑦ （清）張鵬翮：《遂宁張文端公全集》卷四，《清代詩文集彙編》第176册，上海古籍出版社，2010年版，第405頁。
⑧ （清）張鵬翮：《遂宁張文端公全集》卷四，《清代詩文集彙編》第176册，上海古籍出版社，2010年版，第419頁。

氏是如知己般的愛妻。乾隆四十八年（1783），亥白作《悼亡詩二十首》，備述二人琴瑟之好。陳慧殊於乾隆三十九年（1774）歸張問安，一開始也是"秋月春花小苑深，爐熏茶具伴清吟"① 的平静日子。夫妻二人唱和聯吟，作有《畫閣聯吟集》和《花間倡和集》。而陳慧殊體弱多病，自知時日不多。她曾多次與張問安相約，倘若中道相抛，來世復爲夫妻②。可因應京兆試，亥白到底没能與其見上最後一面。爲此，亥白悔恨交加，自認"千秋薄幸人"③。從張問安爲陳慧殊寫的銘文"生同室兮死同歸，君先我兮其何依？死復生不可知兮，而竟不見而死籲其悲"④ 可看出夫妻二人感情甚篤。

從剛經歷生離死别的"水雲零落斷腸時"⑤ 到八年後的《兩河口上亡婦墓作》⑥，到近十年後的"寶釵金釧飄零盡，何處重來白玉堂"⑦，到十二年後以"香遠齋"命名所住之處⑧，到近十四年後的"鏡臺寶釧都收得，拂拭朝朝待鬢顔"⑨，再到十七年後的"蘅蕪香冷夢難成，回首棠梨暗愴情"⑩，可以説張問安餘生對陳慧殊都念念不忘。無獨有偶，亥白與文端公一樣，也常以紀夢詩懷人，如《紀夢》中的"感君入我夢，懷往增悽楚"⑪，《憶舊四首》其四中的"十載暗傷春夢短，七情真只愛根長"⑫ 等，尤其是《十月二十六日曉起作》，全詩云：

> 睡去偏能見玉姿，慘人忽報蓋棺期。此情猶自驚魂夢，當日如何易别離。泉路有天應我念，泪痕滲枕更誰知。傷心剩紙朝開篋，認得分明落剪時。
>
> 故山荒草望迷茫，墓上蕭蕭拱白楊。再世因緣空荏苒，十年夫婦可憐傷，心猶未死都成憶，夢亦如生苦不長。想到無人相慰藉，琴聲寥寂掩虚房。⑬

一轉眼十二年了，當年忽聞噩耗的情景仍使詩人驚魂未定、泪痕滲枕。陳慧殊之所以能讓人這樣銘心鏤骨，是因爲她既理解又欣賞張問安。"想到無人相慰藉，琴聲寥寂掩虚房""感人直有知音痛"⑭ 説的就是她的死不僅使亥白少了生活伴侣，更失了知心人。

（三）張問陶的親情詩

張問陶（1764—1814），字樂祖、柳門，號船山，張問安胞弟。著有《船山詩草》二十

---

① （清）張問安：《亥白詩草》，《清代詩文集彙編》第448册，上海古籍出版社，2010年版，第34頁。
② （清）張問安：《亥白詩草》，《清代詩文集彙編》第448册，上海古籍出版社，2010年版，第34頁。
③ （清）張問安：《亥白詩草》，《清代詩文集彙編》第448册，上海古籍出版社，2010年版，第35頁。
④ （清）張崇階：《遂宁張氏族譜》，民國十三年（1924）刻本，卷二《墓志》。
⑤ （清）張問安：《亥白詩草》，《清代詩文集彙編》第448册，上海古籍出版社，2010年版，第39頁。
⑥ （清）張問安：《亥白詩草》，《清代詩文集彙編》第448册，上海古籍出版社，2010年版，第88頁。
⑦ （清）張問安：《亥白詩草》，《清代詩文集彙編》第448册，上海古籍出版社，2010年版，第64頁。
⑧ （清）張問安：《亥白詩草》，《清代詩文集彙編》第448册，上海古籍出版社，2010年版，第92頁。
⑨ （清）張問安：《亥白詩草》，《清代詩文集彙編》第448册，上海古籍出版社，2010年版，第100頁。
⑩ （清）張問安：《亥白詩草》，《清代詩文集彙編》第448册，上海古籍出版社，2010年版，第105頁。
⑪ （清）張問安：《亥白詩草》，《清代詩文集彙編》第448册，上海古籍出版社，2010年版，第54頁。
⑫ （清）張問安：《亥白詩草》，《清代詩文集彙編》第448册，上海古籍出版社，2010年版，第64頁。
⑬ （清）張問安：《亥白詩草》，《清代詩文集彙編》第448册，上海古籍出版社，2010年版，第95頁。
⑭ （清）張問安：《亥白詩草》，《清代詩文集彙編》第448册，上海古籍出版社，2010年版，第34頁。

卷、《補遺》六卷，是遂宁張氏家族中最有名氣的詩人。凡乾嘉時期的代表詩人大都與張問陶有過來往，袁枚、洪亮吉等贊賞其詩才過人。而且其詩在朝鮮、日本也有一定的知名度。縱觀《船山詩草》，在張問陶親情詩、愛情詩中，提及父母的有13次，提及妻子的有23處，提及三弟的有28處。而寫的最多的則是長兄張問安，提及之處多達77次，專寫的就有44首。在船山關於亥白的詩中，最常見的就是表現自己不忍與亥白分離的詩。乾隆五十五年（1790）亥白隨周東屏赴廣東，任其幕僚。乾隆五十六年（1791），船山回憶送别亥白的情景，作《去年五月與亥白兄别于京師廣寧門外三藐庵，亥白乘騾車不能下，余走送之，且行且語，相與灑泪而别。予今年乞假還山已逾半載，亥白猶滯嶺南也，歲暮奉懷却寄》，詩云：

> 年時别君處，回首五千里。思及三藐庵，離愁轉深矣。後先國西門，驅車异苦樂。炎風昏羊城，春雲平劍閣。與君聚京華，客况殊可惱。别後憶京華，轉覺京華好。我看故鄉月，君酌他鄉酒。各有《四愁詩》，一箋常在手。[①]

結合詩題可知，當時船山邊跑邊送，邊送邊説，兄弟揮泪相别。如今人各一方，回憶起二人在一起的日子，忽覺薄宦京城的生活也是美好的。其實張問陶不止一次表明，只要與亥白在一起，身處何地都無所謂，又如乾隆五十七年（1792）《峡夜呈亥白》其三中的“三年轉愛徵途好，難得相逢在故鄉”[②]，可見亥白在船山心目中的地位非同一般。

張問陶向來重視家人，可其大半生爲功名所累，無法與父母、兄弟團聚。然而船山父親却十分反感船山留戀膝下的行爲。乾隆五十七年（1792），張問陶乞假歸蜀。全家團聚剛一個月，父親便催促船山回京散館，并告誡其不要留戀膝下，作小兒女態[③]。所以船山一些抛棄功名、超出塵俗的想法是不能對父母講的。而在船山心目中，亥白對自己有如父對子般關懷備至。乾隆五十六年（1791），亥白自廣東寄家書一封和貝葉八片，船山特意作《亥白兄自粤與余書并寄貝葉八片作五律二首奉酬》以答。詩題後録入了亥白書信，原文如下：

> 廣州光孝寺殿東有貝多羅樹一株，高尋丈，樹本奇古，其葉深碧。寺僧於秋七月取之浸水中數日，刷去其膜，筋理細密如蟬翼。用表作册子，或寫經，或畫阿羅漢像，名之曰“菩提紗”。寺爲虞翻故宅，僧云此樹是玄奘法斷所植，或云達摩手植。考此樹惟曹溪尚有一株，當是六祖遺迹耳。此八頁已用紙拓過者，嶺南珠寶、犀、象無足奇，只此一物頗佳，寄充清玩，弟頗謂不惡否？[④]

亥白并不好佛，但他知道弟弟的興趣，故在信中詳述貝葉經的製作過程，最後一句話不着痕迹地表達了自己對弟弟的思念。而船山答詩既表達了對禮物的喜愛，詩句“離情三夜

---

① （清）張問陶：《船山詩草》，中華書局，1986年版，第175頁。
② （清）張問陶：《船山詩草》，中華書局，1986年版，第203頁。
③ 遂宁張氏族譜編輯委員會：《遂宁張氏族譜》（續修），中國文化出版社，2017年版，第903頁，
④ （清）張問陶：《船山詩草》，中華書局，1986年版，第169頁。

夢，禪悅一封書。道味愁中得，名心病後疏。故園松菊冷，歸計近如何"①，又表現了船山因兄長遠行而産生的愁苦。此外，亥白也并非如父親一樣嚴肅。船山曾在東河橋寫下詩句"以骨誓青山，不隱非英雄"②。後與亥白重過此地，船山却因天氣冷而凍得發抖。故亥白戲作《東河橋二絶調船山》，調侃弟弟"東河橋下青山句，岩谷凄清太不支"③，兄弟之間輕鬆氛圍可見一斑。所以只有在亥白面前，船山才能將内心真實的想法一吐爲快。

船山考中進士前，兄弟倆南船北馬，共渡難關，留下了不少回憶。其中最讓船山難忘的是與亥白武連驛對床聽雨的經歷。"武連對床"在船山詩中共出現過13次，見下表：

表 1

時間	題目	原文
乾隆五十五年（1789）	《早秋漫興》其五	"去來山驛對床吟，霓裳小謫三春夢。"④
乾隆五十六年（1790）	《十四日感舊寄亥白》	"誰與對床談往事，梅花如雪夢南。"⑤
	《少與亥白流寓漢陽……作七律四首寄懷》	"聚散茫茫十五年，偶然對榻亦堪憐。"⑥
	《寄亥白》其一	"連床無限好，早晚束輕裝。"⑦
	《初五日夜抵伏城驛懷亥白》	"雨中忽憶對床人，塵夢茫茫海濤白。"⑧
	《燕豫道中短歌》	"安得四海弟兄俱對床。"⑨
乾隆五十七年（1792）	《峽夜呈亥白》其二	"仿佛頻年游劍外，武連山縣對床時。"⑩

① （清）張問陶：《船山詩草》，中華書局，1986年版，第169頁。
② （清）張問陶：《船山詩草》，中華書局，1986年版，第60頁。
③ （清）張問安：《亥白詩草》，《清代詩文集彙編》第448册，上海古籍出版社，2010年版，第56頁。
④ （清）張問陶：《船山詩草》，中華書局，1986年版，第103頁。
⑤ （清）張問陶：《船山詩草》，中華書局，1986年版，第142頁。
⑥ （清）張問陶：《船山詩草》，中華書局，1986年版，第143頁。
⑦ （清）張問陶：《船山詩草》，中華書局，1986年版，第146頁。
⑧ （清）張問陶：《船山詩草》，中華書局，1986年版，第150頁。
⑨ （清）張問陶：《船山詩草》，中華書局，1986年版，第153頁。
⑩ （清）張問陶：《船山詩草》，中華書局，1986年版，第203頁。

續表

時間	題目	原文
乾隆五十八年（1793）	《題武連聽雨圖王椒畦作》其二	"風雨對床懷遠驛，古人只此弟兄心。"①
	《送亥白兄出廣寧門》其二	"武連聽雨處，何日對床眠。"②
	《是夜大風復口占一絶寄亥白》	"今年古驛原無雨，偏有連床聽雨情。"③
	《是夜夜半風雨驟至愁不能寐復作一詩寄亥白》	"夏木千章風萬里，武連真敵古彭城。"④
嘉慶五年（1800）	《聞遂宁兵警邵五作詩相吊并寄懷亥白成都依韵酬謝》其二	"聽雨對床虚舊約，東坡他日是餘生。"⑤
嘉慶六年（1801）	《正月二十五日喜亥白兄奉太夫人至京并寄壽門》	"只惜南飛雁，何時亦對床。"⑥

乾隆五十四年（1789），亥白、船山京兆會試落第，經秦蜀古道返回遂寧。五月，途經武連驛，會淫雨。兄弟二人遂對床飲酒，共用相聚之樂。兩年後，船山作《少與亥白流寓漢陽，奔走衣食饑寒中，時時離别。戊申，余舉順天鄉試，亥白舉於鄉。明年同試禮部，下第後并馬西歸，偶宿劍州武連驛，阻雨三日，荒山土屋中對酒移燈，慨然有遺世出塵之想，因作二絶句志之。是年殘臘，以奉父母之命，復偕計北上，重宿武連，默計同舉以來三年中，相聚之日惟在道路，回憶山中詩酒，漢上窮困，飄忽如夢，如何可言！今亥白又依人度嶺，余獨居京師，相隔者又將一年矣。月夜不寐，作七律四首寄懷》一詩。該詩一題四首。其一、其二回憶了兄弟倆流寓漢陽，鄉試中舉的經歷。而其三云："古寺深居獨悄然，枕邊馳道苦喧闐。名隨謗得仍遭忌，詩逐愁空漸入禪。我輩有情難作客，人間多累欲登天。頭皮未老心先退，收斂才華避少年。"⑦ 船山將來客居京華、懷才不遇和寄情詩酒的愁苦向亥白傾訴。在哥哥面前，船山能完全釋放自我，甚至可以"痛飲乃盡歡，狂談總無忌"⑧。綜上所述，在張問陶心目中，張問安不僅是兄長，更是知己。乾隆五十八年（1793）船山寫《題武連聽雨圖王椒畦作》，其三云"從今兩幅鵝溪絹，竟作吾家故事傳"，詩中自注："圖有二，

① （清）張問陶：《船山詩草》，中華書局，1986年版，第237頁。
② （清）張問陶：《船山詩草》，中華書局，1986年版，第246頁。
③ （清）張問陶：《船山詩草》，中華書局，1986年版，第620頁。
④ （清）張問陶：《船山詩草》，中華書局，1986年版，第621頁。
⑤ （清）張問陶：《船山詩草》，中華書局，1986年版，第414頁。
⑥ （清）張問陶：《船山詩草》，中華書局，1986年版，第444—445頁。
⑦ （清）張問陶：《船山詩草》，中華書局，1986年版，第143頁。
⑧ （清）張問陶：《船山詩草》，中華書局，1986年版，第48頁。

亥白一，船山一。”[1] 其四又説：“不妨衣食老風塵，詩酒清寒骨肉真。留得千年遺像在，兒孫須仿畫中人。”[2] 在船山看來，與亥白“武連對床”不僅是兄弟情誼的見證，而且還能感召張家後人敬兄愛弟。

（四）陳慧殊的親情詩

陳慧殊（1755—1783），字緗箬，浙江海寧人，江西安南府同知陳億之女，張問安髮妻。其詩集《香遠齋詩》自序云：

> 余幼不知詩，然家故多藏書，見古人文賦詩詞，心竊喜。緑窗多暇，手一編，不忍釋。讀數寸許，往往心與之契，然無師弗能爲也。時諸兄競以風雅相尚，從旁弄筆墨，輒恐人誚女博士私作小句，終弗愜，不欲存。嘗願作慧業文人以消受此生不落寞也。甲午冬，歸我夫子，調瑟之餘，留情斑管，始得學步邯鄲，鹿成五、七字韵語。春風把酒，秋雨挑燈，系針分箋，倡予和女，柳風桐露……盡以名篇，刻韵拈毫，遂集成帙。夫子顧之，喜以爲可存，手爲編輯。[3]

正如自序所言，陳家文學氛圍雖濃厚，但并不鼓勵女兒家吟詩作對。一是陳慧殊没能接受專業的詩歌訓練，只能耽於閱讀古人的文賦詩詞。二是家中兄弟詩歌酬唱時，她并不能直接參與。三是因怕被人譏笑爲“女博士”，陳氏甚至不敢保存私下所作之詩。孫康宜曾説過：“未嫁和嫁後是做爲兩個强烈對比的世界來看的——前者代表了理想的‘女兒世界’，被描繪成一個女人一生中的伊甸園；後者則寫走向受苦難的深淵，它意味着無拘無束的年代之結束，對親情的斷送，以及被捲入一個完全异己的環境中。”[4] 但到了陳慧殊這裏，情况恰好相反。早年在父母身邊，陳慧殊不得不壓抑自己對文學的愛好。歸張家後，丈夫不僅親自教自己作詩，而且還很賞識自己的詩作。在亥白的大力支持下，陳慧殊在十年中撰有《香遠齋詩》《畫閣聯吟集》《花間倡和集》《倚樓集》《寄愁集》和《墨香小品》等多部詩集，現存詩85題，共104首。和明清絶大多數女性詩人一樣，陳氏的詩歌不外乎惜春悲秋、思夫懷親和咏物寄興，内容題材較爲局限，創作手法也無新意。不過值得一提的是，陳氏與亥白有不少夫婦同題唱和的詩歌。比如乾隆四十七年（1782），船山乘船去沔陽（今仙桃市），亥白與陳氏前往送行。亥白作《送柳門之沔陽》：

> 惜别不在久，暫時傷遠心。開頭趁估舶，清怨滿疏林。水澱易風雨，江波今淺深。鄰舟無謝尚，莫漫詡高吟。[5]

---

① （清）張問陶：《船山詩草》，中華書局，1986年版，第238頁。
② （清）張問陶：《船山詩草》，中華書局，1986年版，第238頁。
③ （清）陳慧殊：《香遠齋詩》，《浣花濯錦》後編，嘉慶年間刻本。
④ 孫康宜：《走向“男女雙性”的理想——女性詩人在明清文人中的地位》，《性别詩學》，社會科學文獻出版社，1999年版，第8頁。
⑤ （清）張問安：《亥白詩草》，《清代詩文集彙編》第448册，上海古籍出版社，2010年版，第32頁。

陳慧殊作《送柳門弟之沔陽》之一、之二云：

念子乍爲客，扁舟下武昌。幾朝風日好，一棹荇花香。去路江濤闊，山城落日黄。莫緣暫離别，俯首對斜陽。

幾年居澤國，忽作稻粱謀。撿點囊中硯，經營水上舟。詩窮雲樹得，人倦早春游。摇曳江潭柳，無情任去留。①

亥白詩與陳氏第一首詩的意圖都是安慰弟弟不要爲短暫的分别而傷心。亥白詩好用典故，透露出一種淡淡的哀愁；陳氏第一首詩景色寫得開闊，氣氛倒没有那麽消沉。第二首詩寫“稻粱謀”“囊中硯”，或在暗指船山此次出行是爲了筆耕賣文以養家糊口。而“詩窮雲樹得，人倦早春游。摇曳江潭柳，無情任去留”表現出描寫物件因無依無靠産生的疲憊感與漂泊感。陳慧殊本就有文學天賦，再加上女性天生的敏感、細膩，使得她的詩能真實反映描寫物件的境況。對照張問陶貧居漢陽時所寫的詩，不難發現第二首詩中的疲憊感、漂泊感才是當時船山心境的真實寫照。

三、結語

家規是家訓文化的載體，約束着族人的行爲，從而影響他們的思想以及文學創作。遂宁張氏家族的成員們關注家人，還爲女性成員營造了寬鬆的創作環境，對其家族文學産生了積極作用。另外，重情實際上是張氏家族成員共同擁有的品質。成長在這樣的家庭中，張問陶詩歌自然也注重抒寫真性情，加之天賦异才，一代巴蜀性靈大詩人的誕生是順理成章之事。

（作者單位：四川師範大學文學院）

① （清）陳慧殊：《香遠齋詩》，《浣花濯錦》後編，嘉慶年間刻本。

一花一世界

——張大千青城山時期的花鳥畫

孟光全

内容提要：張大千青城時期的花鳥畫在張大千藝術史、藝術格局中占有很重要的地位，他在臨摹學習古代花鳥畫的同時，更重視寫生與讀書，成就了他工筆重彩花鳥畫的最高成就。文中從“大千與青城”關係入手，細致分析了青城時期三幅工筆花鳥畫的藝術特色，并分析了大千青城時期花鳥畫上的題識，把畫藝的品賞與詩文的分析相結合。

關鍵詞：張大千；青城；花鳥畫；題識

一

青城山素有“天下幽”美譽，因“林木青翠，四時常青，諸峰環峙，狀若城廓”得名，是道教發祥地之一，自南北朝以來一直是巴蜀道教的中心，文人墨客也流連於此。

1937年盧溝橋事變，張大千被困北平，後經千難萬苦，終在1938年底，率家人、門生到青城上清宫居住，開始了青城隱居時期。青城寓居大致有三年、四年等説法①，比較明確的是：大千1938年底寓居青城，從《青城秋景》畫作題識可知最後一次到青城是1948年中

① 主張三年的，如懷真子的《平生夢結青城宅》一文，學界一般也信從；四年説見於都江堰地方文史工作者，如王純五主編《青城山志》，何明江、馬及時主編的《歷史文化名城都江堰》（中國文聯出版社，2004年版，第12頁），認爲大千寓居青城是四年，即1938年10月到赴敦煌，歷時兩年；1943年敦煌回來再居青城，又是兩年；1948年秋第三次到青城，小住上清宫。

秋前；赴敦煌前的兩年，主要住在青城，敦煌回來後住青城的時間一般都很短。據楊詩雲考察，主要住成都 8 個地方[①]。國難與亂世中的“狡兔三窟”，實屬無奈！

大千藝術之路，歷經“以古爲師、以自然爲師、以心爲師”三階段，青城是其“以自然爲師”的頂點——1949 年去國前，已四上黄山，二游華山，五上峨眉，游桂林陽朔、羅浮山、西康、嘉峪關、泰山、衡山、嵩山、雁蕩山、天目山、五台山、長江、黄河、劍閣、新安江、洞庭湖、太湖、洪湖、東湖……足迹遍布二十多個省市自治區。

青城是大千人生與藝術的重要驛站。在此，他尋幽探勝，游山寫生，“酌風雲之奇幻，玩草木之英華”，與家人相聚盡享天倫之樂（圖一、二），山中讀書、傳授畫藝……青城是大千的福地、畫山詩山：畫了大批山水、花卉、人物畫，共千餘幅，總要鈐上“上清借居”“青城客”“却吹長笛過青城”等印；寫詩文數十篇；爲上清宫天師洞、鴛鴦井、麻姑池題碑碣 10 餘處，爲張三丰、麻姑、王母、華蕊夫人等造像刻石；上清宫旁植梅百餘株；還從甘肅天水帶回十多隻紅爪玉嘴鴉放歸山林……

圖一

左起：黄凝素、張大千、宛君、心智、葆蘿、心玉、心珏（1940 年）

① 楊詩雲：《張大千在成都借居》文。

1939年张大千先生和家人在上清宫合照
In 1939, family photo at Shangqing Palace

圖二

美國漢學家斯蒂芬·歐文説，“記憶總是同名字、環境、細節和地點有關。”①大千後半生爲“流散藝術家”，漂泊海外，對青城的愛念貫穿一生，情深意重，回憶裏、畫裏、詩文中常有青城的倩影，如1959年“十載投荒願力殫，故山歸計尚漫漫。萬里故鄉頻入夢，掛帆何日是歸年”的詩；20世紀60年代，爲自己親友“故國神游”，在巴西聖保羅作《青城山全圖》、開潑墨之風的四幅通景巨幅《青城山通景屏》；華僑阿明（楊明）爲學廚藝，自願到張府當義工，學成在美開中餐館，大千題“青城山”爲招牌、繪山水畫《青城山》相贈；晚年臺北建摩耶精舍，内設分寒、翼然二亭，亭名就來自青城；“平生夢結青城宅”“自寫青城舊佳山”“歸來猶得住青城”等詩句一往情深；山水畫常鈐“家在西南常作東南别”“無限離情無窮江水無限山色”等印；去世前不久，還題“青城山上清宫”以爲留念與告别。

花鳥畫在大千繪畫格局中非常重要，其花鳥畫自新羅、八大、徐渭、陳淳等寫意花鳥入手，20世紀30年代經由陳洪綬，上追宋人工筆花鳥，如邱慶餘、滕昌佑、林椿、宋徽宗、趙昌、易元吉等，30年代中期到50年代初，是大千工筆重彩花鳥畫的高峰期，這既得益於對古代花鳥畫全面深入的學習，更得益於“青城之助”——青城豐富的花卉、禽鳥蝶蟲資源供他寫生，青城隱居的安寧生活讓他博覽群書。據王純五主編《青城山志》載，“青城花卉資源豐富：木本觀花84種，如杜鵑、山茶、梅花、海棠等；木本觀果類18種，如烏柿（金彈子）、葉上珠等；木本觀葉類有仙人松、黄楊、鵝掌楸等33種；草本觀葉類有吊蘭、虎耳草等25種；草本觀花類多達109種，如青城幽蘭。青城山禽鳥200餘種，如桐花鳥、護花

① ［美］斯蒂芬·歐文著，鄭學勤譯：《追憶：中國古典文學中的往事再現》，生活·讀書·新知三聯書店，2004年版。

鳥、知更鳥、青城玉鴉、紅嘴相思鳥、杜鵑鳥、翠鳥、斑鳩等”①。

二

爲管窺其藝術成就，我們就來欣賞青城時期的三幅花鳥畫。

第一幅是送陸丹林的《青城紅葉》(圖三)。

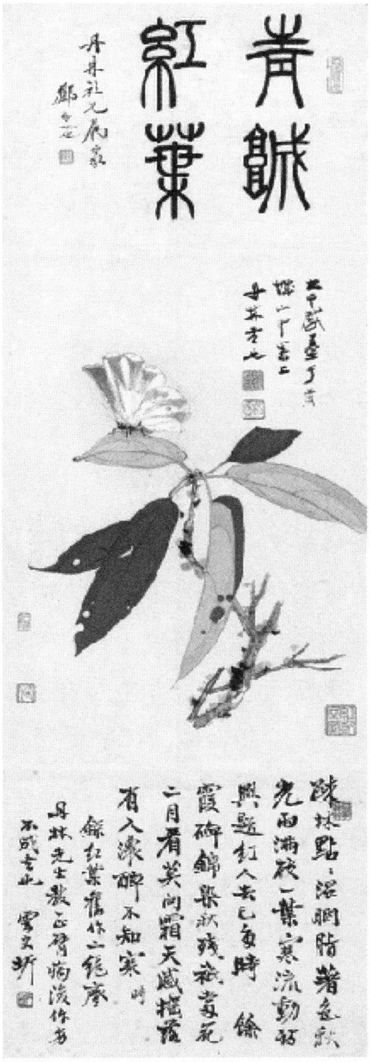

圖三　《青城紅葉》

① 王純五主編:《青城山志》，四川人民出版社，1998 年版，第 98 頁。

此畫大千學習宋人折枝寫生的方法，最簡明，只取青城秋天的一枝一蝶。枝幹部分：先用淡墨勾勒枝幹輪廓、走向，由下往上畫，枝丫都勁挺、堅硬、尖鋭，展現枝昂揚向上的生機活力，構成作品“骨架”，枝幹輪廓内用更淡的墨點染，使枝幹有立體感；濃墨點染幾處苔點，濃淡對比，國畫一向講究“墨分五色”，這就豐富了墨色層次，更讓枝幹有滄桑厚重感，表明生命雖然艱難，却只能堅毅，迎難而上；再用没骨法輕柔點染一些淡藍色，暗示枝幹虽柔弱却一樣美麗而堅毅，葉片親密纏繞而上，枝、葉相依，富山野之氣。

枝巔長出紅葉六枚，葉正側、反背、俯仰，各不相同，但都盡情朝四面展開，姿態輕盈曼妙，如花兒一樣；葉輪廓、葉脉走向都用淡墨清晰勾出，再點染色澤，正面的鮮紅艷麗，最是醒目，背面葉子色調則漸次變化——從葉邊褐紅色，到内裏的淡褐、乳白調和色；葉或飽滿，或有蟲蛀蝕的小孔，飽滿、殘缺對比，盡顯斑駁之美，表明紅葉歷經蟲、風霜摧殘，依舊美麗動人，生命如火依舊熊熊燃燒。大千説：“朝夕相處而觀察它們，從而爲它們寫生，冶姿嬌態和生長的意味都要完足。……物理、物情、物態三者都要兼顧。”本畫就完美展現了青城紅葉的“冶姿嬌態和生長的意味”與“物理、物情、物態”。

蝴蝶的翅充分張開，淡墨勾勒翅的輪廓、組成，再施以紅、淡紅、淡黑色澤，蝶翅近圖案化，略帶裝飾性，與枝幹、紅葉寫生記實略有不同，表明畫家技巧高超而多樣；蝶頭、身、足體量很小，但由於色用深黑，筆觸用細筆精細刻畫，因此栩栩如生，看那足緊緊攫住葉片，頭微抬，全身呈舒適安閑姿態，似乎蝶葉在緊密相依、親切相戀，一同在這青城山中、秋天原野中。

畫題：“大千戲墨於青城山中，寄上丹林老兄。”陸丹林（1896—1972），民國文化名人、報刊著名編輯、美術史家、書畫鑒藏家，任上海中國藝專、重慶國立藝專教授，主編許多報刊，尤以文史、《國畫月刊》《蜜蜂畫刊》畫刊聞名，堪稱國内第一名編，著《楓園書畫録》《紅樹室書畫集》《美術史話》《藝術論文集》等書，長於美術評論。張、陸 20 年代中期就開始交往，收藏大千書有一佳話：大千至交謝玉岑生前有“孤鸞室供養大千百畫之一”藏畫印，陸也有“丹林珍藏大千百畫之一”印，他們都酷愛張畫，所藏精品極多，如大千 1932 年畫的《紅樹室圖》（吴湖帆後添染曲徑），陸請章士釗題引首，譚延闓、黄葆戊題簽，讓陳三立、葉恭綽、謝無量、陳夔龍、鄭沅、馮文鳳、夏承燾、于右任、李宣倜、潘飛聲、柳亞子、趙尊嶽、梁鴻志、夏敬觀、陳小翠、林思進、易大厂、龍沐勛、黄浚、楊圻、諸宗元、符鐵年、劉成禺、楊千里、向迪琮、張爾田、冒廣生、沈尹默、瞿宣穎、陳祖壬、錢瘦鐵等近現代 30 餘位文化名人題跋題咏，詩人冒廣生無比羡慕，題詩“能令英雄都入彀，即今惟有陸丹林”。“不斷累積起來的卷後題跋凝聚了諸如美學品評、人物交游、流傳綫索、藝術生態、歷史考據、辭章風雅等多方面的價值感”，形成所謂的“題賞增重”[①]。

---

① 汪毅：大風天下縱横談《張大千大風堂藝術研究》連載（二十三）《張大千－陸丹林（一）》。萬君超的博客：《紅樹室主陸丹林》。

《青城紅葉》畫的後面有“人”“人的交情”。1939 年 10 月 5 日，陸將《青城紅葉》用於《大風》雜志封面，表達自己身在香港而心繫大千的情意。中國古典文藝一向講究“詩可以群”，本畫是送老友、真正的行家知音，大千既盡情施展才技，又十分用心、體貼，是唯美、唯性靈之作，兼宋院體畫的精工細致與現代畫的裝飾之美，是折枝小品畫的極品，精致華美，構圖、綫條、設色都精美。只畫大自然的片段——蝶葉，背景及其他紛繁的萬千景象則一概省略，盡得“留白”之趣，畫面空靈活脱，回味不盡，追求畫外之意——借蝶葉這些自然小精靈來展現秋日青城之美；引發對自然、生活的熱愛；報平安，思友人；盼友青城歡聚……相比前人的“相見亦無事，别後常憶君”，白居易“緑蟻新醅酒，紅泥小火爐。晚來天欲雪，能飲一杯無?”大千以畫送人，看似什麽都没説，但一切又盡在不言中。沈德潛在《古詩源》中盛贊謝朓詩“覺筆墨之中，筆墨之外，别有一段深情妙理”，謝靈運山水名句“岩下雲方合，花上露猶泫”“白雲抱幽石，緑筱媚清漣”庶幾近之。張充和早在 1936 年 4 月 22 日《中央日報・副刊》刊文，説大千“筆下流動著無限的詩思和極高的品格。……大千先生的藝術是法古而不泥於古，現實而不崇現實，有古人尤其有自己”。

圖四　《翠竹幽禽圖》

第二幅《翠竹幽禽圖》，很有戲劇性。

畫面組成：地面、假山石、古木、翠竹與“點睛”的玉鴉。依次看：

地面爲裝飾性極强的草地，以藍平塗渲染，再用細筆白綫横向勾勒，略有起伏，手法是裝飾性、圖案化的，非寫實的，這就大大簡化，富裝飾美，給人沉穩、安寧、素净感。

假山石玲瓏立着，用濃墨勾勒輪廓、立姿，再用濃淡不一的墨反復皴染，表現石窟窿縫隙，富立體感，下部纖巧，上部粗壯，造型玲瓏别致，體現國人對石頭“瘦、透、漏、醜”的審美情趣，盡顯滄桑厚重、嶙峋峥嶸之美。黑石從造型、色彩上都起了“支撑”“壓住”的作用，如“定海神針”，全石黑乎乎的，“石不能言最可人”。大千一生喜愛奇石，營造八德園、環蓽庵、摩耶精舍，園裏、案上都有奇石相伴，去世後又“寄身梅丘”，其愛石、懂石、畫石超越了“拜石”的米芾。

石前幾竿筆挺小竹，突然右方畫外“飄”或硬生生“闖”進叢竹來，横向地，是“風竹”，大千每每説，“每撇葉子都要有臨風吹着的風致，這才算是最好的。”“要使它枝枝好似要去舞蹈似的”，葉像“舞蹈中的美女，或迎風輕舞，或含笑欲語”，“風竹是要表現竹在風中的姿態，枝葉要隨着風向，作斜横飄動的狀態，最不易表現者，爲竹竿要能够在風中有彈性動態的感覺。”兩叢青葱緑筱，或立或横，或静或風吹拂着，恰好呼應又對比。竹葉先雙勾，再染色，富裝飾美，與黑石恰成對比。大千論畫竹很精彩，説“寫意的竹，也要分層次，近的竹在前，要用濃墨，遠的竹在後，要用淡墨，這才能够分得出前後、明暗的層次，增加韵味。……竹有風竹，雨竹，晴竹，老竹，新竹的分别……畫葉下筆要勁利，實按而虚起，一抹便過，稍微遲留，那就鈍厚不會銛利了。這是寫竹最難的一關……所有竹的反、正、向、背、轉、側、低、昂，雨打風翻都各有它的姿態，但要細心去領會，然後畫出，才能盡善盡美。”可謂金針度人。匍匐於地的蛇泡兒草也工筆重彩畫出，葉片飽滿，其色從葉蒂、葉心的深緑向葉邊緣慢慢淡化，逼真寫實如植物圖典。

“中庭老木自丫叉”，古木由下向上，遒勁沉雄，先勾勒古木、枝丫輪廓走向，再用傳統的皴染表現疤痕贅瘤、孔洞，最後點染苔點，古木斑駁滄桑却依舊生機勃勃，昂揚而上，有力“撑”起了整個畫面。大千説：“木本要畫得挺拔而且秀發，又不可以太過僵直；而草本的花幹則要有柔脆婀娜的姿態。”“枝葉要在剛勁快利中求柔軟諧和，柔軟諧和裏又要有剛强的骨力，在柔婉姿媚裏找求剛强中正。”霜葉紅於二月花，紅葉先雙勾，再染色，葉與古木無論是姿態、色澤、美感上都恰成對比，葉的美、媚、魅，竟毫不亞於花。

鳥是全畫主角，畫它振翅欲飛是“點睛之筆”，畫家精准把握了玉鴉展翅欲飛、要飛未飛的瞬間，全身富於動感、力量感、張力，傳神逼真：黄爪緊抓枝幹，翅已展開，尾下沉，頭向右方，鳥眼用“檳榔黑”，漆黑一點很小却牢牢抓住看畫人，真是“點睛之筆”。

此畫唯美，似有故事——“玉鴉與古木紅葉、翠竹的故事”，很有戲劇性——鳥爲何回眸右方？翠竹那方、畫面外究竟有怎樣的風光？讓人浮想聯翩、好奇，畫面就大大延伸擴展，是爲“不畫之畫”。

手法多様：紅葉、竹、鳥爲精細的工筆重彩；古木、石先勾再染；地面用平塗加勾綫。色彩很是豐富多彩：绿、藍、黑、紅、褐、畫面背景或底的淡黄。

圖五 《紅葉白鳩》

第三幅《紅葉白鳩》，1944 年作，題識："槲樹雙猿易元吉，梨花鳩子雲溪翁。解道青城好顔色，玉山照耀曉霞紅。坐第一峰亭子，東觀日出，西望雪山，鬱爲雙絶。"又記："青城槲葉未霜先紅，爛若朝霞，以予所養白玉鳩立於枝頭，粉光霞彩相映帶，如觀滕昌佑畫圖。惜嶺梅未來爲我寫真，拈筆記此，有愧傳神。"

畫面構成豐富，布局削繁就簡，槲樹枝椏是構圖關鍵、主幹，"撑"起整幅畫作，"牽動"看畫人視綫。幹爲反寫"Z"字型，主幹向左上方生長，雖不粗壯，但其下部、上部各反向長一分枝，反向二枝使構成更豐富，兩枝對稱、呼應又對比，盡顯生機。點苔，使枝幹不單薄，有滄桑厚重感。寄生植物於主幹下方沿枝攀纏，很有相依纏綿情狀，葉扁圓、光滑潤澤，葉正面靛藍，葉背深緑，從下而上葉片逐漸變小，愈顯嬌嫩。槲葉呈窄長形，葉沿如鋸齒，畫槲葉先用尖細筆觸精心勾勒輪廓、葉脉，再分别點染背面葉的褐色、正面葉的紅。畫正面葉時反復點染紅色，色澤厚重，有蠟質感、光澤度、立體感（或葉脉隆起，或葉中央下陀，葉脉兩邊上翹）；背面葉也用細筆精細勾勒輪廓、縱横交錯的葉脉，濃墨勾畫中央葉脉，淡墨勾畫次要葉脉，合乎生長情狀。好些葉子尤其是背面葉，多殘缺或蟲孔，合乎深秋季令特點，也有殘缺之美。

玉鴉體態豐滿優美，胖乎乎呆枝頭。翎毛細膩、蓬松、軟和，精細畫出鳥翅蓬松毛茸茸之感，爪牢牢攫住樹枝，神態安詳、淡定、嫻雅，漆黑的眼凝視右前方，它把觀者視綫也帶出畫外，想象也被激活，——前方有怎樣好的風光、故事，才能如此吸引玉鴉、看畫人。大千説："畫花鳥畫很重要的是鳥爪一定要能抓住樹枝，而且鳥的眼睛像一粒豆子一樣有突出感。"

色彩豐富斑斕：暖色調的有紅、褐、鳥嘴爪的淡黄，三枚印章；冷色調的有藍、緑、濃淡不一的黑（枝、苔點、鳥眼）、鳥全身的白。

從題識可知，本畫不只畫紅葉玉鴉，"玉山照耀曉霞紅。東觀日出，西望雪山。粉光霞彩相映帶。"還"遷想妙得"表現更廣大、奇幻的大自然之美：紅葉與旭日、玉鴉與雪山，一紅一白，真是想出天外，心思活潑潑地，《文心雕龍·神思》"文之思也，其神遠矣。故寂然凝慮，思接千載；悄焉動容，視通萬里"恰能形容。

玉鴉，大千又稱白羽鳥、雪鴉，是他在青城、成都蓄養的一種异鳥，劉振宇曾考釋大千1944年2月23日—3月6日日記[①]，很珍貴，摘出以饗讀者：初四（2月27日）"九弟入夜方歸，謂鍾伯瓊有白鴉。聞之大喜。於是九弟即往取之，約明晨持歸，同入城。"初五記"七時半九弟歸。雪羽耀彩，真异鳥也。"

總之，大千在臨摹古人的同時，十分重視寫生，對花卉草木的生長周期、習性喜好，鳥的種種動態如啼晴、調音、踏枝、欲升、反争、飛翔、飲啄等，都觀察入微。青城時期，花鳥、山水畫，重視青城、峨眉、川北、西康等地寫生；人物畫，他重視西北、西南少數民族如藏蒙族女子的寫生，爲仕女畫開了新領地，出國後又對印、日、歐美女性寫生，大大拓展了仕女畫的天地，大千就是這樣一步步走來，穩健踏實又活力無限。

大千青城期的工筆重彩花鳥畫，走的是藝術康莊大道——臨摹、寫生、讀書并舉。他的學生、女婿蕭建初如是評價青城花鳥畫："這些在世界上微不足道的小小生物，父親以歌頌的心情描繪了它們的形象……爲花鳥草蟲畫開辟了新局面……對於青城的山花野草，飛蛾、彩蝶、小鳥、鳴蟲，都賦予新的活力，使其在畫面中光彩奪目，成爲主體。爲花鳥草蟲畫擴

① 劉振宇：《四川新發現的張大千日記》，《收藏家》2003年第8期。貞與的博客 http://blog.sina.com.cn/zhenyu6161，《張大千：1944年春的13個瞬間》。

大了視野，開辟了新的途徑……既表現質感，又表現量感，也表現情意。”[①]

無獨有偶，英國詩人、大英博物館東方繪畫館館長L • 比尼恩在《亞洲藝術中人的精神》一書中，這樣評價今藏日本的北宋著名大師的兩幅荷花畫：“因爲這些花不是被當作人類生活中討人喜歡的附屬品，而是被看成是有生命之物，它們具有與人類同等的尊嚴。這有力的花兒從泥土裏長出來，亭亭玉立，懸於空中，不住地顫動；它們那種靈敏勁兒，那種從悄悄的花蕾到絢麗的花朵的或慢或快的吐放過程——這些内容要比花兒本身那種可愛的顔色和結構更優先地成爲這種藝術的主題。”[②]

大千青城花鳥畫讓這些微不足道的花鳥蟲魚，成爲“有生命之物，它們具有與人類同等的尊嚴”。要知道，大千在青城，也有過人生最艱難時，生活中的苦難經過了“過濾”，留下的是樂觀與希望：1940 年 10 月 17 日，其人生與藝術的領路人二哥張善孖病逝，享年 59 歲，12 月 18 日，長子心亮在西安病逝，年僅 18 歲。《張氏家乘》載：“方哭兄逝，又哭子亡，此等刺激真非尋常人所能受者。”但他并不悲悲涕涕，凄凄慘慘，上面我們見到的三幅秋日花鳥畫，絲毫没有秋之肅殺凄美衰颯，完全超越了古代傳統美學的“悲爲美、哀爲美”藩籬，這是大千的偉大。讓人“見鳥獸蟲魚之躍然紙上，而發其萬物一體之念焉”（大千語），足以唤起國人的民胞物與、尊重熱愛生命、萬物一體的情懷。

三

宋以後，中國畫開始自覺追求“綜合型藝術”，融畫、書、章、詩（包括詩、詞、曲、文、賦等）爲一體，集畫、印空間藝術，詩文時間藝術，以及兼具時空藝術的書法藝術爲一身，極大拓展了繪畫表現領域，加强了繪畫抒情寫意功能，從而立體調動賞畫者多方面審美感知。美籍華裔美術史家方聞説：“詩、書、畫三絶合而爲一，文學與圖像巧妙而含蓄地結合，愈發韵味無窮。”[③]“詩、書、畫三種形象在單幅藝術品中的絶妙結合，宣告了一個全新的既複雜又玄奥微妙的繪畫時代的到來。……文字和形象處於不停的運動之中；它們通過書法用筆的筆勢和動感而相互産生共鳴而彼此增輝。”[④] 張大千講究畫作的完美，説：“好的題畫詩，要能配合畫的内容，把畫中的美表演出來；而最好的題畫詩，是能寫畫外之境，傳畫外之意。……一幅成功的、好的中國畫就必須要詩、書、畫、印樣樣精到，且詩、書、印、

---

① 寧夏回族自治區政協文史資料研究委員會編：《天水無垠——張大千生平和藝術》，中國文史出版社，1999 年版，第 35—363 頁：蕭建初、張心瑞《父親的畫業》。包立民編：《張大千的藝術》，生活 • 讀書 • 新知三聯書店，1986 年版，第 50 頁：蕭建初《植根傳統，不斷創新》。

② ［英］L • 比尼恩著，孫乃修譯：《亞洲藝術中人的精神》，遼寧人民出版社，1988 年版，第 56—57 頁。

③ 方聞：《大都會博物館迪能畫廊的中國畫收藏》，《美術研究》1983 年第 3 期，第 85—88 頁。

④ 方聞：《宋元繪畫中的文字與圖像》，《美術》1992 年第 8 期。

題、款、跋、識在畫中的大小、位置、書體、形式、內容等，都要符合構圖布局的需要。”

這裏我們就來以親情、友情、愛花鳥爲序，關注大千青城花鳥畫題識中的詩文吧。

《上清借居》詩：“自詡名山足此生，携家猶得住青城。小兒捕蝶知宜畫，中婦調琴與辨聲。食粟不謀腰脚健，釀梨長令肺肝清。揭來百事都堪慰，待挽天河洗甲兵。”

抗戰時，國難當頭，山河破碎，大千剛度一劫，終與妻兒子侄、學生青城團聚，盡享天倫之樂：小兒捕蝶，中婦調琴，以青城特産栗、梨養身，從淪陷的北平歸來，百事堪慰，熱烈期盼天河洗甲兵，驅逐倭寇，光復神州，真切寫青城舒適的日常生活與天倫之樂，也期盼早日逐倭寇復神州。“小兒捕蝶知宜畫”，今天，從大千女兒張心慶的回憶依然可感受青城之美、家人歡聚之樂，“剛到山上時，小兄弟姐妹們每天玩得很開心，爬山、打游擊、采蘑菇、捉蝴蝶、捉迷藏，笑聲、歌聲鬧個不停。……我們家搬到青城山以後，父親特别喜歡這裏，常對我們説：這山真好，空氣清新，早上可以觀日出，畫累了，到處走走，爬到山頂，可以看到山對面的奇峰异石、參天大樹，又能聽到清脆動人的鳥鳴，同時還可以寫生畫畫，更不會有城市裏的喧鬧，總是那麼寧静，真是净化人的心靈。”“晴天時，陽光明媚，可以捉蝴蝶；雨過天晴，可以去山上采蘑菇，好玩極了。在這裏，你的確會感到大自然賦予人類的美，是取之不盡、用之不竭的。……一路邊爬山，邊觀賞山上的景色。春天漫山的野花、飛舞的彩蝶；夏天茂密的樹林、嘈雜的鳴蟬；秋天遍山的紅葉、滿枝的野果；冬天寂静的雪景、覓食的松鼠，都是父親積累的寶貴藝術素材。”①

《青城山紅葉彩蝶圖》題識：“青城山中蝶大如掌，絢彩偉於羅浮，而茂樹蓊翳中，時有紅葉，益令人思，秋冬之際，霜葉滿林，光艷如花，蝶夢爲之栩栩也！己卯六月，寒弟折紅葉爲瓶供，小兒輩撲蝶多種，遂對影寫此，以記一時笑樂。”青城蝶大又絢麗，茂樹蓊翳中到處是光艷如花的紅葉，讓人想起“莊周夢蝶”的典故，《莊子•齊物論》：“昔者莊周夢爲胡蝶，栩栩然胡蝶也，自喻適志與！不知周也。俄然覺，則蘧蘧然周也。不知周之夢爲胡蝶與，胡蝶之夢爲周與？周與胡蝶，則必有分矣。此之謂物化。”又寫摯友張目寒折紅葉爲瓶供，小兒撲蝶，自己“對影寫此，以記一時笑樂。”這段優美小品，寫景爽心悦目，叙事簡明暢快，寫人生動親切，親友的笑樂一生難忘，用典又有傳統文人士大夫的士氣、書卷味，應有盡有，其樂融融。

扇面《蝶戀花》：“責子淵明愧有餘，任教懶放與癡愚。九齡通子恣憨跳，撲蝶時還索畫圖。羅兒撲蝶多種，寫此兩色與之。”小兒張葆羅捕蝶有功，大千詩畫相贈，以資鼓勵。七絶從陶淵明著名的《責子》詩化出，“白髮被兩鬢，肌膚不復實。雖有五男兒，總不好紙筆。阿舒已二八，懶惰故無匹。阿宣行志學，而不愛文術。雍端年十三，不識六與七。通子垂九齡，但覓梨與栗。天運苟如此，且進杯中物”。大意是：陶自己老邁，但五男兒“總不好紙筆”：16 歲老大阿舒最懶，快 15 歲的阿宣不愛文，13 歲的雙胞胎雍、端不識數，六、七不

① 張心慶著：《我的父親張大千》，中華書局，2010 年版，第 63、69、91 頁。

分，小兒通子馬上9歲了，成天就找梨、栗吃，天命如此，還是喝酒吃菜吧。詩意豐富渾成，感慨、責怪、無奈、達觀、幽默風趣交融。大千的改寫，寫自己羞愧難當，放任子女懶放癡愚，再寫羅兒頑皮、活潑、聰明，“九齡通子恣憨跳，撲蝶時還索畫圖”，“恣憨跳”極生動，詩富生活情趣，幽默風趣。其實，大千非常重視子女教育，實行平等、自由民主、充分尊重、獎勵式教育，重在大自然中的藝術與情感教育，且貫穿一生：

青城隱居時，大千請好友張目寒與他新婚妻朱紫虹一同來青城，想讓朱紫虹順便教教兩兒，就致信自己與張目寒共同的好友——謝稚柳，説：“稚柳吾弟足下：目寒處不另具書乞，弟能同目寒來否？告之紫虹，如能來更好。成都防空襲，各校俱遷鄉，罹罹、蘧蘧，皆不得入學。紫虹來又可休養，又可教兄兩兒，此間食住尚稱不惡，兄當供養，月仍可送薄薪二十元，以爲紫虹零用，弟以此意告目寒爲感。”大千書信非常好，頗有《左傳》辭令之美，委婉誠懇傳達這些意思：1. 重視子侄晚輩的教育。2. 最會做人，托中人轉述，既有回旋餘地，不尷尬，又充分尊重。3. 真誠敦厚，宅心仁厚，能將心比心，周詳妥帖替對方考慮——休養、食住、薄薪零用。真是“人情練達即文章”。

1956年5、6月，大千夫婦在歐洲開畫展，三個兒女只得托付山田喜美子，於是大千致信山田，“小兒女三人至蒙愛護，已入學校，大妹妹更學芭蕾蹗，并至八月十九日於中野工會堂表演，皆得君之力也，謝謝”。“小兒女一切累君，銘刻！銘刻！……心沛既學芭蕾又學鋼琴，皆費清神，雯波夫人與予俱甚感謝也。”[①]

1967年1月到美國加州，致函在巴西八德園的弟子王旦旦：“旦旦賢侄：十三日來金山，於邱伯伯處得來函并附李大使書，一一俱悉。家中一切平安，至慰。頃到克密爾，擬於二十日返金山，二十二日飛日本，預計舊曆除夕可到臺灣。二月底仍經由東京、三月底自紐約還家也。家中一切望小心照應，多多臨畫寫字，至要至囑。牛牛、醜妹每日需要温習工課，不可貪耍。綿綿想更乖，無時無刻不在想念中。沈姐來園中否？阿根、延之小朋友尚留住否？孫世兄何時進城？望來函。告知來信交臺北目寒叔家。一月十七日。叔爰。貓兒、狗兒、烏猿乖不乖？”講此行行蹤，囑咐弟子臨畫寫字，關心子女教育、家中來賓、貓狗猿等等。從中可考察在海外大千“只手爲中國藝術打天下”的情形、大千性情等。

《青城异卉》題識：“居青城三年，每風日晴美，輒杖策岩谷，獨探幽邃。往往得异卉，雖土著不知其名。惜吾非廠不得同游，儻得健筆一爲傳寫，使山靈不終閟其奇，一何快邪。”風日晴美，探幽時常遇奇花异草，就懷念起北平淪陷中的好友——于非闇，高陽在《張大千梅丘生死摩耶夢》中説：“20世紀30年代張大千在北平旅居的幾年中，于非闇是他形影不離、交往最多的一位密友，博學而又多才的人。他善畫，善治印，會種花，會養鳥，會釣魚，又寫得一手好字、好文章。”“是北平一個典型的玩家，養鴿子、養蛐蛐、養金魚、養各

① 曾迎三、萬君超編著：《東瀛之戀：張大千與山田喜美子》，浙江人民美術出版社，2020年版，第9頁。

種小動物，都能談得頭頭是道；而且他還能寫專欄文章，經常在北平《晨報》談各種雜藝。”[①] 借奇异花卉引出思念故人，“吾”“健筆”“使山靈不終閟其奇，一何快邪”，這些詞句可謂情韵悠悠，餘音繞梁。

《紅葉翠鳥》題識：“昔居青城，每霜葉紅時，輒有异鳥翔集林間，鳴聲閑婉，翅尾嫣紅如燕紋。詢諸士者，多不識名，有老道士告予此紅衣畫眉也。五代蜀王衍游青城，宫人衣服俱畫雲霞，飄然若仙，衍作《甘州曲》述其仙狀，上下山谷，衍嘗自歌，使宫人和之，鳥蓋宫人所化也。”霜葉一紅，就有“鳴聲閑婉，翅尾嫣紅如燕紋”，异鳥翔集林間，寫鳥鳴、紅尾可見觀察細、愛鳥深，問名查典籍，表明大千有濃厚好奇心、探索精神，秉承傳統士人“一物之不知，君子之耻”優秀傳統，後叙五代蜀王衍《甘州曲》故事，故事源自《新五代史·前蜀世家》，大千娓娓道來，都讓人興味盎然，津津有味。畫來自對紅衣畫眉寫生，又滲入歷史滄桑，這樣畫的僅是一花一木，一鳥一蝶，却耐看，經得住回味，魅力既在“畫内”，更在“畫外”。

大千曾説：“作畫如欲脱俗氣、洗浮氣、除匠氣，第一是讀書，第二是多讀書，第三是須有系統、有選擇地讀書。”讀書能養成書卷氣、風雅、士氣等。下面來看一拍品——《行楷唐代傳奇小説册》，紙本五十六開，抄唐傳奇爲主（如韓偓《海山記》《迷樓記》，沈亞之《湘中怨辭》《秦夢記》《馮燕傳》，陳鴻《長恨傳》，裴鉶《昆侖奴傳》，許堯佐《柳氏傳》，沈既濟《任氏傳》，李彦佐《南柯太守》，白行簡《李娃傳》，等等），正文部分還抄録李白、王勃、庾信等人的詩，正文空白處還抄録有關書畫、寫景、讀書、文章等[②]，據大千研究專家邢捷鑒定，這是一生酷愛讀書的大千 1939 年前後在青城所抄録的皇皇巨制，可借此管窺其讀書之多、之細，青城真是讀書習畫的好地方。

《天珠花蝶》：“春間葉上茁小黄花，花謝結實，入秋乃紅，熊熊如火齊，山中人呼爲葉上珠，亦呼天珠，更有葉下珠即地珠，皆他處所無者。”《栗樹畫眉》：“天師池，在高臺山半林麓中。昔天師居石城崖上，於此作池，以飲鳥獸。池上又有獨房栗十七株，相傳天師所手植，故山中人呼爲天師栗也。”寫青城獨有的天珠地珠、天師栗，既是花鳥畫題材，也是一方名物名産，大千都津津有味去觀察、翻書、研究，最後再畫出來，所言都原原本本、清清楚楚，有了這些功夫，所以看畫就興致盎然。

其他青城詩文還有很多，《紅葉翠鳥》：“清泉繞屋家家竹，紅葉然雲處處花。我欲移家向空谷，看花種竹之生涯。”《鐵崖蒼松圖》題識：“蒼崖峭壁嵌青松，堅貞不受暴秦封。浩浩颯颯來天風，只恐旦夕成飛龍，騎龍顧盼君何雄！倭據故都之明年，予始得間關還蜀，來居青城，初識彭真人椿仙，歲月不居，忽二三年，頃將北出嘉峪禮佛敦煌，寫此爲别。”

大千畫好，詩文明快俊爽，給人印象深的是題識、信札，内容豐富，情辭飛揚，言簡意

---

① 高陽著：《張大千梅丘生死摩耶夢》，生活·讀書·新知三聯書店，2004 年版，第 121—122 頁。

② 邢捷《張大千行楷唐代傳奇小説册賞析》文。

賅，情味雋永，深得傳統筆記小品之優長，堪稱“小品大家”。

日本後藤朝太郎曾概括中國傳統文人的特徵：“一、嗜好書畫詩文；二、對文學及其他學問造詣精深；三、嗜好篆刻金石；四、精於茶道、香道；五、嗜好盆栽和園林；六、精於演劇和卜筮。”大千作品收藏大家林百里認爲：“中國畫是結合文學、哲學和美學的結晶，不只是 mix（混合體），而是最好的文學、最好的哲學和最好的美學的結晶，缺一樣都不行的。”

在中國文化中，自然、社會生活與書卷，其實都是畫家的“創作之源、之根”，源遠才能流長，根深方能葉茂，這是張大千藝術給我們的啓迪。

（作者單位：内江師範學院文學院）

聚焦“地方特性”的人文地理書寫[1]

——以張中信筆下的大巴山爲例

劉　婧　周　毅

内容提要：四川作家張中信長期致力於大巴山自然地理書寫，通過陳列自然地理景觀、綴連自然地理空間的方式使得作品呈現出較爲典型的地域寫作樣態，體現出較爲成熟的地理叙事特徵。與此同時，也不容忽視的是，在張中信的創作中，人文地理書寫同樣具有不可忽視的重要意義。作家聚焦於“人”，凝練成“文”，聚焦“地方特性”，旨在通過人文地理書寫展現大巴山的人情百態、地方况味。張中信通過展現巴山小人物的生命韌性以及以文學的方式挖掘非物質文化景觀的特徵來開展人文地理書寫，最終呈現出了大巴山堅韌而倔强、粗糲兼細膩、直白却神秘的地方特性。

關鍵詞：地方特性；張中信；人文地理；生命韌性；非物質文化景觀

“地方特性”爲建築學研究者所頻頻言説，也爲社會學研究者所定義，更爲文學地理學研究者所提及。就一處建成環境的“地方特性”（Region Identity）而言，它“是公衆參與和歷史積累的結果。其不僅僅是客觀的物質存在，包括實體環境和其中的人類活動，還是地方民衆對客觀物質存在這一建構現實的心理感知，强調的是主觀對於主觀與客觀關係的認同。”[2]

在地域文學研究者和文學地理學研究者看來，所謂的“地方特性”指“在時間上具有共

---

① 基金項目：該文爲四川大學中央高校基本科研業務費項目“21 世紀中國文學史論”（項目編號：skcb201401）、“生態文明視域下川籍作家反現代書寫研究”（項目編號：2018skzx－pt222）、“21 世紀以來四川作家的反現代書寫研究”（項目編號：skzx2017－sb49）階段性成果。

② 李欣、芮旸、王健麟：《西安市書院門古文化街地方特性的調查與評析》，《第十五届中國民居學術會議論文集》，2007 年 7 月。

時性和延續性，在空間上具有地域封閉性和穩定性”① 的地理存在與地區方位。“地方特性既有地域的自然標記和屬性，又有地域的文化特徵與屬性，是自然邊界與社會邊界相統一之後的存在屬性。”② 地方特性往往具有極高的辨識度。不僅如此，“地方特産、地方歷史、地方風雲人物等獨一無二的内容也屬於地方特性。”③

所以，“地方特性”是在自然與人文環境基礎上形成的、在地方民衆活動與共建關係中體現的地理、歷史與文化“三位一體”的地方特徵與地方品格。它既是實在的，又是審美的，往往從地方的人文環境中凸顯出來。

地理環境包括自然環境和人文環境。人文環境受到自然環境的制約，同時有其獨立性，并反作用於自然環境的形塑與變遷。因此，研究與地理環境關係密切的作家，必然要重視其作品中的人文地理書寫。

政治、經濟、語言、風俗、建築等多種要素共構大巴山的人文環境。在時間的沉澱與人的社會活動中，大巴山逐漸形成了獨特的地理品質。作爲大巴山之子，張中信長期耕耘大巴山寫作，取得了良好的成績。依托長期積累的在地經驗與自覺的田野考察，張中信對大巴山自然地理環境的描寫豐富、準確、細致入微，展現出大巴山的多樣化的地理樣貌。而對於人文地理環境的描寫，則體現出張中信聚焦“地方特性”，重視傳達大巴山人文氣息的自覺性。通過“綉像式”人物描寫展現普通人的生命韌性以及挖掘當地的非物質文化景觀并以文學形式進行表達等方式，張中信呈現出大巴山堅韌而倔强，粗糲兼細膩，直白却神秘的地方特性。

一、小人物的生命韌性

對作家而言，地方“特有的自然風貌與風土人情作爲一種鮮明的印記沉澱在作家的精神空間中，形成了他們獨有的生命感悟與審美體驗”④，從而展現在作品的人物形象與空間塑造中。其中，“人”是凸顯地方特性的關鍵要素。

張中信以大巴山爲舞臺，或以現實筆法素描衆生相，或以魔幻色彩描繪神秘奇幻的“匪”，塑造大巴山“典型環境”中的“典型人物”。作家在人物身上傾注了真摯的情感，并以平等的眼光和批判的態度著力展現大巴山小人物的生命韌性，傳達他對於大巴山地方特性的理解。大巴山的“倔强”“堅韌”“直白”“粗糲”“細膩”“柔情”“神秘”等特質，正是熔鑄在作家對小人物的描寫之中。

---

① 楊丹丹:《“地方性”與北方文學研究》,《東北師大學報》(哲學社會科學版) 2015 年第 5 期。
② 楊丹丹:《“地方性”與北方文學研究》,《東北師大學報》(哲學社會科學版) 2015 年第 5 期。
③ 曾大興、夏漢寧、劉川鄂主編:《文學地理學》(第六辑),中國社會科學出版社,2018 年版,第 358 頁。
④ 曾大興、夏漢寧、劉川鄂主編:《文學地理學》(第六辑),中國社會科學出版社,2018 年版,第 358 頁。

（一）頑强抗争者

“抗争”是人類共同的關鍵詞。不論是俄狄浦斯對命運的抗争，還是《家》中的覺慧對封建思想的抗争，都從一定程度上體現出人類對於生命束縛、命運捉弄、時代限制、人際困頓的抵抗與争鬥意識。

張中信筆下的人物并没有如此傳奇，他們都是再普通不過的生活或曾經生活在大巴山的山野之人。但他們在面對命運的戲弄、原則的毁滅或時代的壓抑時，仍然能够有意識地進行頑强的抗争，展現出自我的主體意識和難能可貴的生命韌勁。這一類人，可以稱作是“頑强抗争者”。

“芬”就是一個典型的例子。在樂天安命的傳統鄉村，自殺是非常罕見的事情。“芬”向來勤勞、有活力，并且極有原則，面對“土豪”孫克龍的追求，已爲人妻人母的她完全不爲所動。不幸的是，她進城做清潔工工作時被老板“翻了牆”，剛烈的她悲憤萬分，哭訴着要求維權。可懦弱的丈夫王老憨面對10萬塊的“封口費”竟説出“不就翻了個牆，人家還給了那麽多賠償，何况芬也快40歲的人了，又不是黄花大閨女”[①] 這樣令人憤恨的話。“芬”萬念俱灰之下，選擇以珍貴的生命抗争不公的命運，抗争鋪天蓋地的流言。

若説“芬”的抗争是絶望的最後一擊，那赫赫有名的“板娘子”面對壓迫則顯示出“舍我其誰”的强勢與瀟灑。“板娘子”雖是女子，却有着男人都難及的英姿。她不拘一格，不在乎他人眼光。面對覬覦自己的男人，她總有出手教訓的法子讓其知難而退。到板板橋開展工作的“武隊長”和“奶包娃兒”的老婆“芳”行了不軌之事，野茶灞人可憐“奶包娃兒”，却只有“板娘子”敢出頭。有勇有謀的“板娘子”通過找生産隊長、策劃揭穿、怒打“武隊長”等方式爲“奶包娃兒”鳴不平。不過，耐人尋味的是，“板娘子”最後也“背叛”了自己的丈夫，可她仍然堅持自我，振振有詞，要做徹頭徹尾的“抗争者”。作者一方面展現出這個潑辣的女人敢於反抗的勇氣，另一方面也在字裏行間寄寓自己的批評性深思。面對同樣的事件和道德原則，“板娘子”的抗争緣由與對象却全然不同，她處於迎合自我和鞏固道德的矛盾中。作者在稀松平常的叙述中暗暗揭示了道德與文明無法完全規訓這片土地的實在狀况，更道出了人性與世事的複雜。

住在野茶灞西南端水碼頭的“黑婆”在特殊時期被不分青紅皂白的“牛隊長”强行定性，從此面臨無休無止的批鬥和原本親切的鄉親們的排擠。“黑婆”無聲地忍受一切，却在自己奉爲“命根子”的老屋面臨被拆時，以生命爲代價進行了最後的、無聲的抗争……

張中信筆下的抗争者在他建立的以野茶灞、板板橋爲中心的大巴山世界中演繹着一個個令人沉思的故事，他們選擇不同的方式對命運、時代、人情、輿論的壓迫作出抗争。儘管正如作者所述，這些抗争對於其他人來説，最終往往是無聲的、無謂的，但也正是在抗争者的行爲和旁觀者的態度所形成的對比和張力中，抗争者對於個體生命的把握和倔强頑强的抗争精神才更能引起讀者的深思。

---

① 楊丹丹：《“地方性”与北方文學研究》，《東北師大學報》（哲學社會科學版）2015年第5期。

（二）樸素勞動者

勞動者是鄉土文學繞不開的書寫對象。在大巴山深處的村落裏，生活着許多平凡樸素的勞動者。他們躬耕農畝，與清風泥土爲伴，純粹樸實，却也掌握着大自然的秘密，擁有土地教給他們的智慧。在勞動中，他們體悟生命，展現堅韌的勞動精神，挖掘生活真諦。

張中信在描寫樸素的勞動者時，主要從自己身邊的親人入手，以細致的觀察和深刻的體驗，展現大巴山勞動者的生命韌性。其中“父親”是作家最常言説的對象。在《紅蜻蜓·藍蜻蜓》中，作者叙述了祖屋與老屋的滄桑歷史。建造祖屋是祖父的希冀，父親承擔起這一責任，在年幼時就被剥奪了上學的機會，從而開啓了面朝黄土的生命歷程。父親見證了祖屋的拔起，又和母親一同親手建成了老屋。在“我”的印象中，“只要一天不見莊稼的面，父親心裏就發慌。”① 父親不僅侍弄莊稼，還愛好栽樹，當他看到成果時常有抑制不住的歡喜。在漫長的勞動生活中，父親悟出了許多人生的道理，顯示出勞動者的智慧。在“頑固”的紅石骨坡地上，面對“我”的質疑，父親堅定地説“只要能播種，就會有收獲”②。在春天的野百合山谷，“我看見一枝艷艷的山裏紅便可以感受到生命的氣息，而父親體會的是，那枝山裏紅與人的命運一樣，繁花似錦後，最終將化作泥土。”③ 在土地上揮動着鋤頭、在鄉裏總是公正斷事的父親儘管已經離開了人世，但他對於土地的執守、對於生命的領悟無不時時刻刻印刻在“我”的心間。“我”的祖母更是實實在在的勞動者。她單薄的身形穿梭在零零星星的菜畦之間，畦地整潔不染，承載着祖母説不出口的心願。她以温和的心態侍弄土地，也終於與泥土合二爲一。

除了耕種者，張中信也刻畫了牧羊人、護林人、手藝人、獵人、擦鞋匠等形形色色的普通勞動者。他們或爲生計操勞，或爲内心的信念堅持，不僅體現了勞動者的勤苦，也展現出令人敬佩的信念感與主體性。例如 16 歲起就開始勞碌的木匠，一生夙願是爲自己打造一口滿意的棺材，但“棺材的蓋子還未刨完，他却一頭栽倒在自己打製的棺材裏”④，令人不勝唏嘘。而一生操持着自己的擦鞋小事業，待人平和善良，恪守原則的啞巴樸素實誠，最終也獲得了所有人的尊重與敬佩，“啞巴鞋”招牌是他生命的延續。

在大巴山的土地上，他們勤勞質樸、奉獻一生，在平淡樸素的生活中却又常常迸發出獨特的思索與别樣的智慧。在作者的叙述中，讀者能够體會到普通勞動者對於大自然的敬重、對於鄉土的眷戀以及對於個體生命所執守的堅忍與信念。

（三）詭秘傳奇者

在《匪妻》這部小説中，作者的視野越出了野茶灞世界的局限，描寫了更爲廣闊空間中的大巴山人物。小説“或寫巴山匪事，或寫山野草民，或寫市井人物，構思十分巧妙，故事

---

① 楊丹丹：《“地方性”與北方文學研究》，《東北師大學報》（哲學社會科學版）2015 年第 5 期。

② 張中信：《童話时光》，中国三峡出版社，2000 年版，第 78 頁。

③ 張中信：《童話时光》，中国三峡出版社，2000 年版，第 13 頁。

④ 楊丹丹：《“地方性”與北方文學研究》，《東北師大學報》（哲學社會科學版）2015 年第 5 期。

一波三折，人物命運多舛。"[1] 儘管這些人物在大巴山小有名氣，也給世人留下無盡的話題，但作家的根本目的，在於描寫傳奇中的“常性”，叙説他們和平凡人類似的離合悲歡。

其中有一類人，身懷絶技，行走江湖，來去之間，徒留孤影。他們有的神秘叵測，坐擁無數的傳説；有的經歷奇特，爲人所樂道；有的秉承風骨，一諾千金……筆者將其概括爲“詭秘傳奇者”。

大巴山土匪之另類“陳鷂子”始終自立門户，從不嘯聚山林。依托輕功了得、善易容術、槍法奇準三門絶技，他行走山野之間，横行霸道。但人外有人，他偶然間路遇敵手，被一不見面容的紅衫女子掠去武器，只得連夜而逃。“陳鷂子”收手後隱居於大巴山某村落，耕田爲生，再不行匪事。能有自知之明且有所敬畏，能從霸道土匪轉化爲田野農人，“陳鷂子”形象體現出人可貴的克制與堅忍。另一方面，這種頗有傳統俠義氣息的文字表述也突顯出作者高超的語言功力以及對世事哲理的深刻洞察。

又如“鬼手”，作爲女人却甘當劊子手，手起刀落之間暗藏無盡秘密。再如“瞎弦王”，琴技了得却最終逃不過美人關，不遵“老瞎弦”的囑托離開巴州城，結果落得個琴與美人俱失的結局……

大巴山既是真實的，又是魔幻的，它籠罩在雲霧之中，訴説着自己的前世今生。而這些詭秘傳奇的人物則揭示出了大巴山最爲神秘、詭譎的一面。在詭秘傳奇之餘，讀者能够從這些人物身上領悟到的更是“世事的紛繁和生活的本質”[2]。

從頑强抗争者身上，體現出的是大巴山普通人的“堅韌”與“倔强”。他們不畏流言，甚至不懼生死，只爲尋求自我心靈的安放。在樸素勞動者身上，亦可以看見大巴山勞動人民的“堅韌”“直白”。他們耿直率真，説話行事從不拐彎抹角；他們與土地血脉相通，把一生奉獻於此。詭秘傳奇者，不僅讓人爲其“神秘”所驚嘆，感慨其來去之間的“粗糲”與“細膩”。這些都是大巴山地方特性的具體表現。

不僅如此，張中信還書寫了堅守原則者、多情風流者、無奈邊緣者、可笑滑稽者、可憐悲劇者等多類大巴山小人物形象，多方位展現人物的生命韌性，從而以小見大，體現出大巴山的地方特性。

在塑造這些人物時，張中信常以真實人物與事件爲基礎，將人物切實放置於大巴山的地理環境之中，且非常注重他們之間的互動與關聯，深挖人物内心、連接人物關係。張中信筆下的小人物往往有深厚的地緣關係，即以野茶灞、板板橋等地理位置爲紐帶，從而形成的鄰里、同鄉關係。作家極少孤立地描寫某一個人，而是建立了以共同地理環境爲依托的關係網，如此一來，在凸顯人物個性的同時又并未妨礙共性的呈現。小人物展現自己獨特的人格特質和對生命的理解，同時又不斷顯露出其所携帶的共同的大巴山地方基因，進而形成一幅

① 楊丹丹：《“地方性”與北方文學研究》，《東北師大學報》（哲學社會科學版）2015 年第 5 期。
② 張中信：《匪妻》，大衆文藝出版社，2008 年版，第 2 頁。

密切勾連的人物圖册，深化了讀者的閲讀體驗，使讀者能够進一步地提取、體悟大巴山的地方特性。

張中信曾説："讀罷這些作品，如果能够讓人們最終記住'大巴山'這個名字，我的企盼和初衷也就算實現了。"① 應該説，在這些人物身上，讀者可以感知大巴山的人文氣息。不論是自然環境的原生態氣息、社會風尚傳統與開放并兼的特點、民風民俗的淳樸與複雜還是粗獷與靈動并行的文化品格，都是大巴山地方特性的重要構成。

二、文學化的非物質文化景觀

通行的文化景觀分類觀點是將文化景觀劃分爲"物質文化景觀"與"非物質文化景觀"。所謂物質文化景觀（Material Cultural Landscape）是指"具有物質形態的人類創造物，如建築形式、農田形式、聚落形式等"②。非物質文化景觀（Non-material Cultural Landscape）則指"不一定具有物質形態的人類創造物，如音樂、戲劇、法律制度等"③。區分二者的關鍵在於是否可視。其實，物質文化景觀與非物質文化景觀并非涇渭分明，"非物質文化景觀常常需要一定的物質形態來體現，而物質文化景觀都體現着非物質文化的内涵"④。但在展現地區抽象"氣氛"方面，非物質文化景觀無疑更甚一籌。置身一處陌生地區，當然會被迴异的地貌、鬼斧神工的自然景象或者形態特殊的人文環境所吸引，但倘若想要真正理解或融入這個地區，就不得不關注該地的方言、交際行爲、民謡諺語等一系列源於自然環境又具有文化標志性與獨立性的非物質文化景觀。

非物質文化景觀由"人"創造，與"人"有關，亦是展現大巴山地方特性的重要内容。張中信作品中的非物質文化景觀包括方言、俗語、山歌、號子、歌謡、傳説、風俗習慣、道德、信仰等。其中方言、山歌、號子和傳説是顯著的，對其人文地理書寫産生較大影響的幾類非物質文化景觀。

（一）方言

大巴山地區雖總體屬於北方語系，川内各地語言交流也較爲暢通，但區域之間也存在不同的語音語調與語言形態。正如楊義所説"語言表達形態和滋味也很重要，必須采用適當的鄉話、方言、俚語，熬出濃濃的地域風味。"⑤

在張中信的人文地理書寫中，最突出的就是土話、鄉話的展現。作者多次以方言還原大

① 張中信：《匪妻》，大衆文藝出版社，2008年版，第140頁。
② 楊丹丹：《"地方性"與北方文學研究》，《東北師大學報》（哲學社會科學版）2015年第5期。
③ 周尚意、孔翔、朱竑：《文化地理學》，高等教育出版社，2004年版，第303頁。
④ 周尚意、孔翔、朱竑：《文化地理學》，高等教育出版社，2004年版，第304頁。
⑤ 楊丹丹：《"地方性"與北方文學研究》，《東北師大學報》（哲學社會科學版）2015年第5期。

巴山民衆的交際現場，傳達此地方言的形態與味道。

張中信在作品中運用了大量的方言，用以塑造人物性格、展現鄉村生活氛圍、推進情節的發展以及幫助搭建文學空間。當這些方言成爲文學表達的一部分，讀者在閱讀時能够直觀感受到的是大巴山人的粗野、狂放與不羈。這些方言土話不僅能使小説人物更加立體飽滿，還能直觀地展現大巴山的獨特社會氣息。

（二）山歌

山歌是中國民歌的基本體裁之一。人們在田野勞動中有抒發情感的需求時常常會自娛自樂地即興演唱一些内容不定，結構體例短小精幹，音調高亢爽朗，節奏、情感自由樸質的歌曲，這就是山歌。

張中信自小生活在大巴山，對於山歌再熟悉不過，吟唱與欣賞都不在話下。作者敏鋭地抓住了山歌反映風土民情、突顯大巴山地區風貌的特質，其作品中的山歌書寫對於鋪墊故事背景、渲染環境氣氛、推進情節發展和表現人物關係與性格等起到了重要的作用。

首先，作者用山歌鋪墊故事背景，或渲染環境氣氛。

比如在《哦，野茶灞那些事兒》中，作者提及“山歌”就多達四十處左右。在寫主人公之一張有福童年放牛的環境時，作者寫道：

> 若偶遇太陽含羞，月亮躲懶，山吟松風，谷藏幽謐，便有絲絲縷縷的聲音自山谷中飄出，重疊回旋成山歌野調聲：呵—呵呵—呵—呵——①

作者以細膩的文筆勾勒出了一幅既大氣磅礴，又神奇幽謐的山間圖。而這幅圖之所以立體生動，不僅是因爲生態環境具體可感，更是因爲那令人嘆服的神秘山歌或悠長輕盈，或蕩氣回腸，始終縈繞於山間，增添了不少活力與生氣。以山歌爲伴的環境營造也渲染了主人公張有福放牛生活的愉悦氣氛。

其次，山歌在張中信的作品中常起到推進情節發展，暗示故事走向，埋伏筆、作鋪墊的作用。對唱互和是山歌吟唱的一大特點。作者注重用山歌對唱暗含情節的走向，同時也起到渲染場景氛圍的作用。

在《失語的村莊》中，一段高亢激昂又頗顯曖昧的男女山歌對唱響徹在寂静的山坳中，既貼合山間勞作的真實場景，又爲下文尚還年少的主人公張有福無意中撞見男女野合埋下了伏筆。這段山歌無疑起到了暗示故事發展走向的作用。當那個精瘦的男人慌亂逃跑時，又一次隨風飄來了一陣山歌。

既應景合時，符合場景氣氛，又爲下文揭示花嬸的身世、描寫花嬸的風流韵事、張有福受此次野合驚嚇等一系列情節作了鋪墊，自然地起到了過渡、轉章、推動故事發展等作用。

最後，山歌亦能够起到揭示人物關係或突出人物性格的作用。

---

① 張中信：《失語的村莊》，中国戲劇出版社，2010年版，第3頁。

位於野百合山谷的小木屋詭譎神秘，無人敢以身試之。瘸子却勇氣可嘉，恒心可畏，他山崩地裂地唱起山歌野調。

瘸子不停歇不畏懼，持之以恒地唱着或許稱不上動聽的山歌，他唱了三天三夜，直到唱到第三百三十三首山歌時，小木屋終於洞開了……瘸子唱的山歌通俗易懂，但字裹行間飽含著他的質樸與持之以恒，就是這種不畏困難、敢於挑戰并且不輕言放棄的性格特質感動了小木屋裹的女人，演繹了一段震撼野茶灞的情事。

就展現人物關係而言，山歌也起到了恰當的作用。“我”的父親母親均是老實巴交的農民，兩人似乎很少直接地表達愛意。但作者寫道：

> 父親經常掛在口上的一首山歌，我隱約記得，那是母親年輕時最愛唱的山歌：
> 桃花紅在脖子上（哈），
> 蜜蜂落進了花芯子（也）；
> 太陽躲在雲霧中（啊），
> 妹妹的相思在哪裏（哦）？
> ……①

一首清新自然，飽含少女情思的山歌恰如其分地道出了父親母親相守一生，用行動詮釋愛意的柔軟情誼。

在張中信筆下，山歌這種非物質文化景觀具有了顯著的文學意味。如上分析的山歌之作用也并非截然分離，而是共同突顯大巴山民風民情，展現大巴山生活景象與地理品質。

（三）號子

號子所指的是勞動號子。這是一種由勞動人民創造的民間歌曲形式，它是伴隨體力勞動，并和勞動節奏契合的民歌，更常出現在集體協作性較强的勞動生産現場。因其音樂形態豪邁粗獷，所以能够真實地反映勞動者高亢的勞動激情與現實中的勞動狀況。

大巴山地區的勞動號子中，放排號子尤有特色。張中信注意到了這種非物質文化景觀對於展現大巴山勞動人民精神面貌以及地區風貌的作用，亦進行了文學化的書寫。

首先，作者擅以文學語言描寫勞動場景中的喊號場面，刻畫勤奮、精幹的勞動人民形象。

> “咳哈”“哼呀”的放排漢子粗野的號子聲，排山倒海般在鬼驢子灘回響着，震蕩着。那排山倒海的氣勢竟使得河水轟隆咆哮的波濤聲，也悄然降低了發音的分貝……②

引文描寫的是在九曲回環的河道中揮灑汗水的放排漢子們共同協作勞動的情景。讀者仿

① 張中信：《童話时光》，中国三峡出版社，2000年版，第157頁。
② 張中信：《失語的村莊》，中国戲劇出版社，2010年版，第147頁。

若能够聽到放排漢子們鼓足勁，在奔流的河水中整齊劃一地呼喊的聲音，其勢排山倒海，試與滚滚濤聲一比高下。號子喊完，結束勞動，漢子們勞累至極，也正説明了剛剛勞動時的賣力和喊號的如虹氣勢。對於勞動情景中的喊號場面的描寫，集中體現了大巴山勞動者的勤勞和蓬勃的生命力。

其次，作者常引具體的號子内容，試展現歌曲歌詞本身藴含的地方人文特點。

例如“咳——喲！喲——荷！”“咳哈。哼呀。”等號子内容在作者的作品中頗爲常見。這些簡短有力、節奏明顯的號子能够與勞動者的勞動節奏相互契合，體現勞動者雄赳赳氣昂昂的勞作精神。

還有一些號子的内容也很有特色。自古以來，因艱難險阻的特殊地理狀况，大巴山地區出現了一代又一代從事長途背運的“背二哥”群體，以及長期生活、勞作在水上岸邊的船工、放排漢子等群體，因此産生了“巴山背二歌”、巴山號子等一系列文化形式。從事此類勞動的多是男性，他們長期在外漂泊，勞動艱辛困苦，所以所唱歌曲常常反映兩性暢想的内容。

最後，對號子這種非物質文化景觀的書寫中飽含著作者的反思與追念。作者在散文、散文詩等作品中多次提及巴山號子，其中不乏作者的拳拳深情。以號子爲切入點，作者表達了對於家鄉的熱愛與懷戀。

> 山裏漢子用勤勞辟開大地的荆棘，大山用自己的奶液哺育勞動的號子。那些飽含泥土芬芳的語言，成爲這個世界上最動人的樂章。①

總之，不管是對號子歌詞、曲調的展示、對號子形式多樣化的呈現還是揭示號子與大巴山地區勞動人民關係的密切性，作者都以文學化的方式展現出大巴山地區的特殊魅力。

（四）傳説

在文字記載不發達的時代或地區，人們利用口耳相傳的方式來記録歷史，由此形成各式各樣的傳説。其中，民間傳説往往能反映一個群體、一個地區對於生命、自然、時空、生活情趣、生産方式、歷史典故的理解。

張中信在大巴山耳濡目染，從小對聽傳説如癡如醉。他勤於考證、細心謹慎的創作作風促使他在創作時又收集了不少傳説。在他的作品裏，民間傳説占據了相當比例，他穿插傳説故事於字裏行間，力圖以文學語言展現大巴山人的性格特點、傳達大巴山的人文精神。

在游記、景點類的散文中，作者常用相關傳説解釋被書寫對象的名稱或發展史，增添景觀的人文氣息，促進讀者對地區文化的理解。

例如文筆山和美女梳頭的傳説就引人入勝，頗具趣味。

關於文筆山的傳説，版本頗多，作者選擇了較爲通行的版本，以化爲天才童子“麟兒”

① 楊丹丹：《“地方性”與北方文學研究》，《東北師大學報》（哲學社會科學版）2015年第5期。

的文曲星爲報恩使其下葬地拔起一座形似巨筆的山峰這一傳説，生動形象地展現了文筆山的人文特質，凸顯了大巴山人重情重義的特點。

美女梳頭是樓子古鎮東南河岸峭壁間的一個天然岩洞。傳説洞内有一絶色美女，常對鏡梳頭，千年不老，因此得名。在當地老人口中，這個傳説更加具體。原是洞中美女長大後與一樵夫少年郎相愛，正當他們欲過上理想的美好生活時，少年却被官府抓走充軍，從此二人天涯相隔，最終美女望穿秋水，等待千年……

傳説的文學化書寫使得散文内容更加充實。作者也以清新優美的語言傳達出大巴山人民對於愛情的純真向往和對美好生活的無限期待。

就小説而言，作者以各種民間傳説輔助塑造人物形象，借以凸顯大巴山人的性格，同時也促進了情節的完善。

在《野茶灞紀事》中，作者寫到了一位頗爲傳奇的女子冷雙琴。文章開頭作者就以一個傳説引入。傳説野茶灞的奇形山包白鶴梁曾因白鶴晝伏夜出，當地人視爲祥瑞，故修建亭閣，名“冷琴閣”。接着作者講明冷清閣的用途，凸顯它的雅致，爲下文主人公冷雙琴的出場平添幾分神秘氣息，烘托她的奇女子形象，也和後文寫她的奇特經歷形成呼應，這樣一來不僅使小説内容豐富飽滿，更使冷雙琴的形象更爲立體。

傳説作爲一種重要的非物質文化景觀，可以語言傳述、文字記載、景觀轉化等多種方式呈現地區的况味。

總之，非物質文化景觀與“人”息息相關，粗糲的方言、狂放的山歌、直白的喊號、神秘的傳説，是大巴山人文圖景的重要内容，更是大巴山地方特質的具體表現。文學化的非物質文化景觀不僅多方面、多層次地豐富了張中信的人文地理書寫，也是聚焦大巴山“地方特性”，營建大巴山文學世界必不可少的一環。

三、結語

張中信的人文地理書寫在聚焦大巴山“地方特性”，展現大巴山風土人情與人文氣息方面卓有成就。作者主要通過對大巴山小人物的細致刻畫和對當地非物質文化景觀的文學書寫兩個方面聚焦“地方特性”，進而呈現大巴山以及當地民衆堅韌而倔强，粗糲又細膩，直白又神秘的地方特性。

作者通過描寫頑强抗争者、樸素勞動者、詭秘傳奇者等多類大巴山小人物形象，重在突顯普通人的生命韌性，洞察人性本質，展現人生無常，并呈現出一幅獨特的大巴山鄉村生活圖景，以深沉的剖析提煉出大巴山的人文地方特性。文學化的非物質文化景觀書寫則顯示出作者對大巴山文化的準確認識，方言、山歌、號子、傳説都是能够體現大巴山風土人情、人文氣息的重要文化現象，凸顯大巴山的地理品質，展現獨一無二的大巴山世界。

張中信的人文地理書寫及其對地方特性的關注與概括是當代地域書寫的一種有效嘗試。

（作者單位：中央民族大學文學院；四川大學文學與新聞傳播學院）

《屈宋古音義》之屈宋古義研究

肖　静

内容提要：自陳第開創古音學以來，備受語言學家的稱頌，學術界多把他的《毛詩古音考》作爲其古音學的代表作，他對古音的貢獻也幾乎都是以毛詩爲例進行闡述，而把《屈宋古音義》僅當作是毛詩的羽翼，研究相對較少，發展極爲不平衡。即便在對《屈宋古音義》的研究上，也幾乎不論其義，認爲其義甚不可取，而《楚辭著作提要》却能對此給予客觀的評價。書中説道："此書字義訓詁，雖折中舊注，然頗爲簡約明瞭，極便初學，且時出精義。"黄先生的評價也是寥寥語，却給予了陳第真實客觀的評價，縱然其義有不確的地方，但還是有值得肯定之处，并非一無可取。

關鍵詞：屈宋；古義；題解

前人研究《屈宋古音義》幾乎不論其義，這也許是受了《四庫提要》的影響，其説"蓋以參考古音，因及訓詁，遂附録其後，兼以音義爲名，實則卷帙相連，非别爲一書。故不析置集部，仍與《毛詩古音考》同入小學類焉"①。正是四庫館臣首倡"因及訓詁"的説法，使得後人也對此没有給予足够的關注，而是就此沿用其説，甚至有人認爲其義不可取矣，《楚辭要籍解題》即云："此書訓釋文義甚少可取。"② 而《楚辭著作提要》却對此有不同的評價，書中説道："此書字義訓詁，雖折中舊注，然頗爲簡約明瞭，極便初學，且時出精義。如《離騷》：'紛吾既有此内美兮，又重之以修能。'注曰：'紛，盛貌。修，遠也。言己之生，内含秀美，又重有致遠之能。'……諸如此類，皆寥寥語，饒有新意，而句意大白矣。"③ 陳第自己也在《屈宋古音義・凡例四則》中明確説明："余初録屈宋辭賦，只存其正

① 王雲五等編：《叢書集成初編・屈宋古音義》，中華書局，1985年版，第1頁。
② 洪湛侯：《楚辭要籍解題》，湖北人民出版社，1984年版，第52頁。
③ 潘嘯龍、毛慶：《楚辭著作提要》，湖北教育出版社，2003年版，第52頁。

文，不著注。友人謂無注難讀，因取舊注删潤之，間亦附以鄙意。”[①] 也就是説，陳第之屈宋古義主要是取舊注，但是并不是完全照搬照抄，而是“以鄙意”而“删潤之”，其目的是爲了好讀，“極便初學”，且陳第的本意不在注解，而是古音，因此對其古義不可過於苛求，應該客觀地去看待，而不是全盤否定。如細究他的“鄙意”，仍不乏可參之處，尤其每篇題解更是别出心裁，自出機杼，大意内容言簡意賅，使初讀者極易把握文章主旨，即便熟識者也能從中得其一二新意，頗受啓發。

一、舊注中的自家之言

《屈宋古音義・凡例四則》中云：“《楚辭》版刻最多，句字多寡異同，不可勝詰。今惟取王叔師《章句》、朱考亭《集注》參校之，大都依考亭者居多，以其校讎援引已悉，更不復取之他本也。”[②] 陳第不僅取考亭之字句，其注亦以考亭爲主，間取王逸《章句》，偶附己意，儘管己意間出，但確是有“時出精義、簡約明瞭”者，如《離騷》云：“皇覽揆余於初度兮，肇錫余以嘉名。名余曰正則兮，字余曰靈均。”[③] 注曰：“……舊注以平爲正則，爲名；以原爲靈均，爲字。張鳳翼以正則爲原名，以靈均爲平字也，皆未有據。可以稱名，亦可以稱字，是置覆設謎使人射猜之，豈理也哉！愚謂名正則，字靈均，皆少時之名，如司馬相如少名犬子，及封、胡、羯、末之類，見其父篤愛之意，何必强以原、平當之乎？劉向《九嘆・靈懷篇》曰：‘兆出名曰正則兮，卦發字曰靈均。余幼既有此鴻節兮，長愈固而彌純。’注云：‘生有形兆，伯庸名我爲正則，以法天；筮而卜之卦得坤，字我曰靈均，以法地。幼少有大節度以應天地，長大修行而彌純固。’其意得之矣。”[④] 歷來屈原名與字衆説紛紜，各執己見。王逸、朱熹以“平”爲名，以“原”爲字，《史記》曰“屈原者，名平”[⑤]，洪興祖云“正則以釋名平之義，靈均以釋字原之義”[⑥]，張鳳翼以正則爲原名，以靈均爲平字。陳第於此却并未承襲前人之説，而是提出了一種新的見解，認爲“名正則、字靈均皆少時之名”，“何必强以原、平當之乎”。此論之價值不在於正確與否，而是爲人們打開了一條新的思路，使我們對此問題的認識更加全面，思考更深刻，論證更完善，因此不能因爲陳第取自舊注，就對其所注古義全盤否定，而忽略了這些有價值的論斷。

---

① 王雲五等編：《叢書集成初編・屈宋古音義》，中華書局，1985年版，第9頁。
② 王雲五等編：《叢書集成初編・屈宋古音義》，中華書局，1985年版，第10頁。
③ 王雲五等編：《叢書集成初編・楚辭》，中華書局，1985年版，第2頁。
④ 王雲五等編：《叢書集成初編・屈宋古音義》，中華書局，1985年版，第102頁。此中省略號爲陳第取舊注之處，於此不贅録。下亦同。
⑤ 司馬遷：《史記・屈原賈生列傳》，中華書局，1959年版，第2481頁。
⑥ 洪興祖：《楚辭補注》，中華書局，1983年版，第4頁。

又《離騷》云："保厥美以驕傲兮，日康娱以淫游。雖信美而無禮兮，來違棄而改求。"[①] 注曰："……愚謂此以宓妃喻世之高潔不仕者，若漁父之儔，守清貞之美，而薄君臣之分，故不能與之事君也。"[②] 王逸、朱熹於此只言宓妃如何[③]，而陳第獨言宓妃乃喻世之高潔不仕者，并用漁父作比，其用意了然於心，較之王、朱二人，更讓人易懂此中之理，所舉之例也是屈原的作品，二者相得益彰，更具説服力。而《遠游》之中，屈原天南地北，無所不游，而對其所游之方位，要理出頭緒來，還需花些功夫，王逸、洪興祖、朱熹諸人也未曾道明，反倒是陳第在其注解之後，明確注明屈原所游之方位，如：於"掩浮雲而上徵"處注曰"此游南方也"[④]，於"吾將過乎句芒"處注曰"此游東方也"[⑤]，於"夕始臨乎於微閭"處注曰"此游東北也"[⑥]。而對於二次到達的地方，還加上一個"重"字，以示區分，避免讀者疑惑難懂，如陳第於"形蟉虯而委蛇"處注爲"此重言南方之游"[⑦]，於"從顓頊乎增冰"處注爲"此重言北方之游"[⑧]，如此精當清晰之論，使人一目瞭然，茅舍頓開，再不會隨着屈原東游西游而不知所游了。

此外又如《九歌·東君》云："暾將出兮東方，照吾欄兮扶桑。撫余馬兮安驅，夜皎皎兮既明。"[⑨] 注曰："余謂言其一晝二夜，皎皎然，繼明不息也。"[⑩]《九章·惜誦》："心鬱邑余侘傺兮，又莫察余之中情。固煩言不可結而詒兮，願陳志而無路。"[⑪] 注曰："朱考亭云：'中情，以韵葉之，當作善惡；惡又當從去聲讀。'蓋據《離騷》'孰云察余之善惡也'，此意近之，然改二字矣。愚疑情或是愫字，與路韵。'煩言不可結而詒'，謂多言不能結而貽君。《騷》云：'解佩纕以結言'，《思美人》云：'言不可結而詒'，與《左傳》'嘖有煩言'不同。"[⑫]《遠游》云："惟天地之無窮兮，哀人生之長勤。往者余弗及兮，來者吾不聞。"[⑬] 注曰："天地無窮，人生若器，眇然一身，不能及於前人後，感慨深矣！此《遠游》之所作也。"[⑭]《九辯》："鳥獸猶知懷德兮，何雲賢士之不處？"[⑮] 注曰："言鳥獸皆知所擇，何賢士

---

① 王雲五等編：《叢書集成初編·楚辭》，中華書局，1985年版，第14頁。
② 王雲五等編：《叢書集成初編·屈宋古音義》，中華書局，1985年版，第117頁。
③ 王逸《楚辭章句》於此注曰："言宓妃用志高遠，保守美德，驕傲侮慢，日自娱樂以游戲自恣，無有事君之意也。"朱熹《集注》曰："言宓妃驕傲淫游，雖美而不循禮法，故棄去而改求也。"
④ 王雲五等編：《叢書集成初編·屈宋古音義》，中華書局，1985年版，第189頁。
⑤ 王雲五等編：《叢書集成初編·屈宋古音義》，中華書局，1985年版，第190頁。
⑥ 王雲五等編：《叢書集成初編·屈宋古音義》，中華書局，1985年版，第190頁。
⑦ 王雲五等編：《叢書集成初編·屈宋古音義》，中華書局，1985年版，第193頁。
⑧ 王雲五等編：《叢書集成初編·屈宋古音義》，中華書局，1985年版，第193頁。
⑨ 王雲五等編：《叢書集成初編·楚辭》，中華書局，1985年版，第33頁。
⑩ 王雲五等編：《叢書集成初編·屈宋古音義》，中華書局，1985年版，第140頁。
⑪ 王雲五等編：《叢書集成初編·楚辭》，中華書局，1985年版，第56頁。
⑫ 王雲五等編：《叢書集成初編·屈宋古音義》，中華書局，1985年版，第151頁。
⑬ 王雲五等編：《叢書集成初編·楚辭》，中華書局，1985年版，第79頁。
⑭ 王雲五等編：《叢書集成初編·屈宋古音義》，中華書局，1985年版，第185頁。
⑮ 王雲五等編：《叢書集成初編·楚辭》，中華書局，1985年版，第95頁。

獨無所擇，而肯安處乎？”[①]《招魂》：“目極千里兮，傷心悲。魂兮歸來！哀江南。”[②] 注曰：“……此句含不盡之意。”[③] 諸若此類，皆陳第之新語，發前人之未發，而并非人云亦云，何云“無甚可取”乎？

二、論屈宋古義之《題解》

陳第之解屈宋古義之所以易被人忽略，是因爲其多取舊注，使得他一些獨到的見解被湮没其中，需細細地梳理，方能展現於世，而置於每篇之後的題解，實乃陳第自家之言[④]，却仍少有提及，僅在《楚辭著作提要》與黄中模先生的《屈原問題論争史稿》中有所論及，但也僅是隻言片語，不够詳盡，這對研究屈宋者實爲一大憾事。雖然題解篇幅短小，但對文意的把握却是字字珠璣，耐人尋味，誠如黄靈庚先生所説的“每篇後以己意歸納意旨，多得其當，亦不乏新見”[⑤]。此書共著有題解 13 篇，除《九辯》爲两篇外，其餘各自一篇，其主要内容均是對文章大義主旨的闡述，也對一些長期争論的問題提出了自己的看法，頗具參考價值，應當予以重視，詳加研習，然筆者力所不及，只能望其表面，言論膚淺，以就教於大方之家。

屈宋的部分作品因年代久遠，真僞難辨，至今難成定論。殊不知陳第小小篇幅的題解中，對此也有所涉及，先從其選篇分卷來看，便可窺見一二。此書第二卷爲屈原作品，選取《離騒》《九歌》《九章》《遠游》《卜居》《漁父》[⑥]。第三卷爲宋玉作品，取有《九辯》《招魂》《高唐賦》《神女賦》《風賦》《登徒子好色賦》六篇，以上便是陳第心中屈宋之作，而其題解中的淺論，更能與之互相印證，尤其對於争論較多的《遠游》《卜居》《漁父》，陳第更是明確説明乃原之所作，《招魂》乃玉之所作，其論均值得一鑒，如：《題遠游》：“愚按《離騒》：‘駟玉虬以乘鷖兮，溘涘風余上徵。’又曰：‘飲余馬於鹹池兮，總余轡乎扶桑。’又曰：‘路不周以左轉兮，指西海以爲期。’固皆遠游之意。原猶以爲未盡也，乃作此篇。汪洋超脱，以布寫其無聊不得已之懷。”[⑦] 陳第此取《離騒》中屈原所寫的以上三句話爲證，認爲屈原在《離騒》中未盡遠游之意，於是另獨作一篇以盡其意。《題卜居》之論與之如出一轍，

---

① 王雲五等編：《叢書集成初編·屈宋古音義》，中華書局，1985 年版，第 210 頁。

② 王雲五等編：《叢書集成初編·楚辭》，中華書局，1985 年版，第 110 頁。

③ 王雲五等編：《叢書集成初編·屈宋古音義》，中華書局，1985 年版，第 236 頁。

④ 《屈宋古音義·凡例四則》云：“余往讀《楚辭》及兩漢、魏、晋諸賦，率題數語於後，知於義無當，然實據一得之見，非敢攘襲前人成説，以爲己私珍也，匯成一帙，名曰：《辭賦漫題》，委之篋中久矣。兹取題屈、宋者附於其後，以請正好古君子。余無所附者，仍置之故篋云。”以此可知，題解確乃陳第“一得之見”矣。

⑤ 潘嘯龍、毛慶：《楚辭著作提要》，湖北教育出版社，2003 年版，第 52 頁。

⑥ 陳第《屈宋古音義目録》自言屈賦二十五篇，“今去《天問》，而録其二十四篇”，古音義由是而無《天問》矣，故卷二亦不解《天問》。

⑦ 王雲五等編：《叢書集成初編·屈宋古音義》，中華書局，1985 年版，第 194 頁。

其云："舊説謂原憫世之違正習邪，故假蔔以警俗，非真有疑而問也。愚按《離騷》：'索瓊茅以筳篿兮，命靈氛爲余占之。'又曰：'巫咸將夕降兮，懷椒糈而要之。'皆卜居之意。原猶以爲未盡也，故八設條目，以行之必不能兼，事之必致相反者，决去就，定從違，且以見己之廉貞，不以見棄而悔改也。"① 陳第於此亦謂《卜居》乃原未盡意而作，同樣以《騷》中詩句互相印證。《題漁父》中則直接謂："此原設爲問答之辭，以見己之不能和光同塵也。"②《題招魂》云："《招魂》作於屈原既死之後，張鳳翼之言是也。今觀其詞云：'去君之恒幹。'又曰：'像設君室。'夫苟未死，何云去幹？又何云設像也？玉憼其師沈於汨羅，其魂必散於天地四方矣。故托巫陽招之，無非欲其魂之反也。"③ 又云："是此篇之作，悲其師之不用，痛其國之將亡，而托之招魂。"④ 此題解僅用二三言便涉及了兩個長期争論的問題，并提出了自己的看法，其一，《招魂》乃宋玉所作；其二，乃宋玉招屈原之魂。然在明代以前，對宋玉是《招魂》的作者都没有異議，直到明末的黄文焕根據《史記·屈原列傳》"余讀《離騷》《天問》《招魂》《哀郢》，悲其志"，認爲《招魂》乃屈原所作，自此對《招魂》作者的歸屬問題便一直争論不斷，莫衷一是了。想必陳第也正是在這樣的背景之下參與了此問題的争論，并用疑問的方式進行反駁，給以宋玉正名。

此外，《九辯》獨有兩篇題解，其中之一便是專門論述《九辯》乃宋玉所作，并對那些認爲是屈原所作的論斷一一進行了反駁，對根據《離騷》釋文古本篇次與今本不同而認爲乃原所作的人，陳第如是説："不知古本所次，不依作者之先後，故置《招隱士》於《招魂》之前，又置王褒《九懷》於東方朔《七諫》之前，而置《大招》於最後。陳説之以爲篇第混淆，乃考其人之先後，定爲今本，厥有由矣。"⑤ 又有説："啓《九辯》與《九歌》，乃原所自序。啓，開也，非指禹子。下文夏康五子，直以古事爲今事，不敢質言如上；就重華而陳詞，亦非真有重華之可就也，此最爲確論。"⑥ 陳第對此反駁曰："然《天問》有云：'啓棘賓商，《九辯》《九歌》。'王逸注謂：'棘，陳也。賓，列也。《九辯》《九歌》，啓所作樂也。言啓能備修明禹業，陳列宫商之音，備其禮樂也。'似又指啓矣。"⑦ 又有説："《九辯》非宋玉作也。反復九首之中，并無哀師之一言可見矣。夫自悲與悲人，語自迥别，不可誣也。"⑧ 陳第於此辯駁謂："愚於是熟複之，内云：'有美一人兮心不繹。'頗似指其師，然《離騷》《九歌》中，原所自負者不少。"⑨ 陳第之三辯，直接抓住反例予以駁斥，言少而理據，頗叫人信服。

---

① 王雲五等編：《叢書集成初編·屈宋古音義》，中華書局，1985年版，第198頁。
② 王雲五等編：《叢書集成初編·屈宋古音義》，中華書局，1985年版，第201頁。
③ 王雲五等編：《叢書集成初編·屈宋古音義》，中華書局，1985年版，第236頁。
④ 王雲五等編：《叢書集成初編·屈宋古音義》，中華書局，1985年版，第237頁。
⑤ 王雲五等編：《叢書集成初編·屈宋古音義》，中華書局，1985年版，第221頁。
⑥ 王雲五等編：《叢書集成初編·屈宋古音義》，中華書局，1985年版，第221頁。
⑦ 王雲五等編：《叢書集成初編·屈宋古音義》，中華書局，1985年版，第221頁。
⑧ 王雲五等編：《叢書集成初編·屈宋古音義》，中華書局，1985年版，第222頁。
⑨ 王雲五等編：《叢書集成初編·屈宋古音義》，中華書局，1985年版，第222頁。

以上觀之，幾篇題解陳第都是寥寥數語便辨其真僞，并且也都以屈原的作品自證，雖然缺乏闡述論證，且也不可能就此定論，但却可以讓我們更加瞭解陳第，瞭解他對屈宋的真正看法，同時對於相關的研究也可以作爲非常重要的參證材料，使我們在面對諸如此類問題之時，思考得更加全面深入。

除了對屈宋作品真僞的判斷之外，陳第在題解中也提出了不少自己對文意的理解，其新見之論往往能從不同與前人的角度來論述，給人耳目一新的感覺。《題離騷》云："余觀注《離騷》者多矣，率搜索於句字，而忽略其大體，故但見其汪洋浩瀚，而不能究其托興寓言之指歸。"① 又云："太史公之傳之也，曰：'其志潔，故其稱物芳；其行廉，故死而不容自疎。'又曰：'其存君興國而欲反復之，一篇之中三致志焉。'此真得《離騷》之意於文章蹊徑之外，而不徒以文詞之視也。"② 以第之見，我們不僅要關注《騷》之文詞，對其大體也不能忽略，否則便不能更好的把握其"托興預演之指歸"，按此思想陳第便把《離騷》分爲了七節："自'帝高陽之苗裔'至'余不忍爲此態也'爲第一節。言己之不得於君也。自'鷙鳥之不群'至'豈余心之可懲'爲第二節。言己之不遇，而不改其素也。自'女嬃之嬋媛'至'沾余襟之浪浪'爲第三節，蓋托敷詞於重華，言己於善敗之迹，嘗三復於王所也。自'跪敷衽以陳詞'至'高丘之無女'爲第四節。言欲輕舉遠去，忽哀故國之無人也。自'溘吾游此春宮'至'焉能忍與此終古'爲第五節。言黨人衆多，賢人不可見，難與之久處也。自'索瓊茅以筳篿'至'吾將遠逝以自疎'爲第六節。言卜筮皆勉其遠遯，將從之以遠適四方也。自'邅吾道夫昆侖兮'至'蜷局顧而不行'爲第七節。言逍遥娱樂，庶幾藉以自遣，然睠顧楚國，終不能而自離也。'亂'則總結前意，謂義無可往，惟以死自誓而已矣。"③ 如是，一篇之大旨皆羅列其中，"可謂得其提綱挈領之妙"④。在前人都對《離騷》的字句細細琢磨之時，陳第却從文之大體入手，使我們從一個全新的角度來重新審視這首長篇抒情巨作，又有一番新的體悟，即《離騷》之宏大，不僅在於篇章字句，在於用意之深，也在於其各節大意環環相扣，且如三千瀑布傾流直下，無片刻歇息之閑，終不忍半途而廢，於是一氣呵成，方能遂心矣。

陳第不僅對《離騷》之大旨進行闡述，分爲了七個部分，甚至對屈原的所有文章，也從一個全新的角度提出了自己的看法，《題九歌》中即云："《九章》《卜居》《漁父》言其實，《離騷》《遠游》則虚實半，《九歌》純乎虚者也。如仙人神女，浮游於青雲彩霞之上，若可見若不可見，若可知若不可知，而其深致，又未嘗不可見不可知者也。蓋虚以寓實，實不離虚。其詞藻之妙，操觚摛采者，既模擬而莫之及，而理道之精，通經學古者，將探索而未之到。文而至是，神矣哉！神矣哉！"⑤ 陳第於此，將屈原的作品分爲了三類。第一類是寫實

① 王雲五等編：《叢書集成初編・屈宋古音義》，中華書局，1985年版，第126頁。
② 王雲五等編：《叢書集成初編・屈宋古音義》，中華書局，1985年版，第127頁。
③ 王雲五等編：《叢書集成初編・屈宋古音義》，中華書局，1985年版，第127—128頁。
④ 潘嘯龍、毛慶：《楚辭著作提要》，湖北教育出版社，2003年版，第52頁。
⑤ 王雲五等編：《叢書集成初編・屈宋古音義》，中華書局，1985年版，第184頁。

的，即陳第謂之“言其實”者[①]。而陳第之言實，并不是僅僅就是真實的生活場景，更在於情感的真實流露，正如《題九章》中所云：“然放逐幽憂之日，情不能以無感，感不能以無言，言不能以不盡，盡不能以不怨，怨不能以不死。”[②] 第二類是虛實相結合，即第謂之“虛實半”者，此兩篇文章無需多説，均是前部分抒發真情實感，後部分虛寫上下求索，四方游走之態。而這第三類的“純乎虛者”僅有《九歌》一篇。陳第之所以認爲《九歌》純是虛寫，是因爲他不贊同前人認爲《九歌》是“以事神之言，寓忠君之意”[③]，其理由如是説：“以今觀之，未《東皇太一》篇有玉瑱、瓊芳、肴蒸、桂酒之文，而《東君》篇亦有鳴箎、吹竽、展詩、會舞之語，頗似享神。其餘絶不見祭祝之意……安有祭祀之歌，而通篇言神之不至耶?”[④] 那麼陳第認爲《九歌》所言何事呢? 其説：“大都原之忠愛，無刻而忘，故借題托興，以發其惓勤懇惻之懷。”[⑤] 也就是説，《九歌》都是借他事來“托興”，而非直接的抒發感情，於是陳第認爲是“純乎虛者”。但他也并非就把虛實獨立開來，而是能够辯證地去認識二者的關係，他所説的“虛以寓實，實不離虛”就是最具説服力的論斷，屈原也正是因爲能够把虛實的手法恰如其分地運用到文章中去，才受到文人墨客長久的青睞與贊嘆，在陳第看來，即便是要模仿也是趕不上的，文章能達到如此的境界，只能贊其“神矣哉! 神矣哉!”了。而陳第能發前人之未發，能從虛實的藝術手法三言兩語便總結出如此精湛之論，其創見也可謂高屋建瓴，獨樹一幟矣。

屈原與宋玉在史上歷來就是并稱，《文心雕龍・時序篇》云：“屈平聯藻於日月，宋玉交彩於風雲。”[⑥]《辨騷篇》云：“屈宋逸步，莫之能追。”[⑦] 唐代大詩人李白亦云：“荊門倒屈宋，梁苑傾鄒枚。”[⑧] 杜甫也有“竊攀屈宋宜方駕，恐與齊梁作後塵”[⑨] 之語。可見屈原的崇高偉大，永遠令人爲之景仰，而宋玉也同樣令人折服。屈原和宋玉一同爲中國文學奠定了穩固的基礎，影響了中國歷代的文人墨客們，也感染着陳第，其書《自序》云：“夫《楚辭》莫妙於屈宋也。屈原之作，變動無常，淜而不滯，體既獨造，文亦赴之，蓋千古之絶唱也! 宋玉之作，纖麗而新，悲痛而婉，體制頗沿於其師，風諫有補於其國，亦屈原之流亞也。景差、嚴忌、東方朔、王褒、劉向、王逸輩，雖踵而效之，終弗逮矣。”[⑩] 可見陳第不僅對屈

---

① 有人或疑《卜居》虛構之事，但在陳第看來，却有不同意見，其《題卜居》謂：“舊説謂原憫世之違正習邪，故假卜以警俗，非真有疑而問也。愚按《離騷》：‘索瓊茅以筳篿兮，命靈氛爲余占之。’又曰：‘巫咸將夕降兮，懷椒糈而要之。’皆卜居之意。”以此可見，蓋陳第認爲確有占卜之事，屈原是想借卜之事來抒發其志之廉貞，而不與小人同流合污的情感，因此將其歸於“言其實”中。

② 王雲五等編：《叢書集成初編・屈宋古音義》，中華書局，1985 年版，第 183 頁。

③ 王雲五等編：《叢書集成初編・屈宋古音義》，中華書局，1985 年版，第 147 頁。

④ 王雲五等編：《叢書集成初編・屈宋古音義》，中華書局，1985 年版，第 147 頁。

⑤ 王雲五等編：《叢書集成初編・屈宋古音義》，中華書局，1985 年版，第 147 頁。

⑥ 范文瀾：《文心雕龍注》，人民文學出版社，1958 年版，第 672 頁。

⑦ 范文瀾：《文心雕龍注》，人民文學出版社，1958 年版，第 47 頁。

⑧ 瞿蜕園、朱金城：《李白集校注》，上海古籍出版社，1980 年版，第 709 頁。

⑨ 仇兆鼇：《杜詩詳注》，中華書局，1979 年版，第 900 頁。

⑩ 王雲五等編：《叢書集成初編・屈宋古音義》，中華書局，1985 年版，第 5 頁。

原的作品予以高度的贊賞，宋玉在其心中也是有一定地位的。在《屈宋古音義》第三卷宋玉作品的題解中，我們同樣可以領悟到陳第對宋玉的欣賞和贊嘆之情以及他獨有的感受和見解。如《題招魂》中不僅辨明了其作者，也揭示了前人所未涉及之處，正如陳第自己也在題解中所說的："意謂外有怪誕，内有荒淫，怪誕暗指張儀輩之變詐吞噬，荒淫則楚之所以亂也。舊注皆未之及，愚故揭而章之，以見玉之用心，婉而實深，緩而實切。先自處於無罪之地，而後微談以冀人之曉也。悲夫！悲夫！"[①] 陳第認爲"怪誕暗指張儀輩之變詐吞噬，荒淫則楚之所以亂也"即是前人都没有注明過，或許是因爲他們認爲文中的許多場景、人物描述之用詞有不妥之處，劉勰《文心雕龍·辨騷》便説是"荒淫之意"，而陳第却能從此處"見玉之用心"，真可謂用力之深也。《題神女賦》中亦有與之類似的言論，其曰："王之妄念，可以解矣。是玉之所爲諷也。嗟夫！不特夢寐，神女爲然，物有貞而不可覬，事有淫而不可成者，皆此類也。玉之辭誠婉，而其意誠規。愚病從來讀者未察，故表出之。"[②] 於此，陳第是擔心人們在讀了《神女賦》後，過於去關注其人神相戀的傳奇色彩，而忽略了它的諷諫之意，因此特别提出以引起研讀者們的重視。對此朱碧蓮先生在《宋玉辭賦譯解》中對陳第如此評論道："這四篇賦中，《風賦》與《高唐賦》的諷諫意義較明顯，一般容易理解，而《登徒子好色賦》與《神女賦》的諷諫性則不易爲人察覺，陳第能體會作者的用心，指明'玉之辭誠婉，而其意誠規'……"[③]《高唐賦》諷諫之意明顯，陳第在《題高唐》中也對此有所論述，其云："芳草、飛禽、神仙、禱祠、謳歌、田獵、匪不畢陳，而終之以規諫。"[④] 但更爲重要的是，陳第通過《高唐賦》中對山水的傳神描寫，而肯定了宋玉賦在文學史上的地位，即"蓋楚詞之變體，漢賦之權輿也。《子虚》《上林》實踵此而發揮暢大耳！"[⑤] 此論非常明確地闡明了宋玉賦是楚辭向漢賦發展的橋樑，其辭賦鋪采摛文，大肆渲染，極盡所能，確立了鋪張揚厲的大賦體制，也爲漢大賦的繁榮興盛奠定了堅實的基礎。《文心雕龍·詮賦》也説："荀况《禮》《智》，宋玉《風》《釣》，爰錫名號，與《詩》畫境，六義附庸，蔚成大國。述客主以首引，極聲貌以窮文，斯蓋别詩之原始，命賦之厥初也。"[⑥] 最後在《題登徒子好色賦》中，陳第言此賦"發乎性情，而止乎禮儀……得其本乎"[⑦]，亦爲精當之論。

以上觀之，《屈宋古音義》之屈宋古義，非但不是甚無可取，較之前人，也是時有出藍之色，筆者才識甚淺，也只能得知一二，望有博雅之士能發掘出更爲精闢之論。

（作者單位：巴蜀書社）

---

① 王雲五等編：《叢書集成初編·屈宋古音義》，中華書局，1985 年版，第 237—238 頁。
② 王雲五等編：《叢書集成初編·屈宋古音義》，中華書局，1985 年版，第 254 頁。
③ 朱碧蓮：《宋玉辭賦譯解》，中國社會科學出版社，1987 年版，第 7 頁。
④ 王雲五等編：《叢書集成初編·屈宋古音義》，中華書局，1985 年版，第 247 頁。
⑤ 王雲五等編：《叢書集成初編·屈宋古音義》，中華書局，1985 年版，第 247 頁。
⑥ 周振甫：《文心雕龍今譯》，中華書局，1986 年版，第 77 頁。
⑦ 王雲五等編：《叢書集成初編·屈宋古音義》，中華書局，1985 年版，第 263 頁。

蜀學筆談：“古蜀傳奇”三部曲

真實與想象的歷史交響曲

——評黄劍華“古蜀傳奇”小説三部曲

謝元魯

内容提要：“古蜀傳奇”三部曲打破了對巴蜀歷史的叙事僅有學術論著的局面，而賦予巴蜀古史以文學性和史詩性。以文學的形式再現百年來古蜀學術研究和考古發掘成果，將古蜀历史还原为视野宏大的小説是“古蜀傳奇”三部曲最大的亮點。

關鍵詞：古蜀傳奇；歷史小説；虚构想象；人物塑造

黄劍華的歷史長篇小説“古蜀傳奇”三部曲《夢回古蜀》《金沙傳奇》《五丁悲歌》出版了，這是巴蜀文壇的一件大喜事。三部曲長達一百四十餘萬字，對古蜀歷史一以貫通，時間跨度長達千年。這三部長篇小説的出版，打破了對巴蜀歷史的叙事僅有學術論著的局面，而賦予巴蜀古史以文學性和史詩性。“古蜀傳奇”三部曲文筆瑰麗，時空宏闊。小説富有想象力，揉合蜀巴楚地神話傳説，把枯燥的文獻與考古資料化爲老幼咸宜的故事，以合理想象，彌補了史實的缺失。書中注重歷史與生活細節的描述，塑造的若干主要人物皆有性格和個性，實爲三部精彩的有吸引力的歷史小説。運用長篇小説的形式來描寫古蜀時代，是一個前所未有的創舉。

跟隨作者的描繪，遍歷上古時代蜀國的千年傳奇，不禁掩卷思索：“古蜀傳奇”三部曲最大的亮點是什麽？我認爲是把撲溯迷離的古蜀歷史，還原成爲故事連貫、人物鮮明、波瀾起伏、視野宏闊的小説，猶如展現了形象生動的史詩畫卷，給人以精彩紛呈之感。古蜀是四川遠古歷史上的輝煌歲月，也是籠罩於歷史迷霧中的時代。李白早在唐代即已説過：“蠶叢和魚鳧，開國何茫然。爾來四萬八千歲，不與秦塞通人烟。”除了《華陽國志》和《蜀王本紀》等書籍簡略地記述了古蜀歷史外，其餘的文獻大多是隻言片語，總計不過數千字而已。要把數千字的文獻演繹爲一百四十多萬字的小説，雖有近數十年來蜀地的重大考古成就，如羊子山、三星堆、金沙、十二橋、成都平原寶墩等古城遺址，岷江上游營盤山遺址與大量石棺葬等考古資料的支撐，還是十分艱難的。作者在蜀都耕愚齋中積二十餘年功力，披閲典籍，增删無數，方能下筆寫出如此的鴻篇巨制。

古蜀時代是巴蜀文化的源頭，巴蜀文化又是中華民族重要的文化源泉之一，儘管古蜀歷史經過百年以來的考古發現與學者研究，已經構建出較爲完整的框架，但也僅僅是一個框架而已。在古蜀歷史的文獻記載中，存在大量斷層，特别是在缺少大量細節方面尤其突出。由於至今没有發現古蜀文字，許多對古蜀歷史的解釋，都是依據出土文物的情况結合文獻的片言隻語推斷而來，還難以成爲定論。即使現有的文獻對古蜀歷史的記載，也是史實與神話的混合體。這種既有大量空白和缺少細節的記載，對歷史小説，尤其是偏向還原史實類的歷史小説的寫作造成了極大的困難。

當然，作爲歷史小説，不可能完全遵循史實，那就變成了歷史文本或歷史演義，而不是小説。小説的文學特點，要求作者描寫其中人物的言行與生活細節。如何克服這一障礙呢？以歷史變遷作爲小説背景的作者，在寫作中往往采取兩種方式：第一種是完全虚構，創造一個不存在的架空歷史世界，以虚擬的歷史進程和人物構建想象中的世界。近年在網路上發表和流行的一大批架空歷史小説即是這類作品，既然是架空，小説中的歷史背景和人物事件可以由作者任意編造馳騁。對這類虚擬歷史小説，非本文議論主題，此處自不必多言。第二種是還原史實類的歷史小説，即書中的人物與事實描寫依據歷史文獻的記載，而僅在文獻缺失的方面和生活及事件的細節上進行合理想象，以作者自身的想象力彌補歷史記載缺失的空間，塑造人物的言行與性格。從傳統的《三國演義》《水滸傳》《隋唐演義》《儒林外史》，到數十年來陸續出版的一批新型歷史小説，如姚雪垠的《李自成》、二月河的《康熙大帝》、唐浩明的《曾國藩》、高陽的《胡雪岩》、徐興業的《金甌缺》、阿越的《新宋》等等。

第二種類型小説之所以能够這樣寫作，是因爲作者所涉及的歷史時期擁有足够的歷史資料，甚至部分的細節記載可供參考。所以我們可以看到，上述歷史小説的時空，大都設定在漢代以後，而不選擇在秦漢以前，我認爲主要就是這個原因。在著名的傳統歷史長篇小説中，以先秦爲背景的僅有《封神演義》一部，書中的史實僅僅是個框架背景，只能根據神話傳説和作者想象，以神怪描寫填充内容，實際上已是古典型的虚擬小説了。

還原史實類的歷史小説的寫作方式，其寫作難度與史料的豐富程度成反比，史料越少，難度越大。這種類型的歷史小説，如果史實缺失太多，除了少數文獻記載和出土文物可以提供一些綫索供參考外，其餘絶大多數内容都需要作者以自已的想象力構建。我讀過的較有可讀性的這類小説，如網上發表的徐公子勝治的《太上章》、樹下野狐的《搜神記》等，也都是想象與虚構多，而史實僅作小説背景框架而已。

以歷史爲題材的小説中，“古蜀傳奇”三部曲采取了還原史實的寫作方式。但由於古蜀歷史缺失太多，作者只能依據少數文獻記載、考古的發現和部分學者的研究來進行建構。當然，這種情況有弊也有利，在缺少的環節和細節方面，作者可以不受歷史史實的限制，任意馳騁自己的想象力。實際上，對考古文物的分析與學者對文獻的考證，大多數也屬於推測，并非定論。如對蠶陵的地域、柏灌的事迹、朱利的來歷等，都有不同的推測和説法，所以古蜀的歷史細節在這部小説中，屬於雙重想象的成果。

古蜀時代的歷史，除了幾個主角和一些事件綫索在史籍中有簡略記載外，其餘均付闕如，需要作者從無到有描寫出一批圍繞在主角周圍的人物，構建出他們的言行和事迹。除此之外，還要構想出符合歷史主綫發展的各種事件。在這個構建的過程中，作者必需具有豐富的想象力，使這些人物和事件與所描寫的時代背景基本吻合，但又符合小説對故事情節與人物塑造的要求。作者在"古蜀傳奇"之二《金沙傳奇》後記中説，在這部長篇小説中杜宇和朱利、鱉靈和海倫都是有文獻記載的，而白羚、神巫、魚鷹等均爲虚構的人物。實際上作者認爲這些文獻中有記載的人物，其言行與性格在小説中同樣也是虚構。

在中國古代的歷史文獻中，尤其是正史，一般只記載人物的重要事迹和歷史事件的過程，而對人物的個性則極少涉及，甚至往往缺失，只有野史筆記之類的記載，才偶有涉及。這爲歷史小説的寫作造成很大困難。尤其在古蜀的歷史文獻中，往往只記載有幾個重要人物的名字，不要説人物個性，就連基本的史實也缺乏記載，如蠶叢、柏灌即是如此。即使有的人物如魚鳧、杜宇、鱉靈等記載稍多，但也僅有寥寥數段文獻而已，與小説的要求相差甚遠。小説需要描寫人物，人物的特殊經歷與命運的變化，是小説能够具有吸引力的主要要素。在歷史小説中，人物的經歷越奇特不凡，命運越變幻莫測，吸引力就越强。這些内容，除了史實既定的框架外，其具體内容往往就必需由作者來想象添補，而且細節越生動越好。"古蜀傳奇"三部曲在相當程度上做到了這一點。

個性决定命運，小説的人物需要個性的描寫，是以便在相同的環境之下，展示人物不同的選擇而出現不同的命運。其實我認爲小説中性格較爲鮮明的人物，恰好不是文獻記載有名的人物，而是作者虚構的人物，如神巫、魚鷹和白羚。其多次出場的心理描寫，爲人物的塑造增色不少，形成讓讀者欲罷不能的文字和讓人懷想不已的故事。

以歷史實際存在的人物爲主人公的小説，受到史實的制約，不能由作者任意安排命運。聰明的作者，以史實爲背景，包括歷史中真實的人物名字、事件地點、生活環境等，而故事主人公的經歷與情節皆爲虚構。這樣既有歷史的真實感，又能發揮小説的藝術特色，可以由作者任意騁想，描寫主人公的經歷與命運。虚構的方式，或者選擇主人公生平中記載最少的若干時段來發揮，或者在史籍來曾記載的細節方面來發揮，或者在事件與人物的具體作爲上添油加醋，或者按照他人相似的情況，轉移到書中主人公之身上，這同樣是有合理的空間的虚構，否則影響小説的魅力。在"古蜀傳奇"三部曲中，如《夢回古蜀》寫了魚鳧鼓動蠶叢之子蠶武刺殺柏灌王，自己趁機發動政變，攻占王城，從而奪取王位。而杜宇和朱利又仿效柏灌，在狩獵時殺掉魚鳧王，建立杜宇王朝等均是。

對歷史小説中人物的經歷與命運的虚構，爲何能得到讀者的認可呢？我認爲是基於如下四點：首先是人類的共情。如人物的家庭關係、婚姻關係、君臣之間關係等，即使缺乏史料，但上述關係按人之常情，并不會因時間的流逝而發生重大變化，以今推古，不外如是，所以作者在這類情况的虚構有合理的空間。如“古蜀傳奇”之二《金沙傳奇》寫了杜宇王看到鱉靈之妻海倫的美貌，從而把臣下之妻據爲己有。而杜宇王的公主白羚又愛上鱉靈，但在鱉靈發動政變時，又挺身而出救出自己的父親。在“古蜀傳奇”之三《五丁悲歌》中，開明王妃小卉爲其他嬪妃所嫉妒而被害死，開明王聽信近臣江非挑撥而疏遠苴侯等情節，雖屬作者想象，但仍爲人物性格共情的合理展示。

其次是邏輯的推斷。即按照書中人物所經歷的歷史時空，所作所爲符合大多數人物應有的趨利避害邏輯選擇，或符合書中人物性格導致的邏輯選擇。譬如《夢回古蜀》中寫魚鳧取代柏灌，之後杜宇又取代魚鳧，《金沙傳奇》中寫鱉靈取代杜宇，都是通過陰謀和暴力。雖然這些史實在古代史料中并無確實記載，或者僅留下一些如杜宇失位後隱於西山，化爲杜鵑鳥啼血的神話暗示，但在上古社會中，王朝的傳承不可能是史書上所講的禪讓那樣温情脉脉，必然伴隨着血雨腥風。所以作者在這方面的描寫，實際上是符合歷史的真實演變的。

再次是綜合。歷史小説的描寫中，爲了不致完全依據歷史史實的走向，從而使情節拖遝不集中，變成本紀或列傳中的冗長叙事，往往把若干歷史人物的遭際，集中到幾個主角身上，凝聚成爲半真實半虚構的人物形象和人物命運。所以優秀歷史小説的主角，往往是許多歷史人物的綜合體展示。這在“古蜀傳奇”三部曲中也有相當的表現，如在蠶叢與柏灌傳承的故事中，可以看到上古傳説中堯、舜、禹三代禪讓首領之位的身影。但在其他幾個主角身上，這種情况則不太明顯，人物性格與遭遇相對較爲單純。

最後是巧合。常言無巧不成書，作者把若干事件的轉折與變化，集中賦與小説中的主人公，使其在一個接一個的意想不到的機遇中，按照作者安排的命運前行。這樣的寫作，使小説情節常常出乎讀者預料，柳暗花明，峰迴路轉，極大地增加了叙事的吸引力，使讀者捧卷之時欲罷不能。這方面在本書中亦有一些描寫，如杜宇王偶遇鱉靈之妻海倫、魚鷹入宫刺殺杜宇等。但相對較爲薄弱，故事情節進程缺乏懸念。我認爲是作者比較傾向於遵循古蜀歷史的框架，寧願小説情節相對平穩，不致因爲過多的巧合與偶然，而使古蜀歷史玄幻化。

優秀的作家在創作時，往往讓其筆下的人物的多重性與複雜性也由此展現。懸念和衝突的製造，使故事奇峰突起，引人入勝；人物的言行作爲，違背或部分違背常人的經驗，而作出意料之外的另類選擇；以及人物性格的獨特，從而帶動故事情節向意想不到的方向發展，構成小説叙事的張力，也是小説吸引力的要素。在這方面，“古蜀傳奇”三部曲中的人物衝突因素大多數是基於感情，如杜宇和海倫、開明與王妃等。我認爲古蜀王國的傳承與迭代中，權力鬥争引起的衝突的激烈程度與懸念程度，其間所展示出的智謀、勇氣、矛盾與殘酷，要遠遠高於感情因素。因爲即使相隔數千年的時空，而人性的共性與劣根性是一致的。男女的悲歡離合，遠不及權力的傳承争奪。在這方面作者的描寫還是顯得不足了一些。如蠶叢走出深山遷徙到平原，繼而整合各部落，登基稱王，過程太順利了一點。需知一千多年後的趙武靈王胡服騎射，兩千多年後的魏孝文帝要遷都改制，改革力度遠不如蠶叢，還殺了一大批臣下以至自己的兒子，方能成功。何况蠶叢遷徙稱王的難度，還遠高於趙武靈王和魏孝文帝呢。在書中所描寫魚鳧、杜宇、鱉靈發動政變奪取王位的過程，雖然作者已濃墨重彩描寫，但情節還顯得有些單薄，都顯得過於順利。在人性的劣根性方面，千百年前的人物并不會比後代差。我們只要看《三國演義》中的各種陽謀、陰謀與血腥，在明清時代還成爲李自成和努爾哈赤的教科書，就可以想見。所以如果古蜀王朝中有宫廷鬥争和集團鬥争，其陰謀血腥激烈的程度恐怕是不讓後世的，不過作者没有把其作爲描寫的重點。

除此之外，"古蜀傳奇"三部曲仍有一些不足之處。首先，"古蜀傳奇"三部曲小説叙事的地理背景與四川盆地的上古環境還有一定差距，如對成都平原上的生態環境與古蜀先民之間的關係，除洪水氾濫外，描寫較少。而按張衡《蜀都賦》中的記載來看，秦和西漢時期的成都平原，儘管已經有都江堰的修築，仍然還是一片"於氾則注注溔溔，積土崇堤。其淺濕則生蒼葭蔣蒲，藿芧青蘋，草葉蓮藕，茱華菱根。其中則有翡翠鴛鴦，嫋鸕鷁鷺，雯鵾鸛鵝。其深則有猵獺沈鱔，水豹蛟蛇，黿鱓鱉龜，衆鱗鰅鱯"的水鄉澤國景象，不是只有洪水氾濫時才會出現人類生存困難的情景。古蜀時代先民的生活環境，不僅有岷江河谷的地震山崩，就是成都平原對於人類的生存，也仍然是很不友好的，甚至是很惡劣的，即使經過鱉靈的初步治水，還遠不是後人所認爲水旱從人的魚米之鄉。我們只要對比司馬遷在《史記》中對漢代江南地區的描述，是"江南卑濕，丈夫早夭。地廣人稀，飯稻羹魚，或火耕而水耨"。更何况古蜀的蠶叢、魚鳧時代比漢代還要早一兩千年。因此書中對古蜀時代人們所處的生態環境與物質生活的描寫，似乎還是太樂觀了一些。我認爲那個時代的古蜀先民，恐怕主要的焦慮對象還不是部族的争鬥與首領的傳承，而是如何與不利的自然環境抗争，争取到一個對自己較爲友善的生存條件。

書中除主要人物外，大多數次要人物的描寫仍較平面化和單一化，缺乏自身的個性，如朱利、阿黑、小卉、苴侯、安陽、五丁等。故事情節爲單綫條推進，使叙事結構稍顯單薄。另外，本書中還使用了一些戰國以後乃至明清出現的詞語，如官邸、頒詔、公糧、莊園、大内高手、勸進表、長吏、家丁、嬪妃、公主等，在一定程度上削弱了上古史的氛圍。但瑕不掩瑜，"古蜀傳奇"三部曲仍然是至今爲止，以文學的形式再現百年來古蜀學術研究和考古發掘成果，最爲成功，最有水準的描寫古代巴蜀歷史的長篇小説。這是巴蜀文化在新時代的燦爛篇章，值得更多的讀者閲讀和思考。

（作者單位：四川師範大學、四川省人民政府文史研究館）

虚構小説也是真實歷史畫卷

——從文獻史料與美術考古實物談黄劍華《夢回古蜀》

唐　林

内容提要：“古蜀傳奇”三部曲雖然是虚構的文學創作，却有真實的歷史依據。本文從文獻史料和美術考古實物的角度，以城邑、神像、絲綢、墓葬、陶器等大美術中的五種門類或器物爲例，與《夢回古蜀》中有關描述文字，逐項進行對比、分析、闡述，説明“古蜀傳奇”三部曲的創作，并非戲説歷史，或者説，雖然它們是虚構小説，但也是真實的歷史畫卷。

關鍵詞：古蜀傳奇；文獻史料；美術考古；比較研究

黄劍華新著“古蜀傳奇”三部曲《夢回古蜀》《金沙傳奇》《五丁悲歌》（成都時代出版社，2021年4月），人物衆多，情節生動，是我國第一次從文學的角度系統地描述古蜀歷史的長篇力作。從蠶叢、柏灌、魚鳧到杜宇、開明，歷時五個王朝，時間跨度長達千年左右（部分涉及巴國創始國王廩君），展現了波瀾壯闊的歷史畫卷。我們知道，關於古蜀歷史，能够依據的史料文獻非常少，主要見於西漢揚雄《蜀王本紀》和東晋常璩《華陽國志》等，但就是這些記載，有關文字也是非常少，且大多語焉不詳，有些甚至只有寥寥幾數語①（按：有關這幾個王朝的起始、時間長度等，目前僅有學者的推測，參見三本書的“後記”）。由此可見，古蜀歷史一直雲遮霧繞，給人以撲朔迷離之感。黄劍華知難而進，經過長期深入的研究和精心的構思，將古蜀歷史上的幾代蜀王與驚心動魄的故事，精彩紛呈地展現在了讀者面前。

雖然“古蜀傳奇”三部曲是虚構的文學創作，然而黄劍華在書中的許多文字，特别是對

① 黄劍華：《夢回古蜀・後記》，成都時代出版社，2021年版，第514—515頁。

一些具體的古蜀事物的描寫，却并非想當然的隨意而寫或者臆想而寫，而是依據了四川考古發現的綜合成果。由於對此著的評述甚多，如填補了古蜀歷史文學寫作的空白等，筆者一直研究美術史尤其是四川美術的歷史，故欲從文獻史料與美術考古實物的角度，來談談我對這套書特别是"古蜀傳奇"第一部《夢回古蜀》的看法。

所謂文獻，文，是文本記載，獻，就是口耳相傳的重要言行，通俗點講，只要用文字記下的事物言論，都叫文獻。史料則是指可以據以爲研究或討論歷史時的根據的東西。文獻史料連在一起，大意是即記載在某載體上用來研究或討論歷史的根據。美術考古學研究的是人類的古代歷史，它將各種美術品作爲實物資料來復原古代的社會文化。美術考古學的研究對象在年代上上起舊石器時代，下迄各歷史時代。那麼，這裏的美術指什麼哩？是指傳統的美術，也是通俗意義上的"大美術"，包括五個大門類：繪畫、書法、設計、建築、雕塑。實物就是這五個門類的具體物質存在。

由於有關古蜀的文獻史料和美術考古實物甚多，不可能一一言及，本文僅從城邑、青銅、絲綢、墓葬、陶器（唐林：《四川美術史》上册"先秦至隋唐卷"）等五個方面來對"古蜀傳奇"中第一部《夢回古蜀》的描寫文字進行討論。需要説明的是，它們均屬於大美術的範疇，城邑、墓葬屬於大美術中的建築門類，青銅、絲綢、陶器屬於大美術中的工藝美術門類，青銅屬於金屬工藝，絲綢屬於紡織工藝，陶器屬於陶瓷工藝。從時間上講，它們分屬蜀國蠶叢時代（時間推測大約和黄帝之後帝嚳、堯、舜屬於同一個時期）、蜀國魚鳧時代（時間推測可能歷經夏商周）和巴國廩君（巴國第一代國王）時代。

一、城邑

城邑即城市，是古代城市的統稱。在古代，城市是政治統治的據點，城市又集中體現了當時的經濟、文化、科學技術等多方面的成就。在王權至上的奴隸制時代，作爲王國統治中心的都城，其城市規模自然是最大的。就全國而言，早在龍山文化時期，齊地（今山東）就出現了我國最早的城，距今 4600－4000 年，其中山東章丘龍山城子崖就是代表①。

在"古蜀傳奇"三部曲之一《夢回古蜀》中，蜀國的創始人蠶叢率領族人走出四川岷江河谷，進入了成都平原的腹心地帶，在江流交匯之畔的高地上停留下來，選擇高地作爲部族的定居之地。這時候，他做了一個重大的决定：築城。在黄劍華的筆下，他是這樣描寫蠶叢築城的：

>……蠶叢决定築城，依然是就地取材，就在部族領地的四周，用泥土夯築的辦法，

---

① 范文瀾、蔡美彪：《中國通史》，人民出版社，2009 年版。

建起了高大的城牆。這是一座很大的土城，布局是四方形，城牆很寬，高達丈餘，猶如堤壩。部族就居住在裏面，可以充分利用土城的很多功效，既可以防備野獸，也可以預防洪水。更重要的是，築城而居比散居更有利於形成凝聚力，使整個部族猶如握緊的拳頭，這對將來要做的許多大事（如建立蜀國等）都會發揮很重要的作用。[①]

文獻史料方面，先秦時期《考工記》曾這樣描述天子都城的規劃："匠人營國，方九里匠人營國，方九里，旁三門，國中久經九緯，經塗九軌，左祖右社，面朝後市，市朝一夫。"東漢末期趙曄《吴越春秋》有"築城以衛君，造郭以守民"記載。雖然這些文字記載的年代距離蠶叢時代差不多有1000年左右，且非古蜀，但可資參考。

那麽從美術考古實物來講，四川就非常多了。迄今在四川發現有史前時期的6座古城遺址，均位於成都平原，它們是新津縣寶敦古城遺址（今成都新津區龍馬鄉寶敦村）、都江堰芒城遺址（都江堰市青城鄉芒城村）、温江縣魚鳬古城遺址（今成都市温江區萬春鎮魚鳬村）、郫縣古城遺址（今成都市郫都區古城鎮古城村）、崇州雙河與紫竹古城遺址（今成都市崇州市上元鄉雙河場和燎原鄉紫竹村）等（馬世之：《中國史前古城》）[②]。這6座史前古城遺址，其絶對年代大約距今4500年到2875年（蒙默等：《四川古代史稿》），均爲寶墩文化的城址（江章華等）。這一時期的巴蜀古城布局基本相同，已修建夯築城垣，城垣平面多呈不規則的長方形，僅魚鳬古城爲不規則多邊形。從這6座古城遺址可以看出，當時的城市都在古河道附近，均建於近河臺地上，城牆的長邊往往與河流及臺地的走向一致，城址平面略呈長方形或近方形（馬世之：《中國史前古城》）[③]。當時，"西蜀天漏""江水初蕩譎，蜀人幾爲魚"（岑參：《石犀》）。這無疑是爲防備洪水的衝擊。需要説明的是，蜀郡太守李冰治水，修建都江堰，是在蠶叢之後（公元前221之前）許多年的事情了。在蠶叢時代，成都平原遇洪水基本上是汪洋一片。

今天我們無法知道傳説中的蠶叢所建的古城現在位於成都平原具體的地方，但它肯定是具有以上古城特徵的。不過，考慮到蜀王蠶叢是順岷江而至平川這一史實，蠶叢所建城市應該在今天四川都江堰一帶。今天的都江堰恰恰有一座史前古城遺址：芒城。都江堰芒城古城遺址位於都江堰市區南約12千米的青城鄉芒城村，城址平面略呈不規則長方形，方向北偏東約10°。城内高於城外約0.3厘米。城垣分内外兩圈，外城南北長約360米，東西寬約340米，面積約12萬平方米。内城南北長約290米，東西寬約270米，面積約7.8萬平方米。現存外城城垣長度，分别爲北垣238米，東垣36米，南垣224米，西垣224米。内城城垣存寬8—13米，高1—1.2米（王毅、江章華、張擎：《成都平原早期城址及其考古學文化初論》等[④]）。城垣的構築方法與後世的城牆建造方法不同，采用的是斜坡夯築的"堆築

① 黄劍華：《夢回古蜀》，成都时代出版社，2021年版，第48頁。

② 馬世之著，高介華編：《中國史前古城》，湖北教育出版社，2003年版。

③ 馬世之著，高介華編：《中國史前古城》，湖北教育出版社，2003年版。

④ 江章華、王毅、張擎：《成都平原早期城址及其考古學文化初論》，《成都考古研究》2009年第1期。

法”，平地起建，呈斜坡堆積形式，夯築的方法爲拍打。歷史學家段渝先生認爲：芒城村古城所在的位置，正當從岷江上游南出灌口，進入成都平原之道，而它的時代也與古史記載中蠶叢、魚鳧從岷山山區南下成都平原的時代大致吻合。

根據以上所述，説明黄劍華關於築城的描述是依據歷史事實而書寫，他説明了古蜀早期築城地址的關鍵兩點，一是要根據河流的走向，建築高大的城牆，以預防洪水，二是根據附近地勢特點，城邑要建於江流交匯之畔的高地之上。

二、神像

依據説詞解字辭書研究中心編寫、華語教學出版社 2017 年出版的《現代漢語圖解詞典》，神像有兩個意思，一是舊時指死者的遺像，一是神佛的圖像、塑像。

魚鳧王（蠶叢之後古蜀國的第二位國王）爲了消解部族間的仇恨，凝聚人心，他决定鑄製蠶叢的神像以及已故部族酋長們的造像。在這裏，神像是指死者的遺像。

魚鳧王要求工匠們要將蠶叢王和諸多已故酋長的形象全部（用銅）鑄造出來，組成一個神像群體。這是一個浩大的工程，也是曠古未有的事情……蜀國的工匠們，在興奮而又熱切的狀態下，發揮了豐富的想象力，分工合作，廢寢忘食，不久便創作了蠶叢王高大巍峨、身穿王服、頭戴王冠、祭祀諸神的雕像，接着又創作了蠶叢王縱目而視的形象。然後，工匠們又精心構思了各部族已故酋長們的形貌，有的戴帽，有的梳辮，有的插笄，塑成了一群容貌各异、千姿百態、栩栩如生的神像。這個創作與鑄造的過程，持續數月之久，才大致完成①。

從史料文獻上講，《管子·山權數》有“湯以莊山之銅鑄幣”之載，莊山即嚴道銅山，即今滎經的銅礦。這條記載雖不可信，因爲成湯之時尚無銅幣，但可知嚴道出銅，且已聞名中原。《華陽國志·蜀志》記載蜀地之“寶”，就有“銅、鐵、鉛、錫……空青”。鉛和錫都是冶鑄青銅的重要原料。空青即藍礦石，很可能就是古時巴蜀煉銅的主要原料（袁庭棟）。李時珍《本草綱目》卷 10 引《名醫别録》：“空青，生益州（治今四川成都）山谷及越西山有銅處，銅精熏則生空青，其腹中空，三月中采，亦無時。能化銅鐵鉛錫作金。”

從美術考古的實物來講，四川發現青銅出土實物較多，事實上，僅三星堆出土的青銅雕像群就足以佐證了。1986 年四川廣漢縣三星堆遺址發現了距今 4000 年左右的商代大批青銅造像，在三星堆的一、二號祭祀坑共出土青銅人像、人頭像、人面具、人面像、獸面具等各類形象，包括跪坐人像、立人像、獸冠人像、人身鳥爪形足人像、持璋小銅跪人、喇叭座頂

① 黄劍華：《夢回古蜀》，成都時代出版社，2021 年版，第 317 頁。

尊跪坐人像、大型銅神樹座跪坐人像等，共計 242 件，其中：人像 8 件、人頭像 57 件、面具 34 件、眼睛造型 109 件、動物型飾件 34 件（施勁松：《三星堆 1 號、2 號坑與金沙祭祀區出土青銅器對照表》）。它們是中國目前數量最多、形體最大的青銅雕像群（姚智輝）。

在三星堆青銅造像的工藝方面，從鑄造技術來看，可以知道當時蜀人的銅器鑄造技術，早在商代晚期蜀人就已熟練地掌握了分鑄法、渾鑄法兩種工藝，并已開始運用銅焊、熱補、鉚接等方法。這比起中原等地要早幾百年（邢力謙、鄭宗惠：《先秦青銅鑄造技術發展概況》）。鑄造工藝之精，分型水準之高，標志其在金屬冶煉技術方面的高度成熟。從造型來看，三星堆各種銅人像、頭像、面具等大多按寫實手法鑄造。其造型准確生動，既寫實又誇張，充分反映出鑄造形象的多樣性和完整性，顯示了高超的藝術水平。有的青銅人像以寫實爲主，人們可從精細的面部特徵、髮式、衣飾來區分他們不同的族屬與階層；有的則以傳神爲主，通過誇張變形的手法，如巨型青銅人面像突出的立柱式眼球，撕裂般的拉長口角，寬闊如面部的大耳，使人不能不産生一種深感怪誕與無比敬畏的效果。其他不少青銅人像也多以其分明的輪廓和局部的誇張來增强其質感的力度和藝術的感染力，既具體又抽象，既寫實又浪漫，既有力又神秘，既有人的實感又有神的虛妄。從裝飾藝術藝術來看，青銅器上的紋飾基本上可以分爲動物形、幾何形兩大類圖案[①]。歷史學家段渝先生認爲，從文化來源分析，這些青銅雕像群是以古蜀國魚鳧王爲首的蜀國統治集團的群像。

從黄劍華以上這段文字，毫無疑問，是以三星堆出土雕像爲基礎的。黄劍華早年出版有《古蜀的輝煌》《三星堆——震驚天下的東方文明》《三星堆》（韓文版）《古蜀金沙》等學術著述，對三星堆青銅造像有專門的研究。

三、絲綢

絲綢就是蠶絲（以桑蠶絲爲主，也包括少量的柞蠶絲和木薯蠶絲）織造的紡織品，在古代，發展農桑是各國富國强民的重要國策，因爲絲綢很早就成爲宫廷貴族的主要衣料和對外貿易的重要商品。在蜀漢三國時代的蜀國，作爲紡織品的錦，在蜀丞相諸葛亮的眼中，是一種重要的戰略物質。

“絲綢”兩字，在黄劍華《夢回古蜀》一書出現的頻率相當高，主要是描繪古蜀國第一代國王蠶叢王的夫人西陵氏如何帶領部族中的婦女植桑養蠶，并向其他部族以及平川百姓傳授這種技藝，從而獲得豐收。由於篇幅原因，僅舉一例如下：

> 爲了迎接這次（進入平川後）重大祭祀，西陵氏（蠶叢的夫人）爲蠶叢找出了上次

① 陳顯丹：《廣漢三星堆青銅器研究》，《四川文物》1990 年第 6 期。

縫製的絲綢新衣，洗去了灰塵，給龍馬圖案的下方又添綉了雲紋，使得這件華服越發亮麗奪目。自從遷徙出來之後，西陵氏帶領部族中的婦女們開始大量地植桑養蠶。平川土地肥沃，氣候濕潤，桑樹插栽即活。嫩緑的桑葉將蠶寶寶喂得异常肥碩，結的蠶繭也特别飽滿。經過加工，紡織後的絲綢也就格外絢麗有光澤。養蠶紡織絲綢這門這項技術，令周邊的那些小部落都倍感新奇，前來向蜀山氏部族請教學習的人日漸增多，紛紛仿而效之，很快在平川地區傳播開來。[①]

文獻史料方面，關於四川絲綢的記載甚多。四川盆地及周邊地區（古稱蜀國）桑蠶絲綢業起源很早，是中國絲綢文化發祥地之一，故稱"蠶叢古國"。桑蠶絲織是巴蜀文明興起的重要標志。蜀人利用桑葉養蠶、抽絲、織綿，可以追溯到古史時期。蜀，《説文》解釋是"葵中蠶也"。《爾雅》引"葵"作"桑"。《詩・東山》云"娟娟者蜀，蒸在桑野"。《毛傳》亦云亦始於蜀。這都表明蜀得名於蠶桑，蠶桑亦始於蜀（付順：《古蜀區域環境演變與古蜀文化關係研究》）。早在新石器時代晚期，古蜀的蜀山氏、蠶叢氏等部落，即以養蠶著稱。相傳伏羲四川閬中"遠取諸物"中，發現了桑上野蠶。桑林爲西陵氏黄帝元妃嫘祖的社樹，嫘祖在桑林之社將伏羲所發現之野蠶家養，發明抽絲編絹之術，發展爲我國絲綢文化。嫘祖西陵氏故里在四川鹽亭縣，鹽亭距閬中直綫距離不到 100 千米。因伏羲在閬中發現桑上野蠶，西陵嫘祖在鹽亭桑林（即西陵）之社將野蠶家養，被世尊爲先蠶，使鹽亭成爲中國絲綢文化源頭，成爲南、北絲路起點。而蜀中廣漢等地有有關於馬頭娘的民間傳説，爲以後巴蜀的養蠶、治絲繭、織絹錦孕育了條件，其凄美的故事折射出四川蠶桑的悠久歷史。據《華陽國志・巴志》："禹會諸侯於會稽，執玉帛者萬國，巴蜀往焉"，由此推斷距今 4000 多年前的蜀國已能生産絲織品"帛"了，而帛即爲最初的錦。

美術考古實物方面，許多學者如原中央工藝美術學院教授黄能馥等認爲舉世聞名的三星堆青銅立人身上所着衣物就是絲綢。2021 年三星堆祭祀區新一輪考古發掘成果中，正式公布在祭祀坑内發現絲綢朽化後的殘留物，并且在樣土檢測中多次發現蠶絲蛋白，證明 3000 多年前的三星堆王國，已開始使用絲綢。

從以上文獻記載與考古發現可知，黄劍華如此描寫第一代蜀王蠶叢的夫人西陵氏帶領蜀人植桑養蠶并推廣養蠶紡織絲綢，歷史依據充分，時代上也較爲吻合。

四、墓葬

墓葬是用以死者安葬的形式。古代葬俗因時代、地方的不同而有差异，有土葬、火葬、

① 黄劍華：《夢回古蜀》，成都時代出版社，2021 年版，第 317 頁。

水葬等。據現代考古發現證明，早在舊石器時代，先民已經有意識地把死人埋入土中；而在新石器時代，則進一步挖掘土坑集體掩埋尸骨（謝謙編著：《國學基本知識現代詮釋詞典》）。

在蠶叢父親於岷江河谷去世後，遵照蜀山氏部族的傳統，蠶叢和家人爲老酋長舉行了一個隆重了葬禮，黄劍華在書中這樣描述這次安葬儀式：

> 蜀山氏部族有自己的（葬禮）傳統，在葬具和墓穴方面就比較獨特，與其他部族不同，老酋長去世後，蠶叢便按時蜀山氏部族的傳統，派人製作了石棺，裝殮了老酋長的遺體，停放在古室中。這樣過了幾天，等到了吉日，再給老酋長隆重送葬，將石棺抬到墓地，先在墓穴中用石板砌成石槨，接着將石棺葬入墓穴中的石槨内，然後掩埋并舉行祭祀。這種葬法，從蠶叢爺爺時代就開始了。[①]

這種墓葬就是古代蜀國著名的“石棺葬”，“石棺葬”又稱作“石棺墓”“石板葬”或“石板墓”，是一種以石板或石塊壘砌墓室爲主要葬制的考古文化遺存[②]。

文獻史料方面，常璩《華陽國志·蜀志》稱：“周失綱紀，蜀先稱王。有蜀侯蠶叢，其目縱，始稱王。死，作石棺石槨，國人從之，故俗以石棺槨爲縱目人塚也。”這應該是四川石棺葬俗最早的記載。

美術考古實物方面，位於四川阿壩州茂縣城關鎮縣城東北的茂縣營盤山遺址是目前發現的時代最早、規模最大的石棺葬，15 萬平方米範圍内分布的石棺葬總數可達數萬座[③]。這些石棺葬多是竪穴土坑，坑内放置石棺，石棺結構有蓋無底，墓壙和石棺皆依死者身形而作，墓主遺體和殉葬品直接置於土底上。石棺石板大小不一、厚薄不勻，均無底板，以片石爲側板、擋板及蓋板，一般在側板底部有扁平小石塊卡砌加固，墓底大多墊鋪一層黏土後再放置骨架。石棺之上有填土。墓室一般長 1－1.8 米、寬 0.2－0.4 米，且發現雙室者。《夢回古蜀》中叙述的蜀山氏，就源於茂縣的疊溪鎮（又名蠶陵鎮）。依今天的距離，疊溪距離營盤山只有 50 千米左右的路程。因此，兩地的交流即使在蠶叢時代也應該没有問題或没有阻礙的。

石棺葬作爲墓葬形制主要發現於我國東北沿華北邊緣至甘青、四川西部及西藏東部地區而形成的我國邊地半月形文化傳播帶。目前，四川岷江上游地區是我國石棺葬發現分布最爲密集、數量最多的地區，已發現和發掘清理的石棺墓數量占整個西南地區石棺葬總數的一半以上（俞方潔：《岷江上游石棺葬出土琉璃珠考略》），其調查者有著名的考古學家馮漢驥、童恩正等。四川石棺葬主要流行於川西高原，主要是氐羌民族系統的葬俗。

黄劍華如此寫法，非常符合當時的實際情况。

---

① 黄劍華：《夢回古蜀》，成都時代出版社，2021 年版，第 18 頁。

② 石碩：《青藏高原東緣的古代文明》，四川人民出版社，2011 年版。

③ 陳劍、陳學志、范永剛、蔡清：《營盤山遺址——藏彝走廊史前區域文化中心》，《阿壩師範高等專科學校學報》2005 年第 1 期。

五、陶器

陶器，是新石器時代重要的文化特徵之一，又是工藝美術史上原始時期最突出、藝術成就表現最集中的品種①。陶器是人類利用泥土燒製的實用器皿或陶藝品，是史前人類社會的重大發明，是新石器時代人類文明的一項劃時代的創造。陶器是因炊食生活的出現而産生②。

在《夢回古蜀》中，黄劍華關於陶器的製作是出現在有關巴國創立過程的描述之中，務相（巴國第一代國王廩君在成爲國王之前的姓名）將土船通過熊熊燃燒的大火燒製成可以在水中不沉的陶船，地點是在巴國創立初期的重慶峽江地區一帶。根據推測，廩君創建巴國的時代，可能晚於蠶叢時代，而和古蜀國的魚鳧王朝屬於同一個時代。黄劍華這樣寫道：

> 因爲疲倦，務相打盹了，恍惚中他來到一個烟霧繚繞的地方，一些老人正在製作和燒製陶器，那些夾砂泥巴做成的各種器皿，經過柴草的熊熊燃燒，便成了日常使用的陶罐、陶盆、陶碗、陶盞。務相出神地看着那些燒製而成的陶器，心裏興奮不已，難道這就是神靈的昭示嗎？……③

從文獻史料上講，中華民族是世界上最早掌握製陶的民族之一，并有着最早的關於製陶的記載，《佚周書》的"神農耕而陶"，《孟子·離婁篇》的"陶於河濱"。黄帝時代就有專門掌管製陶的官員"陶正"。遠在新石器早期，中國的先民們即懂得運用水土攪拌而成具有可塑性的陶泥，經過造型與火燒，創製出了陶器④。製陶工藝是新石器時代最突出最豐富的美術創造，是中華民族祖先貢獻給美術歷史寶庫的珍貴遺産⑤。

從美術考古實物上講，20 世紀 90 年代，位於重慶奉節縣（屬於古巴國地區）的魚復浦距今 7500 年左右的地層出土一塊陶片，具有新石器時代早期陶片的特徵。重慶新石器時期巫山大溪遺址出土的陶器很多，陶器可分爲四類，即紅陶、灰陶、黑陶和彩陶。大溪文化中，一些泥質紅陶都施陶衣，經過 800 至 870 度的窑火燒製，器表既光滑細膩，又呈現出淡淡的紅色。而一些陶器則在窑中扣燒，使器内氧化不充分，器外充分氧化，産生外紅裏黑的特有風格⑥。

黄劍華如此描繪巴國第一代國王廩君製作陶船，有理有據。

---

① 王家樹編著：《中國工藝美術史》，文化藝术出版社，1994 年版。
② 張卉：《中國古代陶器設計藝術發展源流》，南京藝術学院博士學位論文，2017 年。
③ 黄劍華：《夢回古蜀》，成都時代出版社，2021 年版，第 335 頁。
④ 阮榮春等：《美術考古一萬年》，上海大學出版社，2008 年版。
⑤ 薄松年主編：《中國美術史教程》，人民美術出版社，2008 年版。
⑥ 邵學海：《長江流域美術史》，湖北教育出版社，2005 年版。

六、結論

通過對以上五種古蜀具體事物的文獻史實的梳理和四川美術考古實物的研究，與黄劍華在小説中對它們的文字描述，一一進行比較，我們可知黄劍華“古蜀傳奇”三部曲的寫作，絶非是戲説歷史，而是有着充分的歷史依據的。或者可以説，雖然這些文字大多數是虛構的，但許多歷史事件或事物却是真實的。在這方面，黄劍華具備絶大多數歷史類寫作的作家没有的優勢，因爲他本人就是一位資深學者，出版有衆多學術專著，如《古蜀的輝煌》《古蜀金沙》《華陽國志故事新解》《絲綢之路上的文明古國》《文宗在蜀》等。

“蠶叢及魚鳧，開國何茫然。”（李白：《蜀道難》）古蜀是個神秘的王國，由於文字記載的缺失與不詳，常給人以雲遮霧罩之感[①]。對於今天的年輕人，要去讀揚雄的《蜀王本紀》、常璩的《華陽國志》等這樣的古代文獻，肯定不現實，一是古典文學的基礎問題，二是時間有限問題（研究者或對古蜀歷史有興趣者除外）。因此，黄劍華現在這個通俗易讀的、故事情節跌宕起伏的、容易引人入勝的“古蜀傳奇”三部曲，爲大家瞭解古蜀歷史提供了一個選擇。

一滴水見世界，雖然“古蜀傳奇”三部曲是虛構小説，但也是真實歷史的畫卷。

（作者單位：四川省社會科學院藝術研究中心）

① 黄劍華：《夢回古蜀》，成都時代出版社，2021年版，第493頁。

五丁神勇開蜀道，悲歌聲成史家唱

——《五丁悲歌》評論

唐浩源

内容提要：《五丁悲歌》作爲古蜀傳奇第三部，以豪邁筆力結合四川天府地域文化特色，抒發心中古蜀風情所思所想，對古蜀歷史從人文、社會、環境、民俗、祭祀各方面形成一座豐富的天府文化寶庫。文章从叙事構思、人物性格、史书体例、文化呈现、悲劇氣質等五个角度评价《五丁悲歌》的主旨内容与藝术特色。

關鍵詞：《五丁悲歌》；傳奇；古蜀；蜀王；開明王朝

《五丁悲歌》作爲"古蜀傳奇"第三部，是四川學者、作家黄劍華先生深入研究大量先秦古籍與考古發現以及相關歷史論文，以豪邁筆力結合四川天府地域文化特色，抒發心中古蜀風情所思所想，成就一本史家之絶唱。本書主要講述開明王朝傳世十二代，到末代蜀王時期，外有勵精圖治，厲兵秣馬的秦惠王對蜀地虎視眈眈，内有小人奸臣挑撥離間，民不聊生。在這種危難時刻，苴侯和皋通進諫忠言力勸蜀王開展一系列改革，拯救風雨飄摇危在旦夕的古蜀開明王朝。蜀王雖然早期接受忠言但是日後仍被小人奸臣迷惑，在秦惠王屢次陰謀詭計得逞，蜀王與苴侯兄弟反目刀兵相向，以致國力大幅度衰退，最終秦軍兵臨城下，奸臣倒戈相向，古蜀開明王朝歷經十二代走向滅亡的歷史故事。

一、精彩構思　雙綫叙事

《五丁悲歌》采取明暗雙綫展開劇情，可以把劇情發展分爲"宫裏"與"宫外"進行解讀，

“宫裏”主要是以末代蜀王爲核心的人物群體，展開了關於末代蜀王和他的王妃、王子們情感糾紛與對治國理政的思考實踐；而宫外則是以苴侯、皋通爲首的“救蜀派”試圖在大廈將崩之際力挽狂瀾與以江非爲首的“倒蜀派”蠅營狗苟的鬥争，再輔之以强秦各種陰謀詭計想方設法削弱蜀國實力爲故事發展綫索。在經過一系列的事件，如蜀王圖强五丁招募、秦王設計金牛入川、内外勾結五丁被害等，氣勢恢宏展現開明王朝最後悲歌與秦國一統九州宏偉史詩的起點。

但是這兩條綫并不是没有關聯平行向前，而是相互交織首尾呼應，在這裏，黄劍華先生就巧妙地通過蜀王兩次選妃把宫内與宫外綫聯繫在了一起，第一次民間選妃出身的小卉不僅引出了女巫這個充滿傳奇色彩與古蜀底蘊的關鍵人物，也昭顯了當時蜀王尚能勵精圖治尚有作爲，大臣也爲君王所用所信，願意爲君王奔走效勞肝腦塗地；而第二次選妃，蜀王却打着爲自己兒子選妃的名義，試圖强行納大臣彭玉之女瑶兒滿足自己的淫欲，毫無一國之君的擔當責任，造成君臣父子離心離德。此時開明王朝也已經江河日下日薄西山。另外小卉的父兄也不只是在小卉納入宫中時曇花一現就遁入書中不見蹤影，而是在蜀王國破之時，慷慨激昂與蜀王共赴國難，二者關係由“一家人”升華爲“一國人”，使得兩次選妃形成强烈鮮明對比，也使得這本書情節上下首尾呼應没有任何一個人物顯得多餘，每一個人物在整本書劇情推動中都貢獻出了自己的精彩情節。

二、人物鮮明 性格立體

《五丁悲歌》中人物性格鮮明，如主要人物之一的“五丁”，作者并没有把傳説中力大無窮力能摧山的五丁給神化，去創造一種西方希臘神話大力神赫拉克勒斯形象的五丁，而是力圖去尋找這種神化傳説人物與現實世界之間交接點，把神重新拉入凡間。這種把他們從高高的神壇拉回人間的人物構造描寫思路，使讀者可以感受到他們除了神靈一般大的力氣外，還有常人的情感與困惑，并且作者發揮想象，認爲他們是一幫居住在深山老林遠離喧囂的質樸漢子，并依着這個思路給他門分别取名爲：大牛、熊仔、象崽、豹娃和虎兒，這種淳樸的取名方式一方面表現它們的性格，也昭顯他們猶如野獸般的强大力量。

正如黑格爾在《美學》所説：“現在他們下凡了，每個神體現爲一個凡人個性中某一種情志，儘管他們各有辯護的理由，他們也就由於某種特性與片面性，也必然要和它們的同類處於矛盾對立，要陷入罪過和不正義之中。”[①] 當五丁被拉下神壇，進入蜀王的軍中，他們也就不得不與蜀王、與蜀國共命運。早期蜀王尚能發奮圖强，他們就是威懾秦國，保護蜀國安寧的好漢，但是在蜀王昏聵朝綱不振時，他們也就成爲滿足蜀王欲望的工具與棋子，陷入

① 姚睿娟：《西方美學史》，煤炭工業出版社，2016年版，第425頁。

黑格爾所説的“罪過與不正義”中，無論是費盡千辛萬苦去開山修路迎接金牛，被人指責勞民傷財，還是後面爲滿足蜀王淫欲赴秦迎娶五位秦國美女，最後中伏身死，秦國千方百計除掉了他們的眼中釘肉中刺。

同時我們也要看到五丁在《五丁悲歌》中不僅僅是被拉下神壇的質樸大力士，也是有自己的智慧與決斷，比如秦國多次妄圖毒酒或者迷魂藥陷害，他們都巧妙運用自己的智慧化解難題，既維護了秦國、蜀國之間貌合神離的友誼，也保護蜀國開明王朝的尊嚴，他們也不是我們以往理解中粗笨大力士形象。此外他們還對陷入困境尚未瞭解身份的女巫進行幫助，展現他們人性中善良美好的一面，這樣一來五丁就是全方位多層次鮮明的人物，不再是以往傳説“五丁開山”中概念的傳聲筒、觀念的衍生物、抽象名稱的代名詞。

三、以史爲體　氣度恢宏

作爲“古蜀傳奇”三部曲的第三部，《五丁悲歌》也自然以史學爲基礎，并不是想象上面的肆意妄爲信馬由韁，任何故事情節的開端發展必須走向史料所講如此，所以我們在這内容上面看到許多耳濡目染的故事和家喻户曉的人物。從末代蜀王納妃開始，緊接着五丁開山，再到秦惠王的石牛計和美人計等等，都在這部充滿史家恢宏氣度的安排下層層遞進直到高潮；此外很多君臣奏答上面，作者巧妙地把耳熟能詳的説客辯士所思所想用一種對答體寫作方式娓娓道來，古色古香，展現出前秦時期張儀、蘇秦等爲首的説客，在不同的君主大臣面前巧妙運用語言力量鞭辟入裏達到自己的目標。

除了把歷史故事的延續作爲《五丁悲歌》小説的骨架，作者筆力老道，想象瑰麗，獨具匠心用許多細節來填充每一個故事情節，豐富每一位出場人物，如同給骨架填上緊致的肌肉與光滑的肌膚。如五丁開山的故事衆所周知，然而如何運用這種充滿傳奇色彩的故事去與秦蜀兩國之間明爭暗鬥聯繫起來，作者運用自己的思考與想象回答這個問題，既展現大牛、熊仔、象崽、豹娃和虎兒這五位大力士忠於蜀王任勞任怨，即使在蜀道險遭秦人埋伏也冲鋒在前甘願爲蜀王驅使，同時也表現了秦人爲攻取蜀國不擇手段、陰謀頻出的一面。

四、天府文化　各呈姿能

天府文化是作者黄劍華先生重點着墨地方，在“古蜀傳奇”系列如何寫好蜀地文化講好天府文化上面，作者一方面用耳熟能詳的故事穿插其中，將這個故事的來龍去脉娓娓道來，如巴蔓子獻頭、五丁開山、李冰治水等，讓熟悉的人更加瞭解蜀地風光，認識天府文化，也讓在此之前不了解的人有機會去學習古蜀千年璀璨的人文歷史與城市建設；另一方面，作者也巧妙地運用“巫女”這個形象，巫女這個形象出現在小卉出場之後，作爲小卉不幸的推手，她既可以在廟堂之上與末代蜀王多次談話，也可以現身民間行走於蜀地千年前大好河山，她本身帶有巴蜀地域的神秘巫女文化與祭祀文化的縮影，也在作者筆下多次展現由她主持的蜀國祭祀場景。縱觀全書巫女出場總是稍顯“零碎”，但是正是通過“零碎”的出場時間與出場事件，驚鴻一瞥勾勒出古蜀文化的神秘面紗，帶給讀者一種冰山效應的審美感受，通過巫女爲小卉祈福祭祀、巫女出場挽救五丁、巫女勸誡亡國蜀王隨她歸隱等劇情，感受巫女這個人物之下，無比龐大冰山一般的古蜀神秘文化。

五、悲劇氣質　永恒主題

悲劇氣質在《五丁悲歌》小説是命中注定與生俱來的，這種古蜀小説悲劇氣質是歷史早已安排，不得違抗，就好像小説劇情中巴國將領巴蔓子用自己生命去訴説巴國領土不容有失，對於自己的失信只能用生命去償還的悲劇。無論開明王朝歷經多少明君，還是苴侯和皋通這樣的忠臣良將層出不窮，開明王朝歷經十二世被秦將司馬錯攻滅，這是史書板上釘釘的事情，所以我們看末代蜀王早期勵精圖治不拘一格提拔五丁，還是苴侯和皋通這樣的忠臣良將奉命於危難之間力挽狂瀾，最終的命運仍然是無能爲力走向滅亡，他們也走向了生命中的高光或者末路。所以苴侯選擇爲懷疑他又相信他的蜀王斷後，用自己的生命去見證開明王朝最後的餘暉，皋通則追隨蜀國安陽王子逃亡南方去保留最後的蜀國火種。

但是悲劇并不决定所有人命運是悲劇的，就好像秋風肅殺萬物沉默，但是春來又是一片欣欣向榮，《五丁悲歌》中寫的是蜀國開明王朝歷經十二世而亡，但是亡國的也僅僅只是開明王朝而已，巴蜀大地上因爲秦軍的到來焕發了别樣的生機，在連通秦地與蜀地的交通被打通，在秦并巴蜀之後修築了成都城、郫城、臨邛城，還修建了閬中城與江州城，在李冰破除迷信建設都江堰福澤千年等等，巴蜀大地的人民堅韌活過戰争迎來新的生活，或許有人死亡，但是總會有人新生，天府文化也在這一次次經歷中增色幾分，貫注了新的内涵和活力。死亡與新生，是文學永恒的主題，也是人類生命永恒的主題，在《五丁悲歌》中我們很欣喜，可以看到天府文化藴藉的永恒主題。

黄劍華先生由“古蜀傳奇”三部曲之一《金沙傳奇》開始創作，然後寫了《夢回古蜀》，最後完成這本永恒悲劇氣質的《五丁悲歌》。《五丁悲歌》創作歷時兩年有餘，是先生對古蜀王朝末代蜀王宫廷生活，以及秦并巴蜀歷史事件前後的全景式描寫，并且對那個時期以“五丁開山"爲首的神話傳説故事進行合理解釋，融入歷史事件之中，對古蜀歷史從人文、社會、環境、民俗、祭祀各方面形成一座豐富的天府文化寶庫。

附記：本書評由李明泉先生指導。

（作者單位：四川省社會科學院）

厚重而瑰奇

——簡评黄劍华新作“古蜀传奇”三部曲

錢玉趾

内容提要：劍華先生創作的“古蜀傳奇”三部曲，對古蜀的歷史、人文、社會、環境、民俗、祭祀、商貿、宫廷、歌舞、射獵、災害、戰争等諸多方面，做了全景式的生動描述，展現了史詩式的宏大畫卷。通过了解作家造詣与創作實力，回顧創作过程，分析整体構思，品味藝术特色，感悟文化精神，無不説明三部長篇歷史小説是嘔心瀝血的文學精品。

關鍵詞：黄劍华；古蜀传奇；《夢回古蜀》；《金沙傳奇》；《五丁悲歌》

在我的案頭擺放着黄劍華先生新近出版的一套文學作品，這是容量有141萬字的厚重之著，名爲“古蜀傳奇”三部曲，分爲三册：《夢回古蜀》《金沙傳奇》《五丁悲歌》。這套長篇歷史小説三部曲，是由成都時代出版社隆重推出，裝潢高端，大氣美觀，内容更是厚重而瑰奇，書中的人物情節精彩紛呈，令人拍案贊嘆。我拜讀黄劍華先生的這套新著，越看越想看，已近於愛不釋手了。

黄劍華先生創作的“古蜀傳奇”三部曲，具體説是由三部長篇歷史小説構成，對古蜀的歷史、人文、社會、環境、民俗、祭祀、商貿、宫廷、歌舞、射獵、災害、戰争等諸多方面，做了全景式的生動描述。小説對古蜀歷史上的著名人物、傳奇故事、悲歡離合、愛情與陰謀、興旺與衰亡，做了深入的叙述與描繪。這三部曲是按照古蜀歷史的先後順序排列的。《夢回古蜀》講述的是蠶叢開國、柏灌即位、魚鳧興邦的故事；《金沙傳奇》描述的是杜宇與鱉靈時代的王朝故事；《五丁悲歌》叙述的是末代開明王朝的衰亡，最後被秦王朝統一了。三部曲既獨立成篇，又脉絡相連，組成了一個完整的系列，展現了史詩式的宏大畫卷。

一般説，要將歷史寫成歷史小説很難，這要求作者必須具有正確的歷史觀與豐富的歷史知識，還要具有很高的文學造詣。而要將古蜀歷史寫成歷史小説則更難，因爲歷史文獻對古蜀的記載十分簡略、粗疏。古蜀國的許多歷史事件和人物都非常迷茫，好似雲遮霧繞一樣難以厘清。揚雄的《蜀王本紀》説："蜀之先稱王者，有蠶叢、柏灌、魚凫、開明，是時人萌，椎髻左衽，不曉文字，未有禮樂。從開明以上至蠶叢，積三萬四千歲。"在古代，蜀地位於神州大地的西南，曾被認爲是偏遠封閉的蠻荒之地，那裏的民衆"不曉文字，未有禮樂"。以至於李白在《蜀道難》裏也感嘆："蜀道之難，難於上青天！蠶叢與魚凫，開國何茫然。爾來四萬八千歲，不與秦塞通人烟。"

關於古蜀後期的歷史，在相關文獻中的記載增多了，但其真實性仍然有些難於辨别。例如，《蜀王本紀》説杜宇將王位禪讓給鱉靈，"升西山隱焉"。《太平寰宇記》則説：杜宇（望帝）是被推翻的，"望帝自逃之後，欲復位不得，死化杜鵑，每春月間，晝夜悲鳴……"又譬如關於開明王朝後期五丁的傳説故事，末代蜀王曾派五丁開蜀道，去迎娶秦國美女，歸途却因拽蛇山崩而葬身於梓潼山谷，然後秦國便派出了虎狼之師，吞并了巴蜀。對此類記載，都需要進行精深的研究，還原歷史的本來面目。

衆所周知，三國的歷史從黄初元年（220）開始，延至公元 280 年。羅貫中據《三國志》寫成《三國演義》小説，時間跨度 100 年左右。而古蜀的歷史，從開明王朝上溯至蠶叢，"積三萬四千歲"（或"四萬八千歲"）。我們大膽去掉"三萬""四萬"，取最小的零頭也有"四千歲"，其時間跨度是三國的 40 倍。

綜上所言，要將古蜀歷史寫成精美小説，所需高難妙技與巨量勞碌，嚇退了衆多文壇强手。但是，有一位學者和作家，知難而進，立下宏願，孜孜不倦數十載，精心構思，潜心創作，最終撰成"古蜀傳奇"三部曲《夢回古蜀》《金沙傳奇》《五丁悲歌》系列長篇。這位學者和作家，就是黄劍華先生。

黄劍華先生能够完成如此宏願，與他文史兩棲的特長，以及他所具有深厚的學術造詣和文學創作實力是分不開的。黄劍華先生在四川省文物考古研究院工作，較早晋升爲研究員，多年來博覽深研，長年不懈，涉獵的學術領域較寬，對古蜀研究方面的各種史料都爛熟於心。1986 年夏，三星堆遺址發掘兩個埋藏坑，出土了大量珍貴文物，震驚了全世界，可謂"沉睡數千年，一醒驚天下"。2001 年春，金沙遺址考古發掘又出土許多珍貴文物。此外，先後還發掘了新津寶墩遺址、都江堰芒城遺址、崇州雙河古城遺址、崇州紫竹遺址、郫縣古城遺址、温江魚凫城遺址等，都有可喜的考古發現。這些遺址的發掘，彌補了古蜀歷史文獻記載的簡略和不足。對於探索古蜀文明的起源，以及研究古蜀國的政治、經濟、軍事、文化、宗教、禮儀制度等，都具有十分重要的價值。

黄劍華先生對上述文物考古成果産生了濃厚的興趣，進行了長期的深入研究。經過不懈的努力，獲得了頗爲豐碩的成果，近年來發表的學術論文有一百多篇，發表的文史類文章與評論有數百篇，出版的著述作品也比較多。在文學創作方面，連續出版了多部長篇小説，也取得了不俗的成績，20 世紀 90 年代就已經是中國作家協會會員。黄劍華先生文史兩棲，多年的學術研究心得，以及豐富的文學創作經驗，爲他構思創作"古蜀傳奇"三部曲奠定了堅實的基礎。在構思醖釀的過程中，他還邁開雙腿，做了大量的田野考察。他曾多次到岷江上游河谷、嘉陵江流域，川北與秦隴之間的古蜀道、南方絲綢之路、藏彝走廊，以及文物考古發掘的諸多遺址，進行踏勘、采訪。其中的重點是“蠶叢始居岷山室中”的疊溪（在茂縣北）那裏有蠶陵山、蠶叢墓等，還有廣漢的三星堆遺址、成都的金沙遺址等。有了這些親臨實地的深入考察，從而爲“古蜀傳奇”三部曲的構思創作，也奠定了一個真實而深厚的基礎。

對於“古蜀傳奇”三部曲的構思，黄劍華先生有一個鄭重的思考，要充分尊重文獻資料與文物考古的真實性和科學性，不能隨意“戲説”，更不能無端編造。王國維曾經倡導研究古史要用“二重證據法”，就是要將文物考古的成果與古代文獻典籍互相補充、相互印證，最後獲得科學合理的結論。黄劍華先生認爲，這是值得肯定應予遵循的方法。因此，在寫作過程中，他盡可能地采用“二重證據法”，盡可能使作品真實可信。如何將衆多的人物、廣闊的地域、紛繁的事件、激烈的戰争、王室的興衰與悲歡離合等等，在歷史的真實與文學的表述之間融會貫通，既有較强的文學性、傳奇色彩，又符合真實可信的古蜀歷史情景，其難度之大是不言而喻的。黄劍華先生因爲有深厚的學術研究積累，經過長期的醖釀準備和精心構思，静下心來寫作了五年，終於完成了這個重大題材的創作。這三部可謂鴻篇巨制，細細品讀，寫得非常成功。

“古蜀傳奇”三部曲的第一部《夢回古蜀》，開篇就寫英雄人物蠶叢雄才大略、廣交豪傑，能審時度勢，大氣磅礴地創建了古蜀國。蠶叢本領高强，有很多傑出的作爲，而且具有天下爲公的襟懷，堪稱是古蜀時代的偶像楷模。第二代蜀王柏灌聰明賢達，胸懷寬厚，爲人坦蕩，情性瀟灑，所以蠶叢將王位傳給了他。但柏灌却缺少王者的精明與霸氣，没有執掌王權與治理國家的經驗，對陰謀與肘腋之變缺少防範，繼承王位不久便發生了慘烈的政變，不得已而逃進了山林。第三代蜀王魚鳧精明强悍，是一位野心勃勃的梟雄人物，爲了奪取王位，暗中策劃了一場巨大的陰謀，手段非常殘忍而血腥。但魚鳧崇奉蠶叢王，利用祭祀來加强部族聯盟，繼位後開疆拓土；率兵進攻巴國，又與廩君化敵爲友，相互聯姻結親，令古蜀國更爲强盛。作者在塑造古蜀國早期的領袖人物時，手法多樣，做了立體的刻畫，性格各异，且都生動感人，具有很强的藝術魅力。

第二部《金沙傳奇》寫古蜀望叢時候的傳奇故事，講述了杜宇稱帝（望帝），鱉靈即位（叢帝）。杜宇算得上是位英明傑出的君王，而鱉靈是個傳奇性人物。《蜀王本紀》寫杜宇“從天墮止，朱提有一女子名利，從江源井中出、爲宇妻。”杜宇“教民務農”，發展了蜀國的農業，而使蜀國興旺繁榮，可謂勞苦功高。但到杜宇治國的後期，蜀國發生了洪灾，杜宇大膽任用來自荆楚的鱉靈爲蜀相，派鱉靈去治理水患，《蜀王本紀》説：“鱉靈治水去後，望帝與其妻通，慚愧……乃委國授之而去……”《太平御覽》也説：“望帝使鱉靈治水，而淫其妻。”記載説因爲杜宇好色，私通鱉靈之妻，而導致失去了王位。史學界還有一種説法是，鱉靈發動政變篡奪了王位而編造了“淫其妻”的故事。對這兩種説法至今没有定論。而《金沙傳奇》中的描述具有深遠的意藴，寫得更爲真實生動，更符合歷史的真相。第十七章寫鱉靈妻"娉婷優雅"，婀娜多姿，像盛開的嬌艷花朵，光彩照人；而且顧盼生情，欲望强烈，天生是個追求男歡女愛的尤物。因此，當她與杜宇頻頻舉杯陶醉的時刻，順勢倒進了杜宇的懷抱。"淫"的部首是水，原意是説雨水過多，可引伸爲侵淫、放縱，在男女關係上不正當。作者應深解了"淫"字。這樣的人物塑造似乎超過了楊玉環，這樣的情節設置只能用高妙來概括。作者對杜宇的豪氣柔情、寬仁猶豫，以及王后朱利的複雜心情，寫得惟妙惟肖，入木三分。書中對鱉靈的隱忍與堅毅，策劃兵諫時的精明與果決，也做了細致而精妙的刻畫。《金沙傳奇》整部的構思場景宏大，情節跌宕起伏，猶如影視巨片，令人有拍案稱奇、驚心動魄之感。

第三部《五丁悲歌》寫開明王朝傳位十二代，主要講述末代蜀王時候的許多精彩故事。據《蜀王本紀》與《太平御覽》中的記載：秦惠王"知蜀王好色，乃獻美女五人與蜀王，蜀王愛之，遣五丁迎女。"又記載説：秦惠王製作五個石牛，説石牛能屙金子，蜀王"乃遣五丁迎石牛"。五丁，傳説是古蜀國五個大力士，爲迎石牛、美女，他們開通了蜀道。後來秦惠王派遣秦軍，便沿着蜀道攻滅了蜀國。還有個精彩故事，就是武都有個美艷女子，"蜀王娶以爲妻"，可是這位美女不服水土而生病了，不喜歡王宫的榮華富貴想回家，最後抑鬱而死。這使蜀王極度悲傷，他譜寫了三首歌曲（《東平》《臾邪歌》《隴歸之曲》）寄托沉痛的哀悼與思念。他爲愛妃建造了高大的墳墓（高七丈，占地三畝）。極爲感人的是，築墳的土是從武都擔來的，所以稱之爲武擔山。關於這些情節，書中都作了濃筆重彩的描述。而真正的大情節，則是末代蜀王在治國與抗秦方面的昏庸，他重用奸佞親信，疏遠賢能大臣，有很多荒唐之舉，甚至妄動干戈率兵攻打苴侯和巴國。末代蜀王晚年貪婪美色，也有點匪夷所思，導致了王室内部的尖鋭矛盾和離心離德。虎視眈眈的秦惠王終於把握機會，派司馬錯率領大軍，吞并了巴蜀。蜀王與太子敗亡遇難，留下了深刻的歷史教訓。書中故事，高潮迭起，精彩紛呈，引人入勝。

我認真品讀"古蜀傳奇"三部曲，認爲這三部長篇歷史小説確實非同尋常，寫得非常精妙和成功，堪稱是嘔心瀝血的文學精品。三部曲展現了波瀾壯闊的史詩畫卷，對悠久紛繁的古蜀歷史做了流暢而精準的演繹。對古蜀國的興盛與衰敗、古蜀時期的傳奇故事做了精彩講述。對古蜀著名人物，更有傳神的描寫與生動的刻畫。這三部厚重的著作，故事情節跌宕起伏，扣人心弦；人物形象，鮮明生動，宛如親見。其中的忠勇與友誼、陰謀與愛情，以及徵戰厮殺、悲歡離合，都讓人蕩氣回腸，掩卷凝思。

我把"古蜀傳奇"三部曲放置書桌上，時時品讀；出門裝進書包，有空翻閲。有一次在理髮店等待，我拿出《夢回古蜀》展讀。理髮師看着我大聲説："哇噻！捧着這麼厚的書，真有學問！"我笑着回答："真有學問的，是寫這部書的人。我是想學習提高點學問的人。"

（作者單位：四川省科學技術協會）

夢幻再現古蜀國的歷史圖景

——評《夢回古蜀》

朱奕臻

内容提要：《夢回古蜀》作爲黄劍華先生"古蜀傳奇"三部曲系列長篇小説的第一部，講述了由蠶叢建國、柏灌繼位、魚凫興邦的三代古蜀國王朝興亡演變故事。除了對古蜀王朝權力争奪和複雜人性有深刻思考之外，還運用豐富的歷史文化和民俗知識，在書中展現出一幅原始而華麗的蜀地初民生活畫卷。该作在文學價值之外還具有重要的宣傳科普價值，對弘揚四川傳統文化有着重要的現代意義。

關鍵詞：《梦回古蜀》；黄劍華；古蜀傳奇；三代蜀王

"蠶叢及魚凫，開國何茫然。"李白在《蜀道難》中曾經感嘆古蜀國歷史的渺茫遥遠，古蜀國的神秘夢幻也持續吸引着歷代學者的目光。自蠶叢開創古蜀國至今已數千年，由於缺乏詳細的古文獻記載，古蜀歷代王朝早已隱没在雲遮霧罩的歷史深處，但却留下了三星堆、金沙遺址等古迹來證明古蜀王朝曾經的輝煌。四川省文物考古研究院的研究員黄劍華先生基於他在歷史考古研究方面的豐碩成果，從文學的角度加以虚構和叙述，試圖還原古蜀歷代王朝的發展和興衰更替圖景，創作出了"古蜀傳奇"三部曲《夢回古蜀》《金沙傳奇》《五丁悲歌》。這是非常厚重的三部長篇小説，展現了古蜀時代波瀾壯闊的史詩畫卷。《夢回古蜀》作爲這套系列長篇小説的第一部，講述了由蠶叢建國、柏灌繼位、魚凫興邦的三代古蜀國王朝興亡演變故事。

《夢回古蜀》的故事圍繞着三代蜀王開創蜀國、繼承王位、篡奪王位的環環相扣的結構展開。蠶叢是一位具有雄才大略的英雄人物，他勇武豪邁，高大魁梧，深謀遠慮，愛民如子。蠶叢在外游歷之後，回到蜀山氏部族繼承了酋長之位。蜀山氏居住的岷江河谷又發生了幾十年一遇的大地震，眼光長遠的蠶叢决定帶領族人們遷徙到東方的平川去開創發展。蠶叢擇地築城而居，聯絡了衆多部族，在秋季祭祀活動上宣布建國，被各部族擁戴爲蠶叢王，成爲開國蜀王。濮氏兄弟不服氣蠶叢稱王而暗中謀反，結果失敗而逃。蠶叢建立蜀國之後，積極發展農耕，在植桑養蠶、玉石器製作、采礦冶煉與鑄造器物、釀酒與商貿等方面都興旺發展，蜀國日漸繁榮。蠶叢王外出巡視遇險而身患重病，臨終前將王位傳給了女婿柏灌，因此蠶叢王的長子蠶武心生怨恨，被大臣魚凫鼓動去奪取王位。蠶武在狩獵時對柏灌王痛下毒手，然而鷸蚌相争漁翁得利，狡猾而凶狠的魚凫早已設下埋伏，乘機射殺了蠶武，然後奪取王城，成爲了第三代蜀王。魚凫王野心勃勃，想要對外拓展疆域，率軍進攻巴國和廪君數次較量，最後和談息戰并結親聯姻，後來還修建了新王都。然而魚凫王老年時沉迷美色，疏忽大意，外出狩獵的時候被杜宇襲擊殺死。杜宇迅速奪取王城，成爲第四代蜀王（杜宇王的故事，在《金沙傳奇》中有精彩的講述）。《夢回古蜀》篇幅宏大，構思精妙，書中故事環環相扣，情節描述跌宕起伏，人物鮮明，高潮迭起，引人入勝。

作者塑造的三位蜀王形象，生動立體，各有特質。根據《華陽國志·蜀志》記載：“有蜀侯蠶叢，其目縱，始稱王。”[①] 這個形象又恰好和三星堆出土的青銅縱目面具相吻合。作者爲蠶叢王塑造了一個“神”一般完美的形象，他擁有神杖，將國王身份和大巫師身份集於一身，體現了神權和政權的緊密結合。他高大魁梧、天生非凡，能看到很遠的地方，也能聽到遥遠的聲音。當蠶叢王縱目而視時，他那鋭利的目光仿佛有一種穿越的神力，不僅能看到正在發生的事情，還能預感到一些即將發生的事情。他同時具有人神溝通的巫師神力和治理王國的政治智慧，善於平衡各部族之間的關係，就算濮氏兄弟謀反敗亡逃遁，他仍然善待留下的濮族人。臨終之時，蠶叢王没有出於蜀山氏的考慮把王位傳給兒子蠶武，而是天下爲公將王位傳給了綜合能力更强的女婿柏灌。然而柏灌王雖然聰慧明理，胸襟開闊，爲人賢達，却天真淳樸過頭，缺乏一個國王應有的霸氣，連在打獵之時射傷一只年幼的小鹿都於心不忍，對魚凫的陰謀與肘腋之變更是缺少提防，因此柏灌王的時代持續没有多久就被顛覆而結束了。

魚凫王是作者花費許多筆墨用心塑造的另一個精彩形象，如果把蠶叢王比作頭頂的太陽神，魚凫王就仿佛是烈日下的倒影，一正一邪又相伴而生。魚凫從一開始就作爲大臣，輔佐蠶叢王治理古蜀國，他的老謀深算如同草蛇灰綫，早已埋下伏筆。當魚凫得知濮氏兄弟意欲謀反，雖然濮君是他的岳父，他還是佯裝和他們結盟，同時悄然禀告了蠶叢王。叛亂被平定之後，濮君逃亡到了遠方，又派親信使者回來拜訪魚凫，希望讓剩下的濮族人也遷徙至他們的部落。魚凫對此左右爲難，最終决定將使者引到荒野河畔將其射殺，然後沉尸於河底。在奪取蜀王之位時，魚凫的陰險狠毒更是爆發到了極致，他殺了蠶武後還對自己的親妹妹魚雁和親侄兒蠶兒痛下毒手。由於王權之争而導致的血腥殺戮，可謂驚心動魄。但是，殘忍的魚凫王又有很虔誠的一面，他的心中時刻記掛着蠶叢王。他將蠶叢王和已故酋長們鑄造成神

① 劉琳：《華陽國志校注》，巴蜀書社，1984 年版，第 181 頁。

像，供奉在高大的祭壇上，以表達對他們的由衷敬意，同時也表示蠶叢王倡導的結盟和創建的蜀國得到了繼承和延續。魚鳧王在祭祀中大聲宣布：“我身爲蜀王，你們都是蜀國諸侯，都要感激蠶叢王啊！因爲是蠶叢王開創了蜀國，爲我們各部族帶來福祉！我們要飲水思源，才能興旺富强，上天和諸神才會永遠護佑我們！”① 也正是這種虔誠，在崇敬蠶叢王的民衆們心裏唤起了共鳴，獲取了極好的效果。魚鳧王雖然狡猾毒辣，却也不失爲一代梟雄。

黄劍華先生文史兩棲，既是學者，也是作家，長期潜心於學術研究和文學創作，對古蜀國的歷史和神話傳説進行了深入透徹的探討，發表的文章與作品很多，著述甚豐。在《夢回古蜀》這部精心構思創作的長篇小説中，不僅有大氣磅礴的叙述與精彩紛呈的故事，對人物性格與心理更有精妙的刻畫，塑造的人物形象也非常典型。除了對古蜀王朝權力争奪和複雜人性有深刻思考之外，還運用豐富的歷史文化和民俗知識，在書中展現出一幅原始而華麗的蜀地初民生活畫卷。這種對古蜀國社會氛圍的重現，主要側重在兩個方面：

一是把握住了早期人類的原始思維特徵。由於原始人類在思維中尚未將自身同自然界截然分開，因此在感知自然時，容易不自覺地將自身的思維外化於自然之中，以自我的原型來詮釋萬物。可以説人們是從自我當中感受到神靈的存在。蠶叢王在祭祀時神靈附體手舞足蹈，數次將手指向東方，醒來後告訴民衆天神昭示他們遷徙到東邊的平原。對於早期人類來説思維活動是神秘的，原始思維在書中也時常以“夢”或者“預兆”的形式出現。濮氏兄弟謀反之前，濮君就夢到自己被箭射中，流着血騎馬狂逃，後來濮氏兄弟的陰謀果然慘敗。另有一次魚鳧王在祭祀的時候突然閃電雷鳴，大雨驟降，魚鳧王慌亂中王冠差點落地，神像在雨中也仿佛流泪，這使得魚鳧王有一種不詳的預感，魚鳧王的統治也確實在不久後就結束了。

由於早期人類的這種原始思維，中國上古時期的神話和歷史無法完全區分開，“夢”回古蜀的作者在對歷史文獻進行創造性重構的時候也保留了一些似真似幻的神話色彩，比如書中旁逸斜出地寫到了土家族的起源神話——神女和廩君的故事，神女施展巫術將自己化爲幻影禦風而行與廩君幽會，巫師阿摩兩次在走投無路時運用“遁術”脱險，這些情節不僅爲古蜀國帶來夢幻神秘氣息，也增加了故事的奇妙與精彩。

二是書寫了古蜀國獨特的地域文化，涉及古蜀國的地理環境、巫術文化、青銅工藝、種植漁獵、飲食飲酒等方方面面。首先祭祀活動在本書中貫穿始終，在每一件大事發生前後蜀王都會舉辦隆重莊嚴的祭祀。三星堆出土的青銅人像、青銅面具、神杖、玉器等文物證明祭祀是古蜀國最重要的文化活動之一，古蜀國民衆不僅崇拜自然物的原始偉力，他們還祭祀日月、山神、獵神、河神、農神、草木之神、生育之神等，祈求保佑風調雨順生活富足；他們也崇拜自己的祖先，祭祀以蠶叢王爲首的部落領袖，將他們的形象製成神像放在祭壇之上，正是這種共同崇拜强化了民族認同感。這些都真實生動地展現了古蜀時代的社會生活情景。

① 黄劍華：《夢回古蜀》，成都時代出版社，2021年版，第320頁。

古蜀的歷史文化絢麗多彩，從蠶叢時代開始，有很多傳説故事代代相傳，還有很多富有蜀地特點的民俗民風，一直流傳到了今天。成都平原土地肥沃，氣候温潤，桑樹茂盛，常使我們聯想到數千年前蠶叢王和西陵氏鼓勵民衆大量地植桑養蠶、繅絲織錦的傳説，這就是蜀中之寶蜀綉的悠久起源。從揚雄《蜀王本紀》到常璩《華陽國志》，古蜀時代有很多膾炙人口的傳説故事，由於記載簡略而雲遮霧繞，留下了衆多費人猜測的古蜀之謎。唐代大詩人李白曾爲之感嘆説："蜀道之難，難於上青天！蠶叢與魚鳧，開國何茫然。"如今蜀道已經交通便利變爲坦途，在歷史與文學領域也有了"古蜀傳奇"三部曲，向我們生動而細致地講述了古蜀時代的人物故事。閲讀《夢回古蜀》這部長篇力作，我們彷佛走進了遥遠的古蜀時代，彷佛親臨其境看到了古蜀王國那些鮮活的人物以及他們之間發生的傳奇故事情景，彷佛聽到了祭祀的禱告與金戈鐵馬之聲，彷佛感受到了古代蜀人懷着豪邁與頑强的心情，在歷史的風塵中跋涉前行……

現在的蜀地沃野千里，以"天府之國"聞名遐邇，而古蜀文明是現代天府文化的根脉，也是中華文明的重要源頭之一。"沉睡三千年，一醒驚天下"的三星堆遺址，於 2021 年春天再度啓動發掘，又有大量珍貴文物出土展露真容。古蜀文明作爲中華文明源頭的重要組成部分，值得我們不停地探究和思考。黄劍華先生充分發揮學術研究的深厚積澱，用文學的形式將古蜀的歷史文化與人物故事，做了精彩而生動的講述。"古蜀傳奇"三部曲的創作問世，真的是可喜可賀！這三部厚重的長篇力作，在文學價值之外還具有重要的宣傳科普價值，對弘揚四川傳統文化有着重要的現代意義。

附記：本書評由李明泉先生指導。

（作者單位：四川省社會科學院）

稿　約

《蜀學》是西華大學、四川省人民政府文史研究館蜀學研究中心創辦的學術輯刊，由巴蜀書社出版，誠邀海内外學者賜稿。

一、徵稿選題

關於蜀學理論、蜀學思想、蜀學史、蜀中學者以及蜀學文獻等方面的研究。

二、文稿要求

1. 遵守學術道德，文責自負。

2. 未曾公開發表，具有一定的學術原創性。

3. 本刊統一使用規範的繁體漢字。

4. 來稿需提供内容提要和關鍵詞（不需英文翻譯），可加課題項目名稱，注釋一律采用當頁脚注，每頁單獨編號。脚注用小五號宋體，包括文獻作者、文獻題名、卷數或期刊名、出版單位及出版年或期刊的年（卷、期）、起止頁碼，用帶圓圈的阿拉伯數字序號標注。例：

①孫硯方：《都江堰水利詞典》，科學出版社，2004 年版，第 54－55 頁。

③馮廣宏：《創立一門新蜀學——都江堰學》，《西華大學學報（哲學社會科學版）》2005 年第 4 期。

5. 來稿字數以 8000～30000 字爲宜，學術價值高者不受篇幅限制。

6. 來稿請務必詳細注明作者的姓名、單位、職稱、學歷和聯繫方式（電話、電子信箱、通訊地址等）。大作一經刊出，即酌付稿酬，并寄樣刊兩本。

三、本刊對來稿有删改權，若不同意删改者請於來稿上注明。

四、投稿方式

紙質稿件郵寄地址：四川省成都市郫都區紅光大道 9999 號西華大學四川省人民政府文史研究館蜀學研究中心李文娴（收）。郵編：610039。

電子郵件：xhdxshuxue@126. com；1214745829@qq. com；191615760@qq. com。

聯繫電話：（028）87723062（上午 8:30—12:00，下午 14:30—17:30）

西華大學四川省人民政府文史研究館蜀學研究中心
《蜀學》編輯部

著作權使用聲明

圖書在版編目（CIP）數據

蜀學. 第二十一輯/西華大學、四川省人民政府文史研究館蜀學研究中心編. 一成都：巴蜀書社，2023.11

ISBN 978-7-5531-2099-7

Ⅰ. ①蜀… Ⅱ. ①西… Ⅲ. 文化史—四川—文集 ②巴蜀文化—文集 Ⅳ. ①K297.1-53②K872.71-53

中國國家版本館 CIP 數據核字（2023）第 206228 號

SHU XUE
蜀　學（第二十一輯）　西華大學 四川省人民政府文史研究館 蜀學研究中心 編

責任編輯	白亞輝
責任印製	田東洋　谷雨婷
封面設計	張　科
出　　版	巴蜀書社 成都市錦江區三色路 238 號新華之星 A 座 36 層 郵編：610023 總編室電話：(028)86361843
網　　址	www.bsbook.com
發　　行	巴蜀書社 發行科電話：(028)86361852
經　　銷	新華書店
照　　排	四川勝翔數碼印務設計有限公司
印　　刷	成都東江印務有限公司　(028) 82601551
版　　次	2024 年 11 月第 1 版
印　　次	2024 年 11 月第 1 次印刷
成品尺寸	185mm×260mm
印　　張	21.75
字　　數	500 千
書　　號	ISBN 978-7-5531-2099-7
定　　價	95.00 圓